初中数学趣味入门 轻松学习

数学思维

主 审 谢晓玲
主 编 李思颉
副主编 刘 玲 李佳嘉
参 编 陈思娴 李 婷 纳晓琳 王 丽
徐 卓 杨 花 张 嫌

大碰撞

中国人民大学出版社
· 北京 ·

图书在版编目（CIP）数据

数学思维大碰撞/李思颉主编. --北京：中国人
民大学出版社，2023.3
ISBN 978-7-300-31538-6

Ⅰ.①数… Ⅱ.①李… Ⅲ.①中学数学课-初中-教
学参考资料 Ⅳ.①G634.603

中国国家版本馆 CIP 数据核字（2023）第 048359 号

数学思维大碰撞
主　审　谢晓玲
主　编　李思颉
副主编　刘　玲　李佳嘉
参　编　陈思娴　李　婷　纳晓琳　王　丽　徐　卓　杨　花　张　嫌
Shuxue Siwei Dapengzhuang

出版发行	中国人民大学出版社			
社　　址	北京中关村大街 31 号		邮政编码	100080
电　　话	010－62511242（总编室）		010－62511770（质管部）	
	010－82501766（邮购部）		010－62514148（门市部）	
	010－62515195（发行公司）		010－62515275（盗版举报）	
网　　址	http://www.crup.com.cn			
经　　销	新华书店			
印　　刷	北京七色印务有限公司			
开　　本	787 mm×1092 mm　1/16		版　　次	2023 年 3 月第 1 版
印　　张	23.5		印　　次	2023 年 3 月第 1 次印刷
字　　数	560 000		定　　价	65.00 元

前　言

　　数学是科学殿堂中最厚重的奠基石，一直以来都被一层神秘的面纱所覆盖，让世人对它充满了敬仰，同时也产生了敬畏。如何走近它，一睹它的真实面貌是无数数学人一直所追寻的。无论是当初作为学生学习它，还是如今作为引路人教授它，我们都一直期待获得一把开启智慧之门的钥匙。

　　如今作为引路者，我们赶上了好时代。在国家统一教材的背景下，校本化的课程推陈出新，为我们搭建了桥梁。云南省昆明市第十中学多年来致力于校本课程的开发与建设，校本教材全是由一线教师们撰稿完成，经历多年的探索和改进，在我校百年校庆之际，尝试写出属于我们自己的校本课程。

　　基于我校多年来校本课程的开发经验，同时结合当下青少年的兴趣点，我们对国家课程进行校本化的拓展和延伸，为了使本书内容更加贴近学生的生活，我们将求实、白塔两校区的校园文化进行融合，校园中优雅的黑天鹅和霸气的灰雁，正好对应了本书的主人公（求小实和白小塔）和他们的宠物（灰灰和天天），这也是为了让孩子们体会到这些主人公就是他们身边的同学与挚友。我们希望孩子们能通过一个个小故事来了解学校，通过一次次探索来发现并找到打开数学之门的那把钥匙。

　　此外，本书注重将知识、问题情境化，对知识的生成过程有详细的梳理和阐释。在编写过程中，老师们结合自身多年的教学经验，将在教学中需要拓展和补充的地方进行了完善，在数学思维萌发之处进行了深究，旨在通过阅读与思考让学生逐步构建起数学所需要的思维素养与思维能力。

　　《数学思维大碰撞》不仅是我校校本课程开发的教材，同时也适合初中生及即将进入初中的学生自主阅读。全书分为十九章，读者可轻松了解、掌握并运用初中数学难点和易错点。

　　《数学思维大碰撞》一书的完成有赖于昆明市第十中学数学组的团队力量，在谢晓玲校长的指导下，一群勇于钻研、善于总结、乐于思考的年轻老师，将自己在教学中的感悟和反思、实践与总结都汇集到书中的每个故事中，同时也将孩子们生活里的趣闻轶事注入主人公的灵魂。老师们花费了大量的时间和精力撰写和校对，但限于时间和能力，难免有疏忽和不足之处，恳请广大读者和同行批评指正，以便后续修正和完善。

目　录

第1章 有理数

章前导语

同学们，欢迎大家开启初中的数学学习！整数和分数的加、减、乘、除、乘方运算你一定不陌生，但你知道盈利 1 000 元又亏损 5 302 元后结余多少钱吗？你明白算式 4−(−4)的含义吗？本章我们将在小学数学学习的基础上认识两个新朋友："负数"和"有理数".

为什么会产生这些数？它们又是如何计算的？它们和我们小学学习过的数有哪些不一样？通过本章的学习，以上的问题都能一一解决！

希望大家勤奋努力，在新的学习征途上不断奋进！

1.1 负数的发展

今天是求小实进入昆明市第十中学（以下简称昆十中）的第一天，这是一所有 100 多年历史的名校：先进的"求实校训"、优秀的校友聂耳、风景如画的校园……

但最让求小实激动的是数学课，因为这是他最喜欢的科目. 今天刚刚学习了"正数与负数"，虽说内容不难，但一直有个问题在困扰着求小实："为什么要学负数？而不是其他数？"于是他在"负数"旁边打上了一个大大的问号.

正好从他身边走过的白小塔看见这个问号，以为他课内知识没有搞懂，就好心问了一句："同学，你刚刚没有听懂吗？需要我帮助吗？"求小实回答说："哦，不是的. 我是在想为什么要学习负数呢？"白小塔顿时发现自己误会了，有点不好意思. 不过，打有问号的"负数"，也深深烙在她的心上了. 数域的扩充往往是在自然背景下产生的，让我们随着求小实、白小塔的学习一起来了解负数和有理数吧！

为什么要学负数呢？

让我们一起来探索吧！

探究一

引入负数的必要性

数学作为自然科学的基础，严谨且广泛．因此，引入负数是生产活动的需求，更是自然而然的．求小实在查阅了相关资料后发现以下几类实际问题：

1. 进货如记为"＋"，那售出货品记为什么呢？
2. 计算 3－8 这样的算式，结果是多少？
3. "0"表示"没有"，还有比 0 更小的数吗？

…………

这些常见的问题，体现了引入"负数"的必要性，你还有其他的例子吗？

> 为什么要引入负数？
> 1. 生产生活的需要
> 2. 运算的需要

这样我们理解负数的概念就更加容易了．

负数：大于 0 的数是正数，在正数前加"－"号表示负数．正数大于 0，0 大于负数．

三国时期（公元 220—280 年）学者刘徽首先给出负数的概念：

今两算得失相反，要令正负以相反．

释义：在运算过程中有相反意义的量，要用正数负数来区分它们．

> 负数是起源于中国的，我国是最早使用负数的国家．
>
> 中国古代数学专著《九章算术》总结了战国、秦、汉时期的数学成就，全书收集了 246 个数学问题并提供了解法．在该书第七章"盈不足"中记录盈、不足等问题，是世界数学史上最早出现的负数概念；在第八章"方程"中，更是首次阐述了负数加减运算法则．它的出现，标志着中国古代数学形成了完整体系．后人把《九章算术》和《几何原本》并称为现代数学源泉！

探究二

负数是如何发展的？

负数作为数的一种，如何定义？如何运算？

早在《九章算术》里"方程"这一章，就引入了正负数加减法法则，称为"正负术"．而直到 1299 年在朱世杰的著作《算学启蒙》中才出现正负数的乘除法则……

正负数运算法则归纳不易，其表示方法也经历很多版本才统一．

印度的婆罗摩笈多在中国之后（公元 628 年）提出负数，他提出了负数的运算法则，并使用小点或是小圈表示负数．

意大利数学家斐波那契是欧洲最早（公元 1000 年后）发现负数的科学家．但由于当时的局限，许多科学家不承认负数，都把负数说成假数．数学家笛卡尔逐渐接受了负数，他把方程中出现的负根表示为"假根"．哈雷奥特（1560—1621 年）偶然地把负数单独写在方程的一边，并用"－"号表示它．直到 16、17 世纪，欧洲人才逐渐接受了负数，但负数的发展在当时相当缓慢．

中国古代数学曾有过极为光荣的传统与贡献，但由于长期处于封建社会，才逐渐落后. 文化是经济及政治的反映，因此数学的发展也受到当时社会发展的制约. 但无疑数学是有用的，就如华罗庚先生所说："宇宙之大，粒子之微，火箭之速，化工之巧，地球之变，生物之谜，日用之繁，无处不用数学." 求小实作为一个数学爱好者，一边感受着过去中华民族的先进，无比自豪；一边暗暗下定决心自己要在这"巨人"的肩上，再攀高峰！

拓展园地

古代是怎么使用负数的？

问题 1.

原文：今有共买鸡，人出九，盈十一；人出六，不足十六. 问人数、鸡价各几何？

译文：今有人合伙买鸡，每人出 9 钱，会多出 11 钱；每人出 6 钱，又差 16 钱. 问人数和鸡价格各是多少？（选自《九章算术》第七章"盈不足"）

> 盈不足的其中一种算法是：将盈、不足相加作被除数，用所出率以少减多，余数为除数. 除数除被除数结果得人数，用所出之率乘结果人数，减盈数或加不足数，即得到物价.

算法说明：盈 11，所出率 9；不足 16，所出率 6；

并盈、不足为实：$11+16=27$；

以所出率以少减多，余为法：$9-6=3$ 作除数；

实如法得一人：除数除以被除数 $27÷3=9$ 所求得结果为人数；

以所出率乘之，减盈、增不足即物价：$9×9-11=9×6+16=70$.

所以有 9 人，鸡的价格为 70 钱.

问题 2.

原文：今有上禾二秉，中禾三秉，下禾四秉，实皆不满斗. 上取中，中取下，下取上，各一秉而实满斗. 问上、中、下禾实一秉各几何？

译文：今有上禾 2 束，中禾 3 束，下禾 4 束，但它们都不满一斗，如果在上禾中添中禾 1 束，中禾中添加下禾 1 束，下禾中添加上禾 1 束，则它们分别实得一斗. 问上、中、下禾之实各是多少？

> 术曰：如方程，各置所取，以正负数入之.
>
> 正负术曰：同名相除，异名相益，正无入负之，负无入正之. 其异名相除，同名相益，正无入正之，负无入负之.
>
> 释义：假设两个数 $m>n>0$，则
>
> 同名相除（相减）：$±m-(±n)=±(m-n)$
>
> 异名相益：$±m+(∓n)=±(m-n)$
>
> 正无入负之：$0-(+m)=-m$
>
> 负无入正之：$0-(-n)=+n$
>
> 异名相除：$±m-(∓n)=±(m-n5)$
>
> 同名相益：$±m+(±n)=±(m+n)$
>
> 正无入正之：$0+(+m)=m$
>
> 负无入负之：$0+(-m)=-m$

算法说明:

1. 如方程,各置所致;

上禾	1	0	2
中禾	0	3	1
下禾	4	1	0
实	1	1	1

2. 以右行上禾遍乘左行;

上禾	2	0	2
中禾	0	3	1
下禾	8	1	0
实	1	2	1

（同名相除 正无入负之 以右行减左行 同名相除）

3. 以正负术入之,用上条;

上禾	0	0	2
中禾	−1	3	1
下禾	8	1	0
实	1	1	1

4. 以中行中禾遍乘左行;

上禾	0	0	2
中禾	−3	3	1
下禾	24	1	0
实	3	1	1

（以中行加左行 异名相除 同名相益 同名相益）

5. 以正负术入之,用下条;

上禾	0	0	2
中禾	0	3	1
下禾	25	1	0
实	4	1	1

6. 以左行下禾遍乘中行;

上禾	0	0	2
中禾	0	75	1
下禾	25	25	0
实	4	25	1

（以左行减中行）

7. 以正负术入之,用上条;

上禾	0	0	2
中禾	0	75	1
下禾	25	同名相除 0	0
实	4	同名相除 1	1

8. 以中行中禾遍乘右行;

上禾	0	0	150
中禾	0	75	75
下禾	25	0	0
实	4	21	75

（以左行减中行）

9. 以正负术入之,用上条;

上禾	0	0	100
中禾	0	75 同名相除	0
下禾	25	0	0
实	4	21 同名相除	75

上禾	0	0	1		
中禾	0	1	0		
下禾	1	0	0		
实	$\frac{4}{25}$	$\frac{21}{75}$	$\frac{7}{25}$	$\frac{54}{150}$	$\frac{9}{25}$

10. 以上命下.

译解:

设上、中、下禾之实各为 x、y、z 斗,则依据题设条件列方程:

$$\begin{cases} 2x+y=1 \\ 3y+z=1, \\ 4z+x=1 \end{cases} \quad 得 \quad \begin{cases} x=\dfrac{9}{25}斗 \\ y=\dfrac{7}{25}斗. \\ z=\dfrac{4}{25}斗 \end{cases}$$

虽然用今天的数学运算法不易理解当时的算法,但古人的智慧着实令小实惊叹!那时候虽没有明确正负数如何表示,但古代数学家也归纳出运算法则,或是只使用正数,也算出了答案.从这个方面,也说明了数学运算的本质,是思维.

1. 请你参照求小实和白小塔的学习过程,研究我们学过的一种数的意义以及发展史.

2. 结合拓展园地,你能算一算“今有共买羊,人出五,不足四十五;人出七,不足三.问人数、羊价各几何?”这个古代问题吗?

1.2　数轴的应用

在一条直线上取定原点、正方向和单位长度时，这条直线是数轴. 它可以用来表示数. 它的应用是数形结合思想的体现. 今天我们就来研究它的应用.

探究一

点的运动（定点及一个动点）

数轴上两点 M，N，

（1）M 表示 3，N 表示 -5，那么 MN 的长是多少？

（2）M 表示 3，$MN=8$，那么点 N 表示的数是多少？

（3）M 表示 3，动点 N 从原点出发，速度为 2 个单位长度/秒，运动几秒到达 M 处？

（4）M 表示 3，动点 N 从原点出发，速度为 2 个单位长度/秒，运动几秒后使三个点构成的线段两两相等？

解： 根据题意，可作图 1.2.1，得到

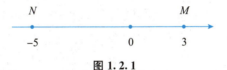

图 1.2.1

（1）方法一：$MN=3-(-5)=8$；方法二：$MN=|3|+|-5|=8$.

（2）如图 1.2.2 所示，情况一：N 在 M 左边，N 表示 $3-8=-5$.

情况二：N 在 M 右边，N 表示 $3+8=11$.

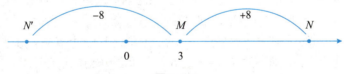

图 1.2.2

（3）如图 1.2.3 所示，设 t 秒到达，则 $OM=ON$，$3=2t$，$t=1.5$.

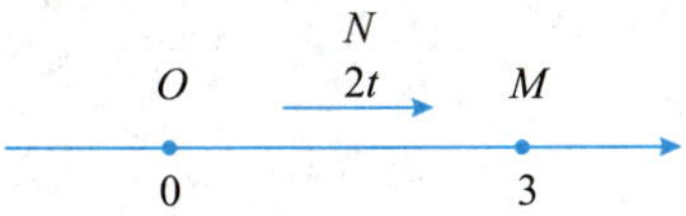

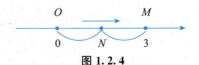

图 1.2.3

（4）设 t 秒满足要求. 情况一（见图 1.2.4）：$ON=NM=\dfrac{OM}{2}$，$2t=\dfrac{3}{2}$，$t_1=\dfrac{3}{4}$.

图 1.2.4

情况二（见图 1.2.5）：$ON=OM=\dfrac{NM}{2}$，$2t=3$，$t_2=\dfrac{3}{2}$.

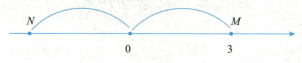

图 1.2.5

情况三（见图 1.2.6）：$OM=NM=\dfrac{ON}{2}$，$\dfrac{2t}{2}=3$，$t_3=3$.

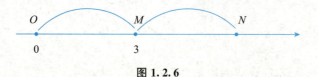

图 1.2.6

> 数轴是一条表示数的直线，因此解决这类动点问题最好的办法就是画数轴模拟动点情况——"数形结合思想"就是解决这一类问题的核心思想.

探究二

两个点的运动

如图 1.2.7，已知数轴上点 A 表示的数为 8，B 是数轴上 A 点左侧的一点，且 A，B 两点之间的距离 $AB=14$ 个单位长度. 动点 P 从点 A 出发，以每秒 5 个单位长度的速度沿数轴向左匀速运动，设运动时间为 $t(t>0)$ 秒.

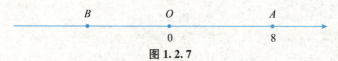

图 1.2.7

（1）点 B 表示的数为_____，点 P 表示的数为_____（用含 t 的代数式表示）；

（2）动点 Q 从点 B 出发，以每秒 3 个单位长度的速度沿数轴向左匀速运动，若点 P，Q 同时出发，问点 P 运动多少秒时追上点 Q?

（3）点 P 在运动的过程中，如果点 P、点 O 和点 B 三个点中，在不重合的情况下，其中一个点到其他两个点的距离相等，那么请求出所有满足要求的时间 t.

解：（1）如图 1.2.8 所示，数轴上点 B 表示的数为 $8-14=-6$；点 P 表示的数为 $8-5t$；

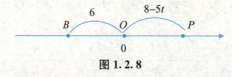

图 1.2.8

（2）如图 1.2.9 所示，由题意得：点 P 表示的数为 $8-5t$；点 Q 表示的数为 $-6-3t$；

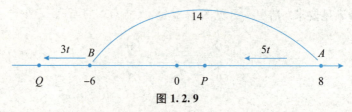

图 1.2.9

点 P 追上点 Q，即 P 与点 Q 重合，

即 $8-5t=-6-3t$，解得，$t=7$；

（3）点 P 在运动的过程中，

方法一： 先求点表示的数，再求时间

①当点 O 是 PB 中点时（见图1.2.10），点 P 表示的数为6，

即 $t=\dfrac{8-6}{5}=\dfrac{2}{5}$；

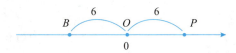

图 1.2.10

②当点 P 是 OB 中点时（见图1.2.11），点 P 表示的数为 -3，

即 $t=\dfrac{8-(-3)}{5}=\dfrac{11}{5}$；

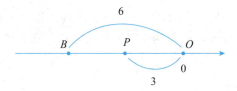

图 1.2.11

③当点 B 是 OP 中点时（见图1.2.12），点 P 表示的数为 -12，

即 $t=\dfrac{8-(-12)}{5}=4$.

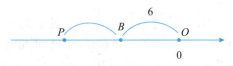

图 1.2.12

方法二： 直接求时间

①当点 O 是 PB 中点时，

$\therefore \dfrac{-6+8-5t}{2}=0$，解得：$t=\dfrac{2}{5}$；

②当点 P 是 OB 中点时，

$\therefore \dfrac{-6+0}{2}=8-5t$，解得：$t=\dfrac{11}{5}$；

③当点 B 是 OP 中点时，

$\therefore \dfrac{8-5t+0}{2}=-6$，解得：$t=4$.

综上所述，当 $t=\dfrac{2}{5}$ 秒或 $t=\dfrac{11}{5}$ 秒或 $t=4$ 秒时，其中一个点到其他两个点的距离相等.

有了形象直观的数轴，不仅模拟了动点运动的情况，还便于我们对不同情况分类讨论！

如图，数轴上有 A，B 两个点，$OA = 16$，点 B 所表示的数为 20，$AC = 6AB$.

(1) 求点 C 所表示的数；

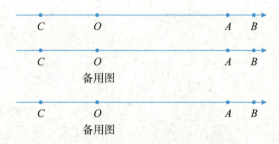

备用图

备用图

(2) 若点 C 在点 A 左侧，动点 P、Q 分别自 A、B 两点同时出发，均以每秒 2 个单位长度的速度沿数轴向左运动，点 E 为线段 CP 的中点，点 F 为线段 CQ 的中点，求出线段 EF 的长度.

1.3 绝对值的应用

这天，白小塔和朋友聊起学习绝对值的"难"，被正好路过的求小实听见了. 虽说他没有感觉那么难，但也不轻松，所以周末决定自己好好整理整理.

绝对值：数轴上一点到原点的距离，称这个数的绝对值. 0 的绝对值是 0.

绝对值的性质：

1. $|a| \geqslant 0$；

2. $|a| = \begin{cases} a & (a > 0) \\ 0 & (a = 0) \\ -a & (a < 0) \end{cases}$

数 a 的绝对值恒大于 0.

绝对值最小的数是 0，绝对值等于它本身的数是非负数，绝对值等于它的相反数的数是非正数.

探究一

绝对值性质的应用

1. 若 $|a - 5| + |3 - m| + |2n - 8| = 0$，求 a，m，n 的值.

解：由题得 $|a-5|=0$，$|3-m|=0$，$|2n-8|=0$，

故 $a=5$，$m=3$，$n=4$.

2. 代数式 $|3x-6|-6$ 所能取到的最小值是多少？此时 x 值为多少？

解：由 $|a|\geqslant0$ 可知 $|3x-6|-6\geqslant0-6=-6$，

因此式子最小值是 -6.

此时 $3x-6=0$，$x=2$.

> 由于绝对值的非负性质（性质1），当所有非负的式子相加为0时，可判断各个加数为0，也可以用于判断最值.

探究二

含有字母的去绝对值

1. 数 a 在数轴上位置如图 1.3.1 所示，

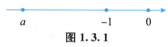

图 1.3.1

请化简 $|8-a|-|3a+3|+\left|-a+\dfrac{3}{4}\right|$.

解：由题得 $a<-1<0$，因此 $8-a=8+(-a)>0$，$3a+3=3(a+1)<0$，$-a+\dfrac{3}{4}>0$，

$$|8-a|-|3a+3|+\left|-a+\dfrac{3}{4}\right|=8-a-[-(3a+3)]-a+\dfrac{3}{4}$$

$$=8-a+3a+3-a+\dfrac{3}{4}$$

$$=a+\dfrac{47}{4}.$$

2. 若式子 $|5m-4|=4-5m$，求 m 的范围.

解：由 $|a|=-a$，可得 $5m-4\leqslant0$，

所以 $m\leqslant\dfrac{4}{5}$.

3. $|a|=4$，$|b|=5$，求 ab 的值.

解：方法一：因不确定 a，b 的符号，故分类讨论得，

(1) $a>0$，$b>0$，$ab=20$；

(2) $a<0$，$b>0$，$ab=-20$；

(3) $a>0$，$b<0$，$ab=-20$；

(4) $a<0$，$b<0$，$ab=20$.

综上，$ab=\pm20$.

方法二：可以参考 ab 同号异号情况分成两类.

> 解决含字母的绝对值化简问题，要紧扣绝对值性质2. 注意数形结合！

探究三

绝对值的实际应用

外卖员小张在一条东西方向的街道送外卖，他这天从公司骑摩托车出发，其中十单生

意记录了他送货的路程（向东记为正）：18，-4，-6，-0.2，$+3.6$，-7，-3.9，$+8.6$，$+8.3$，-10.（单位：千米）

（1）送完这十单，他距离起点多远？在起点的东边还是西边？

（2）请问他摩托车的计数器（记录行驶公里数的仪器）得到的数据和（1）中一致吗？为什么？

（3）如果他的摩托车耗油每 100 千米 4 升，那么他的这十单生意耗油多少升？

（4）假如今天的油价为 8.9 元/升，那他带了 30 元去加油，够加回消耗的油吗？

解：（1）$18+(-4)+(-6)+(-0.2)+(+3.6)+(-7)+(-3.9)+(+8.6)+(+8.3)+(-10)=7.4$ 千米

因此，他十单生意结束后，在起点的东边 7.4 千米处.

（2）在实际情况下，总行驶公里数不会因为行驶方向的改变而抵消，应是各个数据的绝对值：

$|18|+|-4|+|-6|+|-0.2|+|+3.6|+|-7|+|-3.9|+|+8.6|+|+8.3|+|-10|=69.6$ 千米

故计数器应增加了 69.6 千米，不与（1）中答案一致.

（3）由（2）知行驶了 69.6 千米，$69.6 \div 100 \times 4 = 2.784$ 升

（4）由（3）得，$8.9 \times 2.784 = 24.7776$ 元

因为 $30 > 24.7776$，所以够加.

1. 当 $-1 < a < 0$，$a > b$，化简 $|a-5|-|-2+b|$，结果是（　　）.

　　A. $-a+b+3$　　　　B. $-a-b+7$　　　　C. $a+b-7$　　　　D. $a-b-3$

2. 已知 $|x|=3$，$-|y-1|=-4$，求 xy 的值为（　　）.

　　A. ± 9　　　　　B. ± 15　　　　　C. 9 或 15　　　　　D. ± 9，± 15

3. a、b 两个数在数轴上位置如图所示，则化简 $-|a-b|$ 的值是（　　）.

　　A. $-a+b$　　　　B. $a-b$　　　　　C. $-a-b$　　　　　D. $a+b$

4. 已知 $|a-b|=|b-a|$，则 a、b 的大小关系是（　　）.

　　A. $a > b$　　　　　B. $a < b$　　　　　C. $a = b$　　　　　D. a，b 无大小关系

5. 代数式 $9-|2x-5|$ 所能取到的最_____值是_____，此时 $x=$_____.

6. 若 $|m-1|=m-1$，那么 $m+3$ 是正数吗？为什么？

7. 已知 $|x|=3$，$|y|=5$，$|x-y|=y-x$，求 $x+y$ 的值.

8. 求小实的爸爸在工作之余，喜欢炒股，下面是这一周他爸爸的盈亏记录：

日期	周一	周二	周三	周四	周五
金额（盈记为＋，单位：千元）	3.57	−0.88	−5.55	＋12.33	＋0.36

（1）求小实爸爸的账户在本周哪一天现金价值最高？

（2）如果每一笔进出金额都会收取 0.2‰ 的资金管理费，那他爸爸本周要付出多少管理费？

（3）周五的时候，求小实想让爸爸买一台笔记本电脑给他，而且他查过那台电脑的价格是 8 999 元，爸爸说："你算算我本周炒股的净利润够不够，够就给你买."你觉得求小实能买得了吗？

9. 生活中你还遇到哪些使用绝对值的实例？设计一个问题并用所学知识解决它.

1.4 有理数的计算方法

求小实期中考试得了 98 分，本来也不是个差的分数，可是扣的 2 分来自计算题，求小实就有些懊恼，加上白小塔得了 100 分，求小实就默默下决心，周末要好好提高一下自己的计算力了！

计算能力不稳定是什么原因？与其为自己的失败找借口，不如给自己的成功找方法.

求小实以前就听说过"印度计算法"，因此，他利用周末好好查了资料，发现印度的计算方法有着很多国家不可比拟的地方. 今天我们给大家简单介绍一下"印度计算法"，为你的计算力加加油！

我来看看印度人是如何计算的！

探究一

从左至右的加减法

我们做加法，是从右侧个位开始加，和超过十，就向左进位.

计算 28＋54.

第一步：对位列竖式
$$\begin{array}{r} 28 \\ +54 \\ \hline \end{array}$$

第二步：各个数位对位相加 　2＋5＝7
　　　　　　　　　　　　　8＋4＝12

第三步：按数位把第二步的数相加 82.

> "印度计算法"从左（最高位）向右算，各个数位的数字相加，得到的结果再对位相加，不考虑进位.

探究二

两个数相乘

1.20 以内的两位数相乘.

如 14×13，印度算法分 4 步：

（1） $14 + 3 = 17$ 乘数一加乘数二的个位数；

（2） $17 \times 10 = 170$ 第一步结果乘以 10；

（3） $4 \times 3 = 12$ 两个乘数个位相乘；

（4） $170 + 12 = 182$ 第二步、第三步结果相加.

因此 $14 \times 13 = 182$.

2.20 以上的两个数（接近 100）相乘.

如 99×103，计算分 4 步：

（1） 计算两个乘数和 100 的差值，$99 - 100 = -1$；$103 - 100 = 3$；

（2） 交叉求和 $103 + (-1) = 102$，$99 + 3 = 102$；（注意，此步骤两个作用：作用 1，求乘积的百位千位万位，也就是 102 表示 10 200；作用 2，检验，当两个求和结果相等时说明正确.）

（3） 两个差值求积 $-1 \times 3 = -3$；

（4） 把第二、三步结果相加为 $10\ 200 - 3 = 10\ 197$.

20 以内的两位数相乘：

（1） 其中一个数与另一个数的个位数相加，所得的结果乘以十；

（2） 两个乘数的个位相加；

（3） 把（1）（2）两步结果相加即为结果.

20 以上的两个数相乘：

（1） 计算两个乘数和 100 的差值；

（2） 交叉求和，结果乘以 100；

（3） 两个差值求积；

（4） 把第二、三步结果相加.

探究三

除数是"9"

1. 一个数（最大数位小于 9）除以 9.

（1） 商的第一位就是被除数第一位；

（2） 商的第二位就是被除数第一、二位之和；

（3） 循环往复，直至最后一位；

（4） 用最后得到的数除以 9，得到商和余数；

（5） 整理，将各个数位的数累加起来.

计算 822÷9.

说明：

第一位 8

第二位 8＋2＝10

第三位 8＋2＋2＝12

12÷9＝1……3

整理累加得

结果 91……3.

第一位	第二位	第三位	商	余数
8				
1	0			
	1	2	1	3
累计：9	1			……3

2. 一个数（最大数位等于 9）除以 9.

（1）商的第一位就是被除数第一位；

（2）商的第二位就是被除数第一、二位之和；

（3）循环往复，直至最后一位；

（4）用最后得到的数除以 9，得到商和余数；

（5）整理，将各个数位的数累加起来.

计算 932÷9.

说明：

第一位 9

第二位 9＋3＝12

第三位 9＋3＋2＝14

14÷9＝1……5

整理累加得

结果 103……5.

第一位	第二位	第三位	商	余数
9				
1	2			
	1	4	1	5
累计：10	3			……5

当一个数除以 9 时：

（1）商的第一位就是被除数第一位；

（2）商的第二位就是被除数第一、二位之和；

（3）循环往复，直至最后一位；

（4）用最后得到的数除以 9，得到商和余数；

（5）整理，将各个数位的数累加起来.

快而准，是"印度计算法"的特点，只要符合条件的运算，我们发现确实有效、快速. 但我们不能把所有的速算口诀都一一罗列，因此这种计算方法也存在一定的局限. 不过不难发现其背后的思维模式是新颖的、独特的！而正是因为思维模式的改变，才出现了这些"一望算式，答案即出"的数学方法. 因此，计算的核心还是思维模式！有兴趣的同学，还可继续研究其余的计算法，甚至归纳出自己的计算法！

好是好，但公式多，局限多！

"印度计算法"神吗？

　　据说印度人最先发明了数字计算，"竖式"概念也是由此演化而来，所以在计算方面他们的确是有先进之处．而我国的运算法则和运算律，归纳方法统一，简单易行，有种"海纳百川"的大气感！

　　我们学习科学知识，也该有一种求实、求同存异的精神！

1. 请使用上述方法计算 (1) $88+153$；(2) 19×18；(3) 105×114；(4) 99×86.

2. 使用"印度计算法"和传统计算求解，看看哪个更快更好！

　　(1) 85×96；

　　(2) 77×94；

　　(3) 97×95；

　　(4) 109×118；

　　(5) 105×103；

　　(6) 112×107；

　　(7) $109\times(-97)$；

　　(8) $-119\times(-92)$.

第2章　整式的加减

章前导语

　　同学们，整式是代数式中最基本的式子，是从小学到中学一个很大的跨越，同学们准备好了吗？我们要学会用字母表示数、表示相等关系、表示规律等，理解用字母表示的一般性，形成初步的代数思维. 这也体现了我们的学习是一个从特殊到一般的过程，代数的精彩也就在于此. 当然，在学习的过程中，我们会面临一些困难，希望你们能跟求小实、白小塔一起克服困难，运用整体思想和方程思想等数学思想方法将规律问题、含参数的问题这些在代数里常见常考的问题一一解决，成为一名代数高手. 加油，同学们！

2.1　用字母表示数

　　求小实今天读书看到了一个伟大的数学家：弗朗索瓦·韦达（1540—1603 年），法国杰出数学家. 韦达年轻时当过律师，后来致力于数学研究，首先有意识地和系统地使用字母来表示已知数、未知数及其乘幂，推动了代数理论研究的重大进步. 他讨论了方程根的多种有理变换，发现了方程根与系数的关系（所以人们把叙述一元二次方程根与系数关系的结论称为"韦达定理"），在欧洲被尊称为"代数学之父". 在法国和西班牙的战争中，韦达利用精湛的数学方法，成功破译西班牙的军事密码，为法国赢得战争主动权.

　　求小实："用字母表示数，尽管看起来很简单，但是在数学发展史上却是一件跨时代的大事. 那用字母表示数的意义是什么呢？"

　　白小塔："那么我们一起去研究研究在现实生活中用字母表示数的意义吧！"

探究一

如何用字母表示数？

昆十中七年级学生去农场参加了实践活动，请你用字母表示以下的数和数量关系.

(1) 求小实挖了 100 千克的番薯，单价为每千克 a 元，可得＿＿＿＿元.

(2) 白小塔挖了 b 千克的番薯，单价为每千克 a 元，可得＿＿＿＿元.

(3) 番薯单价为每千克 a 元，买了 $1\frac{1}{5}$ 千克需要＿＿＿＿元.

(4) 已知 n 千克的番薯总价为 m 元，那么它的单价是＿＿＿＿元/千克.

(5) a 的一半可以表示为＿＿＿＿.

注意事项：

1. 数字与字母或字母与字母相乘时，乘号可以省略不写，或用"·"代替；数与字母相乘，在省略乘号时，要把数字写在字母的前面.

2. 带分数与字母相乘时要化成假分数.

3. 数字与字母相除，或字母与字母相除时，除法运算应写成分数的形式.

你看看你都注意到这些细节了吗？快对照答案看看吧！

(1) $100a$.

(2) ab.

(3) $\frac{6}{5}a$.

(4) $\frac{m}{n}$.

(5) $\frac{a}{2}$ 或 $\frac{1}{2}a$.

探究二

如何用含字母的式子表示数量关系？

用字母表示数，这里的数不只是数字，还可以表示数量关系，下面我们用两个题目来训练一下.

1. 某微商平台有一商品，标价为 a 元，按标价的 5 折再降价 30 元销售，则该商品售价为＿＿＿＿元.

> 用字母表示数时，后接带单位的相加（或相减）式子时，应加括号.

解：根据题意，该商品的售价为 $a \times 0.5 - 30 = (0.5a - 30)$ 元.

2. 番薯单价为每千克 m 元，玉米的单价为每千克 n 元，摘了 2 千克番薯和 3 千克玉米共需多少元？

解：根据题意得，摘了 2 千克番薯和 3 千克玉米共需（$2m+3n$）元.

探究三

如何用字母表示数学事实和数式规律？

在小学时，我们已经利用字母表示了一些运算律，比如加法交换律、加法结合律、乘法交换律、乘法结合律以及乘法分配律．在初中，我们也已经学了一些数学的基本事实和规律，如何把这些数学事实表示出来呢？

（1）任何一个负数的绝对值大于它本身．

$|a|>a$ （$a<0$）．

（2）任何一个不为 0 的数与它的倒数的积等于 1．

$a \cdot \dfrac{1}{a}=1$ （$a \neq 0$）．

> 用字母表示数，这里的字母可以表示正数也可以表示负数，还可以表示 0．

你能用字母表示一些数式规律吗？来试一试吧！

1. 按一定规律排列的单项式：a^2，$4a^3$，$9a^4$，$16a^5$，$25a^6$，…第 n 个单项式是（　　）．

A. $n^2 a^{n+1}$
B. $n^2 a^{n-1}$
C. $n^n a^{n+1}$
D. $(n+1)^2 a^n$

2. 按一定规律排列的多项式：$-x+2y$，x^2+4y，$-x^3+6y$，x^4+8y，$-x^5+10y$，…根据上述规律，则第 n 个多项式是 _____．

解：1. 由题意得，第 n 个单项式为 $n^2 a^{n+1}$．

故选 A.

白小塔："第二题稍微比第一题难一点."

2. 由题意得，第 n 个多项式为 $(-x)^n+2ny$

故答案为 $(-x)^n+2ny$．

> 既有数字又有字母的数学规律题，就要分别看数字的规律和字母的规律，才能找出它们之间的关系．

探究四

如何在含字母的代数式中根据条件求解变量？

1. 关于 x，y 的代数式 $(-3kxy+3y)+(9xy-8x+1)$ 中不含二次项，则 $k=$（　　）．

A. 4
B. $\dfrac{1}{3}$
C. 3
D. $\dfrac{1}{4}$

【分析】首先找到同类项 $-3kxy$ 和 $9xy$ 进行合并，再根据不含二次项就得到关于 k 的方程，从而解出 k 的值.

解：原式 $=-3kxy+3y+9xy-8x+1=(9-3k)xy+3y-8x+1$．

∵ 关于 x，y 的代数式 $(-3kxy+3y)+(9xy-8x+1)$ 中不含二次项，

∴ $9-3k=0$，

解得 $k=3$．

故选 C.

> 归纳：主要考查合并同类项法则，再根据每题的不同条件，找到对应的方程并解出方程．

2. 若代数式 $mx^2+5y^2-2x^2+3$ 的值与字母 x 的取值无关，则 m 的值是 _____．

【分析】与字母 x 的取值无关，即含字母 x 的系数为 0，先合并同类项，再根据与字母 x 的取值无关，则含字母 x 的系数为 0，求出 m 的值.

解：$mx^2+5y^2-2x^2+3=(m-2)x^2+5y^2+3$，

∵ 代数式 $mx^2+5y^2-2x^2+3$ 的值与字母 x 的取值无关，

∴ $m-2=0$，

解得 $m=2$.

故答案为 2.

3. 如果 $2x^{a+1}y$ 与 x^2y^{b-1} 是同类项，那么 $\dfrac{a}{b}$ 的值是（   ）.

A. $\dfrac{1}{2}$ B. $\dfrac{3}{2}$ C. 1 D. 3

解：∵ $2x^{a+1}y$ 与 x^2y^{b-1} 是同类项，

∴ $a+1=2$，$b-1=1$，

解得 $a=1$，$b=2$.

∴ $\dfrac{a}{b}=\dfrac{1}{2}$.

故选 A.

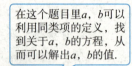

在这个题目里 a，b 可以利用同类项的定义，找到关于 a，b 的方程，从而可以解出 a，b 的值.

4. 若多项式 $xy^{|m-n|}+(n-2)x^2y^2+1$ 是关于 x，y 的三次多项式，则 $mn=$_____.

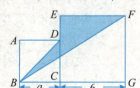

解：∵ 多项式 $xy^{|m-n|}+(n-2)x^2y^2+1$ 是关于 x，y 的三次多项式，

∴ $n-2=0$，$1+|m-n|=3$，

∴ $n=2$，$|m-n|=2$，

∴ $m-n=2$ 或 $n-m=2$，

∴ $m=4$ 或 $m=0$，

∴ $mn=0$ 或 8.

故答案为 0 或 8.

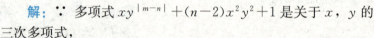
练一练

1. 如图，四边形 $ABCD$ 和四边形 $ECGF$ 都是正方形，边长分别为 a 和 6，点 D 在边 EC 上.

　(1) 求阴影部分图形的面积；（用含 a 的代数式表示）

　(2) 当 $a=4$ 时，计算阴影部分图形的面积.

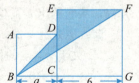

2. 用字母表示数来表示下列数学事实：一个负数的绝对值等于它的相反数.

3. 观察下列各式：$\dfrac{1}{1\times 2}=1-\dfrac{1}{2}$；$\dfrac{1}{2\times 3}=\dfrac{1}{2}-\dfrac{1}{3}$；$\dfrac{1}{3\times 4}=\dfrac{1}{3}-\dfrac{1}{4}$；….

问题：(1) $\dfrac{1}{5\times 6}=$ _____；

(2) 第 n 个等式为 _____；（用含 n 的式子表示，n 为正整数）

(3) 用以上规律计算 $\dfrac{1}{2\times 4}+\dfrac{1}{4\times 6}+\dfrac{1}{6\times 8}+\cdots+\dfrac{1}{2\,018\times 2\,020}$ 的值.

4. 单项式 $3m^{a}n^{3}$ 与 $-n^{-b}m^{2}$ 的和仍是单项式，则 $a-b=$ _____.

5. 已知关于 x，y 的多项式 $mx^{2}+4xy-7x-3x^{2}+2nxy-5y$ 合并后不含有二次项，则 $n^{m}=$ _____.

6. 若多项式 $8x^{2}-3x+5$ 与多项式 $3x^{3}+(m-4)x^{2}-5x+7$ 相加后，结果不含 x^{2} 项，则常数 m 的值是（ ）.

A. 2   B. -4 C. -2 D. -8

7. 若代数式 $4x^{2}-mx-3y+4-(8nx^{2}-x+2y-3)$ 的值与字母 x 的取值无关，求代数式 $-m^{2}+2mn-n^{2}-2(mn-3m^{2})+3(2n^{2}-mn)$ 的值.

2.2 整体代入法

求小实："我今天发现了一种有用的数学方法，哈哈哈……"

白小塔："搞那么神秘，你又会什么啦？"

求小实："整体代入法，你会吗？"

白小塔："那你来讲讲."

你来讲讲！

整体代入法.

探究一

1. 一个多项式与 $x^{2}-2x+1$ 的和是 $3x-2$，则这个多项式为（ ）.

A. $x^{2}-5x+3$ B. $-x^{2}+x=1$

C. $-x^2+5x-3$　　　　　　　　　D. $x^2-5x-13$

解：由题意得：$(3x-2)-(x^2-2x+1)$

$=3x-2-x^2+2x-1$

$=5x-x^2-3$.

故选 C.

2. 已知 $A=x^2+3y^2-5xy$ 与 $B=2xy+2x^2-y^2$，则 $3A-B$ 为（ ）.

A. $3x^2+y^2-3xy$　　　　　　　　B. $-x^2+4y^2-7xy$

C. x^2+10y^2-17xy　　　　　　　D. $5x^2+8y^2-13xy$

求小实："直接利用整式的加减运算法则计算得出答案."

解：∵ $A=x^2+3y^2-5xy$，$B=2xy+2x^2-y^2$，

∴ $3A-B=3(x^2+3y^2-5xy)-(2xy+2x^2-y^2)$

$=3x^2+9y^2-15xy-2xy-2x^2+y^2$

$=x^2+10y^2-17xy$.

故选 C.

【分析】 此题主要考查了整式的加减，正确合并同类项是解题关键，当然括号是整体的标志.

3. 某同学在做计算 $2A+B$ 时，误将"$2A+B$"看成"$2A-B$"，求得的结果是 $9x^2-2x+7$，已知 $B=x^2+3x+2$，则 $2A+B$ 的正确答案为（ ）.

A. $11x^2+4x+11$　　　　　　　　B. $17x^2-7x+12$

C. $15x^2-13x+20$　　　　　　　　D. $19x^2-x+12$

解：依题意得：$2A+B=2A-B+2B$

$=9x^2-2x+7+2(x^2+3x+2)$

$=9x^2-2x+7+2x^2+6x+4$

$=11x^2+4x+11$.

故选 A.

4. 若 a，b 两数在数轴上对应的点的位置如图 2.2.1 所示，化简 $|b-a|+|a+b|$ 的结果是（ ）.

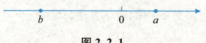

图 2.2.1

A. $-2b$　　　　　B. $2a$　　　　　C. $2b$　　　　　D. 0

解：由数轴得 $b<0<a$，

∴ $b-a<0$，$a+b<0$，

∴ $|b-a|+|a+b|=-(b-a)-(a+b)$

$=-b+a-a-b$

$=-2b$.

故选 A.

【分析】 先判断符号，再去掉绝对值，注意加上括号.

探究二

整体代入法：在求代数式值中，把字母所表示的数整体代入，计算求值.

1. 把 $(x-3)^2-2(x-3)-5(x-3)^2+(x-3)$ 中的 $(x-3)$ 看成一个整体合并同类项，结果应是（　　）.

A. $-4(x-3)^2-(x-3)$　　　　　　B. $4(x-3)^2-x(x-3)$

C. $4(x-3)^2-2(x-3)$　　　　　　D. $-4(x-3)^2+(x-3)$

解：把 $(x-3)$ 看成一个整体.

$\therefore (x-3)^2-2(x-3)-5(x-3)^2+(x-3)$

$=(1-5)(x-3)^2+(-2+1)(x-3)$

$=-4(x-3)^2-(x-3)$.

故选 A.

2. 已知 $x^2+3x=6$，则 $6x+2x^2+3$ 的值为（　　）.

A. 14　　　　　　B. 15　　　　　　C. 16　　　　　　D. 17

【分析】 此题考查了代数式求值，运用整体代入法求值是解本题的关键. 原式变形后，将已知等式代入计算即可求出值.

解：$\because x^2+3x=6$，

$\therefore$ 原式 $=2(x^2+3x)+3=12+3=15$，

故选 B.

3. 已知 $m-n=-1$，求 $(m-n)^2-2m+2n$ 的值.

解：$\because m-n=-1$，

$\therefore$ 原式 $=(m-n)^2-2m+2n=(m-n)^2-2(m-n)=1+2=3$.

4. 十八世纪伟大的数学家欧拉最先用 $f(x)$ 的形式来表示关于 x 的多项式，把 x 等于某数 n 时的多项式的值用 $f(n)$ 来表示. 例如 $x=1$ 时，多项式 $f(x)=2x^2-x+3$ 的值可以记为 $f(1)$，即 $f(1)=4$. 我们定义 $f(x)=ax^3+3x^2-2bx-5$. 若 $f(3)=18$，则 $f(-3)$ 的值为（　　）.

A. -18　　　　　B. -22　　　　　C. 26　　　　　D. 32

解：$\because f(x)=ax^3+3x^2-2bx-5$，

$\therefore f(3)=27a-6b+22=18$，得 $27a-6b=-4$，

$\therefore f(-3)=-27a+3\times 9-2b\times(-3)-5=-(27a-6b)+22=4+22=26$，

故选 C.

拓展园地

1. 已知 $A=x^2-2xy+y^2$，$B=2x^2-6xy+3y^2$，求代数式 $3A-[(2A-B)-4(A-B)]$ 的值，其中 $|x|=5$，$y^2=9$，且 $x+y=-2$.

【分析】 先化简要求的式子，然后整体代入化简，最后再把具体的数值代入.

解：$3A-[(2A-B)-4(A-B)]=3A-(2A-B-4A+4B)$

$$=3A-(-2A+3B)$$

$$= 3A + 2A - 3B$$
$$= 5A - 3B.$$

∵ $A = x^2 - 2xy + y^2$，$B = 2x^2 - 6xy + 3y^2$，

∴ 原式 $= 5(x^2 - 2xy + y^2) - 3(2x^2 - 6xy + 3y^2)$

　　　$= 5x^2 - 10xy + 5y^2 - 6x^2 + 18xy - 9y^2$

　　　$= -x^2 + 8xy - 4y^2.$

∵ $|x| = 5$，$y^2 = 9$，且 $x + y = -2$，

∴ $x = -5$，$y = 3$，

∴ 原式 $= -(-5)^2 + 8 \times (-5) \times 3 - 4 \times 3^2 = -181.$

2. 当 $x = -2$ 时，代数式 $ax^3 + bx + 1$ 的值是 6，那么当 $x = 2$ 时，代数式 $ax^3 + bx + 1$ 的值是多少？

解：∵ 当 $x = -2$ 时，代数式 $ax^3 + bx + 1$ 的值是 6，

∴ $-8a - 2b + 1 = 6$，

∴ $-8a - 2b = 5$，

∴ $8a + 2b = -5.$

当 $x = 2$ 时，代数式 $ax^3 + bx + 1 = 8a + 2b + 1 = -5 + 1 = -4.$

3. 如果 $(2x - 1)^5 = a_5 x^5 + a_4 x^4 + a_3 x^3 + a_2 x^2 + a_1 x + a_0$，则 $a_0 - a_1 + a_2 - a_3 + a_4 - a_5$ 的值是多少？

解：观察要求的式子可知，

当 $x = -1$ 时，右边 $= a_0 - a_1 + a_2 - a_3 + a_4 - a_5$，

此时左边 $= [2 \times (-1) - 1]^5 = (-3)^5 = -243$，

∴ $a_0 - a_1 + a_2 - a_3 + a_4 - a_5 = -243.$

4. 如果 $a + b + c = 0$，则 $(a + b)(b + c)(c + a) + abc$ 的值是多少？

解：∵ $a + b + c = 0$，

∴ $a + b = -c$，$b + c = -a$，$c + a = -b$，

∴ $(a + b)(b + c)(c + a) + abc = -c \cdot (-a) \cdot (-b) + abc$

　　　　　　　　　　　　$= -abc + abc$

　　　　　　　　　　　　$= 0.$

整体代入法在我们的代数学习中是一种很重要的方法，同学们要把学会的知识整理归纳总结变为自己的方法！

练一练

1. 已知 a，b，c 在数轴上的位置如图所示，化简 $|a + c| - |a - 2b| - |c - 2b|$ 的结果是（　　）.
   A. 0
   B. $4b$
   C. $-2a - 2c$
   D. $2a - 4b$

2. 现规定 $\begin{vmatrix} a & b \\ c & d \end{vmatrix} = a - b + c - d$，则 $\begin{vmatrix} xy - 3x^2 & -2xy - x^2 \\ -2x^2 - 3 & -5 + xy \end{vmatrix}$ 的值是多少？

（参考答案）

中国人民大学出版社
·北京·

第1章 有理数

1.1 负数的发展

1. 略

2. 21 人，羊价 150.

1.2 数轴的应用

【答案】(1) -8；(2) 2.

【解析】解：(1) $\because OA=16$，点 B 所表示的数为 20，

$\therefore AB=4$，

又 $AC=6AB$

$\therefore AC=24$

$\therefore C$ 表示的数为 -8 或 44；

(2) 设运动时间为 t，

点 P 表示的数为 $16-2t$，Q 表示的数为 $20-2t$.

$\because E$ 为 CP 中点，F 为 CQ 中点，

$\therefore E$ 表示的数为 $\dfrac{-8+16-2t}{2}=4-t$，

F 表示的数为 $\dfrac{-8+20-2t}{2}=6-t$，

$\therefore EF=|4-t-(6-t)|=2$.

1.3 绝对值的应用

1—4 ADBC

5. 大；9；2.5

6. 由题 $m-1\geqslant0$，$m\geqslant1$，故 $m+3$ 一定是正数.

7. 由题得 x 为 ±3，y 为 ±5，$x-y\leqslant0$，故 $x\leqslant y$.

情况一，$-3\leqslant5$，$x+y=2$；

情况二，$3\leqslant5$，$x+y=8$.

故答案是 2 或 8.

8. (1) 周一 3.57 千元，周二 2.69 千元，周三 -2.86 千元，周四 9.47 千元，周五 9.83 千元.

故周五最高.

(2) 交易无论盈亏都要收取管理费，所以绝对值相加得 22.69 千元.

管理费为 $22.69\times0.2\%=0.045\,38$ 千元.

(3) 本周盈利 9.83 千元，管理费 0.045 38 千元，净利润 9.784 62 千元.

9 784.62＞8 999，故求小实能买到心仪的笔记本电脑.

9. 略

1.4 有理数的计算方法

1. 解：(1)—(2) 略

(3) 第一步：$105-100=5$，$114-100=14$

第二步：$105+14=114+5=119$ 表示 11 900

第三步：$5\times14=70$

结果为 11 900＋70＝11 970.

(4) 第一步：$99-100=-1$，$86-100=-14$

第二步：$99+(-14)=86+(-1)=85$ 表示 8 500

第三步：$-1\times(-14)=14$

结果为 8 500＋14＝8 514.

2. 略

第2章 整式的加减

2.1 用字母表示数

1. 解：（1）阴影部分图形的面积为：

$$a^2+6^2-\frac{1}{2}a^2-\frac{1}{2}(a+6)\times 6$$

$$=\frac{1}{2}a^2-3a+18;$$

（2）当 $a=4$ 时，

原式 $=\frac{1}{2}\times 4^2-3\times 4+18=14.$

2. 解：$|a|=-a(a<0).$

3. 解：（1）$\frac{1}{5\times 6}=\frac{1}{5}-\frac{1}{6};$

（2）第 n 个等式为：$\frac{1}{n\times(n+1)}=\frac{1}{n}-\frac{1}{n+1};$

（3）原式 $=\frac{1}{2^2}\times\left(\frac{1}{1}-\frac{1}{2}\right)+\frac{1}{2^2}\times$

$\left(\frac{1}{2}-\frac{1}{3}\right)+\frac{1}{2^2}\times\left(\frac{1}{3}-\frac{1}{4}\right)+\cdots\frac{1}{2^2}\times$

$\left(\frac{1}{1\,009}-\frac{1}{1\,010}\right)=\frac{1}{2^2}\times\left(\frac{1}{1}-\frac{1}{2}+\frac{1}{2}-\frac{1}{3}+\right.$

$\frac{1}{3}-\frac{1}{4}+\cdots+\frac{1}{1\,009}-\frac{1}{1\,010}\Big)=\frac{1}{2^2}\times$

$\left(\frac{1}{1}-\frac{1}{1\,010}\right)=\frac{1\,009}{4\,040}.$

4. 解：因为单项式 $3m^an^3$ 与 $-n^{-b}m^2$ 的和是单项式，

所以 $3m^an^3$ 与 $-n^{-b}m^2$ 为同类项，

则有 $a=2,-b=3,$

所以 $a=2, b=-3,$

则 $a-b=5.$

故答案为5.

5. 解：$mx^2+4xy-7x-3x^2+2nxy-5y$

$=(m-3)x^2+(4+2n)xy-7x-5y,$

$\because$ 合并后不含二次项，

$\therefore m-3=0, 4+2n=0,$

$\therefore m=3, n=-2,$

$\therefore n^m=(-2)^3=-8.$

故答案为$-8.$

分析：由于多项式 $mx^2+4xy-7x-3x^2+2nxy-5y$ 合并后不含有二次项，即二次项系数为0，在合并同类项时，可以得到二次项为0，由此得到故 m、n 的方程，解方程即可求出 m，n，然后把 m、n 的值代入所求式子计算即可.

6. 解：根据题意得：$8x^2-3x+5+3x^3+(m-4)x^2-5x+7$

$=3x^3+(m+4)x^2-8x+12,$

$\because$ 结果不含 x^2 项，

$\therefore m+4=0,$

解得：$m=-4.$

故选 B.

7. 解：原式 $=4x^2-mx-3y+4-8nx^2$

$\qquad\qquad +x-2y+3$

$\qquad =(4-8n)x^2+(1-m)x$

$\qquad\qquad -5y+7$

$\because$ 结果与 x 取值无关

$\therefore 4-8n=0, 1-m=0$

解得：$n=\frac{1}{2}, m=1$

原式 $=-m^2+2mn-n^2-2mn+6m^2$

$\qquad +6n^2-3mn$

$=5m^2-3mn+5n^2$

$=5-\frac{3}{2}+\frac{5}{4}$

$=4\frac{3}{4}.$

2.2　整体代入法

1. 解：由数轴上点的位置得：$b < a < 0 < c$，且 $|b| > |c| > |a|$，

所以 $a + c > 0$，$a - 2b > 0$，$c - 2b > 0$，

则原式 $= a + c - (a - 2b) - (c - 2b) = a + c - a + 2b - c + 2b = 4b$.

故选 B.

2. 解：$\begin{vmatrix} xy - 3x^2 & -2xy - x^2 \\ -2x^2 - 3 & -5 + xy \end{vmatrix} =$

$xy - 3x^2 - (-2xy - x^2) + (-2x^2 - 3) - (-5 + xy) = xy - 3x^2 + 2xy + x^2 - 2x^2 - 3 + 5 - xy = -4x^2 + 2xy + 2$.

3. 解：$\because a^2 - b^3 = 5$

原式 $= 3a^2 + 7 + 5b^3 - 6a^2 - 2b^3$

$= 3b^3 - 3a^2 + 7$

$= -3(a^2 - b^3) + 7$

$= -3 \times 5 + 7$

$= -8$

故选 B.

4. 解：$\because x = m$ 时，多项式 $x^2 + 2x + n^2$ 的值为 -1，

$\therefore m^2 + 2m + n^2 = -1$，

$\therefore m^2 + n^2 = -1 - 2m$，

$\therefore x = -m$ 时，多项式 $x^2 + 2x + n^2$ 的值为 $m^2 - 2m + n^2 = -1 - 4m$，

故答案为 $-1 - 4m$.

2.3　探索图形的规律

变形 1：① 4　② 7　③ 10　④ $(3n + 1)$　⑤ 6 061

变形 2：① 7　② 12　③ 17　④ $(5n + 2)$　⑤ 10 102

变形 3：① 2　② 4　③ 6　④ $2n$　⑤ 4 040

变形 4：① 2　② 5　③ 8　④ $3n - 1$　⑤ 6 059

变形 5：① 1　② 5　③ 9　④ $(4n - 3)$　⑤ 8 077

练习：选择 A

练一练

1. 解：$\because$ 第 1 个图形有 2 个棋子，

第 2 个图形有 $2 + 3 \times 1 = 5$ 个棋子，

第 3 个图形有 $2 + 3 \times 2 = 8$ 个棋子，

$\therefore$ 第 n 个图形需棋子：$2 + 3(n - 1) = (3n - 1)$ 枚.

故答案为：$(3n - 1)$.

2. 解：法一：由题目得，第 1 个图形为 1 个小圆，即 $\frac{1}{2} \times 1 \times (1 + 1)$

第 2 个图形为 3 个小圆，即 $\frac{1}{2} \times 2 \times (2 + 1)$

第 3 个图形为 6 个小圆，即 $\frac{1}{2} \times 3 \times (3 + 1)$

第 4 个图形为 10 个小圆，即 $\frac{1}{2} \times 4 \times (4 + 1)$

进一步发现规律：第 n 个图形的小圆的个数即为 $\frac{1}{2} n(n + 1)$

故答案为：$\frac{1}{2} n(n + 1)$.

法二：由题目得，第 1 个图形为 1 个小圆为 1

第 2 个图形为 3 个小圆，即 $1 + 2 = 3$

第 3 个图形为 6 个小圆，即 $1 + 2 + 3 = 6$

第 4 个图形为 10 个小圆，即 $1 + 2 + 3 + 4 = 10$

进一步发现规律：第 n 个图形的小圆的个数即为 $1 + 2 + 3 + \cdots + n = \frac{n(1 + n)}{2}$.

3. 解：$\because$ 第 1 个图形的黑色棋子的颗数为 $5 = 6 \times 1 - 1$，

第 2 个图形的黑色棋子的颗数为 $11 = 6 \times 2 - 1$，

第 3 个图形的黑色棋子的颗数 $17 = 6 \times 3 - 1$，

············

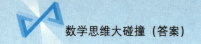

∴ 第 n 个图形的黑色棋子的颗数为 $6n-1$.

故答案为（$6n-1$）.

4. 解：∵ 第一个图中棋子数 $6=4\times1+2$,

第二个图中棋子数 $10=4\times2+2$,

第三个图中棋子数 $14=4\times3+2$,

…………

∴ 第 n 个图中棋子数为 $4n+2$,

故答案为：（$4n+2$）.

第3章 一元一次方程

3.1 化简复杂一元一次方程

1. 解：整理得：$\dfrac{10x+80}{2}-\dfrac{10x-30}{5}=\dfrac{6}{5}-\dfrac{x+16}{5}$

去分母：$5(10x+80)-2(10x-30)=2\times 6-2(x+16)$

去括号：$50x+400-20x+60=12-2x-32$

移项：$50x-20x+2x=12-32-400-60$

合并同类项：$32x=-480$

系数化为1：$x=-15$

2. 解：

去中括号：$(x-1)-6=2$

去小括号：$x-1-6=2$

移项：$x=2+1+6$

合并同类项：$x=9$

3. 解：设 $m=2x-1$

∴原方程变为 $\dfrac{m}{2}+\dfrac{-m}{3}=m$

解得 $m=0$，则 $2x-1=0$

∴ $x=\dfrac{1}{2}$

4. 解：观察整理得：$2\,890(x-3)-7\,894\times 2(3-x)+4\,592\times 3(x-3)=0$

设 $m=x-3$.

∴原方程变为 $2\,890m+15\,788m+13\,776m=0$

解得 $m=0$，则 $x-3=0$

∴ $x=3$

3.2 顺流逆流行船问题

1. 解：设飞机在无风时的平均速度是 x 千米/时.

依题意得：$(x+24)\times\dfrac{17}{6}=(x-24)\times 3$

解得：$x=840$

答：飞机在无风时的平均速度是 840 千米/时.

2. 解：设乙船由 B 地返航到 C 地用了 x h，则甲船离开 B 地的距离为 $(7.5+2.5)x$ 千米.

（1）当 C 地在 A、B 两地之间时，

依题意得：$(7.5+2.5)\times(4-x)-(7.5-2.5)x=10$

解得：$x=2$

∴ $(7.5+2.5)x=10\times 2=20$（千米）

（2）当 C 地在 B、A 的延长线上时，

依题意得：$(7.5-2.5)x-(7.5+2.5)\times(4-x)=10$

解得：$x=\dfrac{10}{3}$

∴ $(7.5+2.5)x=\dfrac{100}{3}$（千米）

答：乙船由 B 地到 C 地时，甲船驶离 B 地 20 千米或 $\dfrac{100}{3}$ 千米.

3.3 盈亏问题

1. 解：设盈利这套服装的成本为 x 元，亏本这套服装的成本为 y 元.

依题意得：$x(1+20\%)=168$，$y(1-20\%)=168$

解得：$x=140$，$y=210$

∴进价为：$140+210=350$（元）

∴售价为：$168\times 2=336$（元）

∴ $336-350=-14$（元）

∴亏了 14 元

答：在这次买卖中，买卖这两套服装是亏损，亏了 14 元.

2. 解：设这种商品的进价为 x 元.

依题意得：$\dfrac{8}{10} \times (1+40\%)x = 2\,240$

解得：$x = 2\,000$

答：这种商品的进价为 $2\,000$ 元.

3. 解：设该商品的原售价为 x 元.

依题意得：$75\%x + 25 = 90\%x - 20$

解得：$x = 300$

则该商品的原售价为 300 元.

故选 D.

4. 解：设商店应打 x 折.

依题意得：$180 \times 0.1x - 120 = 120 \times 20\%$

解得：$x = 8$

∴ 商店应打八折

故选 D.

5. 解：（1）设小亮原计划购买文具袋 x 个.

依题意得：$10x - 10 \times 0.85(x+1) = 11$

解得：$x = 13$

答：小亮原计划购买了文具袋 13 个.

解：（2）设小亮购买了钢笔 m 支，签字笔 $(50-m)$ 支.

依题意得：$\dfrac{8}{10} \times [8m + 6(50-m)] = 288$

解得：$m = 30$

∴ $50 - m = 20$（支）

答：小亮购买了钢笔 30 支，签字笔 20 支.

3.4 表格法求解工程问题

1. 表格分析：

	工作效率	工作时间	工作总量
原计划	x	2	$2x$
改进后	$x+5$	$26-2-4=20$	$(x+5) \times 20$

等量关系：$2x + (x+5) \times 20 = 26x$

解：设原来每天生产 x 个零件.

依题意得：$2x + (x+5) \times 20 = 26x$

解得：$x = 25$

∴ $26x = 26 \times 25 = 650$（个）

答：原来每天生产 25 个零件，这批零件有 650 个.

2. 表格分析：

	工作效率	工作时间	工作总量
原计划	60	$\dfrac{x}{60}$	x
改进技术后	$60 \times (1+20\%)$	$\dfrac{x+48}{60 \times (1+20\%)}$	$x+48$

等量关系：$\dfrac{x}{60} - \dfrac{x+48}{60 \times (1+20\%)} = 5$

解：设原计划要生产 x 件产品.

依题意得：$\dfrac{x}{60} - \dfrac{x+48}{60 \times (1+20\%)} = 5$

解得：$x = 2\,040$

答：原计划要生产 $2\,040$ 件产品.

3. 表格分析：

	工作效率	工作时间	工作总量
甲	$\dfrac{1}{10}$	3	$\dfrac{3}{10}$
乙	$\dfrac{1}{12}$	x	$\dfrac{x}{12}$
丙	$\dfrac{1}{15}$	$x+3$	$\dfrac{x+3}{15}$

等量关系：$\dfrac{3}{10} + \dfrac{x+3}{15} + \dfrac{x}{12} = 1$

解：设还需要 x 天才能完成.

依题意得：$\dfrac{3}{10} + \dfrac{x+3}{15} + \dfrac{x}{12} = 1$

解得：$x = \dfrac{10}{3}$

答：还需要 $\dfrac{10}{3}$ 天才能完成.

4. 表格分析：

	工作效率	工作时间	工作总量
进水管	$\dfrac{1}{3}$	$2+x$	$\dfrac{2+x}{3}$
出水管	$\dfrac{1}{5}$	2	$\dfrac{2}{5}$

等量关系：$\dfrac{2+x}{3}-\dfrac{2}{5}=1$

解：设还要 x 小时才可以将全池注满.

依题意得：$\dfrac{2+x}{3}-\dfrac{2}{5}=1$

解得：$x=\dfrac{11}{5}$

答：还要 $\dfrac{11}{5}$ 小时才可以将全池注满.

3.5　古代数学著作中的应用问题

1. 解：设城中有 x 户人家，

依据题意得：$x+\dfrac{1}{3}x=100$

解得 $x=75$

∴ 城中有 75 户人家.

故选 B.

2. 解：设木材的长为 x 尺，

依据题意得：$x+4.5=2(x-1)$，

解得 $x=6.5$

故选 B.

3. 解：设有 x 辆车，

依据题意得：$3(x-2)=2x+9$.

故选 A.

4. 解：设共有大马 x 匹，则小马（$100-x$）匹，

依据题意得：$3x+\dfrac{1}{3}(100-x)=100$.

解得：$x=25$

∴ 共有大马 25 匹.

5. 解：设绳长为 x 尺，

依据题意得：$\dfrac{1}{3}x-4=\dfrac{1}{4}x-1$

故选 A.

6. 解：设这个人原本持金 x 斤，

依据题意得：$\dfrac{x}{2}+\dfrac{x}{6}+\dfrac{x}{12}+\dfrac{x}{20}+\dfrac{x}{30}=1$.

7. 解：设经过 x 天相遇，

依据题意得：$\dfrac{1}{7}x+\dfrac{1}{9}x=1$

∴ $\left(\dfrac{1}{7}+\dfrac{1}{9}\right)x=1$

故选 A.

8. 解：设甲经过 x 天与乙相遇，则乙已经出发（$x+2$）天

依据题意得：$\dfrac{x+2}{7}+\dfrac{x}{5}=1$

故选 D.

9. 解：设走路快的人要走 x 步才能追上，则走路慢的人走 $\dfrac{x}{100}\times 60$，

依据题意得：$\dfrac{x}{100}\times 60+100=x$

故选 B.

10. 解：设他第一天读 x 个字，

依据题意得：$x+2x+4x=34\,685$，

故选 A.

11. 解：设牧童有 x 人，

依据题意得：$6x+14=8x$

故选 A.

12. 解：设总共有 x 两银子，

依据题意得：$\dfrac{x-4}{7}=\dfrac{x+8}{9}$

故选 D.

13. 解：设大和尚有 x 人，

依据题意得：$3x+\dfrac{100-x}{3}=100$

故选 D.

14. 解：设都来寺内有 x 名僧人，

依据题意得：$\dfrac{x}{3}+\dfrac{x}{4}=364$.

第4章　几何图形初步

4.1 从几何到平面

1. 解：小立方块的边长为1，那么看到的一个正方形面积为1.

从正面看，得到从左往右 3 列正方形的个数依次为 1，2，3，面积为 6；

从左面看，得到从左往右 3 列正方形的个数依次为 3，1，0，面积为 4；

从上面看得到从左往右 3 列正方形的个数依次为 1，2，1，面积为 4，

∴ 从正面看到的形状图面积最大.

故选 A.

2. 解：三视图如图所示：

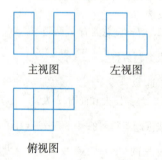

主视图　　　左视图

俯视图

3. 解：如图所示.

从正面看　　从左面看　　从上面看

4. 解：(1) 6+2+2=10；

如图所示：

(2) 只有两个面是黄色的应是第一列最底层最后面那个和第二列最后面那个，共 2 个；只有三个面是黄色的应是第一列第二层最后面的那个、第二列最前面那个、第三列最底层那个，共 3 个.

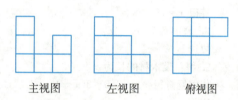

主视图　　　左视图　　　俯视图

故答案为：10；2，3.

5. 解：(1) 如图所示：

(2) 先算侧面：底层 12 个小面，中层 8 个，上层 4 个，

再算上面：上层 1 个，中层 3 个（正方体是可以移动的，不管放在哪里，它压住的面积总是它的底面积，也就是一个，所以中层是 4 减 1 个），底层（9−4）=5 个，

总共 33 个小面.

涂上颜色部分的总面积：1×1×33=33(cm²).

故涂上颜色部分的总面积是 33cm².

6. (1) 从左面看：共有 4 列，从左往右分别有 5，5，3，2 个小正方形；从上面看：共分 6 列，从左往右分别有 4，4，4，3，2，1 个小正方形；从左面、上面观察这个立体图形得到的平面图形分别如图 3、图 4 所示.

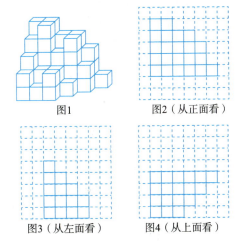

图1　　　　图2（从正面看）

图3（从左面看）　　　图4（从上面看）

（2）由已知条件可知，主视图的列数与俯视数的列数相同，且每列小正方形数目为俯视图中该列小正方形数字中的最大数字. 左视图的列数与俯视图的行数相同，且每列小正方形数目为俯视图中相应行中正方形数字中的最大数字. 据此即可求解.

k 的最大值为 $4+5+3+3+1=16$.

7. 解：（1）如图所示.

（2）从正面、上面、后面、左面、右面看都有 10 个正方形，则共有 50 个正方形，因为每个正方形的面积为 a^2，则涂上涂料部分的总面积为 $50a^2$.

（3）由题意可得：第 1 层有 1 个立方体；

第 2 层有 $1+2=3$ 个立方体；

第 3 层有 $1+2+3=6$ 个立方体；

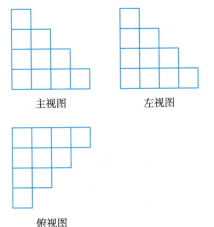

主视图　　　　左视图

俯视图

第 4 层有 $1+2+3+4=10$ 个立方体；

故第 n 层有 $1+2+3+\cdots+n$ 个立方体；

当 $1+2+3+\cdots+n=210$，

则 $n(1+n)=420$，

解得：$n_1=20$，$n_2=-21$（不合题意舍去）.

答：能在最底层刚好用 210 个小立方体搭建出几何模型，是第 20 层.

8. 解：根据图形可知，与点数 1 相邻的面的点数有 2、3、4、5，

∴ 点数 1 与 6 是相对面，对比第一个和第三个图，可知写有"?"的面与点数 1 是相对面，故写有"?"一面上的点数是 6.

故选 A.

根据与 1 个点数相邻的面的点数有 2、3、4、5 可知 1 个点数的对面是 6 个点数，再根据 1 与 2、3 相邻，从而得解.

本题主要考查了正方体相对两个面上的文字，注意正方体的空间图形，从相邻的面上找出一个与另外四个相邻的数是解题的关键.

9. 解：A. 从左面看与从正面看都是正方形，即得到的平面图形相同；

B. 从左面看是小长方形，从正面看大长方形，得到的平面图形不相同；

C. 从左面看与从正面看都是圆，即得到的平面图形相同；

D. 从左面看与从正面看都是三角形，即得到的平面图形相同；

本题是选择从左面看与从正面看所得到的平面图形不相同的，

故选 B.

10. 解：∵ 四棱锥的展开图是四个三角形和一个长方形组成的，

∴ 这个几何体是四棱锥.

故选 C.

11. 解：选项 A 和 C 带图案的一个面是底面，不能折叠成原几何体的形式；

选项 B 能折叠成原几何体的形式；

选项 D 折叠后下面带三角形的面与原几何体中的位置不同.

故选 B.

由平面图形的折叠及几何体的展开图解题，注意带图案的一个面不是底面.

本题主要考查了几何体的展开. 解题时勿忘记正四棱柱的特征及正方体展开图的各种情形. 注意做题时可亲自动手操作一下，增强空间想象能力.

12. 解：A. 从左边看得到的图形是长方形，故 A 不合题意；

B. 从左边看得到的图形是三角形，故 B 合题意；

C. 从左边看得到的图形是正方形，故 C 不合题意；

D. 从左边看得到的图形是长方形，故 D 不合题意；

故选 B.

13. 根据正方体的表面展开图找相对面的方法，同层隔一面，"Z"字两端是对面，判断即可.

本题考查了正方体相对两个面上的文字，熟练掌握根据正方体的表面展开图找相对面的方法是解题的关键.

4.2 线段计算中的思想方法

1. 解：如图，设较长的木条为 $AB=100\text{cm}$，较短的木条为 $BC=60\text{cm}$，

$\because$ M、N 分别为 AB、BC 的中点，

$\therefore$ $BM=\dfrac{1}{2}AB=\dfrac{1}{2}\times100=50$ （cm），

$BN=\dfrac{1}{2}BC=\dfrac{1}{2}\times60=30$ （cm），

①如图 1，BC 不在 AB 上时，$MN=BM+BN=50+30=80$ （cm），

②如图 2，BC 在 AB 上时，$MN=BM-BN=50-30=20$ （cm），

综上所述，两根木条的中点间的距离是 80cm 或 20cm.

故选 D.

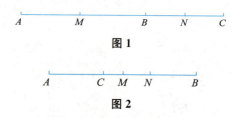

图 1

图 2

2. 解：点 Q 的位置有两种情况：

①Q 在 PB 之间时，

$\because$ P 是定长线段 AB 的三等分点，Q 是直线 AB 上一点，且 $AQ-BQ=PQ$，

$\therefore$ $AP=BQ=PQ$，

$\therefore$ $\dfrac{PQ}{AB}=\dfrac{1}{3}$；

②Q 在 PB 的延长线上时，

$\because$ P 是定长线段 AB 的三等分点，Q 是直线 AB 上一点，且 $AQ-BQ=PQ$，

$\therefore$ $AP=BQ$，

$\therefore$ $AB=PQ$，

$\therefore$ $\dfrac{PQ}{AB}=1$.

3. 解：（1）设 $AB=x$，

$\because$ $3AC=2AB$，$\therefore$ $AC=\dfrac{2}{3}AB=\dfrac{2}{3}x$，

$BC=AB-AC=x-\dfrac{2}{3}x=\dfrac{1}{3}x$，

$\because$ E 是 CB 的中点，$\therefore$ $BE=\dfrac{1}{2}BC=\dfrac{1}{6}x$，

$\because$ D 是 AB 的中点，$\therefore$ $DB=\dfrac{1}{2}AB=\dfrac{x}{2}$，

故 $DE=DB-BE=\dfrac{x}{2}-\dfrac{x}{6}=6$，

解可得：$x=18$.

故 AB 的长为 18；

（2）由（1）得：$AD=\dfrac{1}{2}AB=9$，$CB=\dfrac{1}{3}AB=6$，故 $AD:CB=\dfrac{3}{2}$.

4. 解：$\because$ $MB:BC:CN=2:3:4$，

$\therefore$ 设 $MB=2x\text{cm}$，$BC=3x\text{cm}$，

$CN=4x\text{cm}$，

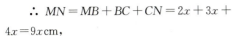

∴ $MN = MB + BC + CN = 2x + 3x + 4x = 9x$ cm,

∵ 点 P 是 MN 的中点,

∴ $PN = \frac{1}{2}MN = \frac{9}{2}x$ cm,

∴ $PC = PN - CN$,

即 $\frac{9}{2}x - 4x = 2$,

解得 $x = 4$,

所以, $MN = 9 \times 4 = 36$ cm.

5. 解: (1) ∵ $AB = 20$, $CD = 4$,

∴ $AC + DB = AB - CD = 16$.

∵ M、N 分别是 AC、BD 的中点,

∴ $MC = \frac{1}{2}AC$, $DN = \frac{1}{2}DB$,

∴ $MC + DN = \frac{1}{2}AC + \frac{1}{2}DB = \frac{1}{2}(AC + DB) = 8$,

∴ $MN = MC + CD + DN$

$= (MC + DN) + CD$

$= 8 + 4$

$= 12$;

(2) ∵ $AB = a$, $CD = b$,

∴ $AC + DB = AB - CD = a - b$.

∵ M、N 分别是 AC、BD 的中点,

∴ $MC = \frac{1}{2}AC$, $ND = \frac{1}{2}DB$,

∴ $MC + DN = \frac{1}{2}AC + \frac{1}{2}DB = \frac{1}{2}(AC + DB) = \frac{1}{2}(a - b)$,

∴ $MN = MC + CD + DN$

$= (MC + DN) + CD$

$= \frac{1}{2}(a - b) + b$

$= \frac{a + b}{2}$.

6. 解: ∵ E 是 CB 的中点

∴ $CB = 2EB = 10$

又∵ $AC = 8$

∴ $AB = EC + CB = 18$

∵ D 是 AB 的中点

∴ $DB = \frac{1}{2}AB = 9$

∴ $DE = DB - EB = 4$.

4.3 角的计算中的思想方法

探究三 解: (1) ∵ $\angle AOB = 90°$, $\angle BOC = 30°$

∴ $\angle AOC = \angle AOB + \angle BOC = 90° + 30° = 120°$,

∵ OM 平分 $\angle AOC$, ON 平分 $\angle BOC$,

∴ $\angle MOC = \frac{1}{2}\angle AOC = 60°$, $\angle CON = \frac{1}{2}\angle BOC = 15°$,

∴ $\angle MON = \angle MOC - \angle CON = 60° - 15° = 45°$;

故答案为: 45;

(2) 能.

∵ $\angle AOB = 90°$, $\angle BOC = x°$,

∴ $\angle AOC = 90° + x°$

∵ OM、ON 分别平分 $\angle AOC$、$\angle BOC$,

∴ $\angle MOC = \frac{1}{2}\angle AOC = \frac{1}{2}(90° + x°) = 45° + \frac{1}{2}x$,

∴ $\angle CON = \frac{1}{2}\angle BOC = \frac{1}{2}x$,

∴ $\angle MON = \angle MOC - \angle CON = 45° + \frac{1}{2}x - \frac{1}{2}x = 45°$.

(3) ∵ $\angle AOB = \alpha$, $\angle BOC = \beta$,

∴ $\angle AOC = \angle AOB + \angle BOC = \alpha + \beta$,

∵ OM 平分 $\angle AOC$,

∴ $\angle MOC = \frac{1}{2}\angle AOC = \frac{1}{2}(\alpha + \beta)$,

∵ ON 平分 $\angle BOC$,

∴ $\angle NOC = \frac{1}{2}\angle BOC = \frac{\beta}{2}$,

∴ $\angle MON = \angle MOC - \angle NOC = \frac{1}{2}(\alpha + \beta) - \frac{\beta}{2} = \frac{\alpha}{2}$.

（4）规律：∠MON 的度数与∠BCO 无关，∠MON＝$\frac{\alpha}{2}$.

理由：∵ ∠AOB＝α，∠BOC＝β，

∴ ∠AOC＝∠AOB＋∠BOC＝α＋β，

∵ OM 平分∠AOC，

∴ ∠MOC＝$\frac{1}{2}$∠AOC＝$\frac{1}{2}$(α＋β)，

∵ ON 平分∠BOC，

∴ ∠NOC＝$\frac{1}{2}$∠BOC＝$\frac{\beta}{2}$，

∴ ∠MON＝∠MOC－∠NOC＝$\frac{1}{2}$(α＋β)－$\frac{\beta}{2}$＝$\frac{\alpha}{2}$.

练一练

1. 解：小明不会得满分，他忽略了一种情况，

正确解法：

① 如图 1，∵ ∠AOC＝∠BOA－∠BOC＝75°－22°＝53°，

∴ ∠AOC＝53°，

② 如图 2，∵ ∠AOC＝∠BOA＋∠BOC＝75°＋22°＝97°，

∴ ∠AOC＝97°，

综上所述：∠AOC 的度数为 53°或 97°.

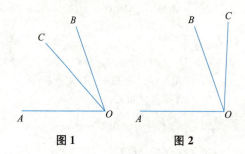

图 1　　　　图 2

2. 解：如图 1，当射线 OC 在∠AOB 的内部时，设∠AOC＝5x，∠BOC＝4x，

∵ ∠AOB＝∠AOC＋∠BOC＝15°，解得：∠AOC＝8°20′，

如图 2，当射线 OC 在∠AOB 的外部

时，设∠AOC＝5x，∠BOC＝4x，

∵ ∠AOC＝∠AOB＋∠BOC，又∠AOB＝15°，解得：∠AOC＝75°，

故答案为：8°20′或 75°.

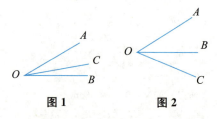

图 1　　　　图 2

3. 解：设∠COD＝x，则∠AOC＝2x，

∵ ∠COE＝77°，OE 平分∠BOD，

∴ ∠DOE＝∠BOE＝77°－x，

∴ 2x＋x＋2（77°－x）＝180°，

解得：x＝26°.

即∠COD＝26°.

故答案是：26°.

4. 解：如图 1 射线 OC 在∠AOB 的内部，图 2 射线 OC 在∠AOB 的外部.

（1）设∠AOC，∠COB 的度数分别为 2x，3x，则 2x＋3x＝40°

∴ x＝8°，∠AOC＝2x＝16°，∠AOD＝$\frac{1}{2}$×40°＝20°

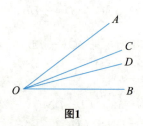

图1

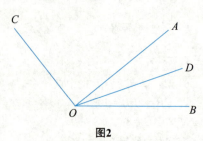

图2

∴ $\angle COD = \angle AOD - \angle AOC = 20° - 16° = 4°$；

(2) 设 $\angle AOC$，$\angle COB$ 的度数分别为 $2x$，$3x$，则 $\angle AOB = 3x - 2x = x = 40°$，

∴ $\angle AOC = 2x = 80°$

$\angle AOD = 20°$

∴ $\angle COD = \angle AOC + \angle AOD = 80° + 20° = 100°$.

故答案为 4°或 100°.

5.2　平行线间的拐点问题

答案：CCADDBBB

5.3　翻折、直尺、三角板中的平行问题

答案：1. C；2. 15°；3. 28°；4. 40°

5.4　利用平移妙解答

答案：

1. C

2. 1 421m^2

3. 540m^2

4. 782m^2

5. 216m^2

第6章　实　数

6.1　无理数的由来
1. C；2. B；3. B；4. $-\sqrt{5}$

6.2　无理数的估算
1. 5；2. $2\sqrt{7}-4$；$\sqrt{11}-2$；3. >

6.3　平方根立方根的规律
1. (1) n　(2) ①0.115 8
②1 158
2. (1) $1+\dfrac{1}{5}-\dfrac{1}{5+1}=1\dfrac{1}{30}$

(2) $\sqrt{1+n^2+(n+1)^2}=1+\dfrac{1}{n}-\dfrac{1}{n+1}$
$$=1\dfrac{1}{n(n+1)}$$

3. (1) 0.04；0.4；4；40；

(2) ①84.85；0.026 83；

②3 800；

(3) 当 $a=0$ 时，$\sqrt{a}=a$；当 $0<a<1$ 时，$\sqrt{a}>a$；

当 $a=1$ 时，$\sqrt{a}=a$；当 $a>1$ 时，$\sqrt{a}<a$；

6.4　实数计算闯关题
基础赛
1. (1) 原式＝＝$-4+1+7$
$$=4；$$
(2) 原式$=0.7+\dfrac{5}{2}-\left(-\dfrac{3}{4}\right)$
$$=0.7+2.5+0.75$$
$$=3.95.$$
(3) 原式$=2-2-3+\sqrt{2}-1=-4+\sqrt{2}.$
(4) 原式$=\dfrac{3}{2}+\dfrac{2}{3}-4+2-\sqrt{3}$
$$=\dfrac{1}{6}-\sqrt{3}.$$
(5) 原式$=\sqrt{3}-\sqrt{2}+\sqrt{2}-1-\pi+3$

$$=\sqrt{3}-\pi+2.$$

(6) 原式$=4-\dfrac{3}{4}\times\dfrac{4}{3}-(\sqrt{5}-2)$
$$=4-1-\sqrt{5}+2$$
$$=5-\sqrt{5}.$$
(7) 原式$=-8+4-1-3=-8.$

2. (1) 由方程得：$(x+1)^2=\dfrac{25}{64}$，

开方得：$x+1=\pm\dfrac{5}{8}$，

解得：$x_1=-\dfrac{3}{8}$，$x_2=-\dfrac{13}{8}$；

(2) 方程移项得：$4x^2=49$，

$\therefore\ x^2=\dfrac{49}{4}$，

开方得：$x=\pm\dfrac{7}{2}$；

(3) 由方程得：$(x-1)^3=-27$，

开方得：$x-1=-3$，

解得：$x=-2.$

进阶赛
1. (1) 解：原式$=0.6-\dfrac{5}{4}+\dfrac{1}{2}+\sqrt{3}$
$$-\sqrt{2}+2-\sqrt{3}-\sqrt{2}+1$$
$$=\dfrac{57}{20}-2\sqrt{2}.$$

(2) 解：原式$=2+2-1+\dfrac{1}{2}+1-5$
$$-2+\sqrt{2}+2$$
$$=-\dfrac{1}{2}+\sqrt{2}.$$

2. 解：(1) 4；$\sqrt{17}-4$
(2) ∵ $2<\sqrt{5}<3$，

∴ $a=\sqrt{5}-2$，

∵ $3<\sqrt{13}<4$,

∴ $b=3$,

∴ $a+b-\sqrt{5}=\sqrt{5}-2+3-\sqrt{5}=1$;

(3) ∵ $1<3<4$,

∴ $1<\sqrt{3}<2$,

∴ $11<10+\sqrt{3}<12$,

∵ $10+\sqrt{3}=x+y$,其中 x 是整数,且 $0<y<1$,

∴ $x=11$,$y=10+\sqrt{3}-11=\sqrt{3}-1$,

∴ $x-y=11-(\sqrt{3}-1)=12-\sqrt{3}$,

∴ $x-y$ 的相反数是 $-12+\sqrt{3}$;

3. 解: (1) $2-\sqrt{2}$;

(2) ∵ $m=2-\sqrt{2}$,则 $m+1>0$,$m-1<0$,

∴ $|m+1|+|m-1|=m+1+1-m=2$;

答: $|m+1|+|m-1|$ 的值为 2.

(3) ∵ $|2c+4|$ 与 $\sqrt{d-4}$ 互为相反数,

∴ $|2c+4|+\sqrt{d-4}=0$,

∴ $|2c+4|=0$,且 $\sqrt{d-4}=0$,

解得: $c=-2$,$d=4$,

∴ $2c+3d=8$,

∴ $2c+3d$ 的平方根为 $\pm2\sqrt{2}$.

答: $2c+3d$ 的平方根为 $\pm2\sqrt{2}$.

4. 解: (1) 折叠纸面,使表示的点 1 与 -1 重合,折叠点对应的数为 $\dfrac{-1+1}{2}=0$,设 -2 表示的点所对应点表示的数为 x,于是有 $\dfrac{-2+x}{2}=0$,解得 $x=2$,

故答案为 2;

(2) 折叠纸面,使表示的点 -1 与 3 重合,折叠点对应的数为 $\dfrac{-1+3}{2}=1$,

①设 5 表示的点所对应点表示的数为 y,于是有 $\dfrac{5+y}{2}=1$,解得 $y=-3$,

②设 $\sqrt{3}$ 表示的点所对应点表示的数为 z,于是有 $\dfrac{z+\sqrt{3}}{2}=1$,解得 $z=2-\sqrt{3}$,

③设点 A 所表示的数为 a,点 B 表示的数为 b,由题意得:

$\dfrac{a+b}{2}=1$ 且 $b-a=9$,解得: $a=-3.5$,$b=5.5$,

故答案为: -3,$2-\sqrt{3}$,-3.5,5.5;

(3) ①A 往左移 4 个单位: $(a-4)+a=0$. 解得: $a=2$.

②A 往右移 4 个单位: $(a+4)+a=0$,解得: $a=-2$.

答: a 的值为 2 或 -2.

第7章 平面直角坐标系

7.4 网格中图形的面积问题

1. 解：(1) (2，-1)，(4，3)；

(2) 如图，三角形 $A'B'C'$ 为所作；$A'(0，0)$，$B'(2，4)$，$C'(-1，3)$；

(3) 三角形 ABC 的面积 $=3\times4-\dfrac{1}{2}\times2\times4-\dfrac{1}{2}\times3\times1-\dfrac{1}{2}\times3\times1=5$.

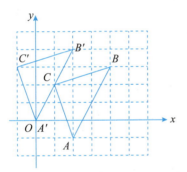

2. 解：如图，分别过 C 点和 B 点作 x 轴和 y 轴的平行线，交于点 E，则 $E(5，3)$，

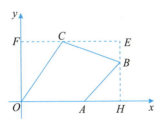

所以

$S_{四边形ABCD}=S_{长方形OHEF}-S_{\triangle ABH}-S_{\triangle CBE}-$

$S_{\triangle OCF}=5\times3-\dfrac{1}{2}\times2\times2-\dfrac{1}{2}\times1\times3-\dfrac{1}{2}\times$

$3\times2=\dfrac{17}{2}$

3. 解：(1) 过 B，C 向 x 轴作垂线，将四边形分为两个直角三角形，一个直角梯形，

所以四边形的面积为：$\dfrac{1}{2}\times1\times2+\dfrac{1}{2}\times(2+3)\times6+\dfrac{1}{2}\times2\times3=19$；

(2) 如果把四边形 $ABCD$ 各个顶点横坐标不变，纵坐标增加 3，

所得的四边形为将四边形 $ABCD$ 向上平移 3 个单位，

所以面积不变为 19.

4. B

5. 解：(1) 点 D，E，F，G 的坐标分别为：$(0，-2)$，$(5，-3)$，$(3，4)$，$(-1，2)$；

(2) 阴影部分（多边形 $ABCDEFG$）的面积为：

$[5-(-5)]\times[4-(-3)]-[4-(-3)]\times1\div2-[3-(-5)]\times2\div2-2\times[4-(-3)]\div2-[5-(-5)]\times1\div2$

$=10\times7-3.5-8-7-5$

$=70-23.5$

$=46.5$.

$\therefore$ 阴影部分（多边形 $ABCDEFG$）的面积为 46.5.

6. 解：(1) $A(4，1)$，$B(0，0)$，$C(-2，3)$，$D(2，5)$；

(2) 如图，分别过点 A，D，C 作坐标轴的垂线，

则 $S_{四边形ABCD}=5\times6-\dfrac{1}{2}\times2\times3-\dfrac{1}{2}\times2\times4-\dfrac{1}{2}\times2\times4-\dfrac{1}{2}\times1\times4=17$.

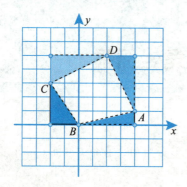

7. 解：(1) (4，0)，(0，8)；

(2) 16；

(3) 存在，理由如下：

如图，过 D 作 $DG \perp OA$ 于 G，作 $DH \perp OC$ 于 H，

由 (1) 知 $OA = 8$，$OC = 4$，点 Q 到达 A 点时间：$t = 8 \div 2 = 4\text{s}$，

$1 \times 4 = 4$，此时 P 点到达 O 点，

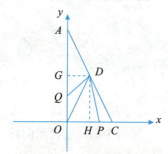

∵ D 的坐标是 (2，4)，

∴ $DG = 2$，$DH = 4$，

由题意得：$OP = 4 - t$，$OQ = 2t$，

∵ $S_{\triangle ODP} = S_{\triangle ODQ}$，

∴ $\frac{1}{2} \times 4 \times (4 - t) = \frac{1}{2} \times 2t \times 2$，

∴ $t = 2$.

第8章　二元一次方程组

8.1　消元思想解一次方程

1. 解：由①得，$2x-y=2$　③，

把③代入②得，$1+2y=9$，

解得：$y=4$，

把 $y=4$ 代入③得，$x=3$，

则方程组的解为 $\begin{cases} x=3 \\ y=4 \end{cases}$.

2. 解：(1) 方程组的解是 $\begin{cases} x=-1 \\ y=2 \end{cases}$；

(2) 方程组的解是 $\begin{cases} x=\dfrac{9}{2} \\ y=\dfrac{17}{4} \end{cases}$；

(3) 方程组的解是 $\begin{cases} x=\dfrac{11}{2} \\ y=2 \end{cases}$；

(4) 方程组的解是 $\begin{cases} x=8 \\ y=1 \end{cases}$；

(5) 原方程组的解是 $\begin{cases} x=4 \\ y=1 \end{cases}$；

(6) 方程组的解是 $\begin{cases} x=5 \\ y=-2 \end{cases}$.

3. 解：先消去 y，

$\begin{cases} 2x+4y-3z=9 & ① \\ 3x-2y-4z=8 & ② \\ 5x-6y-5z=7 & ③ \end{cases}$

①+②×2 得：$8x-11z=25$　④，

②×3-③ 得：$4x-7z=17$　⑤，

由④和⑤组成方程组：$\begin{cases} 8x-11z=25 & ① \\ 4x-7z=17 & ② \end{cases}$，

解得：$x=-1$，$z=-3$，

把 $x=-1$，$z=-3$ 代入①得：$-2+4y+9=9$，

解得：$y=\dfrac{1}{2}$，

所以原方程组的解为 $\begin{cases} x=-1 & ① \\ y=\dfrac{1}{2} & ② \\ z=-3 & ③ \end{cases}$.

8.2　求含参数的二元一次方程组中的参数值

1. D.

2. $m=2$.

3. 解得 $\begin{cases} a=-2 \\ b=3 \end{cases}$.

4. 解得 $\begin{cases} x=2 \\ y=1 \end{cases}$.

5. (1) $a=3$，$b=-2$，(2) $\begin{cases} x=-4 \\ y=7 \end{cases}$.

8.3　二元一次方程组解的方案

1. 解：(1) 设每只 A 型球，B 型球的质量分别是 x 千克，y 千克，根据题意可得：

$\begin{cases} x+y=7 \\ 3x+y=13 \end{cases}$，

解得 $\begin{cases} x=3 \\ y=4 \end{cases}$，

答：每只 A 型球的质量是 3 千克，B 型球的质量是 4 千克；

(2) A 型球，B 型球各有 3 只，2 只.

2. 解：设需 x 枚 7 分的，y 枚 5 分的，恰好支付 142 分，于是

$7x+5y=142$. ①

所以 $y=\dfrac{142-7x}{5}=28-x+\dfrac{2-2x}{5}=28-x-\dfrac{2x-2}{5}$

由于 $7x\leqslant 142$，所以 $x\leqslant 20$，并且 x，y 为整数，从而 $x=1$，6，11，16

①的非负整数解为 $\begin{cases}x=1\\y=27\end{cases}$，$\begin{cases}x=6\\y=20\end{cases}$，

$\begin{cases}x=11\\y=13\end{cases}$，$\begin{cases}x=16\\y=6\end{cases}$.

所以，共有 4 种不同的支付方式.

3. 解：设一等奖个数 x 个，二等奖个数 y 个，

根据题意得，$6x+4y=34$，

使方程成立的解有 $\begin{cases}x=1\\y=7\end{cases}$，$\begin{cases}x=3\\y=4\end{cases}$，

$\begin{cases}x=5\\y=1\end{cases}$，

∴ 方案一共有 3 种；

故选 B.

4. 解：x 只鸡有 $2x$ 只脚，y 只兔有 $4y$ 只脚，则 $2x+4y=36$.

故选 D.

5. 解：设 2m 的钢管 b 根，根据题意得：

$a+2b=9$，

∵ a，b 均为正整数，

∴ $\begin{cases}a=1\\b=4\end{cases}$，$\begin{cases}a=3\\b=3\end{cases}$，$\begin{cases}a=5\\b=2\end{cases}$，$\begin{cases}a=7\\b=1\end{cases}$.

故选 B.

6. 解：设圆圆答对了 x 道题，答错了 y 道题，

依题意得：$5x-2y+(20-x-y)\times 0=60$.

故选 C.

7. 解：(1) $\begin{cases}2x+y=7 \quad ①\\x+2y=8 \quad ②\end{cases}$，

①+②可得：$3x+3y=15$，

∴ $x+y=5$，

①-②可得：$x-y=-1$，

故答案为：-1，5；

(2) 设每支铅笔 x 元，每块橡皮 y 元，每本日记 z 元，

由题意可得：$\begin{cases}20x+3y+2z=32 \quad ①\\39x+5y+3z=58 \quad ②\end{cases}$，

∴ ①×2-②可得 $x+y+z=6$，

∴ $5x+5y+5z=30$，

答：购买 5 支铅笔、5 块橡皮、5 本日记

本共需 30 元；

(3) 由题意可得：$\begin{cases}3*5=3a+5b+c \quad ①\\4*7=4a+7b+c \quad ②\end{cases}$，

①×3-②×2可得：$a+b+c=-11$，

∴ $1*1=a+b+c=-11$，

故答案为 -11.

8.4 《九章算术》里的二元一次方程组

1. 解：由题意可得，

图 2 所示的算筹图所对应的二元一次方程组是 $\begin{cases}3x+2y=8\\6x+y=13\end{cases}$，

解得 $\begin{cases}x=2\\y=1\end{cases}$，

2. 解：∵ 每人出 8 元，多 3 元，且已经列出一个方程 $8x-3=y$，

∴ x 表示买这件物品的人数，y 表示这件物品的价格.

又∵ 每人出 7 元，少 4 元，

∴ $7x+4=y$.

3. 解：设每只雀重 x 两，每只燕重 y 两.

∵ 7 只雀、4 只燕总重量为 40 两，

∴ $7x+4y=40$；

∵ 将 1 只雀、1 只燕交换位置而放，重量相等，

∴ $6x+y=3y+x$.

联立两方程组成方程组 $\begin{cases}7x+4y=40\\6x+y=3y+x\end{cases}$.

4. 解：设 1 个大桶，1 个小桶分别可以盛酒 x，y 斛，

由 5 个大桶加上 1 个小桶可以盛酒 3 斛，可得方程 $5x+y=3$，

由 1 个大桶加上 5 个小桶可以盛酒 2 斛，可得方程 $x+5y=2$，

故可列方程组 $\begin{cases}5x+y=3\\x+5y=2\end{cases}$，

5. 解：设上等稻子每捆打 x 斗谷子，下等稻子每捆打 y 斗谷子，

根据题意可列方程组为 $\begin{cases}3x+6=10y\\5y+1=2x\end{cases}$.

第9章 不等式

9.1 实际问题中的不等式

1. 解：$175x + 200(15 - x) < 2\,500$

2. 解：设求小实要答对 x 题

由题意可得：$10x - 5(20 - x) < 140$

解得：$x < 16$ 且 x 取整数

$\therefore x = 15$

答：求小实至少要答对 15 题才能不被淘汰.

3. 解：（1）设本次活动需 x 辆 45 座客车，则需 $(4 - x)$ 辆 35 座客车，

依题意，得：$45x + 35(4 - x) \geqslant 160$，

解得：$x \geqslant 2$.

答：本次活动至少需 2 辆 45 座客车.

（2）依题意，得：$400x + 300(4 - x) \leqslant 1\,550$，

解得：$x \leqslant 3.5$，

又 $\because x \geqslant 2$，且 x 为正整数，

$\therefore x = 2$ 或 3，

$\therefore$ 共有 2 种租车方案，方案1：租 2 辆 35 座客车，2 辆 45 座客车；方案2：租 1 辆 35 座客车，3 辆 45 座客车.

方案1所需费用为 $300 \times 2 + 400 \times 2 = 1\,400$（元）；

方案2所需费用为 $300 \times 1 + 400 \times 3 = 1\,500$（元）.

$\because 1\,400 < 1\,500$，

$\therefore$ 选择租 2 辆 35 座客车，2 辆 45 座客车最省钱.

9.2 绝对值不等式

1. $-7 \leqslant x \leqslant 7$

2. $-\dfrac{1}{3} < x < \dfrac{5}{3}$

3. $x \geqslant \dfrac{10}{3}$ 或 $x \leqslant -2$

9.3 含参不等式

1. 解：不等式的两边同时乘以 3 得，

$6 - 3m < x - m$，

移项，合并同类项得，$x > 6 - 2m$，

$\because$ 不等式的解集是 $x > 2$，

$\therefore 6 - 2m = 2$，解得 $m = 2$.

2. 解：解不等式 $x < 2(x - a)$，得：$x > 2a$，

解不等式 $x - 1 \leqslant \dfrac{2}{3}x$，得：$x \leqslant 3$，

$\because$ 不等式组恰有 3 个整数解，

$\therefore 0 \leqslant 2a < 1$，

解得：$0 \leqslant a < \dfrac{1}{2}$

3. 解：解不等式 $\dfrac{3x + 1}{2} - \dfrac{4x + 2}{3} > 1$，得：$x > 7$，

解不等式 $2(m - x) \geqslant 4$，得：$x \leqslant m - 2$，

$\because$ 不等式组无解，

$\therefore m - 2 \leqslant 7$，

则 $m \leqslant 9$.

9.4 利用不等式比较大小

解：$X - Y = a^2 + 3a + 5 - a^2 - 5a - 3 = -2a + 2 = -2(a - 1)$

$\because a > 1$，$a - 1 > 0$，$-2(a - 1) < 0$

$\therefore X < Y$

第 10 章　三角形

10.1　三角形内角和定理证明

1. B

2. C　【解析】因为 $DE /\!/ BC$，所以 $\angle C = \angle AED = 54°$. 因为 $\angle A = 62°$，所以 $\angle B = 180° - \angle A - \angle C = 64°$. 故选 C.

3. A　【解析】因为 $\angle B = 67°$，$\angle C = 33°$，所以 $\angle BAC = 80°$. 因为 AD 是 $\triangle ABC$ 的角平分线，所以 $\angle CAD = \dfrac{1}{2}\angle BAC = 40°$. 故选 A.

4. B　【解析】$\because l_1 /\!/ l_2$，$\therefore \angle 1 = \angle CAB = 70°$.

$\because BC \perp l_3$ 交 l_1 于点 B，$\therefore \angle ACB = 90°$，$\therefore \angle 2 = 180° - 90° - 70° = 20°$.

5. A　【解析】由题意知 $\angle E = 45°$，$\angle B = 30°$.

$\because DE /\!/ BC$，$\therefore \angle BCF = \angle E = 45°$. 在 $\triangle CFB$ 中，$\angle BFC = 180° - \angle B - \angle BCF = 180° - 30° - 45° = 105°$.

6. D　【解析】$\because \angle A + \angle B + \angle C = 180°$，$\angle A = \angle C - \angle B$，$\therefore 2\angle C = 180°$，$\therefore \angle C = 90°$.

7. 276

10.2　平面镶嵌

1. 60°　6

2. 120°　3

3. （1）正六边形

（2）正方形

（3）正三角形、正方形

（4）正方形、正八边形

（5）正三角形、正方形、正六边形

10.3　尺规作图

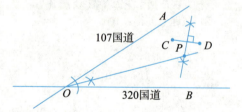

第 11 章　全等三角形

11.1　寻找全等三角形的模型

1.B；2.D；3.D；4.C；5.C；6.C

7.（2，2）或（2，－2）或（1，－2）

8.（4，2）或（－4，2）

9.42cm

10.证明：(1) ∵ $\angle BAC=45°$，$CE\perp AB$，

∴ $\angle BAC=\angle ACE=45°$，

∴ $AE=CE$，

∵ $AD\perp BC$，

∴ $\angle B+\angle BAD=90°=\angle B+\angle BCE$，

∴ $\angle BAD=\angle BCE$，

在△AEF 和△CEB 中，

$\begin{cases} \angle BAD=\angle BCE \\ AE=CE \\ \angle AEF=\angle CEB=90° \end{cases}$，

∴ △AEF≌△CEB（ASA）；

(2) ∵ △AEF≌△CEB，

∴ $AF=BC$，

∵ $AB=AC$，$AD\perp BC$，

∴ $BC=2CD$，

∴ $AF=2CD$.

11.证明：∵ △ABC 和△CDE 都是等边三角形，

∴ $CA=CB$，$CD=CE$，$\angle ACB=60°$，$\angle DCE=60°$，

∴ $\angle ACE=60°$，

∴ $\angle ACD=\angle BCE=120°$，

在△ACD 和△BCE 中，

$\begin{cases} CA=CB \\ \angle ACD=\angle BCE \\ CD=CE \end{cases}$，

∴ △ACD≌△BCE（SAS），

∴ $AD=BE$.

12.证明：(1) ∵ $AM\perp MN$ 于 M，$CN\perp MN$ 于点 N，

∴ $\angle AMB=\angle BNC=90°$，

∴ $\angle MAB+\angle ABM=90°$，

∵ $\angle ABC=90°$，

∴ $\angle ABM+\angle NBC=90°$，

∴ $\angle MAB=\angle NBC$，

∵ 在△ABM 和△BCN 中，

$\begin{cases} \angle AMB=\angle BNC \\ \angle MAB=\angle NBC \\ AB=BC \end{cases}$，

∴ △ABM≌△BCN（AAS），

∴ $AM=BN$，$BM=CN$，

∴ $MN=BM+BN=AM+CN$；

(2)（1）中的结论成立，理由如下：

设$\angle AMB=\angle ABC=\angle BNC=\alpha$，

∴ $\angle ABM+\angle BAM=\angle ABM+\angle CBN=180°-\alpha$，

∴ $\angle BAM=\angle CBN$，

在△ABM 和△BCN 中，

$\begin{cases} \angle BAM=\angle CBN \\ \angle AMB=\angle BNC \\ AB=BC \end{cases}$，

∴ △ABM≌△BCN（AAS），

∴ $AM=BN$，$BM=CN$，

∴ $MN=BN+BM=AM+CN$.

13.解：(1) ①全等，理由如下：

∵ $t=1$s，

∴ $BP=CQ=1\times 1.5=1.5$（cm），

∵ $AB=9$cm，点 D 为 AB 的中点，

∴ $BD=4.5$cm.

又∵ $PC=BC-BP$，$BC=6$cm，

∴ $PC=6-1.5=4.5$（cm），

∴ $PC=BD$.

又∵ $AB=AC$，

∴ $\angle B=\angle C$，

在△BDP 和△CPQ 中，

$\begin{cases} BD=PC \\ \angle B=\angle C, \\ BP=CQ \end{cases}$

∴ △$BPD \cong$△CQP（SAS）；

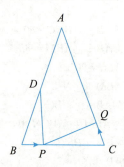

②假设△BPD 与△CQP，

∵ $v_P \neq v_Q$，

∴ $BP \neq CQ$，

又由 $\angle B=\angle C$，则只能是 $BP=CP=$ 3，$BD=CQ=4.5$，

∴ 点 P，点 Q 运动的时间 $t=BP \div 1.5=$ $3 \div 1.5=2$（s），

∴ $v_Q=CQ \div t=4.5 \div 2=2.25$（cm/s）；

（2）设经过 x 秒后点 P 与点 Q 第一次相遇，

由题意，得 $2.25x=1.5x+2 \times 9$，

解得 $x=24$，

∴ 点 P 共运动了 $24 \times 1.5=36$（cm）.

∴ 点 P，点 Q 在 AC 边上相遇，

∴ 经过 24 秒点 P 与点 Q 第一次在边 AC 上相遇.

故答案为：24；AC.

11.2 角平分线

1. B；2. B；3. C；4. C；5. A；6. A；
7. D；8. A.

9. 证明：如图：

过 M 作 $ME \perp AD$ 于 E，

∵ $\angle B=\angle C=90°$，DM 平分 $\angle ADC$，AM 平分 $\angle DAB$，

∴ $\angle C=\angle DEM=90°$，$\angle B=\angle AEM=90°$，$\angle CDM=\angle EDM$，$CM=EM$，$\angle EAM=\angle BAM$，$BM=ME$，

在△MCD 和△MED 中

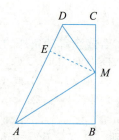

$\begin{cases} \angle CDM=\angle EDM \\ \angle C=\angle DEM \\ CM=EM \end{cases}$

∴ △$MCD \cong$△MED（AAS），

∴ $CD=DE$，

同理：$AE=AB$，

∴ $AD=AE+DE=CD+AB$.

10. 证明：连接 BD，CD，

∵ AD 平分 $\angle BAC$，$DE \perp AB$，$DF \perp AC$，

∴ $DE=DF$，$\angle BED=\angle CFD=90°$，

∵ $DG \perp BC$ 且平分 BC，

∴ $BD=CD$，

在 Rt△BED 与 Rt△CFD 中，

$\begin{cases} BD=CD \\ DE=DF \end{cases}$，

∴ Rt△$BED \cong$ Rt△CFD（HL），

∴ $BE=CF$；

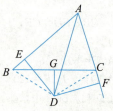

（2）解：在△AED 和△AFD 中，

$\begin{cases} \angle AED=\angle AFD=90° \\ \angle EAD=\angle FAD \\ AD=AD \end{cases}$，

∴ △AED≌△AFD（AAS），

∴ AE=AF，

设 BE=x，则 CF=x，

∵ AB=5，AC=3，AE=AB−BE，
AF=AC+CF，

∴ 5−x=3+x，

解得 x=1，

∴ BE=1，AE=AB−BE=5−1=4.

11. 证明：如图，过点 P 点作 PE⊥OA 于E，PF⊥OB 于F，

∴ ∠PEC=∠PFD=90°，

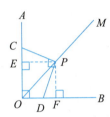

∵ OM 是∠AOB 的平分线，

∴ PE=PF，

∵ ∠AOB=90°，∠CPD=90°，

∴ ∠PCE + ∠PDO = 360° − 90° − 90°=180°，

而∠PDO+∠PDF=180°，

∴ ∠PCE=∠PDF，

在△PCE 和△PDF 中

$\begin{cases} \angle PCE=\angle PDF \\ \angle PEC=\angle PFD \\ PE=PF \end{cases}$，

∴ △PCE≌△PDF（AAS），

∴ PC=PD.

12. 证明：∵ AC 是角平分线，CE⊥AB 于E，CF⊥AD 于F，

∴ CE=CF，∠F=∠CEB=90°，

在 Rt△BCE 和 Rt△DCF 中，

$\begin{cases} BC=DC \\ CE=CF \end{cases}$

∴ △BCE≌△DCF；

（2）解：∵ CE⊥AB 于E，CF⊥AD 于F，

∴ ∠F=∠CEA=90°，

在 Rt△FAC 和 Rt△EAC 中，

$\begin{cases} AC=AC \\ CE=CF \end{cases}$，

∴ Rt△FAC≌Rt△EAC，

∴ AF=AE，

∵ △BCE≌△DCF，

∴ BE=DF，

∴ AB+AD =(AE+BE)+(AF−DF)
　　　　　=AE+BE+AE−DF
　　　　　=2AE.

13. 解：（1）∵ AM∥BN，

∴ ∠BAM+∠ABN=180°，

∵ AE 平分∠BAM，BE 平分∠ABN，

∴ ∠BAE=$\frac{1}{2}$∠BAM，

∠ABE=$\frac{1}{2}$∠ABN，

∴ ∠BAE + ∠ABE = $\frac{1}{2}$（∠BAM + ∠ABN）=90°，

∴ ∠AEB=90°；

（2）在 AB 上截取 AF=AC，连接 EF，
在△ACE 与△AFE 中，

$\begin{cases} AC=AF \\ \angle CAE=FAE \\ AE=AE \end{cases}$，

∴ △ACE≌△AFE，

∴ ∠AEC=∠AEF，

∵ ∠AEB=90°，

∴ ∠AEF+∠BEF=∠AEC+∠BED=90°，

∴ ∠FEB=∠DEB，

在△BFE 与△BDE 中，

$\begin{cases} \angle FBE=\angle DBE \\ BE=BE \\ \angle FEB=\angle DEB \end{cases}$，

∴ △BFE≌△BDE，

∴ BF=BD，

∵ AB=AF+BF，

∴ AC+BD=AB；

（3）延长 AE 交 BD 于F，

∵ ∠AEB=90°，

∴ BE⊥AF，

BE 平分∠ABN，

∴ $AB=BF=5$，$AE=EF$，

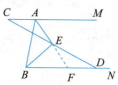

∵ $AM/\!/BN$，

∴ $\angle C=\angle EDF$，

在△ACE 与△FDE 中，

$\begin{cases}\angle C=\angle EDF\\\angle AEC=\angle FEN，\\AE=EF\end{cases}$

∴ △ACE≌△FDE，

∴ $DF=AC=3$，

∵ $BF=5$，

∴ 设 $S_{\triangle BEF}=S_{\triangle ABE}=5x$，

$S_{\triangle DEF}=S_{\triangle ACE}=3x$，

∵ $S_{\triangle ABE}-S_{\triangle ACE}=2$，

∴ $5x-3x=2$，

∴ $x=1$，

∴ △BDE 的面积=8.

11.3 截长补短

思考

延长 AB 至 F，使 $AF=AC$，

∵ ∠BAC 的平分线 AD 交 BC 边于

点 D，

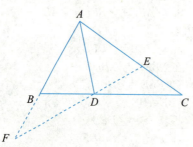

∴ $\angle BAD=\angle DAC$，

在△ACD 与△AFD 中，

$\begin{cases}AC=AF\\\angle FAD=\angle DAC，\\AD=AD\end{cases}$

∴ △ACD≌△AFD（SAS），

∴ $\angle C=\angle F$，

∵ $\angle ABC=2\angle C$，

∴ $\angle ABC=2\angle F$，

且$\angle ABC=\angle F+\angle FDB$，

∴ $\angle F=\angle FDB$，

∴ $BF=BD$，

∴ $AC=AF=AB+BF=AB+BD$.

练一练

1. 解析：如图，在 EA 上取点 F，使

$EF=BE$，连接 CF，

∵ $CE\perp AB$，

∴ $CF=CB$，

$\angle CFB=\angle B$，

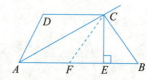

∵ $\angle AFC+\angle CFB=180°$，

$\angle D+\angle B=180°$，

∴ $\angle D=\angle AFC$，

∵ AC 平分∠BAD，

即∠DAC=∠FAC，

在△ACD 和△ACF 中

$\begin{cases}\angle D=\angle AFC\\\angle DAC=\angle FAC，\\AC=AC\end{cases}$

∴ △ACD≌△ACF（AAS），

∴ $AD=AF$，

∴ $AE=AF+EF=AD+BE$.

2. 证明：在 AB 上取一点 F，使 $AF=AC$，连接 EF.

∵ EA，EB 分别平分∠CAB 和∠DBA，

∴ $\angle CAE=\angle FAE$，$\angle EBF=\angle EBD$.

∵ $AC/\!/BD$，

∴ $\angle C+\angle D=180°$.

在△ACE 和△AFE 中，

$\begin{cases}AC=AF\\\angle CAE=\angle FAE，\\AE=AE\end{cases}$

∴ △ACE≌△AFE（SAS），

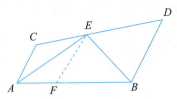

$\therefore \angle C = \angle AFE.$

$\because \angle AFE + \angle EFB = 180°,$

$\therefore \angle EFB = \angle D.$

在 $\triangle BEF$ 和 $\triangle BED$ 中,

$\begin{cases} \angle EFB = \angle D \\ \angle EBF = \angle EBD, \\ BE = BE \end{cases}$

$\therefore \triangle BEF \cong \triangle BED$（AAS）,

$\therefore BF = BD.$

$\because AB = AF + BF,$

$\therefore AB = AC + BD.$

3.（1）证明：在 CD 上截取 $CG = CE$,
连接 $EG.$

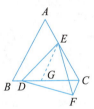

$\because \triangle ABC$ 是等边三角形,

$\therefore \angle ECG = 60°,$

$\therefore \triangle CEG$ 是等边三角形,

$\therefore EG = EC = CG, \angle CEG = 60°,$

$\because \triangle DEF$ 是等边三角形,

$\therefore DE = FE, \angle DEF = 60°,$

$\therefore \angle DEG + \angle GEF = \angle FEC + \angle GEF = 60°,$

$\therefore \angle DEG = \angle FEC,$

在 $\triangle DEG$ 和 $\triangle FEC$ 中,

$\begin{cases} DE = FE \\ \angle DEG = \angle FEC, \\ EG = EC \end{cases}$

$\therefore \triangle DEG \cong \triangle FEC$（SAS）,

$\therefore DG = CF,$

$\therefore CD = CG + DG = CE + CF,$

$\therefore CE + CF = CD;$

（2）解：线段 CE, CF 与 CD 之间的等
量关系是 $CF = CD + CE$；理由如下：

$\because \triangle ABC$ 是等边三角形,

$\therefore \angle A = \angle B = 60°,$

过 D 作 $DG \parallel AB$,交 AC 的延长线于
点 $G.$

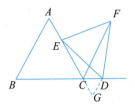

$\because GD \parallel AB,$

$\therefore \angle GDC = \angle B = 60°, \angle DGC = \angle A = 60°,$

$\therefore \angle GDC = \angle DGC = 60°,$

$\therefore \triangle GCD$ 为等边三角形,

$\therefore DG = CD = CG, \angle GDC = 60°,$

$\because \triangle EDF$ 为等边三角形,

$\therefore DE = DF, \angle EDF = \angle GDC = 60°,$

$\therefore \angle EDG = \angle FDC,$

在 $\triangle EGD$ 和 $\triangle FCD$ 中,

$\begin{cases} DE = DF \\ \angle EDG = \angle FDC, \\ DG = DC \end{cases}$

$\therefore \triangle EGD \cong \triangle FCD$（SAS）,

$\therefore GE = CF,$

$\because GE = CG + CE,$

$\therefore CF = CD + CE.$

4.解：（1）由题意可得,$AE = AC = 5$,
$\angle EAC = 90°,$

则 $\triangle EAC$ 的面积是：$\dfrac{5 \times 5}{2} = 12.5$（$cm^2$）,

即四边形 $ABCD$ 的面积为 $12.5 cm^2$,

故答案为：12.5；

（2）连接 FH, FM,延长 MN 到 O,
截取 $NO = GH.$

在 $\triangle GFH$ 和 $\triangle NFO$ 中,

$\begin{cases} FG = FN \\ \angle FGH = \angle FNO, \\ GH = NO \end{cases}$

$\therefore \triangle GFH \cong \triangle NFO$（SAS）,

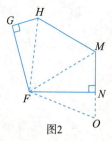

图2

$\therefore FH = FO$,

$\because FG = FN = HM = GH + MN = 2\mathrm{cm}$,

$GH = NO$,

$\therefore HM = OM$,

在△HFM 和△OFM 中，

$$\begin{cases} FH = FO \\ FM = FM \\ HM = OM \end{cases}$$

$\therefore \triangle HFM \cong \triangle OFM$（SSS），

$\because \triangle OFM$ 的面积是：$\dfrac{MO \cdot FN}{2} = \dfrac{5 \times 5}{2} = 12.5\mathrm{cm}^2$,

$\therefore \triangle HFM$ 的面积是 12.5cm²，

$\therefore$ 四边形 HFOM 的面积是 25cm²，

$\therefore$ 五边形 FGHMN 的面积是 25cm².

11.4 在网格中寻找全等三角形

探究一【解析】 根据 SSS，可以判定图中有两个三角形与△ABC 相似. 故选 C.

探究二【解析】 点 P 的位置可以是 P_1，P_2，P_4 三个，故答案为：3.

探究三【解析】 如图所示：最多可以画出 4 个. 故选 C.

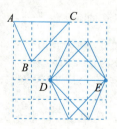

探究四【解析】 如图，$D_1(-1, -2)$，$D_2(1, 0)$，$D_3(0, 1)$.

故答案为：$(-1, -2)$ 或 $(1, 0)$ 或 $(0, 1)$.

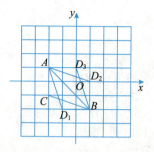

探究五【解析】 根据全等三角形的判定定理画出符合的三角形即可.

以 BC 为公共边的三角形有△BCR，△BCT，△BCY，

以 AC 为公共边的三角形有△AEC，△AQC，△AWC，

以 AB 为公共边的三角形有△ABS，

$3 + 3 + 1 = 7$，故选 C.

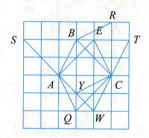

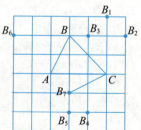

探究六【解析】 用 SSS 判定两三角形全等. 认真观察图形可得答案.

故选 C.

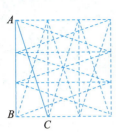

探究七【解析】如图所示：由题意可得：∠1＝∠3，

则∠1＋∠2＝∠2＋∠3＝45°.

故答案为：45°.

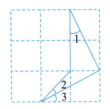

练一练

1. C

2. 点 F 为（－3，8）或（－3，0）.

3. B

4. 19

5. 8

6. B

7. 135°

8. 如图所示：则四边形 $ABCD$ 为所求.

（本题属于开放性试题，答案不唯一，注意：平移、翻折、旋转都是全等变换.）

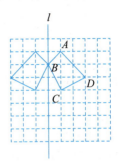

第12章　轴对称

12.1　作轴对称图形

1. B

2. B

3. A

4. 6cm²

5. 解：(1) 点 A 与点 A，点 B 与点 D，点 C 与点 E.

(2) $AB=AD$，$AC=AE$，$BC=DE$，$\angle BAC=\angle DAE$，$\angle B=\angle D$，$\angle C=\angle E$.

(3) △AFC 与△AFE，△ABF 与△ADF，也都关于直线 MN 成轴对称.

6. 解：∵ M，N 分别是点 P 关于 AO，BO 的对称点，

∴ $ME=PE$，$PF=NF$.

又∵ △PEF 的周长为 20cm，

即 $PE+EF+PF=20$cm，

∴ $ME+EF+FN=20$cm，

即 $MN=20$cm.

7. 解：(1) 证明：∵ 四边形 $ABCD$ 是长方形，

∴ $AD=BC$，$\angle A=\angle D=\angle B=\angle DCB=90°$.

根据折叠的性质得：$GC=AD$，$\angle G=\angle D=\angle GCE=\angle A=90°$.

∴ $GC=BC$，$\angle G=\angle B$.

∵ $\angle GCF+\angle ECF=90°$，$\angle BCE+\angle ECF=90°$，

∴ $\angle GCF=\angle BCE$.

∴ △$FGC\cong$△EBC（ASA）.

(2) 由折叠性质得：$S_{\text{四边形}ECGF}=S_{\text{四边形}EADF}$.

∵ △$FGC\cong$△EBC，∴ $S_{\triangle FGC}=S_{\triangle EBC}$.

∴ $S_{\text{四边形}ECGF}=S_{\text{四边形}EFCB}$.

∴ $S_{\text{四边形}EADF}=S_{\text{四边形}EFCB}=\dfrac{1}{2}S_{\text{长方形}ABCD}$.

∵ $AB=8$，$AD=4$，

∴ $S_{\text{长方形}ABCD}=8\times4=32$.

∴ $S_{\text{四边形}ECGF}=16$.

8. 解：如图，最多能画出 6 个格点三角形与△ABC 成轴对称.

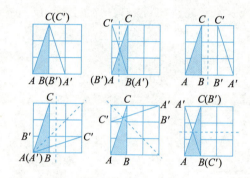

9. 解：如图所示：

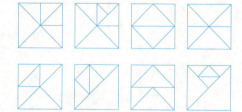

12.2　等腰三角形的分类讨论

1. 解：分情况讨论：

(1) 若等腰三角形的顶角为 80° 时，另外两个内角 $=(180°-80°)\div2=50°$；

(2) 若等腰三角形的底角为 80° 时，它的另外一个底角为 80°，顶角为 $180°-80°-80°=20°$.

故答案为：50°，50°或80°，20°.

2. 解：①若 80° 的外角是此等腰三角形的顶角的邻角，

则此顶角为：$180° - 80° = 100°$，

则其底角为：$(180° - 100°) \div 2 = 40°$；

②若 80° 的外角是此等腰三角形的底角的邻角，

则此底角为：$180° - 80° = 100°$，不能组成三角形；

故这个等腰三角形的底角为：40°.

3. 解：3 是底边时，腰长为 $\frac{1}{2} \times (14 - 3) = 5.5$，

此时，三角形的三边分别为 3，5.5，5.5，能组成三角形；

3 是腰长时，底边为 $14 - 3 \times 2 = 8$，

此时，三角形的三边分别为 3，3，8，$3 + 3 < 8$，

不能组成三角形.

综上所述，底边长为 3.

故答案为：3.

4. 解：由题意可知：$x - 3 = 0$，$y - 8 = 0$

∴ $x = 3$，$y = 8$，

当腰长为 3，底边长为 8 时，

∵ $3 + 3 < 8$，

∴ 不能围成三角形，

当腰长为 8，底边长为 3 时，

∵ $3 + 8 > 8$，

∴ 能围成三角形，

∴ 周长：$8 + 8 + 3 = 19$，故答案为 19.

5. 解：以 O 为圆心，OA 为半径画弧交 x 轴于点 P_1，P_2，以 A 为圆心，AO 为半径画弧交 x 轴于点 P_4，作 OA 的垂直平分线交 x 轴于 P_3.

如图，使 $\triangle AOP$ 是等腰三角形的点 P 有 4 个.

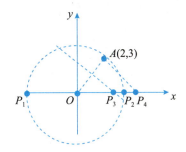

6. 解：如图所示，使得 $\triangle AOP$ 是以 AO 为底的等腰三角形的点 P 共有 2 个.

故答案为：2.

7. 解：（1）$\angle EDC = 180° - \angle ADB - \angle ADE = 180° - 115° - 40° = 25°$，

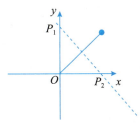

$\angle DEC = 180° - \angle EDC - \angle C = 180° - 25° - 40° = 115°$，

$\angle BDA$ 逐渐变小；

故答案为：25°，115°，小；

（2）当 $DC = 2$ 时，$\triangle ABD \cong \triangle DCE$，

理由：∵ $\angle C = 40°$，

∴ $\angle DEC + \angle EDC = 140°$，

又 ∵ $\angle ADE = 40°$，

∴ $\angle ADB + \angle EDC = 140°$，

∴ $\angle ADB = \angle DEC$，

又 ∵ $AB = DC = 2$，

∴ $\triangle ABD \cong \triangle DCE$（AAS），

（3）当 $\angle BDA$ 的度数为 110° 或 80° 时，$\triangle ADE$ 的形状是等腰三角形，

理由：∵ $\angle BDA = 110°$ 时，

∴ $\angle ADC = 70°$，$\angle EDC = 30°$，

∵ $\angle C = 40°$，

∴ $\angle DAC = 70°$，$\angle AED = \angle C + \angle EDC = 30° + 40° = 70°$，

∴ $\angle DAC = \angle AED$，

∴ $\triangle ADE$ 的形状是等腰三角形；

∵ 当 $\angle BDA$ 的度数为 80° 时，

∴ $\angle ADC = 100°$，

∵ $\angle C = 40°$，

∴ $\angle DAC = 40°$，

∴ $\angle DAC = \angle ADE$，

∴ △ADE 的形状是等腰三角形.

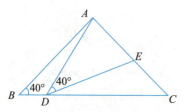

12.3 角平分线、平行线、等腰三角形之间的联系

1. 解：根据已知条件，BF，CF 分别平分 $\angle ABC$，$\angle ACB$ 的外角，且 $DE /\!/ BC$，

可得 $\angle DBF = \angle DFB$，$\angle ECF = \angle EFC$，

因此可判断出 △BDF 和 △CEF 为等腰三角形，得出 $DF = BD$，$CE = EF$，

所以得 $BD - CE = DE$.

2. 15. 提示：根据角平分线的定义可得 $\angle ABD = \angle EBD$，

再根据两直线平行，内错角相等可得 $\angle ABD = \angle EDB$，

然后求出 $\angle EBD = \angle EDB$，

根据等角对等边的性质可得 $BE = DE$，同理可得 $CF = DF$，然后求出 △DEF 的周长 $= BC$，代入数据即可得解.

3. 提示：由平行四边形推出 $\angle AMC + \angle MAD = 180°$，$\angle B + \angle BAD = 180°$，

由三角形的内角和定理得到 $\angle CMD + 2\angle MAD = 135°$，

因为 $\angle MAD + 2\angle CMD = 180°$ 解方程组，求出 $\angle MAD$，进一步求出 $\angle BAD$ 和 $\angle ABC$ 的度数.

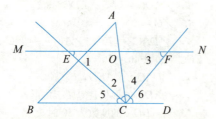

4. 根据平行线的性质以及角平分线的性质得出 $\angle 1 = \angle 2$，$\angle 3 = \angle 4$，即可得出答案.

证明：如图，∵ MN 交 $\angle ACB$ 的平分线于点 E，交 $\angle ACB$ 的外角平分线于点 F，

∴ $\angle 2 = \angle 5$，$\angle 4 = \angle 6$，

∵ $MN /\!/ BC$，

∴ $\angle 1 = \angle 5$，$\angle 3 = \angle 6$，

∴ $\angle 1 = \angle 2$，$\angle 3 = \angle 4$，

∴ $EO = CO$，$FO = CO$，∴ $OE = OF$.

5. 解：过点 E 作 AC 的平行线交 AD 的延长线于 G 点，

∵ $EG /\!/ AC$，

∴ $\angle DEG = \angle C$，

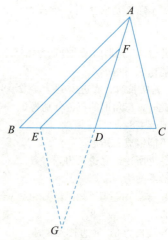

在 △DEG 和 △DCA 中，

$$\begin{cases} \angle ADC = \angle GDE \\ CD = ED \\ \angle DEG = \angle DCA \end{cases}$$

∴ △DEG ≌ △DCA（ASA），

∴ $EG = AC$，$\angle G = \angle CAD$，又 $EF = AC$ 故 $EG = EF$，

∵ AD 平分 $\angle BAC$，

∴ $\angle BAD = \angle CAD$，

∵ $EG = EF$，

∴ $\angle G = \angle EFD$，

∴ $\angle EFD = \angle BAD$，

∴ $EF /\!/ AB$.

12.4 最短路径

1. $4 \leqslant CE \leqslant 7$

2. CE

3. 提示：P 点关于 OB，OA 的对称点 P_1，P_2，

可以得到 $NP=NP_1$，$MP=MP_2$，

所以 $\triangle PMN$ 的周长 $=PN+MN+MP=P_1N+NM+MP=P_1P_2=5$，

4. 解析：如图所示，作 P 关于 OA 的对称点 D，作 P 关于 OB 的对称点 E，连接 DE 交 OA 于 M，交 OB 于 N，连接 PM，PN，则此时 $\triangle PMN$ 的周长最小，此时周长最小值等于 DE，

因为 P，D 关于 OA 对称，

所以 $OD=OP$，$\angle DOM=\angle POM$，

因为 P，E 关于 OB 对称，所以 $OE=OP$，$\angle EON=\angle PON$，

因为 $\angle DOE=\angle DOM+\angle POM+\angle PON+\angle EON=2\angle MON$，$\angle AOB=30°$，

所以 $\angle DOE=2\angle AOB=60°$，

所以 $\triangle DOE$ 是等边三角形，

所以 $DE=OD=OP=6$，

所以 $\triangle PMN$ 的周长最小是 6，

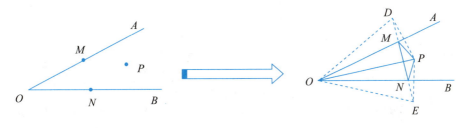

5. B.

第 13 章　整式的乘法与因式分解

13.1　整式乘法的几何意义

1. B

2. A

3. 解：(1) 根据题意，广场上需要硬化部分的面积是：

$(2a+b)(3a+b)-(a+b)^2$
$=6a^2+2ab+3ab+b^2-(a^2+2ab+b^2)$
$=6a^2+5ab+b^2-a^2-2ab-b^2$
$=5a^2+3ab$，

答：广场上需要硬化部分的面积是 $(5a^2+3ab)\text{m}^2$.

(2) 把 $a=30$，$b=10$ 代入得，
$5a^2+3ab=5×30^2+3×30×10$
$\qquad\qquad\quad =5\,400\text{m}^2$

答：广场上需要硬化部分的面积是 $5\,400\text{m}^2$.

4. 解：(1) 由题意得：

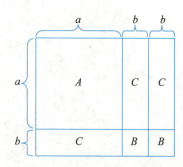

$(a+b)^2=a^2+2ab+b^2$，
故答案为：$(a+b)^2=a^2+2ab+b^2$；

(2) $(a+b)(a+2b)=a^2+3ab+2b^2$，
故答案为：1，2，3；

(3) 设 $AC=m$，$BC=n$，

由题意得：$m+n=6$，$\dfrac{1}{2}mn=4$，

$\therefore S_1+S_2$
$=m^2+n^2$
$=(m+n)^2-2mn$
$=6^2-2×8$
$=20.$

5. 解：(1) $(a+b)^2-(a-b)^2=4ab$；

(2) ①由图甲知，$2b-a=2$，
$a^2-4ab+4b^2=(a-2b)^2=(-2)^2=4$；

②由图甲知，$2b-a=2$，
由图乙知，$3a=5b$，
$\therefore a=10$，$b=6$，
$\therefore ab=60$，
故答案为 4，60.

6. 解：知识生成：图 9 中阴影部分面积可以表示为：$(x-y)^2$，还可以表示为：$(x+y)^2-4xy$.

$\therefore (x-y)^2=(x+y)^2-4xy.$

知识迁移：图 10 中几何体的体积为：$(a+b)^3$，还可以表示为：$a^3+3a^2b+3ab^2+b^3$.

$(a+b)^3=a^3+3a^2b+3ab^2+b^3.$

成果应用：(1) $\because (x-y)^2=(x+y)^2-4xy=9-5=4.$

$\therefore x-y=\pm 2.$
$\because x>y.$
$\therefore x-y=2.$

(2) $\because |a+b-4|+(ab-2)^2=0$，
$\therefore a+b-4=0$，$ab-2=0.$
$\therefore a+b=4$，$ab=2.$
$\therefore a^3+b^3=(a+b)^3-3a^2b-3ab^2$
$\qquad\qquad\quad =(a+b)^3-3ab(a+b)$

$=64-3\times2\times4$

$=40.$

故答案为：40.

13.2　杨辉三角找规律

1. 解：因为 $(x+1)^5=x^5+5x^4+10x^3+10x^2+5x+1,$

所以 $a_0=1$，$a_1=5$，$a_2=10$，$a_3=10$，$a_4=5$，$a_5=1$

(1) $a_0+a_1+a_2+a_3+a_4+a_5=1+5+10+10+5+1=32.$

(2) $a_1+a_3+a_5=5+10+1=16.$

2. 解：因为 $(x+1)^6=x^6+6x^5+15x^4+30x^3+15x^2+6x+1,$

$a_0=1$，$a_1=-6$，$a_2=15$，$a_3=-30$，$a_4=15$，$a_5=-6$，$a_6=1,$

所以 $a_0+a_1+a_2+a_3+a_4+a_5+a_6=1+(-6)+15+(-30)+15+(-6)+1=-10.$

3. (1) 星期一

(2) 星期一

(3) 星期一

13.3　十字相乘法

(1) 解：原式 $=(ab+5)(5ab-2);$

(2) 解：原式 $=(ab-5xy)(3ab-2xy);$

(3) 解：原式 $=(x-3y)(x-4y);$

(4) 解：原式 $=(x^2-2)(x^2+9);$

(5) 解：原式 $=(2m+n)(2m+3n);$

(6) 解：原式 $=5x(x+y)(x-4y).$

13.4　整式乘法与因式分解综合计算

计算：

1. 解：原式 $=1-\dfrac{1}{4}+\dfrac{1}{4}$

$=1.$

2. 解：原式 $=-3+1-1+9$

$=6.$

3. 解：原式 $=8-1-6+1$

$=2.$

4. 解：原式 $=x^2-y^2-x^2+2xy$

$=-y^2+2xy.$

5. 解：原式 $=(x^2y^2-4-2x^2y^2+4)\div xy$

$=(-x^2y^2)\div xy$

$=-xy.$

6. 解：原式 $=4x^2+8x+4-(4x^2-25)$

$=8x+29.$

7. 解：原式 $=(x^3y^2-x^2y-x^2y+x^3y^2)\div x^2y$

$=(2x^3y^2-2x^2y)\div x^2y$

$=2xy-2$

8. 解：原式 $=4x^2+4xy+y^2-4x^2+9y^2$

$=10y^2+4xy.$

9. 解：原式 $=-\dfrac{3}{4}ab^2c\cdot4a^4b^2\div6a^2b^3$

$=-3a^5b^4c\div6a^2b^3$

$=-\dfrac{1}{2}a^3bc.$

10. 解：原式 $=6x^2+9x-4x-6-x^2+2x-1$

$=5x^2+7x-7.$

11. 解：原式 $=9x^4y^6\cdot(-4y^3)\div36x^2y^2$

$=-36x^4y^9\div36x^2y^2$

$=-x^2y^7$

12. 解：原式 $=(58+42)\times(58-42)$

$=100\times16$

$=1\ 600.$

13. 解：原式 $=(2x+y)^2-4$

$=4x^2+4xy+y^2-4.$

14. 解：$=x^2+10x+25-(x^2-3x-2x+6)$

$=x^2+10x+25-x^2+3x+2x-6$

$=15x+19.$

分解因式：

1. 解：原式 $=(x-2)(x^2-16)$

$=(x-2)(x+4)(x-4);$

2. 解：原式 $=2x(x^2-4x+4)$

$=2x(x-2)^2;$

3. 解：原式 $=(2a)^2-(5b)^2$

$=(2a+5b)(2a-5b);$

4. 解：原式 $=-3xy^2(x^2-2xy+y^2)$

$=-3xy^2(x-y)^2;$

5. 解：原式 $=3x(a-b)+6y(a-b)$

$$=3(a-b)(x+2y);$$

6. 解：原式$=(x^2+4)^2-(4x)^2$

$$=(x^2+4+4x)(x^2+4-4x)$$

$$=(x+2)^2(x-2)^2;$$

7. 解：原式$=1-(a^2+2ab+b^2)$

$$=1-(a+b)^2$$

$$=(1+a+b)(1-a-b);$$

8. 解：原式$=9a^2(x-y)-4b^2(x-y)$

$$=(x-y)(9a^2-4b^2)$$

$$=(x-y)(3a+2b)(3a-2b).$$

先化简，再求值：

1. 解：原式$=4a^2+4ab+b^2+a^2-b^2$

$$+4ab$$

$$=5a^2+8ab,$$

当$a=2$，$b=-\dfrac{1}{2}$时，

原式$=5\times2^2+8\times2\times\left(-\dfrac{1}{2}\right)$

$$=20-8$$

$$=16.$$

2. 解：原式$=(x^2-4y^2-x^2-8xy$

$$-16y^2)\div4y$$

$$=(-8xy-20y^2)\div4y$$

$$=-2x-5y,$$

当$x=1$，$y=4$时，原式$=-2-20=-22.$

综合运用：

1. 解：(1) ∵ $x+y=8$，$xy=12$，

∴ 原式$=xy(x+y)=96;$

(2) ∵ $x+y=8$，$xy=12$，

∴ 原式$=(x+y)^2-3xy=64-36=28.$

2. 解：(1) $a^{m+n}=a^m\cdot a^n=2\times3=6;$

(2) $a^{3m-2n}=a^{3m}\div a^{2n},$

$$=(a^m)^3\div(a^n)^2,$$

$$=2^3\div3^2,$$

$$=\dfrac{8}{9}.$$

第14章 分 式

14.1 分式相关计算

1. C；2. C

3. 解：(1) 原式$\frac{1}{a(a-1)}\cdot\frac{a-1}{a}=\frac{1}{a^2}$；

(2) 原式$=\frac{ac+bc}{abc}-\frac{ab+ac}{abc}$

$=\frac{bc-ab}{abc}$

$=\frac{b(c-a)}{abc}$

$=\frac{c-a}{ac}$.

4. 解：(1) 该同学在计算中，第一步用的数学算理是分式的基本性质：分式的分子和分母乘（或除以）同一个不等于0的整式，分式的值不变.

故答案为：分式的分子和分母乘（或除以）同一个不等于0的整式，分式的值不变.

(2) 上述计算过程是从第二步开始出现错误的；

同分母的分式加减时，分母不变，分子相加减.

故答案为：二；

(3) $\frac{1}{x+1}-\frac{2x}{x^2-1}$

$=\frac{x-1}{(x+1)(x-1)}-\frac{2x}{(x+1)(x-1)}$

$=\frac{x-1-2x}{(x-1)(x+1)}$

$=\frac{-(x+1)}{(x+1)(x-1)}$

$=-\frac{1}{x-1}$，

所以该分式的正确结果是$-\frac{1}{x-1}$.

5. 答案 y^2-4y+3，只可以代 $y=2$，得-1.

6. 答案 $-m^2+m$，得 0.25.

14.2 裂项相消法

解：(1) 原式$=81x^4+4-36x^2+36x^2$
$=(9x^2+2)^2-36x^2=(9x^2+2+6x)(9x^2+2-6x)$；

(2) $x\left[\left(\frac{1}{1}-\frac{1}{2}\right)+\left(\frac{1}{2}-\frac{1}{3}\right)+\left(\frac{1}{3}-\frac{1}{4}\right)+\cdots+\left(\frac{1}{2\,019}-\frac{1}{2\,020}\right)\right]=2\,019$，

$x\left(1-\frac{1}{2\,020}\right)=2\,019$，

$\therefore x=2\,020$；

(3) $\because 1+n^2+n^4=n^4+2n^2+1-n^2=(n^2+1+n)(n^2+1-n)$，

$\therefore$ 原式左边

$=\frac{1}{(1+1+1)(1+1-1)}+\frac{2}{(2^2+1+2)(2^2+1-2)}$

$+\frac{3}{(3^2+1+3)(3^2+1-3)}+\cdots$

$+\frac{n}{(n^2+1+n)(n^2+1-n)}$

$=-\frac{1}{2}\left(\frac{1}{1+1+1}-\frac{1}{1+1-1}+\frac{1}{2^2+1+2}\right.$

$-\frac{1}{2^2+1-2}+\frac{1}{3^2+1+3}-\frac{1}{3^2+1-3}$

$\left.+\cdots+\frac{1}{n^2+1-n}-\frac{1}{n^2+1-n}\right)$

$=-\frac{1}{2}\left(\frac{1}{n^2+1+n}-1\right)=\frac{n^2+n}{2n^2+2n+2}$；

$\therefore$ 左边＝右边，

∴ 等式成立；

14.3 含有参数的分式方程

1. $a=\dfrac{x-2}{2}$，$x=2a+2$.

2. 答案：由 a 表示 $y=\dfrac{2a}{a-1}+1$

情况一，当 $y=1$ 时，为增根，方程无解，$a=0$；情况二，$a-1=0$ 时，式子无意义，无解，$a=1$. 故答案为 a 的值是 0 或 1.

3. 解：用 m 表示 y 得 $m-2=y+1$，因此 $y=m-3$，

由题意得 $y<0$，

故 $m-3<0$，$m<3$，又 $y\neq-1$，因此 $m-3\neq-1$，$m\neq2$，

所以 m 的范围是 $m<3$ 且 $m\neq2$.

4. 解：(1) ∵ $\dfrac{x}{x^2-x+1}=\dfrac{1}{2}$

∴ $\dfrac{x^2-x+1}{x}=2$

即 $x-1+\dfrac{1}{x}=2$

∴ $x+\dfrac{1}{x}=3$

故答案为：3.

(2) ∵ $\begin{cases} \dfrac{mn}{3m+2n}=3 \\ \dfrac{mn}{2m+3n}=5 \end{cases}$

∴ $\begin{cases} \dfrac{3m+2n}{mn}=\dfrac{1}{3} \\ \dfrac{2m+3n}{nm}=\dfrac{1}{5} \end{cases}$

∴ $\begin{cases} \dfrac{3}{n}+\dfrac{2}{m}=\dfrac{1}{3} \quad ① \\ \dfrac{2}{n}+\dfrac{3}{m}=\dfrac{1}{5} \quad ② \end{cases}$

∴ ①×2−②×3 得

$\dfrac{5}{m}=-\dfrac{1}{15}$

∴ $m=-75$ ③

将③代入①得 $\dfrac{3}{n}+\dfrac{2}{-75}=\dfrac{1}{3}$

解得 $n=\dfrac{25}{3}$

经检验，$m=-75$，$n=\dfrac{25}{3}$ 是原方程的解

∴ 原方程的解是 $m=-75$，$n=\dfrac{25}{3}$.

(3) ∵ $\dfrac{yz}{bz+cy}=\dfrac{zx}{cx+az}=\dfrac{xy}{ay+bx}=\dfrac{x^2+y^2+z^2}{a^2+b^2+c^2}$，$x\neq0$，$y\neq0$，$z\neq0$，

∴ $\dfrac{y}{bz+cy}=\dfrac{x}{cx+az}$，$\dfrac{z}{cx+az}=\dfrac{y}{ay+bx}$

∴ $\dfrac{bz+cy}{y}=\dfrac{cx+az}{x}$，$\dfrac{cx+az}{z}=\dfrac{ay+bx}{y}$

∴ $\dfrac{b}{y}=\dfrac{a}{x}$，$\dfrac{c}{z}=\dfrac{b}{y}$

∴ $x=\dfrac{ay}{b}$，$z=\dfrac{cy}{b}$

将上式代入 $\dfrac{zx}{cx+az}=\dfrac{x^2+y^2+z^2}{a^2+b^2+c^2}$，化简得

$\dfrac{1}{2b}=\dfrac{y}{b^2}$

∴ $y=\dfrac{b}{2}$

∴ $x=\dfrac{a}{b}\cdot\dfrac{b}{2}=\dfrac{a}{2}$

$z=\dfrac{c}{b}\cdot\dfrac{b}{2}=\dfrac{c}{2}$

又 ∵ $abc=5$

∴ $xyz=\dfrac{5}{8}$

∴ xyz 的值为 $\dfrac{5}{8}$.

14.4 增根与无解

1-3：DBC

4. 解：(1) 根据分式方程有增根，得到 $x-1=0$，即 $x=1$，

则方程的增根为 $x=1$.

故答案为：$x=1$；

(2) 解分式方程 $\dfrac{x}{x-2}+\dfrac{2m}{2-x}=2m$ 得

$x=\dfrac{2m}{2m-1}$，

根据分式方程有增根，得到 $x-2=0$，

解得 $x=2$,

∴ $\dfrac{2m}{2m-1}=2$,

解得 $m=1$.

故答案为：1；

(3) 解分式方程 $\dfrac{2x}{x-1}-1=\dfrac{m}{x-1}$ 得 $x=m-1$,

根据分式方程无解，得到 $x-1=0$，即 $x=1$,

∴ $m-1=1$,

解得 $m=2$.

故答案为：2.

5. 解：分式方程去分母得：$5(x+5)+ax=3(x-5)$,

整理得：$5x+25+ax=3x-15$，即 $(a+2)x=-40$,

当 $a+2=0$，即 $a=-2$ 时，方程无解；

∵ 分式方程有增根，

∴ $(x+5)(x-5)=0$,

解得：$x=5$ 或 $x=-5$,

把 $x=5$ 代入整式方程得：$50+5a=0$,

即 $a=-10$；

把 $x=-5$ 代入整式方程得：$-5a=-30$，即 $a=6$,

则分式方程有增根，$a=-10$ 或 6；此方程无解，$a=-2$ 或 -10 或 6.

6. 解：$\dfrac{2}{x+1}-\dfrac{5}{x-1}=\dfrac{mx}{x^2-1}$,

$2(x-1)-5(x+1)=mx$,

$(m+3)x=-7$,

(1) 把 $x=1$ 代入 $(m+3)x=-7$ 中可得：

$m+3=-7$,

∴ $m=-10$,

∴ m 的值为 -10；

(2) ∵ 方程有增根，

∴ $(x+1)(x-1)=0$,

∴ $x=1$ 或 $x=-1$,

把 $x=1$ 代入 $(m+3)x=-7$ 中可得：

$m+3=-7$,

∴ $m=-10$,

把 $x=-1$ 代入 $(m+3)x=-7$ 中可得：

$-m-3=-7$,

∴ $m=4$,

∴ m 的值为 4 或 -10；

(3) 分两种情况：

当 $m+3=0$ 时，$m=-3$,

当 $m+3\neq0$ 时，分式方程有增根，此时 m 值为 4 或 -10,

综上所述：m 的值为 -3 或 4 或 -10.

7. 解：(1) 由题意，得 $\dfrac{x}{x-3}=2-\dfrac{-2}{x-3}$,

去分母，得 $x=2(x-3)+2$,

去括号，得 $x=2x-6+2$,

移项、合并同类项，得 $x=4$,

经检验，当 $x=4$ 时 $x-3\neq0$,

∴ $x=4$ 是原分式方程的解；

(2) 设原分式方程中"?"代表的数为 m,

方程两边同时乘 $(x-3)$ 得 $x=2(x-3)-m$,

由于 $x=3$ 是原分式方程的增根,

把 $x=3$ 代入上面的等式解得 $m=-3$,

∴ 原分式程中"?"代表的数是 -3.

8. 解：(1) 方程两边同时乘以 $(x-2)$ 得 $5+3(x-2)=-1$

解得 $x=0$

经检验，$x=0$ 是原分式方程的解.

(2) 设"?"为 m,

方程两边同时乘以 $(x-2)$ 得 $m+3(x-2)=-1$

由于 $x=2$ 是原分式方程的增根,

所以把 $x=2$ 代入上面的等式得 $m+3(2-2)=-1$，$m=-1$

所以，原分式方程中"?"代表的数是 -1.

14.5 使用表格分析法解分式方程

1. 解：设甲种树苗价格是 x 元/棵，则乙种树苗价格是 $(x+10)$ 元/棵,

依题意得，$\dfrac{480}{x+10}=\dfrac{360}{x}$,

解得 $x=30$,

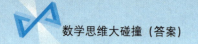

经检验，$x=30$ 是原方程的解，

$x+10=30+10=40$（元），

答：甲种树苗每棵的价格是 30 元，乙种树苗每棵的价格是 40 元.

2. 解：设 B 制药厂单独生产这批疫苗需要 x 个月完成，

依题意得，$\frac{1}{3}+\frac{1}{2}\times\frac{1}{3}+\frac{1}{2}\times\frac{1}{x}=1$，

解得 $x=1$，

经检验，$x=1$ 是原方程的解，且符合题意.

答：B 制药厂单独生产这批疫苗需要 1 个月完成.

3. 解：(1) A，C，

故答案为：A，C；

(2) Ⅰ聪聪，等量关系：甲队修路 400 米与乙队修路 600 米所用时间相等；

Ⅱ明明，等量关系：乙队每天比甲队多修 20 米，

故答案为：聪聪、明明；聪聪，等量关系：甲队修路 400 米与乙队修路 600 米所用时间相等；明明，等量关系：乙队每天比甲队多修 20 米；

(3) 选第一个方程 $\frac{400}{x}=\frac{600}{x+20}$，

解得 $x=40$，

经检验 $x=40$ 是原分式方程的解，且符合题意.

答：甲队每天修路的长度为 40 米；

选第二个方程 $\frac{600}{y}-\frac{400}{y}=20$，

解得 $y=10$，

经检验 $y=10$ 是原分式方程的解，且符合题意.

$\frac{400}{10}=40$，

答：甲队每天修路的长度为 40 米.

第 15 章 二次根式

15.1 二次根式的混合运算

1. D

2. 5

3. 解：原式 $=\dfrac{1}{4}+2-\sqrt{2}-1-\dfrac{1}{4}$

$\qquad\qquad =1-\sqrt{2}$.

4. 解：原式 $=3\sqrt{2}-2\sqrt{2}-(3-1)$

$\qquad\qquad =\sqrt{2}-2$.

5. 解：(1) 原式 $=4\sqrt{5}+3\sqrt{5}-2\sqrt{2}+$

$4\sqrt{2}=7\sqrt{5}+2\sqrt{2}$；

$\qquad$(2) 原式 $=(8\sqrt{3}-9\sqrt{3})\div\sqrt{6}$

$\qquad\qquad =-\sqrt{3}\div\sqrt{6}=-\sqrt{\dfrac{3}{6}}=-\dfrac{\sqrt{2}}{2}$；

$\qquad$(3) 原式 $=6-4\sqrt{6}+\sqrt{30}-4\sqrt{5}$；

$\qquad$(4) 原式 $=2\times\dfrac{1}{4}\times\sqrt{12\times3\times\dfrac{1}{2}}$

$\qquad\qquad =\dfrac{3\sqrt{2}}{2}$.

6. 解：(1) 当 $x=\sqrt{3}+1$，$y=\sqrt{3}-1$ 时，

原式 $=(x+y)(x-y)$

$\qquad =(\sqrt{3}+1+\sqrt{3}-1)(\sqrt{3}+1-\sqrt{3}+1)$

$\qquad =2\sqrt{3}\times2$

$\qquad =4\sqrt{3}$；

$\qquad$(2) 当 $x=\sqrt{3}+1$，$y=\sqrt{3}-1$ 时，

原式 $=\dfrac{y^{2}}{xy}+\dfrac{x^{2}}{xy}$

$\qquad =\dfrac{x^{2}+y^{2}}{xy}$

$\qquad =\dfrac{(\sqrt{3}+1)^{2}+(\sqrt{3}-1)^{2}}{(\sqrt{3}+1)(\sqrt{3}-1)}$

$\qquad =\dfrac{4+2\sqrt{3}+4-2\sqrt{3}}{3-1}$

$\qquad =\dfrac{8}{2}$

$\qquad =4$.

7. (1) 解：原式 $=3-1-9+1+2\sqrt{2}$

$\qquad\qquad =-6+2\sqrt{2}$；

$\qquad$(2) 解：原式 $=(\sqrt{3}+1)^{2}-2(\sqrt{3}+1)-3$

$\qquad\qquad =3+2\sqrt{3}+1-2\sqrt{3}-2-3$

$\qquad\qquad =-1$.

15.2 海伦-秦九韶公式

1. 解：(1) 由题可得，$a-4=0$，$b-5=0$，$c-6=0$，

$\qquad\therefore a=4$，$b=5$，$c=6$.

$\qquad$(2) $\because P=\dfrac{a+b+c}{2}=\dfrac{15}{2}$，

$\qquad\qquad p-a=\dfrac{15}{2}-4=\dfrac{7}{2}$，

$\qquad\qquad p-b=\dfrac{15}{2}-5=\dfrac{5}{2}$，

$\qquad\qquad p-c=\dfrac{15}{2}-6=\dfrac{3}{2}$，

$\qquad\therefore$ 由海伦公式可得：$S_{\triangle ABC}=$

$\sqrt{\dfrac{15}{2}\times\dfrac{7}{2}\times\dfrac{5}{2}\times\dfrac{3}{2}}=\sqrt{\dfrac{15^{2}\times7}{4^{2}}}=\dfrac{15\sqrt{7}}{4}$.

$\qquad$即 $\triangle ABC$ 的面积的面积为 $\dfrac{15\sqrt{7}}{4}$.

2. 解：(1) $\because BC=4$，$AC=5$，$AB=6$，

$\qquad\therefore p=\dfrac{15}{2}$，代入海伦公式得：$S=$

$\sqrt{\dfrac{15}{2}\left(\dfrac{15}{2}-4\right)\left(\dfrac{15}{2}-5\right)\left(\dfrac{15}{2}-6\right)}=\dfrac{15}{4}\sqrt{7}$；

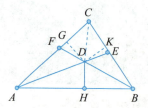

（2）过点 D 作 $DG \perp AC$ 于点 G，过点 D 作 $DK \perp BC$ 于点 K，连接 CD，

由角平分线性质可知：$DG=DH=DK$，

∵ ① $S_{\triangle ABC}=S_{\triangle ADC}+S_{\triangle ADB}+S_{\triangle BDC}$，

∴ $\dfrac{15}{4}\sqrt{7}=\dfrac{1}{2} \times 5 \times DG+\dfrac{1}{2} \times 6 \times DH+\dfrac{1}{2} \times 4 \times DK$，

而 $DG=DH=DK$，

∴ $DH=\dfrac{\sqrt{7}}{2}$.

3. 解. （1）根据题意知 $p=\dfrac{a+b+c}{2}=9$，

所以 $S=\sqrt{p(p-a)(p-b)(p-c)}=\sqrt{9(9-7)(9-5)(9-6)}=6\sqrt{6}$，

∴ $\triangle ABC$ 的面积为 $6\sqrt{6}$；

（2）∵ $S=\dfrac{1}{2}ch_1=\dfrac{1}{2}bh_2=6\sqrt{6}$，

∴ $\dfrac{1}{2} \times 6h_1=\dfrac{1}{2} \times 5h_2=6\sqrt{6}$，

∴ $h_1=2\sqrt{6}$，$h_2=\dfrac{12}{5}\sqrt{6}$，

∴ $h_1+h_2=\dfrac{22}{5}\sqrt{6}$.

15.3 根式、分式有意义的条件

1. B
2. C
3. D
4. A
5. C
6. C
7. $x>8$
8. $x \geqslant -3$ 且 $x \neq 1$ 且 $x \neq 2$
9. 解：（1）根据二次根式的意义的条件，
被开方数 $x-3 \geqslant 0$，
解得 $x \geqslant 3$.

所以 x 的取值范围是 $x \geqslant 3$；

（2）根据二次根式的意义和分式有意义的条件，
被开方数 $x-5>0$，
解得 $x>5$；
所以 x 的取值范围是 $x>5$；

（3）根据二次根式的意义的条件，
被开方数 $\dfrac{x}{3}-1 \geqslant 0$，
解得 $x \geqslant 3$；
所以 x 的取值范围是 $x \geqslant 3$.

（4）根据题意得：$x^2 \geqslant 0$，
∴ $x^2+6>0$，
∴ x 的取值范围是一切实数；

（5）根据题意得：$x+2 \geqslant 0$ 且 $x \neq 0$，
∴ $x \geqslant -2$ 且 $x \neq 0$，
故 x 的取值范围是 $x \geqslant -2$ 且 $x \neq 0$；

（6）根据题意得：$x+1 \geqslant 0$ 且 $5-x \geqslant 0$
∴ $-1 \leqslant x \leqslant 5$，
∴ x 的取值范围是 $-1 \leqslant x \leqslant 5$.

15.5 分母有理化

1. D
2. A
3. $\dfrac{\sqrt{10}}{2}$

4. 解：（1）$\dfrac{\sqrt{3}}{\sqrt{5}}=\sqrt{\dfrac{3}{5}}=\sqrt{\dfrac{3 \times 5}{5 \times 5}}=\sqrt{\dfrac{15}{5^2}}=\dfrac{\sqrt{15}}{\sqrt{5^2}}=\dfrac{\sqrt{15}}{5}$；

（2）$\dfrac{3\sqrt{2}}{\sqrt{27}}=\dfrac{3\sqrt{2}}{\sqrt{3^2 \times 3}}=\dfrac{3\sqrt{2}}{\sqrt{3^2} \times \sqrt{3}}=\dfrac{\sqrt{2}}{\sqrt{3}}=\dfrac{\sqrt{2} \times \sqrt{3}}{\sqrt{3} \times \sqrt{3}}=\dfrac{\sqrt{6}}{3}$；

（3）$\dfrac{\sqrt{8}}{\sqrt{2a}}=\dfrac{\sqrt{8} \cdot \sqrt{2a}}{(\sqrt{2a})^2}=\dfrac{4\sqrt{a}}{2a}=\dfrac{2\sqrt{a}}{a}$.

5. 解：当 $a=2+\sqrt{3}$，$b=2-\sqrt{3}$ 时，
$a+b=2+\sqrt{3}+2-\sqrt{3}=4$，$a-b=2+\sqrt{3}-2+\sqrt{3}=2\sqrt{3}$，
$ab=(2+\sqrt{3})(2-\sqrt{3})=4-3=1$，
① $a^2+b^2=(a+b)^2-2ab=4^2-2 \times$

$1=14$；

②$\dfrac{a}{b}-\dfrac{b}{a}=\dfrac{a^2-b^2}{ab}=\dfrac{(a+b)(a-b)}{ab}=$

$\dfrac{4\times2\sqrt{3}}{1}=8\sqrt{3}$.

6. 解：$\dfrac{1}{a+b}+\dfrac{1}{b}+\dfrac{b}{a(a+b)}$

$=\dfrac{ab}{ab(a+b)}+\dfrac{a(a+b)}{ab(a+b)}+\dfrac{b^2}{ab(a+b)}$

$=\dfrac{a^2+2ab+b^2}{ab(a+b)}=\dfrac{(a+b)^2}{ab(a+b)}=\dfrac{a+b}{ab}$.

当 $a=\sqrt{3}+1,b=\sqrt{3}-1$ 时，

原式$=\dfrac{(\sqrt{3}+1)+(\sqrt{3}-1)}{(\sqrt{3}+1)(\sqrt{3}-1)}=\dfrac{2\sqrt{3}}{2}=\sqrt{3}$.

7. 解：(1) ①原式$=\dfrac{2(\sqrt{5}-\sqrt{3})}{(\sqrt{5}+\sqrt{3})(\sqrt{5}-\sqrt{3})}$

$=\dfrac{2(\sqrt{5}-\sqrt{3})}{(\sqrt{5})^2-(\sqrt{3})^2}$

$=\sqrt{5}-\sqrt{3}$.

②原式$=\dfrac{5-3}{\sqrt{5}+\sqrt{3}}=\dfrac{(\sqrt{5})^2-(\sqrt{3})^2}{\sqrt{5}+\sqrt{3}}$

$=\dfrac{(\sqrt{5}+\sqrt{3})(\sqrt{5}-\sqrt{3})}{\sqrt{5}+\sqrt{3}}$

$=\sqrt{5}-\sqrt{3}$.

(2) 原式$=\dfrac{\sqrt{3}-1}{(\sqrt{3}+1)(\sqrt{3}-1)}$

$+\dfrac{\sqrt{5}-\sqrt{3}}{(\sqrt{5}+\sqrt{3})(\sqrt{5}-\sqrt{3})}+\dfrac{\sqrt{7}-\sqrt{5}}{(\sqrt{7}+\sqrt{5})(\sqrt{7}-\sqrt{5})}+\cdots$

$+\dfrac{\sqrt{2n+1}-\sqrt{2n-1}}{(\sqrt{2n+1}+\sqrt{2n-1})(\sqrt{2n+1}-\sqrt{2n-1})}$

$=\dfrac{1}{2}(\sqrt{3}-1)+\dfrac{1}{2}(\sqrt{5}-\sqrt{3})+\dfrac{1}{2}(\sqrt{7}-\sqrt{5})$

$+\cdots+\dfrac{1}{2}(\sqrt{2n+1}-\sqrt{2n-1})$

$=\dfrac{1}{2}(\sqrt{3}-1+\sqrt{5}-\sqrt{3}+\sqrt{7}-\sqrt{5}$

$+\cdots+\sqrt{2n+1}-\sqrt{2n-1})$

$=\dfrac{1}{2}\sqrt{2n+1}-\dfrac{1}{2}$.

第16章 勾股定理

16.2 勾股定理的证明

1. D 【解析】由 $S_{\triangle EDA}+S_{\triangle CDE}+S_{\triangle CEB}=S_{四边形ABCD}$，可得 $\frac{1}{2}ab+\frac{1}{2}c^2+\frac{1}{2}ab=\frac{1}{2}(a+b)^2$，

∴ $c^2+2ab=a^2+2ab+b^2$，

整理，得 $a^2+b^2=c^2$，

∴ 证明中用到的面积相等关系是 $S_{\triangle EDA}+S_{\triangle CDE}+S_{\triangle CEB}=S_{四边形ABCD}$.

故选 D.

2. (1) $a+b$，$(a+b)^2$；(2) c，c^2；

(3) $2ab$，$a^2+b^2=c^2$.

16.3 勾股定理的实际应用

探究一

例1练习

解：连接 AC，则 AC 与 AB，BC 构成直角三角形，

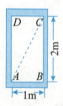

根据勾股定理得 $AC=\sqrt{AB^2+BC^2}=\sqrt{1^2+2^2}=\sqrt{5}\approx2.236>2.2$.

∴ 只有 2.9×2.2 薄木板能从门框内通过，故选 A.

探究二

例2练习

1. 解：(1) ∵ 在 Rt$\triangle ABC$ 中，

$AB=25$ 米，$BC=15$ 米，

∴ $AC=\sqrt{AB^2-BC^2}=\sqrt{25^2-15^2}=20$（米），

在 Rt$\triangle CDE$ 中，

∵ $DE=AB=25$ 米，$CD=BC+BD=15+5=20$（米），

∴ $EC=\sqrt{DE^2-CD^2}=\sqrt{25^2-20^2}=15$（米），

答：梯子滑动后，梯子的高度 CE 是 15 米；

(2) 由（1）知，$AC=20$ 米，$EC=15$ 米，

则 $AE=AC-EC=20-15=5$（米）.

答：梯子顶端 A 下落的长度 AE 有 5 米.

2. 解：在 Rt$\triangle ABC$ 中，

$AB=\sqrt{AC^2+BC^2}=\sqrt{\left(\frac{24}{10}\right)^2+\left(\frac{7}{10}\right)^2}=2.5$（米），

∴ $A'B=2.5$ 米，

在 Rt$\triangle A'BD$ 中，

$BD=\sqrt{A'B^2-A'D^2}=\sqrt{\left(\frac{25}{10}\right)^2-\left(\frac{15}{10}\right)^2}=2$（米），

∴ $BC+BD=2+0.7=2.7$（米），

答：小巷的宽为 2.7 米，

故答案为：2.7 米.

探究三

例3练习

1. 解：∵ $AC=4$ 米，$BC=3$ 米，$\angle ACB=90°$，

∴ 折断的部分长为 $AB=\sqrt{BC^2+AC^2}=\sqrt{3^2+4^2}=5$，

∴ 折断前高度为 $BC + AB = 5 + 3 = 8$ 米. 故选 A.

2. 解：设竹子折断处离地面 x 尺，则斜边为（$10 - x$）尺，

根据勾股定理得：$x^2 + 3^2 = (10 - x)^2$.

解得：$x = 4.55$,

答：折断处离地面的高度是 4.55 尺.

探究四

例 4 练习

解：依题意画出图形，设芦苇长 $AB = AB' = x$ 尺，则水深 $AC = (x - 1)$ 尺，因为 $B'E = 14$ 尺，所以 $B'C = 7$ 尺，

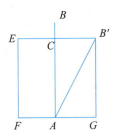

在 Rt△$AB'C$ 中，$\because CB'^2 + AC^2 = AB'^2$

∴ $7^2 + (x - 1)^2 = x^2$，解得 $x = 25$,

∴ 这根芦苇长 25 尺，

∴ 水的深度是 $25 - 1 = 24$（尺）.

探究五

例 5 练习

1. 解：由折叠的性质得：$CE = AE$,

设 $AE = x$cm，则有 $EB = AB - AE = (5 - x)$cm,

在 Rt△BCE 中，$BC = AD = 3$cm，$CE = AE = x$cm，$EB = (5 - x)$cm,

根据勾股定理得：$3^2 + (5 - x)^2 = x^2$,

解得：$x = 3.4$,

则 AE 的长为 3.4cm.

2. 解：$\because$ 点 C 是 AB 边的中点，$AB = 6$,

∴ $BC' = 3$,

由图形折叠特性知，$C'F = CF = BC - BF = 9 - BF$,

在 Rt△$C'BF$ 中，$BF^2 + BC'^2 = C'F^2$,

∴ $BF^2 + 9 = (9 - BF)^2$,

解得，$BF = 4$.

练一练

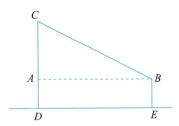

1. 解：如图，建立数学模型，两棵树的高度差 $AC = 19 - 10 = 9$ 米，间距 $AB = DE = 12$ 米，

根据勾股定理可得：小鸟至少飞行的距离 $BC = \sqrt{9^2 + 12^2} = 15$ 米.

2. 解：当筷子与杯底垂直时 h 最大，h 最大 $= 24 - 12 = 12$cm.

当筷子与杯底及杯高构成直角三角形时 h 最小，

如图所示：此时，$AB = \sqrt{AC^2 + BC^2} = \sqrt{12^2 + 5^2} = 13$cm,

故 $h = 24 - 13 = 11$cm.

故 h 的取值范围是 $11\text{cm} \leqslant h \leqslant 12\text{cm}$.

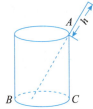

3. 解：$\because CB = 60$m，$AC = 20$m，$\angle BAC = 90°$,

在 Rt△ABC 中，

∴ $AB = \sqrt{BC^2 - AC^2} = \sqrt{60^2 - 20^2} = 40\sqrt{2} \approx 57$（m）.

答：A，B 两点间距离约为 57m.

4. 解：在 Rt△AOB 中，

$\because AO = 2.4$cm，底面半径 $OB = 0.7$cm,

∴ $AB = \sqrt{AO^2 + OB^2} = \sqrt{2.4^2 + 0.7^2} = 2.5$cm,

故答案为：2.5cm.

5. 解：过点 A 作 $AD \perp BC$ 于点 D，则

$AD = l$，

∵ $AB = AC = 88$，$BC = 64$，

∴ AD 是 BC 的垂直平分线，

∴ $BD = \dfrac{1}{2} BC = 32$.

在 Rt△ABD 中，

$AD = \sqrt{AB^2 - BD^2} = \sqrt{88^2 - 32^2} \approx 82$，

即 $l = 82$（mm）.

答：l 的长为 82mm.

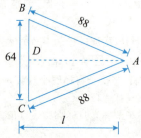

6. 解：如图所示，

∵ 圆柱的底面半径为 6cm，高为 10cm，

∴ $AD = 6\pi$cm，$BD = 10$cm，

∴ $AB = \sqrt{(6\pi)^2 + 10^2} = \sqrt{36\pi^2 + 10^2} \approx 21.3$（cm）.

答：从点 A 爬到点 B 的最短路程是 21.3 厘米.

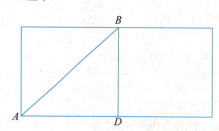

7. 【解答】解：将此圆柱展成平面图得：

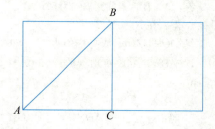

∵ 有一圆柱，它的高等于 20cm，底面直径等于 $\dfrac{30}{\pi}$cm，

∴ 底面周长 $= \dfrac{30}{\pi} \cdot \pi = 30$cm，$BC = 20$cm，

∴ $AC = \dfrac{1}{2} \times 30 = 15$（cm），

∴ $AB = \sqrt{AC^2 + BC^2} = \sqrt{20^2 + 15^2} = 25$（cm）.

答：它需要爬行的最短路程为 25cm.

故答案为：25cm.

8. 解：如图所示：

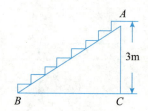

在 Rt△ABC 中，由勾股定理可知：
$BC = \sqrt{AB^2 - AC^2} = 4$ 米.

地毯的总长 $= BC + AC = 4 + 3 = 7$ 米.

地毯的面积 $= 7 \times 1.5 = 10.5$ 平方米.

地毯的总价 $= 40 \times 10.5 = 420$ 元.

故答案为：420 元.

9. 解：(1) ∵ $\angle B = 90°$，$AB = 4$，$BC = 3$，

∴ $AC = \sqrt{AB^2 + BC^2} = \sqrt{4^2 + 3^2} = 5$；

(2) 由 (1) 知，$AC = 5$，

∵ $CD = 12$，$AD = 13$，

∴ $AC^2 + CD^2 = AD^2$，

∴ △ACD 是直角三角形，$\angle ACD = 90°$，

∵ $AB = 4$，$BC = 3$，$\angle B = 90°$，$AC = 5$，$CD = 12$，$\angle ACD = 90°$，

∴ 四边形 $ABCD$ 的面积是 $\dfrac{AB \cdot BC}{2} + \dfrac{AC \cdot CD}{2} = \dfrac{4 \times 3}{2} + \dfrac{5 \times 12}{2} = 6 + 30 = 36$，

即四边形 $ABCD$ 的面积是 36.

16.4 勾股数的规律

1. D. 【解析】A. 不是勾股数，因为 $12^2 + 15^2 \neq 18^2$，此选项不符合题意；

B. 不是勾股数，因为 $6^2 + 8^2 \neq 12^2$，此

选项不符合题意;

C. 不是勾股数,因为 $4^2+5^2\neq6^2$,此选项不符合题意;

D. 是勾股数,因为 $7^2+24^2=25^2$,此选项符合题意;

故选 D.

2. D. 【解析】A. 如 $a=3$,$b=4$,$c=6$,符合 $a<b+c$,但是此时三角形不是直角三角形,故本选项不符合题意;

B. 如 $a=3$,$b=6$,$c=4$,符合 $a<b+c$,但是此时三角形不是直角三角形,故本选项不符合题意;

C. 如 $a=b=c=2$,三角形是等边三角形,但不是直角三角形,故本选项不符合题意;

D. $\because a^2=b^2+c^2$,

$\therefore$ 三角形是直角三角形,故本选项符合题意;

故选 D.

3. D. 【解析】$9^2+12^2=15^2$,故选项 A 不符合题意;

$7^2+24^2=25^2$,故选项 B 不符合题意;

$15^2+36^2=39^2$,故选项 C 符合题意;

$12^2+15^2\neq20^2$,故选项 D 不符合题意;

故选 D.

4. D. 【解析】$6^2+12^2\neq13^2$,故选项 A 不符合题意;

$\left(\dfrac{2}{3}\right)^2+1^2\neq\left(\dfrac{5}{4}\right)^2$,故选项 B 不符合题意;

$6^2+8^2\neq9^2$,故选项 C 不符合题意;

$1.5^2+2^2=2.5^2$,故选项 D 符合题意;

故选 D.

5. D. 【解析】A. 因为 $a:b:c=5:12:13$,设 $a=5x$,$b=12x$,$c=13x$,$(5x)^2+(12x)^2=(13x)^2$,故 $\triangle ABC$ 是直角三角形;

B. $\angle A:\angle B:\angle C=2:3:5$,且 $\angle A+\angle B+\angle C=180°$,所以 $\angle C=180°\times\dfrac{5}{2+3+5}=90°$,故 $\triangle ABC$ 是直角三角形;

C. 因为 $(9k)^2=(41k)^2-(40k)^2$,故 $\triangle ABC$ 是直角三角形;

故选 D.

第17章 平行四边形

17.1 平行四边形的剪、拼、折

1. 3

2. C

解：以点 A，B，C 能做三个平行四边形：□$ABCD$，□$ABFC$，□$AEBC$.

故选 C.

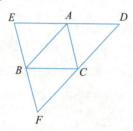

3. C

解：因为菱形是特殊的平行四边形，对角线互相垂直平分，且每一条对角线平分一组对角.

故选 C.

4. 15

解：两个全等的等边三角形，以一边为对角线构成的四边形是平行四边形，这样的两个平行四边形又可组成较大的平行四边形，从该图案中可以找出 15 个平行四边形.

故答案为 15.

17.2 倍长中线

1. C

解：∵ 在△ADC 和△EDB 中

$$\begin{cases} AD=DE \\ \angle ADC=\angle BDE, \\ BD=CD \end{cases}$$

∴ △ADC≌△EDB（SAS），

∴ $BE=AC=6$，$AE=2AD$，

∵ 在△ABE 中，$AB=8$，由三角形三边关系定理得：$8-6<2AD<8+6$，

∴ $1<AD<7$，

故选 C.

2. 6

解：如图，连接 CF，

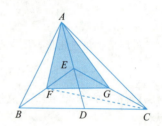

∵ 点 D 是 BC 的中点，

∴ AD 是△ABC 的中线，

∴ $S_{\triangle ABD}=S_{\triangle ADC}=\dfrac{1}{2}S_{\triangle ABC}$，

同理得：

$$S_{\triangle AEF}=\dfrac{1}{2}S_{\triangle ABE}=\dfrac{1}{4}S_{\triangle ABD}=\dfrac{1}{8}S_{\triangle ABC}$$

$$=\dfrac{1}{8}\times16=2，$$

$$S_{\triangle AEG}=\dfrac{1}{2}S_{\triangle ACE}=\dfrac{1}{4}S_{\triangle ACD}=\dfrac{1}{8}S_{\triangle ABC}$$

$$=\dfrac{1}{8}\times16=2，$$

$$S_{\triangle BCE}=\dfrac{1}{2}S_{\triangle ABD}+\dfrac{1}{2}S_{\triangle ACD}=\dfrac{1}{2}S_{\triangle ABC}=8，$$

∴ $S_{\triangle EFG}=\dfrac{1}{4}S_{\triangle BCE}=\dfrac{1}{4}\times8=2，$

∴ $S_{\triangle AFG}=S_{\triangle AEF}+S_{\triangle AEG}+S_{\triangle EFG}=6，$

故答案为：6.

3. 证明：如图，延长 AD 到点 G，使得

$AD=DG$，连接 BG.

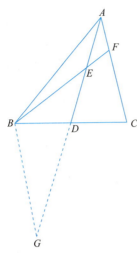

∵ AD 是 BC 边上的中线（已知），

∴ $DC=DB$，

在 $\triangle ADC$ 和 $\triangle GDB$ 中，

$$\begin{cases} AD=GD \\ \angle ADC=\angle GDB（对顶角相等）, \\ DC=DB \end{cases}$$

∴ $\triangle ADC \cong \triangle GDB$（SAS），

∴ $\angle CAD=\angle G$，$BG=AC$，

又∵ $BE=AC$，

∴ $BE=BG$，

∴ $\angle BED=\angle G$，

∵ $\angle BED=\angle AEF$，

∴ $\angle AEF=\angle CAD$，

即：$\angle AEF=\angle FAE$，

∴ $AF=EF$.

4. 如图，延长 FM 到 N，使 $MN=MF$，连接 BN，EN.

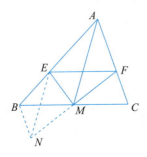

在 $\triangle BNM$ 和 $\triangle CFM$ 中

$$\begin{cases} BM=MC \\ \angle BMN=\angle CMF, \\ MN=MF \end{cases}$$

∴ $\triangle BNM \cong \triangle CFM$，∴ $BN=CF$，

又∵ $\angle AMB$，$\angle AMC$ 的平分线分别交 AB 于 E，交 AC 于 F，

∴ $\angle EMF=\angle EMN=90°$，

利用 SAS 证明 $\triangle EMN \cong \triangle EMF$，

∴ $EN=EF$，

在 $\triangle EBN$ 中，$BE+BN>EN$，

∴ $BE+CF>EF$.

5. 【问题情境】

解：(1) 在 $\triangle ADC$ 和 $\triangle EDB$ 中，

$$\begin{cases} CD=BD \\ \angle CDA=\angle BDE, \\ AD=DE \end{cases}$$

∴ $\triangle ADC \cong \triangle EDB$（SAS），

故选：A；

(2) 由 (1) 得，$\triangle ADC \cong \triangle EDB$，

∴ $AC=BE=6$，$AD=DE$，

在 $\triangle ABE$ 中，$AB-BE<AE<AB+BE$，

即 $12-6<2AD<12+6$，

∴ $3<AD<9$，

故答案为：$3<AD<9$.

【初步运用】

解：延长 AD 到 M，使 $AD=DM$，连接 BM，如图所示：

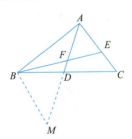

∵ $AE=EF$，$EF=4$，

∴ $AC=AE+EC=4+3=7$，

∵ AD 是 $\triangle ABC$ 的中线，

∴ $CD=BD$，

∵ 在 $\triangle ADC$ 和 $\triangle MDB$ 中，

$$\begin{cases} DC=DB \\ \angle ADC=\angle MDB, \\ DA=DM \end{cases}$$

$\therefore \triangle ADC \cong \triangle MDB$（SAS），

$\therefore BM=AC，\angle CAD=\angle M，$

$\because AE=EF，\therefore \angle CAD=\angle AFE，$

$\because \angle AFE=\angle BFD，$

$\therefore \angle BFD=\angle CAD=\angle M，$

$\therefore BF=BM=AC=7；$

【灵活运用】

解：线段 BE，CF，EF 之间的等量关系为：$BE^2+CF^2=EF^2$．理由如下：

延长 ED 到点 G，使 $DG=ED$，连接 GF，GC，如图所示，

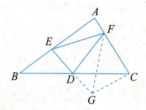

$\because ED \perp DF，$

$\therefore EF=GF，$

$\because D$ 是 BC 的中点，

$\therefore BD=CD，$

在 $\triangle BDE$ 和 $\triangle CDG$ 中，

$$\begin{cases} ED=GD \\ \angle BDE=\angle GDC, \\ BD=CD \end{cases}$$

$\therefore \triangle DBE \cong \triangle DCG$（SAS），

$\therefore BE=CG，$

$\because \angle A=90°，$

$\therefore \angle B+\angle ACB=90°，$

$\because \triangle DBE \cong \triangle DCG，$

$\therefore BE=CG，\angle B=\angle GCD，$

$\therefore \angle GCD+\angle ACB=90°，$

即 $\angle GCF=90°，$

$\therefore Rt\triangle CFG$ 中，由勾股定理得，

$CF^2+GC^2=GF^2，$

$\therefore BE^2+CF^2=EF^2．$

17.3 中点四边形

1. D

2. A

3. C

4. 24

5. $BD=AC$ 且 $BD \perp AC$

6. $\sqrt{2}$；$\dfrac{1}{2^{1\,008}}$；$\dfrac{(\sqrt{2})^{n-1}}{2^{n-3}}$ 由题意得，第二个四边形的边长为 $\sqrt{\left(\dfrac{1}{2}\right)^2+\left(\dfrac{1}{2}\right)^2}=\dfrac{\sqrt{2}}{2}$，周长为 $4 \times \left(\dfrac{\sqrt{2}}{2}\right)^1=2\sqrt{2}$，第三个四边形的周长为 $4 \times \left(\dfrac{\sqrt{2}}{2}\right)^2=2$，第四个四边形的周长是 $4 \times \left(\dfrac{\sqrt{2}}{2}\right)^3=\sqrt{2}$，…第 2 021 个四边形的周长为 $4 \times \left(\dfrac{\sqrt{2}}{2}\right)^{2\,021-1}=4 \times \left(\dfrac{\sqrt{2}}{2}\right)^{2\,020}=\dfrac{(\sqrt{2})^{2\,020}}{2^{2\,018}}=\dfrac{1}{2^{1\,008}}$ …，第 n 个四边形的周长为 $4 \times \left(\dfrac{\sqrt{2}}{2}\right)^{n-1}=\dfrac{(\sqrt{2})^{n-1}}{2^{n-3}}．$

7. 解：（1）当 $AB \perp CD$ 时，四边形 $EFGH$ 是矩形．

证明：$\because E$，F 分别是 AD，BD 的中点，G，H 分别是 BC，AC 的中点，

$\therefore EF /\!/ AB，EF=\dfrac{1}{2}AB，GH /\!/ AB，GH=\dfrac{1}{2}AB，$

$\therefore EF /\!/ GH，EF=GH，\therefore$ 四边形 $EFGH$ 是平行四边形．

$\because F$，G 分别是 BD，BC 的中点，

$\therefore FG /\!/ CD.$ 又 $\because AB \perp CD$，$EF /\!/ AB，$

$\therefore EF \perp FG$，即 $\angle EFG=90°，\therefore$ 四边形 $EFGH$ 是矩形．

（2）当 $AB=CD$ 时，四边形 $EFGH$ 是菱形．

证明：$\because E$，F，G，H 分别是 AD，BD，BC，AC 的中点，

$\therefore EF=\dfrac{1}{2}AB，GH=\dfrac{1}{2}AB，FG=\dfrac{1}{2}CD，EH=\dfrac{1}{2}CD.$

又 $\because$ $AB=CD$，$\therefore$ $EF=FG=GH=EH$，$\therefore$ 四边形 $EFGH$ 是菱形.

（3）当 $AB=CD$ 且 $AB\perp CD$ 时，四边形 $EFGH$ 是正方形.

证明：$\because$ E，F 分别是 AD，BD 的中点，

$\therefore$ $EF/\!/AB$，$EF=\dfrac{1}{2}AB$.

同理，$EH/\!/CD$，$EH=\dfrac{1}{2}CD$，$FG=\dfrac{1}{2}CD$，$GH=\dfrac{1}{2}AB$.

$\because$ $AB=CD$，$\therefore$ $EF=EH=GH=FG$，

$\therefore$ 四边形 $EFGH$ 是菱形.

$\because$ $AB\perp CD$，$EF/\!/AB$，$EH/\!/CD$，

$\therefore$ $EF\perp EH$，$\therefore$ 菱形 $EFGH$ 是正方形.

8. （1）证明：$\because$ AB，OB，OC，AC 中点分别为 D，E，F，G，

$\therefore$ DG，EF 分别为 $\triangle ABC$ 和 $\triangle OBC$ 的中位线，

$\therefore$ $DG/\!/BC$，$EF/\!/BC$，$DG=\dfrac{1}{2}BC$，$EF=\dfrac{1}{2}BC$，

$\therefore$ $DG/\!/EF$ 且 $DG=EF$，

$\therefore$ 四边形 $DEFG$ 是平行四边形；

（2）解：成立，如图 1 所示：

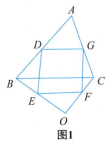

图1

（3）解：若四边形 $DEFG$ 是菱形，则点 O 满足 $OA=BC$.

理由如下：如图 2 所示，

$\because$ D，E 分别是 AB，OB 的中点，

$\therefore$ DE 是 $\triangle ABO$ 的中位线，

$\therefore$ $OA=2DE$，同理可得 $BC=2EF$，

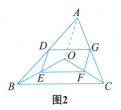

图2

又 $\because$ $OA=BC$，

$\therefore$ $DE=EF$，

$\therefore$ 平行四边形 $DEFG$ 是菱形.

17.4　对点法解决平行四边形的存在性问题

1. A

解：设 $D(x，y)$，

由中点坐标公式得：$\dfrac{7+x}{2}=3$，$\dfrac{3+y}{2}=2$，

$\therefore$ $x=-1$，$y=1$，

$\therefore$ $D(-1，1)$，

故选 A.

2. A

3. C

解：如图，作 $MN/\!/x$ 轴，连接 MB，

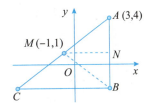

$\because$ $AB\perp x$ 轴，$MN/\!/x$ 轴，

$\therefore$ $MN\perp AB$，$N(3，1)$，

$\because$ $\angle ABC=90°$，M 为 AC 中点，

$\therefore$ $AM=CM=BM$，$\triangle ABM$ 为等腰三角形，

$\because$ $MN\perp AB$ $\therefore$ $AN=BN=3$，$AB=6$，

$\because$ 点 A 的纵坐标为 4，

$\therefore$ 点 B 的纵坐标为 -2，

$\therefore$ B 点的坐标为 $(3，-2)$，

故选 C.

4. 设 $D(x，y)$

情况一：若以 AB 为对角线，可得 $-1+2=x+0$　$0-1=2+y$ 解得 $x=1$，$y=-3$；

情况二：若以 AC 为对角线，可得 $-1+$

$0=2+x$ $0+2=-1+y$ 解得：$x=-3$, $y=3$；

情况三：若以 AD 为对角线，可得 $-1+x=2+0$ $0+y=-1+2$ 解得：$x=3$, $y=1$.

故 $D(1，-3)$ 或 $D(-3，-3)$ 或 $D(3，1)$

5. 设 $C(0，a)$

情况一：若以 AB 为对角线，可得 $-2+3=x+0$ $0+0=2x+1+a$ 解得 $x=1$；

情况二：若以 AC 为对角线，可得 $-2+0=3+x$ $0+a=0+2x+1$ 解得 $x=-5$；

情况三：若以 AD 为对角线，可得 $-2+x=3+0$ $0+2x+1=0+a$ 解得 $x=5$.

故 $D(1，3)$ 或 $D(-5，-9)$ 或 $D(5，11)$.

17.5 平行四边形过对角线交点的直线

1.12

解：∵ 四边形 $ABCD$ 是平行四边形，

∴ $\angle CAD=\angle ACB$，$OA=OC$，而 $\angle AOM=\angle NOC$，

∴ $\triangle CON\cong\triangle AOM$，

∴ $S_{\triangle AOB}=4+2=6$，

又∵ $OB=OD$，

∴ $S_{\triangle ADB}=2S_{\triangle AOB}=12$.

故答案为 12.

2. 解：(1) 证明：∵ 四边形 $ABCD$ 为平行四边形，

∴ $AD\parallel BC$，$OA=OC$.

∴ $\angle EAO=\angle FCO$，$\angle AEO=\angle CFO$.

∴ $\triangle AEO\cong\triangle CFO$（AAS）.

∴ $OE=OF$.

(2) 能得到（1）中的结论，

证明如下：∵ 四边形 $ABCD$ 为平行四边形，

∴ $AB\parallel CD$，$OA=OC$.

∴ $\angle EAO=\angle FCO$，$\angle AEO=\angle CFO$.

∴ $\triangle AEO\cong\triangle CFO$（AAS）.

∴ $OE=OF$.

(3) 证明：∵ 四边形 $ABCD$ 是平行四边形，

∴ $OA=OC$，$DF\parallel EB$，

∴ $\angle E=\angle F$，

又∵ $\angle EOA=\angle FOC$，

∴ $\triangle OAE\cong\triangle OCF$，

∴ $OE=OF$.

一般性结论是：过平行四边形对角线的交点 O 作一条直线与平行四边形相对的两边或其延长线相交于 E，F 两点，则 $OE=OF$.

3. 证明：如图，连接 AF，CE，

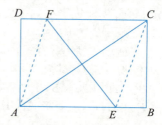

∵ AC 与 EF 互相平分，

∴ 四边形 $AECF$ 是平行四边形，

∴ $AE=CF$，$AE\parallel CF$，

∵ $BE=DF$，

∴ $BE+AE=DF+CF$，

即 $AB=CD$，

∵ $AE\parallel CF$，

∴ 四边形 $ABCD$ 是平行四边形，

∵ $\angle B=90°$，

∴ 平行四边形 $ABCD$ 是矩形.

4. 【探究】证明：∵ 四边形 $ABCD$ 是平行四边形，

∴ $AB\parallel CD$，$OA=CO$，

∴ $\angle OAE=\angle OCF$，$\angle E=\angle F$，

在 $\triangle AOE$ 和 $\triangle COF$ 中，

$$\begin{cases}\angle OAE=\angle OCF\\\angle E=\angle F\\OA=OC\end{cases}$$，

∴ $\triangle AOE\cong\triangle COF$（AAS）

∴ $OE=OF$；

【应用】12.

解：∵ $AB=2AE$，

∴ $\triangle AOB$ 的面积 $=2\times\triangle AOE$ 的面积 $=2$，

∴ $\triangle BOE$ 的面积 $=3$，

∵ $OB=OD$，

∴ △EOD 的面积＝△BOE 的面积＝3，

∴ △DEB 的面积＝6，

∵ △AOE≌△COF，

∴ △COF 的面积＝△AOE 的面积＝1，

同理，△DFB 的面积＝6，

∴ 四边形 BEDF 的面积＝12，

故答案为 12.

第18章 一次函数

18.1 函数图像的识别
一、1.C；2.B；3.D
二、1.D；2.B；3.D；4.B；5.D；6.B

18.2 函数图像的绘制
1.（1）∵ 函数图像经过第一、二、三象限，

∴ $2m+4>0$ 且 $m>0$. 解得 $m>0$.

（2）∵ y 随 x 的增大而减小，

∴ $2m+4<0$, 解得 $m<-2$.

（3）∵ 点（1，3）在该函数图像上，

∴ $2m+4+m=3$, 解得 $m=-\dfrac{1}{3}$.

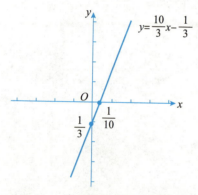

（4）∵ 一次函数图像上有两点 $A(x_1,y_1)$, $B(x_2,y_2)$，当 $x_1<x_2$ 时，有 $y_1>y_2$

∴ $2m+4<0$. ∴ $m<-2$ ∴ m 的取值范围是 $m<-2$.

（5）一次函数不经过第二象限，可能是一次函数经过第一、三、四象限，也可能是正比例函数经过第一、三象限，即 $\begin{cases}2m+4>0\\ m\leqslant 0\end{cases}$，解得不等式组的解集为 $-2<m\leqslant 0$

∴ m 的取值范围是 $-2<m\leqslant 0$.

（6）函数不经过第二象限，包括题（5）

的情况还有常函数即 $\begin{cases}2m+4\geqslant 0\\ m\leqslant 0\end{cases}$ 解得不等式组的解集为 $-2\leqslant m\leqslant 0$ ∴ m 的取值范围是 $-2\leqslant m\leqslant 0$.

（7）函数图像恒过定点即与参量 m 的取值无关，整理得 $y=2mx+4x+m=m(2x+1)+4x$，令 $2x+1=0$，解得 $x=-\dfrac{1}{2}$ 代入得 $y=-2$，所以函数图像恒过点 $\left(-\dfrac{1}{2},-2\right)$.

2.解：（1）根据一次函数的定义，有 $m+1\neq 0$ 且 $2-|m|=1$，解得 $m=1$.

∴ $m=1$，n 为任意实数时，这个函数是一次函数.

（2）根据正比例函数的定义，有 $m+1\neq 0$ 且 $2-|m|=1$，$n+4=0$，解得 $m=1$，$n=-4$.

∴ 当 $m=1$，$n=-4$ 时，这个函数是正比例函数.

3.$a<c<b$

4.（1）由两条射线组成的轴对称图形、相同、完全相同

其余略.

18.3 方程、不等式、函数之间的关系
知识点总结：

x 为何值时，$y=ax+b$ 的值为0	求直线 $y=ax+b$ 与 x 轴交点的横坐标
x 为何值时，$y=ax+b$ 的值大于（小于）0	直线 $y=ax+b$ 在 x 轴上方（下方）时所对应的 x 的取值范围
求自变量为多少时，两个函数值相等，以及这个函数值是多少	求两条直线交点的坐标

练一练:

1. (1) $x<2$　(2) $x=2$　(3) $y\leqslant 0$

(4) $x<0$　(5) $0<y<4$

2. 平行　无解

3. $-2\leqslant x\leqslant -1$.

4. B

5. B

6. $x=1$　$\begin{cases}x=1\\y=1\end{cases}$　$x\leqslant 1$

7. 解: (1) 把 $A(n,-3)$ 代入 $y_1=-x-2$ 中, 解得 $n=1$.

∴ $A(1,-3)$. 把 $A(1,-3)$ 代入 $y_2=x-m$ 中, 解得 $m=4$;

(2) 当 $y_1=0$ 时, $-x-2=0$, 解得 $x=-2$, 则点 B 的坐标为 $(-2,0)$.

当 $y_2=0$ 时, $x-4=0$, 解得 $x=4$, 则点 C 的坐标为 $(4,0)$.

∴ $BC=4-(-2)=6$.

∴ $\triangle ABC$ 的面积 $=\dfrac{1}{2}\times 6\times 3=9$;

(3) 根据图像可知, $y_1>y_2$ 时 x 的取值范围是 $x<1$.

18.4　代几综合

探究二

例1. 解: (1) 由 $y=2x+6$ 得: $A(-3,0)$, $C(0,6)$,

∵ 点 $B(6,0)$.

设直线 BC 的解析式为 $y=kx+b$ $(k\neq 0)$:

$\begin{cases}6k+b=0\\b=6\end{cases}$,

解得 $\begin{cases}k=-1\\b=6\end{cases}$,

∴ 直线 BC 的解析式为 $y=-x+6$;

(2) ∵ $A(-3,0)$, $C(0,6)$, $B(6,0)$.

∴ $AB=9$,

∴ $S_{\triangle ABC}=\dfrac{1}{2}\times 9\times 6=27$,

设 $G(m,-m+6)$, $(0<m<6)$,

① 当 $S_{\triangle ABG}:S_{\triangle ACG}=1:2$ 时, 即

$S_{\triangle ABG}=\dfrac{1}{3}S_{\triangle ABC}=9$,

∴ $\dfrac{1}{2}\times 9(-m+6)=9$,

∴ $m=4$,

∴ $G(4,2)$;

当 $S_{\triangle ABG}:S_{\triangle ACG}=2:1$ 时, 即 $S_{\triangle ABG}=\dfrac{2}{3}S_{\triangle ABC}=18$,

∴ $\dfrac{1}{2}\times 9(-m+6)=18$,

∴ $m=2$,

∴ $G(2,4)$.

综上, 点 G 的坐标为 $(4,2)$ 或 $(2,4)$;

(3) 设 $P(n,2n+6)$, 则 $Q(n,-n+6)$,

∴ $PQ=|2n+6+n-6|=|3n|$,

∵ $PQ=OB=6$,

∴ $|3n|=6$,

∴ $n=2$ 或 $n=-2$,

∴ $P(2,10)$ 或 $(-2,2)$.

(4) 若 $\triangle MAC$ 是等腰三角形可分三种情况:

①若 $CA=CM$,

∵ $CO\perp AM$,

∴ $OM=OA=3$,

∴ 点 $M(3,0)$.

②若 $AM=AC$,

∵ $A(-3,0)$, $C(0,6)$,

∴ $AC=\sqrt{3^2+6^2}=3\sqrt{5}$,

∴ $AM=AC=3\sqrt{5}$,

∴ 点 M 为 $(3\sqrt{5}-3,0)$ 或 $(-3\sqrt{5}-3,0)$.

③若 $MA=MC$,

设 $OM=x$, 则 $MC=MA=OM+OA=x+3$,

在 Rt$\triangle MOC$ 中, 根据勾股定理可得: $x^2+6^2=(x+3)^2$,

解得: $x=\dfrac{9}{2}$,

∴ 点 M 为 $\left(\dfrac{9}{2},0\right)$,

综上所述: 点 M 的坐标为 $(3,0)$ 或 $(3\sqrt{5}-3,0)$ 或 $(-3\sqrt{5}-3,0)$ 或 $\left(\dfrac{9}{2},0\right)$.

探究二

例 2. 解：(1) 将 A (6，0)，B (0，3) 代入 $y=kx+b$ 得：

$\begin{cases} 6k+b=0 \\ b=3 \end{cases}$，解得：$\begin{cases} k=-\dfrac{1}{2} \\ b=3 \end{cases}$，

∴ 直线 AB 的表达式为 $y=-\dfrac{1}{2}x+3$；

(2) ①∵ $\angle BOC=\angle BCD=\angle CED=90°$，

∴ $\angle OCB+\angle DCE=90°$，$\angle DCE+\angle CDE=90°$，

∴ $\angle BCO=\angle CDE$.

在 $\triangle BOC$ 和 $\triangle CED$ 中，

$\begin{cases} \angle BOC=\angle CED \\ \angle BCO=\angle CDE \\ BC=CD \end{cases}$

∴ $\triangle BOC \cong \triangle CED$（AAS），

∴ $OC=DE$，$BO=CE=3$.

设 $OC=DE=m$，则点 D 的坐标为 $(m+3，m)$，

∵ 点 D 在直线 AB 上，

∴ $m=-\dfrac{1}{2}(m+3)+3$，

∴ $m=1$，

∴ 点 C 的坐标为 (1，0)，点 D 的坐标为 (4，1)；

②存在，设点 Q 的坐标为 $\left(n，-\dfrac{1}{2}n+3\right)$.

分两种情况考虑，

当 CD 为边时，

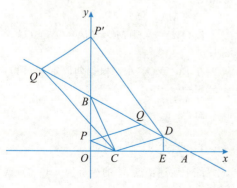

∵ 点 C 的坐标为 (1，0)，点 D 的坐标

为 (4，1)，点 P 的横坐标为 0，

∴ $0-n=4-1$ 或 $n-0=4-1$，

∴ $n=-3$ 或 $n=3$，

∴ 点 Q 的坐标为 $\left(3，\dfrac{3}{2}\right)$ 或 $\left(-3，\dfrac{9}{2}\right)$；

当 CD 为对角线时，

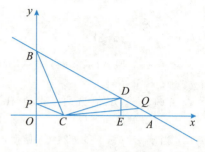

∵ 点 C 的坐标为 (1，0)，点 D 的坐标

为 (4，1)，点 P 的横坐标为 0，

∴ $n+0=1+4$，

∴ $n=5$，

∴ 点 Q'' 的坐标为 $\left(5，\dfrac{1}{2}\right)$.

综上所述：存在以 C，D，P，Q 为顶点的四边形是平行四边形，点 Q 的坐标为 $\left(3，\dfrac{3}{2}\right)$ 或 $\left(-3，\dfrac{9}{2}\right)$ 或 $\left(5，\dfrac{1}{2}\right)$.

例 3. 解：(1) 直线 l_1：$y=-\dfrac{1}{2}x+6$，

当 $x=0$ 时，$y=6$，

当 $y=0$ 时，$x=12$，

∴ $B(12，0)$，$C(0，6)$，

解方程组 $\begin{cases} y=-\dfrac{1}{2}x+6 \\ y=\dfrac{1}{2}x \end{cases}$，得 $\begin{cases} x=6 \\ y=3 \end{cases}$，

∴ $A(6，3)$，

答：$A(6，3)$，$B(12，0)$，$C(0，6)$.

(2) 解：设 $D\left(x，\dfrac{1}{2}x\right)$，

∵ $\triangle COD$ 的面积为 12，

∴ $\dfrac{1}{2}\times 6\times x=12$，

解得：$x=4$，

∴ $D(4，2)$，

设直线 CD 的函数表达式是 $y=kx+b$，把 $C(0,6)$，$D(4,2)$ 代入得：

$$\begin{cases} 6=b \\ 2=4k+b \end{cases},$$

解得 $\begin{cases} k=-1 \\ b=6 \end{cases}$，

∴ $y=-x+6$，

答：直线 CD 的函数表达式是 $y=-x+6$.

(3) 答：存在点 Q，如图，

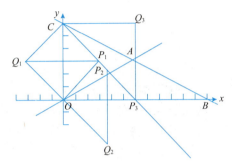

使以 O，C，P，Q 为顶点的四边形是菱形，点 Q 的坐标是 $(6,6)$ 或 $(-3,3)$ 或 $(3\sqrt{2}, -3\sqrt{2})$.

练一练

1. ± 6.

2. 解：(1) 令 $y=0$，得 $x=-\dfrac{3}{2}$，

∴ 点 A 的坐标为 $\left(-\dfrac{3}{2}, 0\right)$.

令 $x=0$，得 $y=3$，∴ 点 B 的坐标为 $(0,3)$；

(2) 设点 P 的坐标为 $(x,0)$，根据题意，得 $x=\pm 3$，∴ 点 P 的坐标分别为 $P_1(3,0)$ 或 $P_2(-3,0)$.

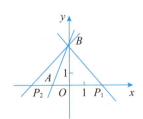

$S_{\triangle ABP_1}=\dfrac{1}{2}\times\left(\dfrac{3}{2}+3\right)\times 3=\dfrac{27}{4}$.

$S_{\triangle ABP_2}=\dfrac{1}{2}\times\left(3-\dfrac{3}{2}\right)\times 3=\dfrac{9}{4}$

∴ $\triangle ABP$ 的面积为 $\dfrac{27}{4}$ 或 $\dfrac{9}{4}$.

3. 解：(1) ∵ 直线 AB：$y=-x+b$ 交 y 轴于点 A，交 x 轴于点 B，

∴ 点 A 的坐标为 $(0,b)$，点 B 的坐标为 $(b,0)$.

∵ $S_{\triangle AOB}=\dfrac{1}{2}b^2=8$，

解得 $b=\pm 4$.

∵ 点 A 在 y 轴正半轴上，∴ $b=4$.

∴ 点 B 的坐标为 $(4,0)$.

直线 AB 的函数解析式为 $y=-x+4$；

(2) ①∵ 直线 a 垂直平分 OB，$OB=4$，

∴ $OE=BE=2$；

当 $x=2$ 时，$y=-2+4=2$，

∴ 点 D 的坐标为 $(2,2)$.

∵ 点 P 的坐标为 $(2,m)$ $(m>2)$，

∴ $PD=m-2$，

∴ $S_{\triangle ABP}=S_{\triangle APD}+S_{\triangle BPD}=\dfrac{1}{2}DP\cdot OE+\dfrac{1}{2}DP\cdot BE=\dfrac{1}{2}\times 2(m-2)+\dfrac{1}{2}\times 2(m-2)=2m-4$；

②∵ $S_{\triangle ABP}=6$，∴ $2m-4=6$，解得 $m=5$.

∴ 点 P 的坐标为 $(2,5)$；

③存在一点 Q，使得 $\triangle ABQ$ 与 $\triangle ABP$ 面积相等，且点 Q 的坐标为 $(1,0)$ 或 $(7,0)$ 或 $(0,1)$ 或 $(0,7)$.

4. 解：(1) ∵ 直线 l_1：$y=\dfrac{3}{4}x$ 与直线 l_2：$y=kx+b$ 相交于点 $A(a,3)$，

∴ $A(4,3)$，

∵ 直线交 l_2 交 y 轴于点 $B(0,-5)$，

∴ $y=kx-5$，

把 $A(4,3)$ 代入得，$3=4k-5$，

∴ $k=2$，

∴ 直线 l_2 的解析式为 $y=2x-5$；

(2) ∵ $OA=\sqrt{3^2+4^2}=5$，

∴ $OA=OB$，

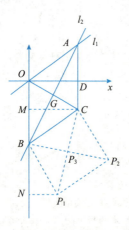

∵ 将 △OAB 沿直线 l_2 翻折得到 △CAB，

∴ $OB=BC$，$OA=AC$，

∴ $OA=OB=BC=AC$，

∴ 四边形 AOBC 是菱形；

（3）如图，过 C 作 $CM⊥OB$ 于 M，

则 $CM=OD=4$，

∵ $BC=OB=5$，

∴ $BM=3$，

∴ $OM=2$，

∴ $C(4，-2)$，

过 P_1 作 $P_1N⊥y$ 轴于 N，

∵ $△BCP_1$ 是等腰直角三角形，

∴ $∠CBP_1=90°$，

∴ $∠MCB=∠NBP_1$，

∵ $BC=BP_1$，

∴ $△BCM≌△P_1BN$（AAS），

∴ $BN=CM=4$，

∴ $P_1(3，-9)$；

同理可得，$P_2(7，-6)$，$P_3\left(\dfrac{7}{2}，-\dfrac{11}{2}\right)$.

综上所述，点 P 的坐标是 $(3，-9)$ 或 $(7，-6)$ 或 $P\left(\dfrac{7}{2}，-\dfrac{11}{2}\right)$.

5. （1）将点 C 的坐标代入 l_1，l_2 表达式得：

$2=-\dfrac{1}{2}×4+b$，$2=4k-6$，

解得：$b=4$，$k=2$，故直线 l_1 和直线 l_2

的解析式分别为：$y=-\dfrac{1}{2}x+4$，$y=2x-6$

则点 A，B 的坐标分别为 $(8，0)$，$(0，4)$；

（2）设点 $E\left(m，-\dfrac{1}{2}m+4\right)$，点 $F(m，2m-6)$，

当以 O，B，E，F 为顶点的四边形是平行四边形时，

则 $EF=OB$ 即 $\left|-\dfrac{1}{2}m+4-2m+6\right|=4$，

解得：$m=\dfrac{12}{5}$ 或 $\dfrac{28}{5}$；

（3）点 P 的坐标为 $(8+4\sqrt{5}，0)$ 或 $(8-4\sqrt{5}，0)$ 或 $(-8，0)$ 或 $(3，0)$

①当 AB 是菱形的一条边时，

则 $AP=AB=\sqrt{8^2+4^2}=4\sqrt{5}$，

则点 P 的坐标为 $(8+4\sqrt{5}，0)$ 或 $(8-4\sqrt{5}，0)$ 或 $(-8，0)$，

则点 $Q(4\sqrt{5}，4)$ 或 $(-4\sqrt{5}，4)$ 或 $(0，-4)$；

②当 AB 是菱形的对角线时，

设点 $P(m，0)$，点 $Q(s，t)$，

由中点公式得：$8=m+s$，$4=t$…①，

由菱形性质知：$PA=PB$ 得：$(m-8)^2=m^2+16$…②，

联立①②并解得：$t=4$，$s=5$，

故点 Q $(5，4)$，

综上，点 Q $(4\sqrt{5}，4)$ 或 $(-4\sqrt{5}，4)$ 或 $(5，4)$ 或 $(0，-4)$.

18.5 生活中的一次函数

1. （1）设租甲种游船 x 辆，乙种游船 y 辆. 根据题意，得 $8x+4y=36$，

化简，得 $2x+y=9$，$y=9-2x$.

∵ x，y 都是非负整数

∴ ① $x=0$，$y=9$；② $x=1$，$y=7$；③ $x=2$，$y=5$；④ $x=3$，$y=3$；⑤ $x=4$，$y=1$.

∴ 共有 5 种租船方案.

（2）设总费用 W 元，则 $W=300x+200y=300x+200(9-2x)=-100x+1\,800$.

∵ $-100<0$，∴ W 随 x 的增大而

减小.

∴ 要使费用最小，则 x 取最大值：$x=4$.

故费用最低的方案为：租甲种游船 4 辆，乙种游船 1 辆.

2. 由图像知，当 $0 \leqslant x < 0.5$ 时，$y=0$；

当 $x \geqslant 0.5$ 时，设 $y=kx+b$，则

$$\begin{cases} 0.5k+b=0, \\ 1 \times k+b=0.5. \end{cases}$$

解得 $\begin{cases} k=1, \\ b=-0.5. \end{cases}$

当 $x \geqslant 0.5$ 时，$y=x-0.5$.

∴ 手机支付金额 y（元）与骑行时间 x（时）的函数关系式是 $y=\begin{cases} 0 & (0 \leqslant x < 0.5), \\ x-0.5 & (x \geqslant 0.5). \end{cases}$

设会员卡支付对应的函数解析式为 $y=ax$.

则 $0.75=a \times 1$，解得 $a=0.75$，

即会员卡支付对应的函数解析式为 $y=0.75x$.

令 $0.75x=x-0.5$，解得 $x=2$.

由图像可知，当 $x=2$ 时，李老师选择两种支付方式一样；

当 $x>2$ 时，会员卡支付比较合算；

当 $0<x<2$ 时，李老师选择手机支付比较合算.

3. C

4. 解：（1）$y_1=[120x+100(2x-100)] \times 0.7+2\,200=224x-4\,800$.

$y_2=0.8 \times 100(x+2x-100)=240x-8\,000$；

（2）由题意，得当 $y_1>y_2$ 时，即 $224x-4\,800>240x-8\,000$，解得 $x<200$.

当 $y_1=y_2$ 时，即 $224x-4\,800=240x-8\,000$，解得 $x=200$；

当 $y_1<y_2$ 时，即 $224x-4\,800<240x-8\,000$，解得 $x>200$，

∴ 当男生人数少于 200 人时，购买 B 公司服装合算；当男生人数等于 200 人时，购买 A，B 公司服装都一样；当男生人数大于 200 人时，购买 A 公司服装合算.

5. （1）填表如下.

购买量/kg	0.5	1	1.5	2	2.5	3	3.5	4	...
付款金额/元	2.5	5	7.5	10	12	14	16	18	...

（2）设购买量为 x kg，付款金额为 y 元.

当 $0 \leqslant x \leqslant 2$ 时，$y=5x$；

当 $x>2$ 时，$y=4(x-2)+10=4x+2$.

函数图像如图：

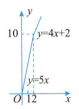

6. 解：（1）当 $x \leqslant 20$ 时，$y=2.5x$；

当 $x>20$ 时，$y=3.3(x-20)+2.5 \times 20=3.3x-16$.

（2）∵ 该户 4 月份水费平均每吨 2.8 元，

∴ 该户 4 月份用水超过 20 吨.

设该户 4 月份用水 a 吨，则

$2.8a=3.3a-16$，解得 $a=32$.

答：该户 4 月份用水 32 吨.

7. 解：设购买 A 型号笔记本电脑 x 台时的费用为 w 元.

（1）当 $x=8$ 时，

方案一：$w=0.9a \times 8=7.2a$，

方案二：$w=5a+(8-5)a \times 0.8=7.4a$，

∴ 当 $x=8$ 时，应选择方案一，该公司购买费用最少，最少费用是 $7.2a$ 元.

（2）∵ 若该公司采用方案二购买更合算，

∴ $x>5$.

方案一：$w=0.9ax=0.9ax$，

方案二：当 $x>5$ 时，$w=5a+(x-5)a \times 0.8=5a+0.8ax-4a=a+0.8ax$，

则 $0.9ax>a+0.8ax$，$x>10$，

∴ x 的取值范围是 $x>10$.

8. 解：（1）由题意，得 $y=120x+200(100-x)=-80x+20\,000(24 \leqslant x \leqslant 86)$；

（2）∵ $y=-80x+20\,000$，$-80<0$，

∴ y 随 x 的增大而减小.

∴ 当 $x=86$ 时，y 有最小值，最小成本为

$-80×86+20\,000=13\,120$（元）.

9. 解：（1）设 A 城有肥料 a 吨，B 城有肥料 b 吨. 根据题意，得 $\begin{cases} b+a=500, \\ b-a=100, \end{cases}$ 解得 $\begin{cases} a=200, \\ b=300. \end{cases}$

答：A 城和 B 城分别有 200 吨和 300 吨肥料.

（2）设从 A 城运往 C 乡肥料 x 吨，则从 A 城运往 D 乡肥料（$200-x$）吨，从 B 城运往 C 乡肥料（$240-x$）吨，从 B 城运往 D 乡肥料（$60+x$）吨. 根据题意，得

$y=20x+25(200-x)+15(240-x)+24(60+x)$

$=4x+10\,040.$

∵ $y=4x+10\,040$ 是一次函数，$k=4>0$，

∴ y 随 x 的增大而增大.

∵ $x⩾0$，

∴ 当 $x=0$ 时，运费最少，最少运费是 10 040 元.

（3）设从 A 城运往 C 乡肥料 x 吨，由于 A 城运往 C 乡的运费每吨减少 a（$0<a<6$）元，则

$y=(20-a)x+25(200-x)+15(240-x)+24(60+x)$

$=(4-a)x+10\,040.$

当 $0<a<4$ 时，∵ $4-a>0$，

∴ 当 $x=0$ 时，运费最少是 10 040 元；

当 $a=4$ 时，运费是 10 040 元；

当 $4<a<6$ 时，∵ $4-a<0$，

∴ 当 x 最大时，运费最少，即当 $x=200$ 时，运费最少.

综上，当 $0<a<4$ 时，A 城肥料全部运往 D 乡，B 城肥料运往 C 乡 240 吨，运往 D 乡 60 吨，运费最少；

当 $a=4$ 时，不管 A 城肥料运往 C 乡多少吨，运费都是 10 040 元；

当 $4<a<6$ 时，A 城肥料全部运往 C 乡，B 城肥料运往 C 乡 40 吨，运往 D 乡 260 吨，运费最少.

3. $a^2-b^3=5$，那么 $3a^2+7+5b^3-6\left(a^2+\dfrac{1}{3}b^3\right)$ 等于（　　）.

   A. -7 B. -8 C. -9 D. 10

4. 已知 $x=m$ 时，多项式 x^2+2x+n^2 的值为 -1，则 $x=-m$ 时，该多项式的值为 _____.

2.3　探索图形的规律

　　白小塔："字母真是神奇，前面我们已经可以用字母表示数式的规律了，现在我们还可以用字母探索图形的规律，今天就一起来探索吧！"

探究一

谁的点子妙？

　　喜欢标新立异的点子们聚在一起，它们七嘴八舌地讨论着一道数学题，到底谁的点子更高一筹呢？求小实也加入了它们.

　　用同样大小的蓝色棋子按图 2.3.1 所示的方式摆图形，按照这样的规律摆下去，则第 n 个图形需蓝色棋子 _____ 枚.（用含 n 的代数式表示）

第1个图　　　　第2个图　　　　　第3个图

图 2.3.1

　　点子一说："这好办啊，一个一个数就行啦！"

　　求小实说："那这要数到什么时候啊？第 n 个图形你知道 n 代表哪个数吗？"

　　点子二说："我有办法了！我数了前三个图，发现它们有这个特征：第一个图形的蓝色棋子有 4 枚，即 $4=3\times1+1$；第二个图形的蓝色棋子有 7 枚，即 $7=3\times2+1$；第三个图形的蓝色棋子有 10 枚，即 $10=3\times3+1\cdots$以此类推，第 n 个图形的蓝色棋子有 $(3n+1)$ 枚，填 $(3n+1)$."

　　爱钻研的点子三说："我们可以观察图，将第一个图形分割成 ∴ 和 ，棋子数为 $3+1$；第二个图形可以分割为 ∴，∴ 和 ，棋子数为 $3\times2+1$；第三个图形可以分割为 ∴，∴，∴ 和 ，棋子数为 $3\times3+1\cdots$以此类推，第 n 个图形的蓝色棋子有 $(3n+1)$ 枚，填 $(3n+1)$."

　　求小实受到了启发，开动脑筋，也给点子们说了一种方法.

　　求小实说："我将棋子分成三行，第一个图可以分成 ·，·· 和 ·，棋子数为 $1+2+1$；第二个图可以分成 ··，··· 和 ··，棋子数为 $2+3+2$；第三个图可以分成 ···，···· 和 ···，棋子数为 $3+4+3\cdots$以此类推，第 n 个图形的蓝色棋子有 $n+n+1+n=3n+1$，填

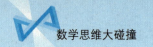

数学思维大碰撞

（3n＋1）枚."

探究二

火柴棍里的数学
探究火柴棍里的数学？（见图 2.3.2）

白小塔课间和求小实在交流昨天看到的课外知识："古希腊数学家把数 1，3，6，10，15，21…叫作三角形数；同理数 1，4，9，16，25，36…叫作正方形数；数 1，5，12，22，35，51…叫作五边形数，这些数列都是有一定的规律性的."

图 2.3.2

求小实说："其实我们可以一起通过火柴棍摆图形的活动，探索数量关系，运用符号表示规律，通过运算验证规律，以此来研究这个问题."

活动 1：如图 2.3.3 所示，用火柴棍拼成一排由三角形组成的图形，如果图形中含有 1，2，3 或 4 个三角形，分别需要多少根火柴棍？如果图形中含有 2 020 个三角形，需要几根火柴棍？如果图形中含有 n 个三角形，又需要多少根火柴棍？

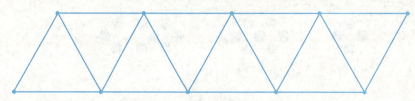

图 2.3.3

三角形个数	1	2	3	4	…	n
火柴棍根数	$1+2=3$	$2+3=5$	$3+4=7$	$4+5=9$		$n+(n+1)=2n+1$
火柴棍根数	3	$3+2$	$3+2+2$	$3+2+2+2$		$3+2+2+2+\cdots+2=$ $3+2(n-1)=2n+1$
火柴棍根数	$1+2\times1=3$	$1+2\times2=5$	$1+2\times3=7$	$1+2\times4=9$		$1+2n=1+2n$
火柴棍根数	$3\times1-0=3$	$3\times2-1=5$	$3\times3-2=7$	$3\times4-3=9$		$3n-(n-1)=2n+1$
火柴棍根数	3	5	7	9		$2n+1$

所以图形中含有 n 个三角形，需要（$2n+1$）根火柴棍.

活动 2：变式训练，感知中考.

变形 1：用火柴棍摆出如下一系列正方形.（见图 2.3.4）

24

图 2.3.4

问题：

①搭 1 个正方形需要_____根火柴棍，

②搭 2 个正方形需要_____根火柴棍，

③搭 3 个正方形需要_____根火柴棍，

④搭 n 个正方形需要_____根火柴棍，

⑤搭 2 020 个正方形需要_____根火柴棍.

变形 2：如果搭建下列图形（见图 2.3.5）.

图 2.3.5

问题：

①搭第 1 个图形需要_____根火柴棍，

②搭第 2 个图形需要_____根火柴棍，

③搭第 3 个图形需要_____根火柴棍，

④搭第 n 个图形需要_____根火柴棍，

⑤搭第 2 020 个图形需要_____根火柴棍.

变形 3：如果搭建下列图形（见图 2.3.6）.

图 2.3.6

问题：

①搭第 1 个图形中有_____个小正方形，

②搭第 2 个图形中有_____个小正方形，

③搭第 3 个图形中有_____个小正方形，

④搭第 n 个图形中有_____个小正方形，

⑤搭第 2 020 个图形有_____个小正方形.

变形 4：如果搭建下列图形（见图 2.3.7）.

图 2.3.7

问题：

①搭第 1 个图形中有_____个正方形，

②搭第 2 个图形中有_____个正方形，

③搭第 3 个图形中有_____个正方形,

④搭第 n 个图形中有_____个正方形,

⑤搭第 2 020 个图形有_____个正方形.

变形 5： 如下图 2.3.8（a）是一个三角形,分别连接这个三角形三边中点得到图 2.3.8（b）；再分别连接图 2.3.8（b）中间小三角形三边的中点,得到图 2.3.8（c）.

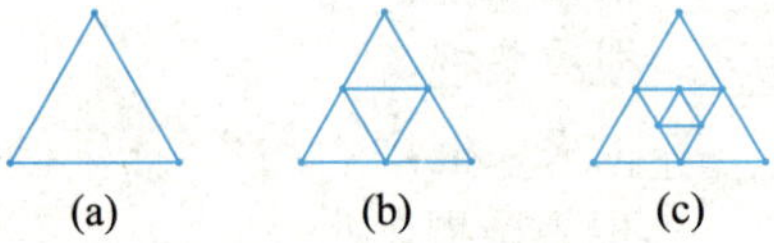

(a)　　　　(b)　　　　(c)

图 2.3.8

问题：

①第 1 个图中有_____个三角形,

②第 2 个图中有_____个三角形,

③第 3 个图中有_____个三角形,

④第 4 个图中有_____个三角形,

⑤第 2 020 个图中有_____个三角形.

练习： 图 2.3.9 是用火柴棍摆出的一系列三角形,按这种方式摆下去,当每边摆上 2 019（$n=2 019$）根时,需要火柴棍（　　）根.

A. $3\times2\,019\times1\,010$　　　　　　　B. $3\times2\,019\times1\,011$

C. $3\times2\,019\times1\,009$　　　　　　　D. $3\times2\,019\times1\,008$

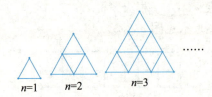

$n=1$　　$n=2$　　$n=3$

图 2.3.9

【分析】 首先来看三角形数（见图 2.3.10）.

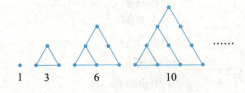

1　　3　　6　　10

图 2.3.10

三角形数构成一个数列,第 n 个三角形数是：$1+2+3+\cdots+n=\dfrac{n(1+n)}{2}$.

当 $n=1$ 时,火柴棍的根数是 $3\times1=3$,

当 $n=2$ 时,火柴棍的根数是 $3\times(1+2)=9$,

当 $n=3$ 时,火柴棍的根数是 $3\times(1+2+3)=18$,

……

第 n 个图形火柴棍的根数是 $3 \times (1+2+3+\cdots+n) = \dfrac{3n(1+n)}{2}$,

所以第 2 019 个图形火柴棍的根数是 $3 \times (1+2+3+\cdots+2\ 019) = 3 \times 2\ 019 \times 1\ 010$.

拓展园地

数学文化欣赏

1. 正方形数（见图 2.3.11）

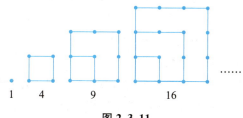

图 2.3.11

正方形数构成一个数列，第 n 个正方形数是：$1+3+5+\cdots+(2n-1) = \dfrac{[1+(2n-1)] \cdot n}{2} = n^2$.

仔细观察三角形数 1，3，6，10，15，21…和 1，4，9，16，25，36…正方形数之间的关系.

$$
\begin{array}{ccccccccc}
1, & 3, & 6, & 10, & 15 & \cdots & ① \\
+ & + & + & + & + & + & & + \\
1, & 3, & 6, & 10, & 15, & 21 & \cdots & ② \\
\end{array}
$$

由①+②得

1，4，9，16，25，36 …

如图 2.3.12 所示，我们用一条斜线把正方形数分成两部分，这样就很容易看出一个正方形数是由两个连续的三角形数相加而得：左上方为第 $(n-1)$ 个三角形数，右下方是第 n 个三角形数，结果是第 n 个正方形数.

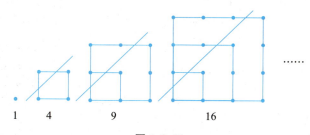

图 2.3.12

再从通项公式加以验证：

$$[1+2+3+\cdots+(n-1)] + (1+2+3+\cdots+n) = \dfrac{(n-1)n}{2} + \dfrac{n(1+n)}{2} = n^2.$$

2. 五边形数（见图 2.3.13）

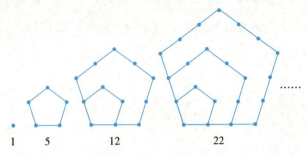

图 2.3.13

用类似前面的方法来表示五边形数.

图 2.3.14 中左侧依然是第 $(n-1)$ 个三角形数，而右侧正好是第 n 个正方形数. 刚才暂时放下没有解决的五边形数的通项公式，现在可以通过上面的划分得到：$[1+2+\cdots+(n-1)]+[1+3+\cdots(2n-1)]=\dfrac{(n-1)\cdot n}{2}+n^2=\dfrac{3n^2-n}{2}.$

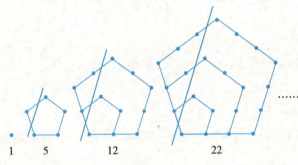

图 2.3.14

3. k 边形数（或称 k 角形数）

有兴趣的同学还可以用类似于前面的方法求 k 边形数.

如 $k=6$ 时，如图 2.3.15 所示，六边形数可以通过第 $(n-1)$ 个三角形数加上第 n 个五边形数得到：$\dfrac{(n-1)\cdot n}{2}+\dfrac{3n^2-n}{2}=2n^2-n.$

图 2.3.15

还有其他的划分方法吗？试与同学讨论.

1. 用同样大小的棋子按如图 1 所示的方式摆图形，按照这样的规律摆下去，则第 n 个图形需棋子多少_____枚？（用含 n 的代数式表示）

第1个图　第2个图　第3个图

图 1

2. 用同样大小的小圆按图 2 所示的方式摆图形，第 1 个图形需要 1 个小圆，第 2 个图形需要 3 个小圆，第 3 个图形需要 6 个小圆，第 4 个图形需要 10 个小圆，按照这样的规律摆下去，则第 n 个图形需要小圆_____个.（用含 n 的代数式表示）

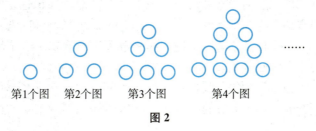

第1个图　第2个图　第3个图　第4个图

图 2

3. 用同样大小的蓝色棋子按如图 3 所示的规律摆放，按照这样的规律摆下去，则第 n 个图形有_____颗蓝色棋子.（用含 n 的代数式表示）

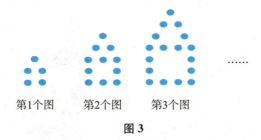

第1个图　第2个图　第3个图

图 3

4. 用同样大小的棋子按如图 4 所示的方式摆图形，按照这样的规律摆下去，则第 n 个图形需棋子_____枚.（用含 n 的代数式表示）

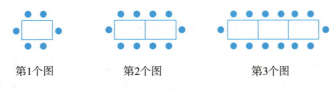

第1个图　　第2个图　　　第3个图

图 4

第3章　一元一次方程

章前导语

　　同学们，实际问题在生活中随处可见，我们学习的数学知识也常常从这些实际问题来提出，我们还可以用数学知识来解决实际问题，由此可见实际问题在数学里是一个非常重要的存在．在小学我们已经学过了用方程来解决实际问题，有了解决实际问题的一些方法和技巧了．在中学我们将要进一步学习实际问题的解决方法，例如，工程问题、顺流逆流行船问题、盈亏问题等，我们可以使用方程思想，建立数学模型来解决实际问题．希望同学们在求小实、白小塔的陪伴下，将这些问题逐一解决，成为一个实际问题解决小能手．

3.1　化简复杂一元一次方程

　　求小实："解一元一次方程也太简单了，方法是去银河系．"

　　白小塔："什么是去银河系？"

　　求小实："去移合系，去分母、去括号、移项、合并同类项、系数化为 1．利用谐音方便记忆！"

怎样解一元一次方程呢？　去移合系！

探究一

如何巧用分数基本性质化简分母是小数的方程？

$$\frac{3+0.2x}{0.2}-\frac{0.2+0.03x}{0.01}=0.75.$$

解：利用分数的性质，整理得：$\frac{30+2x}{2}-\frac{20+3x}{1}=\frac{3}{4}$，

去分母：$2(30+2x)-4(20+3x)=3$，

> 分母为小数的一元一次方程化简时先利用分数性质将小数化为整数，再进行求解．

去括号：$60+4x-80-12x=3$，

移项：$4x-12x=3-60+80$，

合并同类项：$-8x=23$，

系数化为 1：$x=-\dfrac{23}{8}$.

除此之外，也可以一次性利用分数的性质把分母去掉.

去分母：$\dfrac{(3+0.2x)\times 5}{0.2\times 5}-\dfrac{(0.2+0.03x)\times 100}{0.01\times 100}=0.75$，

$(3+0.2x)\times 5-(0.2+0.03x)\times 100=0.75$，

去括号：$15+x-20-3x=0.75$，

移项：$x-3x=0.75-15+20$，

合并同类项：$-2x=\dfrac{23}{4}$.

系数化为 1：$x=-\dfrac{23}{8}$.

探究二

如何巧用去括号法则化简多层括号的方程？

$4\left\{\dfrac{3}{2}\left[\dfrac{2}{3}\left(\dfrac{x}{4}-1\right)-2\right]-x\right\}=5$.

解：去括号：$4\left[\dfrac{3}{2}\left(\dfrac{x}{6}-\dfrac{2}{3}-2\right)-x\right]=5$，

$4\left(\dfrac{x}{4}-1-3-x\right)=5$，

$x-4-12-4x=5$，

移项：$x-4x=5+4+12$，

合并同类项：$-3x=21$，

系数化为 1：$x=-7$.

仔细观察题目，可以发现先去中括号会更简单.

去括号：$4\left(\dfrac{x}{4}-1-3-x\right)=5$，

去括号：$x-4-12-4x=5$，

移项：$x-4x=5+4+12$，

合并同类项：$-3x=21$，

系数化为 1：$x=-7$.

如何巧用整体换元法化简复杂方程?

$$y - \frac{1}{3} + 4\left(y - \frac{1}{3}\right) = 2\left(y - \frac{1}{3}\right) + 3.$$

解: 设 $m = y - \frac{1}{3}$,

则原方程变形为 $m + 4m = 2m + 3$,

解得 $m = 1$,

则 $y - \frac{1}{3} = 1$,解得 $y = \frac{4}{3}$.

如何巧用换元法化简含绝对值的方程?

$$3|x| - 5 = \frac{|x| - 2}{2} + 1.$$

解: 设 $m = |x|$,

则原方程变形为 $3m - 5 = \frac{m - 2}{2} + 1$,

解得 $m = 2$,

则 $|x| = 2$,解得 $x = 2$ 或 $x = -2$.

练一练

用适当的方法解下列方程:

1. $\dfrac{x+8}{0.2} - \dfrac{x-3}{0.5} = 1.2 - \dfrac{x+16}{5}$.

2. $\dfrac{3}{2}\left[\dfrac{2}{3}(x-1) - 4\right] = 2$.

3. $\dfrac{2x-1}{2} + \dfrac{1-2x}{3} = 2x - 1$.

4. $2\,890(x-3) - 7\,894(6-2x) + 4\,592(3x-9) = 0$.

3.2 顺流逆流行船问题

语文课时,老师的问题是:"用李白的哪句诗句可以形容顺流行船比较快?"白小塔马上就答了出来:"千里江陵一日还."求小实立即说到也就是"日行千里"的意思.

下课时，求小实还把他在一本课外书上看到的一个有趣的故事讲给同学们听："在第二次世界大战期间，出现过一次奇妙的飞机倒飞的事件. 一架从柏林起飞的德国侦查飞机，准备去汉堡执行任务. 很不幸，飞机在空中遇到了一股强气流，虽然飞行员一直操作向前飞，但是这架飞机却正在后退."同学们一脸怀疑，觉得他在吹牛，求小实接着说："用我们学习的顺流逆流问题就可以解决."请同学们跟随他们一起去看看这个问题吧.

故事中飞机倒飞的情况真的会出现吗？学习完本讲的课程，你就会明白.

如同飞机在飞行的时候会受到风速的影响一样，当船在水中航行时，也会受到水速的影响，而具体是怎样的影响呢，我们现在就来研究研究.

当船在水中航行时，如果水是静止不动的，那船的行驶速度就只由船本身决定，这称为船的静水速度，即船本身的速度.

如果船本身停止运动，那么它还是会顺着水流前进，这时的速度是水流的速度，我们可以把水流的速度简称为水速.

当船顺水而行时，船的静水速度和水速会叠加起来，行驶速度会变快，此时的速度称之为顺水速度；相反地，如果船逆水而行，水速会抵消掉一部分船本身的速度，行驶速度会变慢，此时的速度我们称之为逆水速度.

下面的两个基本公式就给出了对应的计算方法：
①顺水速度＝静水速度＋水速；②逆水速度＝静水速度－水速.

我们就利用这两个公式，解决几个典型的流水行船问题.

> 顺水速度＝静水速度＋水流速度
> 逆水速度＝静水速度－水流速度

探究一

飞机顺风逆风飞行问题

一架飞机在两个城市之间飞行，无风时飞机每小时飞行 552 千米，在一次往返飞行中，顺风飞行用了 5.5 小时，逆风飞行用了 6 小时，求这次飞行时风的速度.

【分析】无风时飞机每小时飞行 552 千米，是无风时的速度，其实相当于公式中的静水速度，那么可以设这次飞行时风的速度为未知数，就可以表示出顺风速度和逆风速度. 而顺风飞行的时间是 5.5 小时，逆风飞行的时间是 6 小时，这两个条件表示的是时间. 再根据不管是顺风还是逆风，两个城市间的路程是不变的，列出等量关系.

解：设风的速度是 x 千米/时，

依题意得，$(552-x)\times 6=(552+x)\times 5.5$.

解得 $x=24$.

答：风的速度是 24 千米/时.

探究二

顺流逆流行船问题

某船从 A 地顺流而下到达 B 地，然后逆流返回，到达 A，B 两地之间的 C 地，一共航

行了 7 小时，已知此船在静水中的速度为 8 千米/时，水流速度为 2 千米/时. A，C 两地之间的路程为 10 千米，求 A，B 两地之间的路程.

【分析】这个题目就会比上面的题目稍微复杂一些，除了分析题目中的已知量和未知量以外，我们可以借助线段图（见图 3.2.1）来分析.

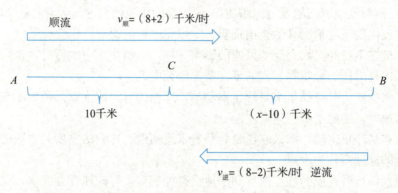

图 3.2.1

解：设 A，B 两地之间的路程是 x 千米，则 B，C 两地之间的路程为 $(x-10)$ 千米.

依题意得，$\dfrac{x}{8+2}+\dfrac{x-10}{8-2}=7$.

解得 $x=32.5$.

答：A，B 两地之间的路程是 32.5 千米.

> 1. 审题：弄清楚题中已知量和未知量之间的关系，恰当设元.（有时需画线段图分析）
> 2. 利用公式：顺水速度＝静水速度＋水流速度，逆水速度＝静水速度－水流速度，确定速度.
> 3. 根据等量关系列出方程.
> 4. 解出方程，并检验.

1. 一架飞机飞行在两个城市之间，风速为 24km/h，顺风飞行需要 2h50min，逆风飞行需要 3h，求无风时飞机的平均速度.

2. 在一条直的长河中有甲、乙两船，现同时由 A 地顺流而下，乙船到 B 地时接到通知，需立即返回到 C 地执行任务，甲船继续顺流航行. 已知甲、乙两条船在静水中的速度都是 7.5 千米/时，水流的速度是 2.5 千米/时，A，C 两地的距离为 10 千米. 如果乙船由 A 地经 B 地再到达 C 地共用了 4 小时，问乙船从 B 地到达 C 地时，甲船离 B 地有多远？

3.3　盈亏问题

通过利润率判断是否盈利

两件商品都卖 84 元，其中一件亏损 20%，另一件盈利 40%，则两件商品卖出后是盈利还是亏本？

【分析】20% 是利润率，是剩余价值与全部预付资本的比率，也就是利润与进价的比率. 这个式子可以变形为：利润 = 利润率 × 进价. 再根据利润 = 售价 - 进价，找到等量关系.

整理得，售价 - 进价 = 利润率 × 进价，可以变形为，售价 = (1 + 利润率) × 进价，其中利润率为亏损 20%，则为 -20%.

$$利润率 = \frac{利润}{进价} \times 100\%$$

也可以用列表法来分析题意，找到它们之间的关系，请看下面的表格.

	进价	售价	利润率	利润
盈利商品		84	40%	
亏损商品		84	-20%	

列表后我们把能够从题目中找到的信息填在表中，发现进价是未知，而且盈利商品和亏损商品的进价是不一样的，因此可以分别设元.

	进价	售价	利润率	利润
盈利商品	x	84	40%	
亏损商品	y	84	-20%	

接下来利用利润的等量关系列方程. 利润 = 利润率 × 进价，利润 = 售价 - 进价.

	进价	售价	利润率	利润
盈利商品	x	84	40%	$84 - x = 40\% x$
亏损商品	y	84	-20%	$84 - y = -20\% y$

解：设盈利 40% 的商品的进价为 x 元，

依据题意得，$84 - x = 40\% x$，解得 $x = 60$.

设亏损 20% 的商品的进价为 y 元，

依据题意得，$84 - y = -20\% y$，解得 $y = 105$.

∴ 两件商品的进价为：$60 + 105 = 165$（元）

而两件商品的售价为：$84 + 84 = 168$（元）

∴ 168－165＝3（元）

答：这两件商品卖出后共盈利 3 元.

探究二

打折问题

某个体户进了 40 套衣服，以高出进价 40 元的售价卖出了 30 套，后因换季，剩下的 10 套服装以原售价的六折售出，结果 40 套服装共收款 4 320 元，问每套服装的进价是多少元？这位个体户是赚了还是赔了？赚了或赔了多少元？

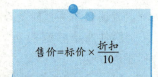

售价＝标价×$\dfrac{折扣}{10}$

【分析】

	进价	售价	销量	销售额（4 320）
不打折			30	
打折			10	

设进价为未知数.

	进价	售价	销量	销售额（4 320）
不打折	x		30	
打折	x		10	

根据题目信息利用折扣的公式填表格.

	进价	售价	销量	销售额（4 320）
不打折	x	$x+40$	30	$30(x+40)$
打折	x	$\dfrac{6}{10}\times(x+40)$	10	$10\times\dfrac{6}{10}\times(x+40)$

解：设进价为 x 元，

依据题意得，$30(x+40)+10\times\dfrac{6}{10}\times(x+40)=4\ 320$，

解得 $x=80$.

∴ 进货总成本为 $40x=3\ 200$，

∴ 4 320－3 200＝1 120（元）

答：这位个体户赚了，赚了 1 120 元.

销售问题公式：

①利润率＝$\dfrac{利润}{进价}$×100%

②利润＝利润率×进价，利润＝售价－进价

③售价＝(1＋利润率)×进价

④售价＝标价×$\dfrac{折扣}{10}$

拓展园地

一元一次方程中"元"的含义

前面通过设未知数，列出了一元一次方程，那元是什么呢？

元就是未知数，一元就是一个未知数，一次就是这个未知数的次数是一次.

为什么称未知数为元呢？这源于我国宋元时期的天元术，具体描述可见于李冶所著的《测圆海镜》. 所谓天元术就是在解代数问题时，先"立天元一为某某"，再根据题设的条件建立等式，最后通过移项、合并同类项得到一个方程."立天元一为某某"就是我们现在所说的"设某某为 x". 朱世杰在《四元玉鉴》中将天元术拓广为四元术，除了天元，又引入了地元、人元、物元，用以解决多元高次方程组. 清末，李善兰和伟烈亚力合译德摩根的《代数学》. 创用多元一次方程这样的术语. 在翻译《代数学》和《代微积拾级》中，李善兰用天、地、人、物分别代替英文字母 x，y，z，w，而前 22 个字母分别用天干地支来代替. 因此天、地、人、物实际上成了表示未知数的符号，而元即为未知数的统称.

1. 某商店同时卖出两套服装，每套均卖 168 元，以成本计算，其中一套盈利 20%，另一套亏本 20%，则在这次买卖中，买卖这两套服装是亏损还是盈利，或是不亏不赢？

2. 某品牌旗舰店平日将某商品按进价提高 40% 后标价，在某次电商购物节中，为促销该商品，按标价 8 折销售，售价为 2 240 元，则这种商品的进价是多少元？

3. 由于换季，商场准备对某商品打折出售，如果按原售价的七五折出售，将亏损 25 元，而按原售价的九折出售，将盈利 20 元，则该商品的原售价为（　　）.

　　A. 230 元　　　　　　　　B. 250 元　　　　　　　　C. 270 元　　　　　　　　D. 300 元

4. 某种商品每件的进价为 120 元，标价为 180 元. 为了拓展销路，商店准备打折销售. 若使利润率为 20%，则商店应打（　　）.

　A. 五折　　　　　　B. 六折　　　　　　C. 七折　　　　　　D. 八折

5. 昆明市第十中学开展校园艺术节系列活动，校学生会代表小亮到文体超市购买若干个文具袋作为奖品. 这种文具袋标价每个 10 元，请认真阅读结账时老板与小亮的对话图片，解决下面两个问题：

(1) 小亮原计划购买文具袋多少个？

(2) 学校决定，再次购买钢笔和签字笔共 50 支作为补充奖品，其中钢笔标价每支 8 元，签字笔标价每支 6 元. 经过沟通，这次老板给予 8 折优惠，钢笔和签字笔合计 288 元. 问小亮购买了钢笔和签字笔各多少支？

3.4　表格法求解工程问题

　　昆十中百年校庆，求小实和白小塔需要给十中的一部分校友们打电话，求小实的工作效率比较低，还没有完成，而白小塔已经完成了自己的任务，所以决定来帮助他. 同学们，请你们跟随求小实和白小塔来一起研究这类问题吧！

　　求小实需要打 150 个电话，如果每分钟可以打 2 个电话，共需要多长时间可以打完电话？结果是 75 分钟.

　　在这个问题中，总电话数 150 个是工作总量，75 分钟即为工作时间，而每分钟打 2 个电话就是工作效率.

　　这三个量之间的关系是：工作总量＝工作效率×工作时间.

　　在工程问题中，经常无法从题目中找到工作总量，可以将工作总量看成单位"1"，例如修花园，用 30 天可以修好，把工作总量设成单位"1"，那每天能完成的工作量就是 $\frac{1}{30}$，$\frac{1}{30}$ 就是工作效率.

> 工作效率，就是单位时间内完成的工作量.

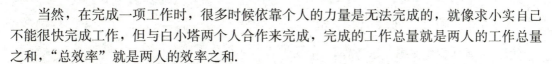

当然，在完成一项工作时，很多时候依靠个人的力量是无法完成的，就像求小实自己不能很快完成工作，但与白小塔两个人合作来完成，完成的工作总量就是两人的工作总量之和，"总效率"就是两人的效率之和.

那如何找到这三个量来解决问题呢？

接下来就将教大家用表格的方式来解决这个重点问题.

探究

表格法求解工程问题

1. 一件工作，甲单独做 15 小时完成，乙单独做 10 小时完成，甲先单独做 9 小时，后因甲有其他任务调离，余下的任务由乙单独完成，那么乙还要多少小时完成？

表格分析：

	工作效率	工作时间	工作总量
甲	$\frac{1}{15}$	9	$\frac{1}{15} \times 9$
乙	$\frac{1}{10}$	x	$\frac{1}{10}x$

等量关系：$\frac{1}{15} \times 9 + \frac{x}{10} = 1$.

解：设乙还要 x 小时完成，

依题意得，$\frac{1}{15} \times 9 + \frac{1}{10}x = 1$，

解得 $x = 4$.

答：余下的任务由乙单独完成，那么乙还要 4 小时完成.

2. 列一元一次方程解应用题：整理一批图书，由一个人做要 40 小时完成. 现计划由一部分人先做 4 小时，然后增加 2 人与他们一起做 8 小时，完成这项工作. 假设这些人的工作效率相同，应先安排多少人工作？

求小实："这个题的关键是每个人的工作效率都是相等的，安排的人不同，效率也就不同."

白小塔："确实如此，不过我们也可以用表格来分析题意，请看下面的表格."

表格分析：

> 利用表格把题目中的信息清晰地表达出来，就可以更好地找到等量关系了.

	工作效率	工作时间	工作总量
先安排 x 人	$\frac{1}{40}x$	4	$4 \times \frac{x}{40}$
增加 2 人	$\frac{1}{40}(x+2)$	8	$8 \times \frac{(x+2)}{40}$

等量关系：$4 \times \dfrac{x}{40} + 8 \times \dfrac{(x+2)}{40} = 1$.

解： 设具体应先安排 x 人工作，

依题意得，$4 \times \dfrac{x}{40} + 8 \times \dfrac{(x+2)}{40} = 1$，

解得 $x = 2$.

答：具体应先安排 2 人工作.

3. 某车间接到一批加工任务，计划每天加工 120 件，可以如期完成，实际加工是每天多加工 20 件，结果提前 4 天完成任务. 问这批加工任务共有多少件？

表格分析：

	工作效率	工作时间	工作总量
原计划	120	$\dfrac{x}{120}$	x
实际	140	$\dfrac{x}{140}$	x

等量关系：$\dfrac{x}{120} - \dfrac{x}{140} = 4$.

解： 设这批加工任务共有 x 件，

依题意得，$\dfrac{x}{120} - \dfrac{x}{140} = 4$，

解得 $x = 3\,360$.

答：这批加工任务共有 3 360 件.

拓展园地

工程问题变式竞赛题

自行车轮胎，装在前轮上可行驶 5 000 千米后报废，装在后轮上只能行驶 3 000 千米，为了行驶尽可能多的路，可在自行车行驶一定路程后，前后轮胎交换位置. 那么安装在行车上一对这样的轮胎最多可以行驶多少千米？

请看下面的表格.

自行车轮胎问题	工程问题
一对自行车轮胎的磨损（磨损有破坏性）	一件工程（工程有建设性）
磨损量（从新轮胎到报废）	工程量（完成一件工程）
轮胎分为前轮和后轮	工程分为前段、后段
前轮、后轮总磨损量相等，均设为单位 1（一个轮胎的磨损量为定值是隐含条件）前后轮两个轮胎的总磨损量为 2	前段、后段总工程量相等，均设为单位 1（工程平均分为前、后两段是已知条件）一件工程总量为 2

续表

自行车轮胎问题	工程问题
前轮行驶 5 000 千米报废 $\left(\text{前轮磨损率为} \dfrac{1}{5\ 000}\right)$	甲工程队干前段 5 000 小时完成 $\left(\text{甲做前段工作效率为} \dfrac{1}{5\ 000}\right)$
后轮行驶 3 000 千米报废 $\left(\text{后轮磨损率为} \dfrac{1}{3\ 000}\right)$	乙工程队干后段 3 000 小时完成 $\left(\text{乙做后段工作效率为} \dfrac{1}{3\ 000}\right)$
如果行驶一定路程后，交换前后轮，使一辆自行车的一对新轮胎同时报废	如果两工程队同时动工，甲工程队干前段、乙工程队干后段一定时间后，甲乙工程队交换，使前、后两段同时完工
这辆车能行驶多少千米？	整个工程几小时完成？

通过这个表格分析，这个题目可以转变为工程问题.

前段和后段同时进行，所以工作效率为前后两段工作效率之和. 交换后前后两段也都是在同时进行，所以工作效率跟交换前不变. 设总的工作时间为未知数，就可以列出方程. 请看下面的表格分析和解答过程.

表格分析：

	工作效率	工作时间	工作总量：2
前、后两段同时完成	$\dfrac{1}{5\ 000}+\dfrac{1}{3\ 000}$	x	$\left(\dfrac{1}{5\ 000}+\dfrac{1}{3\ 000}\right)x$

解： 设整个工程队 x 小时完成，

依据题意得，$\left(\dfrac{1}{5\ 000}+\dfrac{1}{3\ 000}\right)x=2$，

解得 $x=3\ 750$.

答：整个工程 3 750 小时完成.

通过这个题，同学有什么发现吗？工程问题的本质是什么？我们遇到了看似不是工程问题的题目，你能发现其中的奥秘吗？

1. 某人原计划用 26 天生产一批零件，工作 2 天后因改变了操作方法，每天比原来多生产 5 个零件，结果提前 4 天完成任务. 问原来每天生产多少个零件？这批零件有多少个？

2. 某配件厂原计划每天生产 60 件产品, 改进技术后, 工作效率提高了 20%, 这样不仅提前 5 天完成了生产任务, 并且比原计划多生产了 48 件产品. 问: 原计划要生产多少件产品?

3. 一项工程甲单独做需要 10 天, 乙单独做需要 12 天, 丙单独做需要 15 天, 甲、丙先做 3 天后, 甲因事离去, 乙参与工作, 问还需几天才能完成?

4. 一个水池装有进水管和出水管, 单开进水管 3 小时可将空池注满; 单开出水管 5 小时可将满池水放完. 若同时打开进水管和出水管, 2 小时后关掉出水管, 还要几小时可以将水池注满?

3.5　古代数学著作中的应用问题

在我国古代历史发展进程中, 数学与天文学一样, 是我国古代一门重要的学科, 取得了辉煌的历史成就. 同样, 许多具有历史意义的数学著作也流传下来.

下面将介绍一些古代数学著作中的数学应用问题.

探究一

《孙子算经》中的应用问题

《孙子算经》是中国古代重要的数学著作, 成书大约在四五世纪, 也就是大约一千五百年前. 传本的《孙子算经》共三卷. 卷上叙述算筹记数的纵横相间制度和筹算乘除法; 卷中举例说明筹算分数算法和筹算开平方法; 卷下第 31 题, 是后世 "鸡兔同笼" 题的始祖.

鸡兔同笼问题: "今有雉、兔同笼, 上有三十五头, 下有九十四足, 问: 雉、兔各几何." 设鸡有 x 只, 可列方程为 (　　).

A. $4x+2(94-x)=35$　　　　　　B. $4x+2(35-x)=94$

C. $2x+4(94-x)=35$　　　　　　D. $2x+4(35-x)=94$

解：$\because$ 上有三十五头，且鸡有 x 只，

$\therefore$ 免有 $(35-x)$ 只.

依据题意得，$2x+4(35-x)=94$ 只.

故选 D.

用方程可以解决这个问题，但是解决鸡兔同笼问题有十多种方法，同学们会几种方法呢? 请课后与同学讨论.

探究二

《九章算术》中的应用问题

《九章算术》内容十分丰富，全书总结了战国、秦、汉时期的数学成就. 同时，《九章算术》在数学上还有其独到的成就，不仅最早提到分数问题，首先记录了盈不足等问题，其"方程"一章还在世界数学史上首次阐述了负数及其加减运算法则. 它的出现标志着中国古代数学形成了完整的体系. 作为一部世界数学名著，《九章算术》早在隋唐时期就已传入朝鲜、日本. 目前，它已被译成日、俄、德、法等多种文字版本.

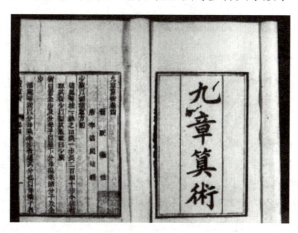

《九章算术》中有"盈不足术"的问题，原文如下："今有共买羊，人出五，不足四十五；人出七，不足三. 问人数、羊价各几何?"大意是，若干人共同出资买羊，每人出 5 元，则差 45 元；每人出 7 元，则差 3 元，求人数和羊价各是多少? 设买羊人数为 x 人，根据题意可列方程为（　　）.

A. $5x+3=7x+45$　　　　　　B. $5x+45=7x+3$

C. $5x+3=7x-45$　　　　　　D. $5x-45=7x+3$

解：设买羊人数为 x 人，

依据题意得，$5x+45=7x+3$.

故选 B.

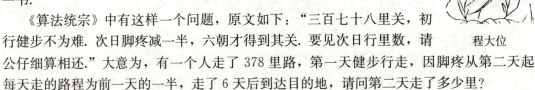

探究三

《算法统宗》中的应用问题

　　程大位（1533—1606年），明代数学家，字汝思，号宾渠，休宁率口（今属屯溪区）人．少年时代就喜爱数学，20岁左右随父经商，有感于筹算方法的不便，决心编撰一部简明实用的数学书以助世人之用．《算法统宗》就是他毕生心血的结晶．他搜集了许多书籍，遍访名师．经过数十年的努力，公元1592年六十岁的他终于写成了《直指算法统宗》（简称《算法统宗》）一书．

程大位

　　《算法统宗》中有这样一个问题，原文如下："三百七十八里关，初行健步不为难．次日脚疼减一半，六朝才得到其关．要见次日行里数，请公仔细算相还．"大意为，有一个人走了378里路，第一天健步行走，因脚疼从第二天起每天走的路程为前一天的一半，走了6天后到达目的地，请问第二天走了多少里？

　　解：设此人第六天走的路程为 x 里，第五天走 $2x$ 里，第四天走 $4x$ 里，第三天走 $8x$ 里，第二天走 $16x$ 里，第一天走 $32x$ 里．

　　依据题意得，$32x+16x+8x+4x+2x+x=378$，

　　解得 $x=6$．

　　$\therefore 16x=96$（里）

　　答：此人第二天走的路程是 96 里．

1. 《孙子算经》中有这样一道题，原文如下："今有百鹿入城，家取一鹿，不尽，又三家共一鹿，适尽，问：城中家几何？"大意为，今有100头鹿进城，每家取一头鹿，没有取完，剩下的鹿每3家共取一头，恰好取完，问城中有多少户人家？在这个问题中，城中人家的户数为（　　）．

　　A. 25　　　　　　　B. 75　　　　　　　C. 81　　　　　　　D. 90

2. 《孙子算经》中有这样一个问题："用绳子去量一根木材的长，绳子还余4.5尺；将绳子对折再量木材的长，绳子比木材的长短1尺，问木材的长为多少尺？"若设木材的长为 x 尺，则 $x=$（　　）．

　　A. 2.5　　　　　　B. 6.5　　　　　　C. 7　　　　　　　D. 11

3. 《孙子算经》中有这样一个问题："今有三人共车，二车空；二人共车，九人步，问人与车各几何？"这道题的意思是，今有若干人乘车，每三人共乘一辆车，则剩余两辆车是空的；每两人共乘一辆车，则剩余九个人无车可乘，问车和人各多少？若设有 x 辆车，则可列方程（　　）．

　　A. $3(x-2)=2x+9$　　　　　　　　　B. $3(x+2)=2x-9$

　　C. $\dfrac{x}{3}+2=\dfrac{x-9}{2}$　　　　　　　　　D. $\dfrac{x}{3}-2=\dfrac{x+9}{2}$

4. 《孙子算经》中记载了这样一道有趣的问题："一百马，一百瓦，大马一拖三，小马三拖一." 意思是，现有100匹马恰好拉100片瓦，已知1匹大马能拉3片瓦，3匹小马能拉1片瓦. 则共有大马________匹.

5. 《九章算术》中记录了一个问题："以绳测井，若将绳三折测之，绳多四尺；若将绳四折测之，绳多一尺，问绳长井深各几何?" 其题意是，用绳子测量水井深度，如果将绳子折成三等份，那么每等份绳长比水井深度多四尺；如果将绳子折成四等份，那么每等份绳长比水井深度多一尺，问绳长和井深各多少尺? 若设绳长为 x 尺，则下列符合题意的方程是（　　）.

A. $\frac{1}{3}x-4=\frac{1}{4}x-1$　　B. $3(x+4)=4(x+1)$

C. $\frac{1}{3}x+4=\frac{1}{4}x+1$　　D. $3x+4=4x+1$

6. 《九章算术》中有如下问题："今有人持金出五关，前关二而税一，次关三而税一，次关四而税一，次关五而税一，次关六而税一，并五关所税，适重一斤." 其意思为，今有人持金出五关，第1关所收税金为持金的$\frac{1}{2}$，第2关所收税金为剩余金的$\frac{1}{3}$，第3关所收税金为剩余金的$\frac{1}{4}$，第4关所收税金为剩余金的$\frac{1}{5}$，第5关所收税金为剩余金的$\frac{1}{6}$，5关所收税金之和，恰好重1斤. 若设这个人原本持金 x 斤，根据题意可列方程为________.

7. 《九章算术》中记载了一道有趣的题："今有凫起南海，七日至北海；雁起北海，九日至南海. 今凫雁俱起，问何日相逢?" 大意是，今有野鸭从南海起飞，7天到北海；大雁从北海起飞，9天到南海. 现野鸭从南海、大雁从北海同时起飞，问经过多少天相遇? 设经过 x 天相遇，根据题意可列方程为（　　）.

A. $\left(\frac{1}{7}+\frac{1}{9}\right)x=1$　　B. $\left(\frac{1}{7}-\frac{1}{9}\right)x-1$

C. $(9-7)x=1$　　D. $(9+7)x=1$

8. 《九章算术》中记载了这样一个数学问题："今有甲发长安，五日至齐，乙发齐，七日至长安，今乙发已先二日，甲仍发长安，问几何日相逢?" 译文为，甲从长安出发，5天到齐国. 乙从齐国出发，7天到长安，现乙先出发2天，甲才从长安出发. 问甲经过多少天与乙相逢? 设甲经过 x 天与乙相逢，可列方程（　　）.

A. $\frac{7}{x+2}+\frac{5}{x}=1$　　B. $\frac{7}{x+2}-\frac{5}{x}=1$

C. $\frac{x+2}{7}=\frac{x}{5}$　　D. $\frac{x+2}{7}+\frac{x}{5}=1$

9. 《九章算术》中有这样一个问题："今有善行者行一百步，不善行者行六十步. 今不善行者先行一百步，善行者追之，问几何步及之?" 译文为，相同时间内，走路快的人走100步，走路慢的人只走60步. 若走路慢的人先走100步，走路快的人要走多少步才能追上?（注：步为长度单位.）设走路快的人要走 x 步才能追上，根据题意可列出的

方程是（ ）.

A. $x = 100 - \frac{60}{100}x$

B. $x = 100 + \frac{60}{100}x$

C. $\frac{100}{60}x = 100 + x$

D. $\frac{100}{60}x = 100 - x$

10. 《算法统宗》记载："有个学生资性好，一部孟子三日了，每日增添一倍多，问若每日读多少？"其大意是，有个学生天资聪慧，三天读完一部《孟子》，每天阅读的字数是前一天的两倍，问他每天各读多少个字？已知《孟子》一书共有 34 685 个字，设他第一天读 x 个字，则下面所列方程正确的是（ ）.

A. $x + 2x + 4x = 34\ 685$

B. $x + 2x + 3x = 34\ 685$

C. $x + 2x + 2x = 34\ 685$

D. $x + \frac{1}{2}x + \frac{1}{4}x = 34\ 685$

11. 《算法统宗》中记载了一首古算诗："林下牧童闹如簇，不知人数不知竹. 每人六竿多十四，每人八竿恰齐足."其大意是，牧童们在树下拿着竹竿高兴地玩耍，不知有多少人和竹竿. 每人 6 竿，多 14 竿；每人 8 竿，恰好用完. 若设牧童有 x 人，根据题意可列方程为（ ）.

A. $6x + 14 = 8x$ B. $6(x + 14) = 8x$ C. $8x + 14 = 6x$ D. $8(x - 14) = 6x$

12. 《算法统宗》中有这样一个问题："隔墙听得客分银，不知人数不知银，七两分之多四两，九两分之少半斤."其大意为，有一群人分银子，如果每人分七两，则剩余四两，如果每人分九两，则还差半斤.（注：明代时 1 斤 = 16 两，故有"半斤八两"这个成语.）设总共有 x 两银子，根据题意所列方程正确的是（ ）.

A. $7x - 4 = 9x - 8$ B. $\frac{x+4}{7} = \frac{x-8}{9}$ C. $7x + 4 = 9x + 8$ D. $\frac{x-4}{7} = \frac{x+8}{9}$

13. 《算法统宗》里有一道著名算题："一百馒头一百僧，大僧三个更无争，小僧三人分一个，大小和尚各几丁？"意思是，有 100 个和尚分 100 个馒头，如果大和尚 1 人分 3 个，小和尚 3 人分 1 个，正好分完，试问大、小和尚各多少人？设大和尚有 x 人，依题意列方程得（ ）.

A. $\frac{x}{3} - 3(100 - x) = 100$

B. $3x - \frac{100 - x}{3} = 100$

C. $\frac{x}{3} + 3(100 - x) = 100$

D. $3x + \frac{100 - x}{3} = 100$

14. 《算法统宗》中有"以碗知僧"趣题："巍巍古寺在山中，不知寺内几多僧. 三百六十四只碗，恰合用尽不差争. 三人共食一碗饭，四人共进一碗羹. 请问先生能算者，都来寺内几多僧."大意为，寺内有 364 只碗，正好够僧人使用. 3 个人同吃一碗饭，4 个人同喝一碗羹，问寺内有多少僧人？设都来寺内有 x 名僧人，则可列方程为_____.

第4章 几何图形初步

同学们，我们的现实世界是由千姿百态的图形构成的，你能在生活中发现这些几何图形吗？能发现其中蕴含的数学奥秘吗？

本章我们将更深入地研究从不同方向看立体图形，在线段、角度的计算中充分感受数学的魅力.

一个立体图形，在图纸上出现时往往是由多个不同的平面图形展现的，在实际的生活中是如何运用的呢？线段、角度的计算又有什么诀窍？让我们跟随求小实和白小塔去充分感受数学的分类讨论思想、方程思想、整体思想.

4.1 从几何到平面

这天，求小实同学正对自己错了很多的"从不同方向看复杂立体图形"问题而郁闷，他想，多看看和几何有关的书应该会有帮助吧. 他找到一本关于维度的小说《平面国》(Flatland)，这是19世纪的埃德温·A. 艾勃特写的. 求小实看完后非常激动，要和同学白小塔分享.

求小实："我最近读到一本关于维度的小说，十分有趣！不同的形状居然住在不同的王国. 在二维的平面王国中，住着三角形、四边形、五边形等居民."

白小塔："哦！我明白了，他们都是平面图形，称为二维图形."

求小实："是的！而且他们还分阶层，他们所处的阶层是由他们的形状决定的. 四边形的阶层高于三角形，五边形的阶层高于四边形，角的数量越多，代表他的社会阶层越高. 阶层最高的是圆形，因为一个图形的角越多，他的形状就越接近圆，可以把圆形理解为拥有无穷个角的图形."

47

白小塔："那有三维吗？"

求小实："有啊！比如说球. 书中说，从最简单的图形来分析，如果要让一个点变成线段，就必须将它水平地移动到一个新的位置上，得到一个新点，再用线将二者连接起来，由此得到了一维的线段. 如果要让线段变为正方形，就必须将线段纵向移动到一个新的位置，再用线段将二者对应位置的顶点连接起来. 也就是说，线段可以看作是点的移动，而正方形可以看作是线段的移动，那么三维中的立方体可以看作是一个面的移动."

白小塔："听了你分享的这本书的内容，我发现书中的一个思路或许可以帮你解决三视图这类问题. 通过面的移动得到立体图形，那么反过来，我需要知道从不同方向看立体图形得到的图形. 只需要我们想象一下，在一个黑暗的房间中，有一束光线照射在这个三维物体的前面、后面、左面、右面、上面、下面，物体在黑暗房间墙上形成的投影，就是从不同方向看到的立体图形."

探究一

如图 4.1.1 是由 10 个小立方体组成的几何体，画出其三视图.

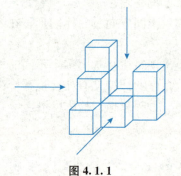

图 4.1.1

（1）主视图.

主视图

> 用了投影的方法后，再对比立体图形，可以更好地理解几何体的三视图.

（2）左视图.

左视图

（3）俯视图.

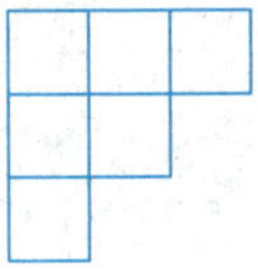

俯视图

如图 4.1.2 所示，几何体由 7 个小正方体搭成，将图中标甲、乙、丙的三个小正方体中的一个拿走，得到的新几何体与原来几何体的三视图一样，那么应该拿走（　　）.

A. 甲　　　　　　　B. 乙　　　　　　　C. 丙　　　　　　　D. 都不行

根据几何体的三视图逐一判断，分析如下：

如果拿甲，则该几何体的左视图变化，故 A 项不合题意；

如果拿乙，则得到的新几何体与原来几何体的三视图一样，故 B 项符合题意；

如果拿丙，则该几何体的主视图变化，故 C 项不合题意；

所以这题选 B.

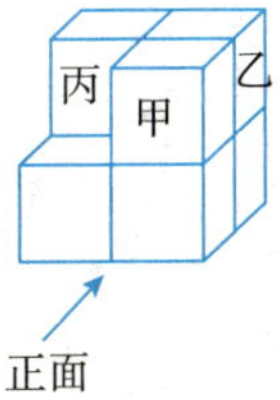

图 4.1.2

图 4.1.3 是由 9 个相同的小立方体组成的一个几何体，画出其主视图、左视图和俯视图.

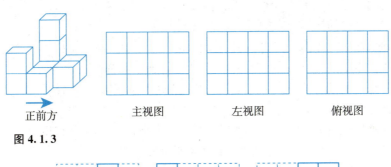

正前方

图 4.1.3

主视图　　　　　左视图　　　　　俯视图

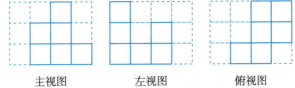

主视图　　　　　左视图　　　　　俯视图

拓展：

现量得小立方体的棱长为 2cm，要给该几何体表面涂色（不含底面），则涂上颜色部分的总面积是多少？

一个小正方体的面积是 $2×2=4cm^2$，数出左面、右面，前面、后面、上面这 5 个面

一共有多少个小正方形，再与小正方形面积相乘，即（6×2+6×2+6）×4=120cm²，故这个堆积几何体涂上颜色部分的总面积（不含底面）是120cm².

探究四

求小实将正方体的表面全部涂上颜色. 然后把正方体的每条棱二等分（见图4.1.4），再沿等分线把正方体切开，得到8个小正方体. 通过观察，他发现：8个小正方体全是3个面涂有颜色的.

白小塔又把另一个正方体的棱三等分，然后沿等分线把正方体切开，得到了27个小正方体，表面涂色后白小塔问求小实：这27个小正方体中，有_____个是3个面涂有颜色的，有_____个是2个面涂有颜色的，还有_____个是各个面都没有涂色的.

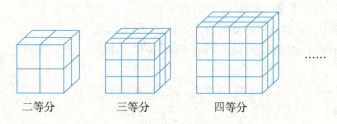

二等分　　　三等分　　　四等分

图 4.1.4

【分析】将正方体的棱三等分，共有27个面，大正方体有6个大面. 大正方体顶点上的小正方体有3面涂色，正方体有8个顶点，所以有3面涂色的个数为8；大正方体棱上的小正方体有2面涂色，正方体有12条棱，所以有2面涂色的个数为12；每个大面的中间一块涂色1面，正方体有6个面，所以有1面涂色的个数为6. 没有涂色的小正方体是被切大正方体的最中间露不出来的那一块，其实是用 $(3-2)^3=1^3=1$ 这个算式算出来的.

思考： 如果把正方体四等分呢？表面涂色后，有几个是各个面都没有涂色的？

按前面的思路就是 $(4-2)^3=2^3=8$，有8个是各个面都没有涂色的.

如果现在有一个很大的正方体（足够切），把每条棱都 n 等分后切开，数出各个面都没有涂色的正方体数为125，则 $n=$ _____.

根据正方体的棱三等分时有 $(3-2)^3=1^3=1$ 个是各个面都没有涂色的，正方体的棱四等分时有 $(4-2)^3=2^3=8$ 个是各个面都没有涂色的，

∴ 正方体的棱 n 等分时有 $(n-2)^3$ 个是各个面都没有涂色的，

∴ $(n-2)^3=125$，

解得：$n=7$.

前面我们整体观察小正方体，探究了多个小正方体组成的几何图形的三视图及应用，那么把小正方体单独展开，是否只有固定的一种情况呢？我们跟随求小实和白小塔一起总结一下吧！

探究五

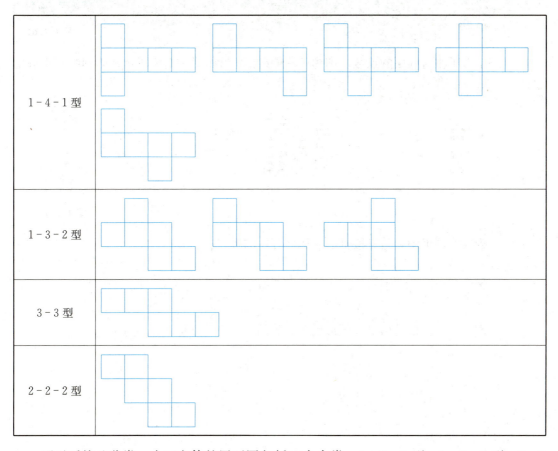

1-4-1 型	
1-3-2 型	
3-3 型	
2-2-2 型	

　　通过系统地分类，小正方体的展开图包括四个大类，1-4-1 型、1-3-2 型、3-3 型、2-2-2 型. 你能画出来吗?

🔍 **拓展园地**

　　1. 图 1.4.5 所示四个图形都是由 6 个大小相同的正方形组成，其中是正方体展开图的是(　　).

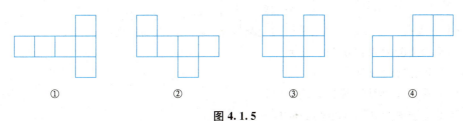

①　　　　　②　　　　　③　　　　　④

图 4.1.5

A. ①②③　　　　B. ②③④　　　　C. ①③④　　　　D. ①②④

　　2. 从如图 4.1.6 所示的 7 个小正方形中剪去一个小正方形，使剩余的 6 个小正方形折叠后能围成一个正方体，则应剪去标记为 (　　) 的小正方形.

A. 祝或考　　　　　　　　B. 你或考

C. 好或绩　　　　　　　　D. 祝或你或成

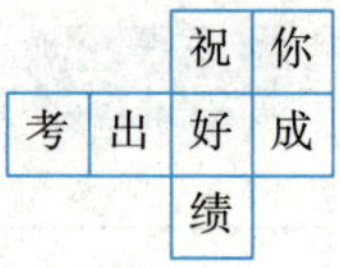

图 4.1.6

3. 一个骰子相对两面的点数之和为 7，它的展开图如图 4.1.7 所示，下列判断正确的是（　　）.

A. A 代  　　　　　B. B 代

C. C 代  　　　　　D. B 代

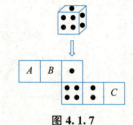

图 4.1.7

4. 下列四个图形中，是三棱锥的表面展开图的是（　　）.

A.  　　　　B.  　　　　C. 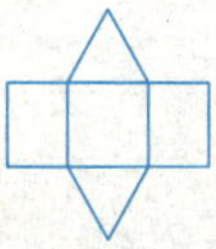 　　　　D.

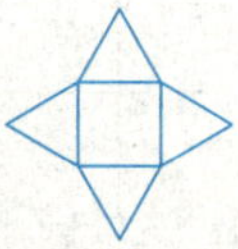

5. 如图，三个图形是由立体图形展开得到的，相应的立体图形顺序是（　　）.

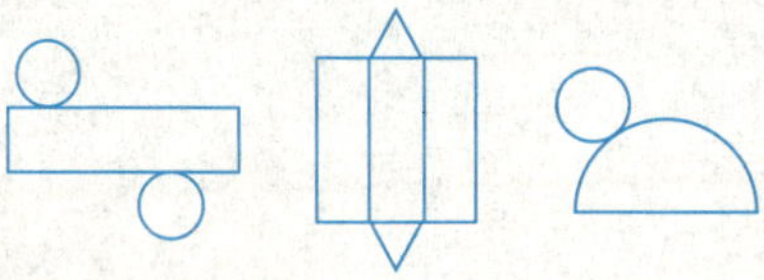

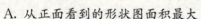

A. 圆柱、三棱柱、圆锥　　　　　　　　B. 圆锥、三棱柱、圆柱

C. 圆柱、三棱锥、半球　　　　　　　　D. 圆柱、三棱柱、半球

答案：

1. D　　2. D　　3. A　　4. A　　5. A

1. 如图 1 所示的几何体是由 7 个完全相同的小正方体搭成的，根据该几何体从正面、左面、上面三个方向看到的形状图. 下列说法正确的是（　　）.

   A. 从正面看到的形状图面积最大

   B. 从左面看到的形状图面积最大

   C. 从上面看到的形状图面积最大

   D. 三个方向看到的形状图面积一样大

正面

图 1

2. 图 2 是由 7 块小正方体积木堆成的实体，请你分别画出这个立体图形从正面、从左面、从上面看到的平面图形.

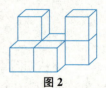

图 2

3. 如图 3 所示，是用 6 个小正方体搭成的立体图形，请你从正面、左面、上面观察这个几何体，分别画出你所看到的几何体的形状图.

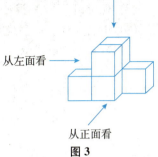

从上面看

从左面看

从正面看

图 3

4. 在平整的地面上，由若干个完全相同的棱长的小正方体堆成一个几何体（如图 4 所示）.
   (1) 这个几何体由_____个小正方体组成，请画出这个几何体的三视图；
   (2) 如果在这个几何体的表面喷上黄色的漆，则在所有的小正方体中，有_____个正方体只有两个面是黄色，有_____个正方体只有三个面是黄色.（注：该几何体与地面重合的部分不喷漆.）

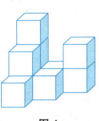

图 4

5. 把棱长为 1cm 的若干个小正方体摆放成如图 5 所示的几何体，然后在露出的表面上涂上颜色（不含底面）.
   (1) 画出该几何体从正面看到的图形，
   (2) 求涂上颜色部分的总面积.

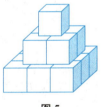

图 5

6. 操作题. 如图 6（a）所示，是一个由 53 个大小相同的小正方体堆成的立体图形，从正面观察这个立体图形得到的平面图形如图 6（b）所示.
   (1) 请依次画出从左面、上面观察这个立体图形得到的平面图形；
   (2) 保持这个立体图形中最底层的小正方体不动，从其余部分中取走 k 个小正方体，得到一个新的立体图形. 如果依次从正面、左面、上面观察新的立体图形，所得到的平面图形分别与原图形的正面、左面、右面是一样的，那么 k 的最大值为_____.

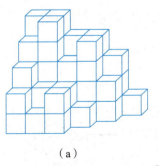

（a）

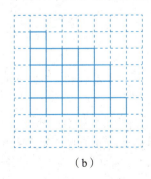

（b）

图 6

7. 用若干棱长为 a 的小立方体搭成桌面上的一个几何体模型如图 1 所示.

（1）请画出图 7（a）中几何体模型的主视图、左视图与俯视图；

（2）现将图 7（b）模型露在外面的部分涂上涂料，求涂上涂料部分的总面积；

（3）小明继续用一些棱长为 a 的小立方体往下搭建，如图 7（b）所示，他能否在最底层刚好用 210 个小立方体搭建出几何模型？若能，求出层数 n；若不能，说明理由.

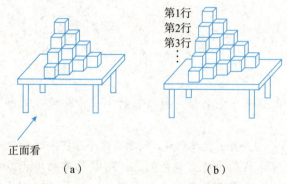

正面看
（a）　　　　　　（b）

图 7

8. 一枚六个面分别标有 1～6 个点的骰子，将它抛掷三次得到不同的结果，看到的情形如图 8 所示，则图中写有"?"一面上的点数是（　　）.

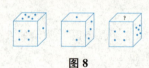

图 8

A. 6　　　　B. 2　　　　C. 3　　　　D. 1

9. 在下面四个立体图形中，从左面看与从正面看所得到的平面图形不相同的是（　　）.

A. 　　　B. 　　　C. 　　　D.

10. 一个几何体的表面展开图如图 9 所示，则这个几何体是（　　）.

A. 三棱锥　　　　　　　　B. 三棱柱

C. 四棱锥　　　　　　　　D. 四棱柱

图 9

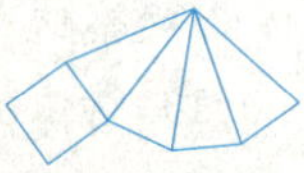

11. 如图 10 所示，一个几何体上半部为正四棱锥，下半部为立方体，且有一个面涂有颜色，该几何体的表面展开图是（　　）.

A. 　B. 　C. 　D.

图 10

12. 在下面几何体中，从左面看得到三角形的是（　　）.

A. 　　B. 　　C. 　　D.

13. 如图是正方体的两种表面展开图，用字母 C，D 分别表示与 A，B 相对的面，请分别在图 11、图 12 上标出 C，D.

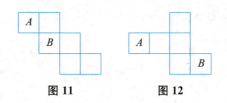

图 11　　　　　图 12

4.2　线段计算中的思想方法

今天求小实正在做老师布置的关于线段的练习，他发现只要把线段画出来，计算很简单，算完后核对了一下答案，发现居然有 2 个答案，自己只算对了 1 个，他漏了哪一个呢？

探究一

分类讨论思想

已知线段 $AB=10\text{cm}$，直线 AB 上有一点 C，且 $BC=2\text{cm}$，点 D 是线段 AB 的中点，求线段 DC 的长.

以下是求小实的求解过程，他考虑到点 C 在线段 AB 上，所以画出图 4.2.1.

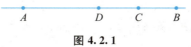

图 4.2.1

$\because AB=10\text{cm}$，点 D 是 AB 的中点，

$\therefore BD=\dfrac{1}{2}AB=5\text{cm}$.

又 $\because BC=2\text{cm}$，

$\therefore DC=BD-BC=3\text{cm}$.

这样做实际上会漏掉一种情况，应该分两种情况探讨：①点 C 在线段 AB 上；②点 C 在线段 AB 的延长线上.

另一种情况，当点 C 在线段 AB 的延长线上时，如图 4.2.2 所示，

> 对于没有给出图形的线段问题，若发现有关键词"在直线 AB 上"时，要注意考虑问题的全面性，利用"分类讨论的思想"的方法求解.

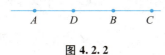

图 4.2.2

此时，$DC=BD+BC=5\text{cm}+2\text{cm}=7\text{cm}$，所以 DC 的长为 3cm 或 7cm.

探究二

方程思想

如图 4.2.3 所示，B，C 是线段 AD 上两点，且 $AB:BC:CD=2:4:3$，M 是 AD

的中点，$CD=9$cm，求线段 MC 的长．

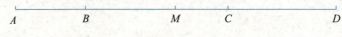

图 4.2.3

【分析】根据比例关系求得 $AB=6$cm，$BC=12$cm，则 $AD=27$cm，然后由线段中点的性质来求 MD 的长度，则 $MC=MD-CD$．

解：$\because AB:BC:CD=2:4:3$，

$\therefore$ 设 $AB=2x$cm，$BC=4x$cm，$CD=3x$cm，

$\therefore 3x=9$，

解得 $x=3$，

$\therefore AB=6$cm，$BC=12$cm，

$\therefore AD=AB+BC+CD=6+12+9=27$cm，

又$\because$ 点 M 是 AD 的中点，

$\therefore MD=\dfrac{1}{2}AD=13.5$cm，

$\therefore MC=MD-CD=13.5-9=4.5$cm．

> 如果出现线段的和、差、倍、分、比例的关系，一般运用"方程思想"解答较便捷．

探究三

整体思想

如图 4.2.4 所示，点 C 在线段 AB 上，$AB=8$cm，$CB=6$cm，点 M，N 分别是 AC，BC 的中点，求线段 MN 的长．

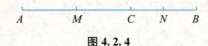

图 4.2.4

解：$\because$ 点 M，N 分别是 AC，BC 的中点，$AC=8$cm，$CB=6$cm，

$\therefore CM=\dfrac{1}{2}AC=4$cm，$CN=\dfrac{1}{2}BC=3$cm，

$\therefore MN=CM+CN=4+3=7$cm，

即线段 MN 的长是 7cm．

变形 1：

若 C 为线段 AB 上任一点，满足 $AC+CB=a$cm，其他条件不变，你能求出 MN 的长度吗？请说明理由．

【分析】问题升级，不知道 AC，BC 具体的长度，不能逐段求出，那就把线段看作一个整体，用整体思想求解．

解：$\because$ 点 M，N 分别是 AC，BC 的中点，$AC+CB=a$cm，

$\therefore CM=\dfrac{1}{2}AC$，$CN=\dfrac{1}{2}BC$，

$\therefore MN=CM+CN=\dfrac{1}{2}AC+\dfrac{1}{2}BC=\dfrac{1}{2}(AC+BC)=\dfrac{1}{2}a$cm，

即线段 MN 的长是 $\dfrac{1}{2}a$cm．

变形 2：

如图 4.2.5 所示，若 C 在线段 AB 的延长线上，且满足 $AC-BC=b\text{cm}$，M，N 分别为 AC，BC 的中点，你能求出 MN 的长度吗？请说明理由.

图 4.2.5

解： $MN=\dfrac{1}{2}b\text{cm}$，理由如下：

∵ 点 M，N 分别是 AC，BC 的中点，$AC-CB=b\text{cm}$，

∴ $CM=\dfrac{1}{2}AC$，$CN=\dfrac{1}{2}BC$，

∴ $MN=CM-CN=\dfrac{1}{2}AC-\dfrac{1}{2}BC=\dfrac{1}{2}(AC-BC)=$

$\dfrac{1}{2}b\text{cm}$，

即线段 MN 的长是 $\dfrac{1}{2}b\text{cm}$.

> 对于线段之间的数量关系，如果没有给出逐段的长度，则可以建立所求线段与已知线段之间的数量关系，用"整体思想"求解.

1. 两根木条，一根长 60cm，一根长 100cm，将它们的一个端点重合，放在同一条直线上，此时两根木条中点间的距离（　　）.

   A. 20cm　　　　　B. 80cm　　　　　C. 160cm　　　　　D. 20cm 或 80cm

2. 如图 1，P 是定长线段 AB 的三等分点，Q 是直线 AB 上一点，且 $AQ-BQ=PQ$，求 $\dfrac{PQ}{AB}$ 的值.

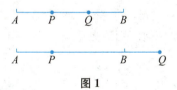

图 1

3. 已知：如图 2，点 C 是线段 AB 上一点，且 $3AC=2AB$. D 是 AB 的中点，E 是 CB 的中点，$DE=6$，求：

   (1) AB 的长；

   (2) $AD:CB$.

图 2

4. 如图 3，B、C 两点把线段 MN 分成三部分，$MB:BC:CN=2:3:4$，点 P 是 MN 的中点，$PC=2\mathrm{cm}$，求 MN 的长.

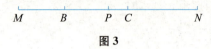

图 3

5. 如图 4，已知点 C，D 在线段 AB 上，M、N 分别是 AC、BD 的中点，若 $AB=20$，$CD=4$，
   (1) 求 MN 的长；
   (2) 若 $AB=a$，$CD=b$，请用含有 a、b 的代数式表示出 MN 的长.

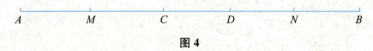

图 4

6. 如图 5，已知点 C 是线段 AB 上一点，$AC<CB$，D，E 分别是 AB，CB 的中点，$AB=8$，$EB=5$，求线段 DE 的长.

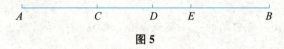

图 5

4.3　角的计算中的思想方法

通过探究上一节线段计算中的思想方法，求小实感觉自己已经掌握了分类讨论思想、方程思想、整体思想，那这几种数学思想在角的计算中又是如何应用的呢?

探究一

分类讨论思想

已知 $\angle BOC$ 在 $\angle AOB$ 的外部，OE 平分 $\angle AOB$，OF 平分 $\angle BOC$，OD 平分 $\angle AOC$，$\angle AOE=30°$，$\angle BOD=20°$，试求 $\angle COF$ 的度数.

解：如图 4.3.1 所示，

∵ OE 平分 $\angle AOB$，$\angle AOE=30°$，$\angle BOD=20°$，

∴ $\angle AOD=30°+30°-20°=40°$，

∵ OD 平分 $\angle AOC$，

∴ $\angle COD=\angle AOD=40°$，

∵ OF 平分 $\angle BOC$，

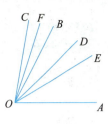

图 4.3.1

$\therefore \angle COF = (40° - 20°) \div 2 = 10°.$

上节我们讨论的求线段的题中如果没有图,那么有可能会有两种情况.这一题求角的问题中也应该分情况讨论.

我们应该分 OD 在 $\angle AOB$ 外部和 $\angle AOB$ 内部两种情况.①OD 在 $\angle AOB$ 内部时,由 OE 平分 $\angle AOB$,$\angle AOE = 30°$,$\angle BOD = 20°$,可得 $\angle AOD$ 的值,再由 OD 平分 $\angle AOC$,可得出 $\angle COD = \angle AOD$,由 OF 平分 $\angle BOC$,即可得出 $\angle COF$ 的值;②OD 在 $\angle AOB$ 外部时,先根据角平分线定义得出 $\angle COD = \angle AOD = 2\angle AOE + \angle BOD$,继而由 OF 平分 $\angle BOC$ 可得 $\angle COF = \dfrac{\angle COD + \angle BOD}{2}$.另一种情况求解如下.

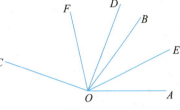

图 4.3.2

如图 4.3.2 所示,

$\because OE$ 平分 $\angle AOB$,$\angle AOE = 30°$,$\angle BOD = 20°$,

$\therefore \angle AOD = 30° + 30° + 20° = 80°,$

$\because OD$ 平分 $\angle AOC$,

$\therefore \angle COD = \angle AOD = 80°,$

$\because OF$ 平分 $\angle BOC$,

$\therefore \angle COF = (80° + 20°) \div 2 = 50°.$

> 当求角度的题目没有给图时候,往往需要考虑分类讨论思想.

探究二

方程思想

(2018 年秋·榆林期末) 如图 4.3.3 所示,点 O 在直线 AC 上,OD 平分 $\angle AOB$,$\angle BOE = \dfrac{1}{2}\angle EOC$,$\angle DOE = 70°$,求 $\angle EOC$.

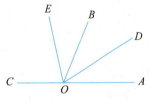

图 4.3.3

解:设 $\angle AOB = x$,则 $\angle BOC = 180° - x$,

$\because OD$ 平分 $\angle AOB$,

$\therefore \angle BOD = \dfrac{1}{2}\angle AOB = \dfrac{1}{2}x,$

$\because \angle BOE = \dfrac{1}{2}\angle EOC,$

$\therefore \angle BOE = \dfrac{1}{3}\angle BOC = 60° - \dfrac{1}{3}x,$

由题意得,$\angle DOE = \angle BOD + \angle BOE = \dfrac{1}{2}x + 60° - \dfrac{1}{3}x = 70°,$

解得,$x = 60°,$

$\therefore \angle EOC = \dfrac{2}{3}(180° - x) = 80°.$

> 当题目中出现角度比例、倍数、倍分关系时,考虑方程思想,设参解决.

探究三

整体思想

如图 4.3.4 所示，已知，$\angle AOB = 90°$，$\angle BOC = 30°$，OM 平分 $\angle AOC$，ON 平分 $\angle BOC$.

（1）$\angle MON = $ ___.

（2）如图 4.3.5 所示，$\angle AOB = 90°$，$\angle BOC = x°$，仍然分别作 $\angle AOC$、$\angle BOC$ 的平分线 OM、ON，能否求出 $\angle MON$ 的度数. 若能，求出其值；若不能，说明理由.

（3）如图 4.3.6 所示，若 $\angle AOB = \alpha$，$\angle BOC = \beta$（α、β 均为锐角，且 $\alpha > \beta$），仍然分别作 $\angle AOC$、$\angle BOC$ 的平分线 OM、ON，能否求出 $\angle MON$ 的度数. 若能，求 $\angle MON$ 的度数.

（4）从（1）、（2）、（3）的结果中，你发现了什么规律？

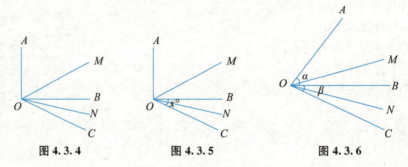

图 4.3.4   图 4.3.5   图 4.3.6

【分析】

（1）根据题意可知，$\angle AOC = 120°$，由 OM 平分 $\angle AOC$，ON 平分 $\angle BOC$，推出 $\angle MOC = \dfrac{1}{2}\angle AOC = 60°$，$\angle CON = \dfrac{1}{2}\angle BOC = 15°$，由图形可知，$\angle MON = \angle MOC - \angle CON$，即 $\angle MON = 45°$.

（2）根据（1）的求解思路，先利用角平分线的定义表示出 $\angle MOC$ 与 $\angle NOC$ 的度数，然后相减即可得到 $\angle MON$ 的度数.

（3）用 α、β 表示 $\angle MOC$、$\angle NOC$，根据 $\angle MON = \angle MOC - \angle NOC$ 得到.

（4）由（1）、（2）、（3）的结果中，$\angle MON$ 的度数与 $\angle BCD$ 无关，$\angle MON = \dfrac{\alpha}{2}$.

> 当题目中出现双角平分线时，多用整体法思想.

练一练

1. 下面是小明做的一道题目以及他的解题过程.

题目：在同一平面上，若 $\angle BOA = 75°$，$\angle BOC = 22°$，求 $\angle AOC$ 的度数.

解：根据题意可画图，因为 $\angle AOC = \angle BOA - \angle BOC = 75° - 22° = 53°$，所以 $\angle AOC = 53°$.

如果你是老师，能判小明满分吗？若能，请说明理由；若不能，请将错误指出来，并给出你认为正确的解法.

2. 以 $\angle AOB$ 的顶点 O 为端点引射线 OC，使 $\angle AOC : \angle BOC = 5 : 4$，若 $\angle AOB = 15°$，则 $\angle AOC$ 的度数是多少.

3. 如图，A、O、B 三点在一条直线上，$\angle AOC = 2\angle COD$，OE 平分 $\angle BOD$，$\angle COE = 77°$，则 $\angle COD = $ _____.

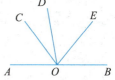

4. 已知 $\angle AOB = 40°$，过点 O 引射线 OC，若 $\angle AOC : \angle COB = 2 : 3$，且 OD 平分 $\angle AOB$，则 $\angle COD = $ _____.

第5章　相交线与平行线

章前导语

　　公元前 3 000 多年前，古埃及、古巴比伦等古代文明就开始研究几何了，几何学产生于人们生产生活的实际需要，美国总统林肯说过欧几里得的《几何原本》让他认识到了科学理性的力量．几何是一门研究图形的形状、大小和位置关系的学科，从小学以来，我们认识了不少基本的几何图形，认识了点、线、面，学会了计算和比较线段的长度、角度的大小，这些都是在研究几何图形的形状和大小，而这一章我们开始研究图形间的位置关系，并进行理性推理．让我们一起探索几何学的奥秘吧！

5.1　欧氏几何

　　求小实："上一章我们学习了几何初步里的一些概念和简单的几何推理，但是你可别认为几何就那么简单．你知道吗？几何具备一个非常完善的体系，由一些简单的公理再推导便建成了几何的高楼大厦．"

　　白小塔："这一点经历了很长时间的证明和完善吧？"

　　求小实："那是肯定，这就得从欧几里得说起了．说起欧几里得就不得不说他的《几何原本》，《几何原本》几乎包括了我们初中所学平面几何的全部内容，与我国的《九章算术》一同被誉为数学思想方法的两大源泉．历史上许多科学家都称自己得益于《几何原本》科学精神的熏陶．哥白尼、伽利略、牛顿以及许多其他大科学家，年轻时都曾认真学习过这本书．据统计，自从中国的印刷术传入欧洲以后，《几何原本》已用各种文字重版了 1 000 多次，极其深刻地影响了世界数学的发展．"

　　白小塔："那我们今天就一起来了解一下几何的历史吧！"

探究一

《几何原本》

公元前 3 世纪时，最著名的数学中心是亚历山大城；在亚历山大城，最著名的数学家是欧几里得. 欧几里得知识渊博, 数学造诣精湛, 尤其擅长几何证明. 连当时的国王也经常向他请教数学问题. 据说有一次, 国王做一道几何证明题, 接连做了许多天都没有做出来, 就问欧几里得, 能不能把几何证明搞得稍微简单一些. 欧几里得认为国王想投机取巧, 于是不客气地回答说:"陛下, 几何学里可没有专门为您开辟的大道!"这句话长久地流传下来, 许多人把它当作学习几何的箴言.

在数学上, 欧几里得最大的贡献是编了震古烁今的数学巨著《几何原本》.

为了编好这本书, 欧几里得创造了一种巧妙的陈述方式. 一开头, 他介绍了所有的定义, 让大家一翻开书, 就知道书中的每个概念是什么意思. 例如, 什么叫作点? 书中说:"点是没有部分的."什么叫作线? 书中说:"线有长度但没有宽度."这样一来, 大家就不会对书中的概述产生歧义了.

接下来, 欧几里得提出了 5 个公理和 5 个公设:

公理 1　与同一件东西相等的一些东西, 它们彼此也是相等的.

公理 2　等量加等量, 总量仍相等.

公理 3　等量减等量, 总量仍相等.

公理 4　彼此重合的东西彼此是相等的.

公理 5　整体大于部分.

公设 1　从任意的一个点到另外一个点作一条直线是可能的.

公设 2　把有限的直线不断循直线延长是可能的.

公设 3　以任一点为圆心和任一距离为半径作一圆是可能的.

公设 4　所有的直角都相等.

公设 5　如果一直线与两直线相交, 且同侧所交两内角之和小于两直角, 则两直线无限延长后必相交于该侧的一点.

在现在看来, 公理与公设实际上是一回事, 它们都是最基本的数学结论. 公理的正确性是毋庸置疑的, 因为它们都经过了长期实践的反复检验. 而且, 除了第 5 公设以外, 其他公理的正确性几乎是"一目了然"的. 想想看, 你能找出一个例子, 说明这些公理不正确吗?

这些公理是干什么用的? 欧几里得把它们作为数学推理的基础. 他想, 既然谁也无法否认公理的正确性, 那么可以用它们作理论依据去证明数学定理, 只要证明的过程不出差错, 定理的正确性也是理论证据, 就能推导出新的数学定理来. 这样, 就可以用一根逻辑的链条, 把所有的定理都串联起来, 让每一个环节都衔接得丝丝入扣, 无懈可击.

在《几何原本》里, 欧几里得用这种方式, 有条不紊地证明了许多重要的数学命题.

从此, 古希腊丰富的几何学知识, 形成了一个逻辑严谨的科学体系.

探究二

欧氏几何

1. 欧氏几何的建立

欧氏几何是欧几里得几何学的简称, 其创始人是公元前 3 世纪的古希腊伟大数学家欧

几里得. 在他以前, 古希腊人已经积累了大量的几何知识, 并开始用逻辑推理的方法去证明一些几何命题的结论. 欧几里得这位伟大的几何建筑师在前人准备的"木石砖瓦"材料的基础上, 天才般地按照逻辑系统把几何命题整理起来, 建成了一座巍峨的几何大厦, 完成了数学史上的光辉著作《几何原本》. 这本书的问世, 标志着欧氏几何学的建立, 是整个数学发展史上意义极其深远的大事, 也是整个人类文明史上的里程碑. 两千多年来, 这部著作在几何教学中一直占据着重要地位, 包括我国在内的许多国家仍以它为基础作为几何教材.

2. 欧氏几何的贡献

欧几里得将早期许多没有联系和未予严谨证明的定理加以整理, 写下《几何原本》一书, 使几何学变成为一座建立在逻辑推理基础上的不朽丰碑. 这部划时代的著作共分 13 卷, 465 个命题. 其中有八卷讲述几何学, 包含了现在中学所学的平面几何和立体几何的内容. 但《几何原本》的意义却绝不限于其内容的重要, 或者其对定理出色的证明. 真正重要的是欧几里得在书中创造的一种被称为公理化的方法. 在证明几何命题时, 每一个命题总是由前一个命题推导出来的, 而前一个命题又是从再前一个命题推导出来的. 我们不能这样无限地推导下去, 应有一些命题作为起点. 这些作为论证起点, 具有自明性并被公认下来的命题称为公理, 如同学们所学的"两点确定一条直线"等即是. 同样对于概念来讲也有些不加定义的原始概念, 如点、线等. 在一个数学理论系统中, 我们尽可能少地先取原始概念和不加证明的若干公理, 以此为出发点, 利用纯逻辑推理的方法, 把该系统建立成一个演绎系统, 这样的方法就是公理化方法. 欧几里得采用的正是这种方法. 他先摆出公理、公设、定义, 然后有条不紊地由简单到复杂地证明一系列命题. 他以公理、公设、定义为要素, 作为已知, 先证明了第一个命题. 然后又以此为基础, 来证明第二个命题, 如此下去, 证明了大量的命题. 其论证之精彩, 逻辑之周密, 结构之严谨, 令人叹为观止. 零散的数学理论被他成功地编织为一个从基本假定到最复杂结论的系统. 因而在数学发展史上, 欧几里得被认为是成功而系统地应用公理化方法的第一人, 他的工作被公认为是最早用公理法建立起演绎的数学体系的典范. 正是从这层意义上, 欧氏几何对数学的发展起到了巨大而深远的影响, 在数学发展史上树立了一座不朽的丰碑.

3. 欧氏几何的完善

公理化方法几乎渗透于数学的每一个领域, 对数学的发展产生了不可估量的影响, 公理化结构已成为现代数学的主要特征. 而作为完成公理化结构的最早典范——《几何原本》, 用现代的标准来衡量, 在逻辑的严谨性上还存在着不少缺点. 如每一个公理系统都有若干原始概念 (或称不定义概念), 欧几里得对这些都做了定义, 但定义本身含混不清. 另外, 其公理系统也不完备, 许多证明不得不借助于直观观察来完成. 此外, 个别公理不是独立的, 即可以由其他公理推出. 这些缺陷直到 1899 年德国数学家希尔伯特的《几何基础》出版时才得到了完善. 在这部名著中, 希尔伯特成功地建立了欧几里得几何的完整、严谨的公理体系, 即所谓的希尔伯特公理体系. 这一体系的建立使欧氏几何成为一个逻辑结构完善而严谨的几何体系，也标志着欧氏几何完善工作的终结.

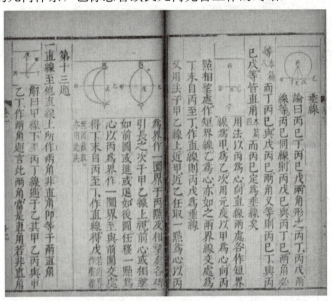

探究三

三种几何并存

欧氏几何、罗氏几何、黎曼几何最根本的不同是关于平行公理的认识，这导致了诸多互不相容的结论. 虽然如此，这三种几何各自的命题都构成了一个严密的公理体系，各公理之间满足和谐性（也称不矛盾性）、完备性和独立性. 因此这三种几何都是正确的. 在我们的日常生活中，欧氏几何是适用的；在宇宙空间或原子核世界，罗氏几何更符合客观实际；在地球表面研究航海、航空等实际问题中，黎曼几何更准确一些.

总之，从逻辑上说，三种几何学有同样的地位. 从数学的实现上说，三种几何学都有相应的模型. 从现实世界上说，三种几何学各在一定条件下适用. 因此，三种几何都是一定条件下的相对真理，并且可以在更高的观点下统一起来.

白小塔："哇！几何太神奇了. 同学们也可以去查阅更多的历史资料来进行分享. 这一章'相交线平行线'比起'几何初步'肯定有更强的逻辑性，同学们跟我一起去几何的世界遨游吧！"

5.2　平行线间的拐点问题

"三线八角"模型指的是两条平行线被第三条直线所截，截得八个角，这八个角间存在三种关系，分别是同位角、内错角、同旁内角，而且具有同位角相等、内错角相等、同旁内角互补的性质，在角度相等或互补的前提下就可以进行角度的转化，因此可以利用平行线的"三线八角"解决一些更复杂的模型. 今天我们随小实和小塔一起去探究"平行线间的拐点问题"吧.

探究一

平行线间的"M"模型

如图 5.2.1 所示，已知 $AB /\!/ CD$，试判断 $\angle B$，$\angle BED$ 和 $\angle D$ 之间的关系，并说明理由.

求小实："这个问题可以通过作平行线来实现角度的转化."

解：$\angle BED = \angle B + \angle D$. 理由如下：

如图 5.2.2 所示，过点 E 作 $EF /\!/ AB$，则 $\angle B = \angle BEF$.

$\because AB /\!/ CD$，$\therefore EF /\!/ CD$.

$\therefore \angle DEF = \angle D$.

$\because \angle BED = \angle BEF + \angle DEF$，

$\therefore \angle BED = \angle B + \angle D$.

图 5.2.1

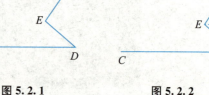

图 5.2.2

探究二

"M"型中平行线间有多个拐点

(1) 如图 5.2.3 (a) 所示，$AB /\!/ CD$，则 $\angle E + \angle G$ 与 $\angle B + \angle F + \angle D$ 有何关系？

(2) 如图 5.2.3 (b) 所示，若 $AB /\!/ CD$，又能得到什么结论？请直接写出结论.

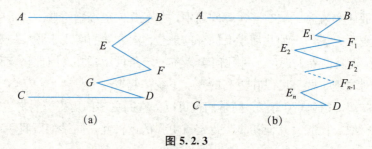

图 5.2.3

解：(1) 如图 5.2.4 所示，过点 E 作 $EM /\!/ AB$，过点 F 作 $FN /\!/ AB$，过点 G 作 $GH /\!/ CD$.

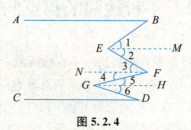

图 5.2.4

$\because AB /\!/ CD$,

$\therefore AB /\!/ EM /\!/ FN /\!/ GH /\!/ CD$.

$\therefore \angle 1 = \angle B$，$\angle 2 = \angle 3$，$\angle 4 = \angle 5$，$\angle 6 = \angle D$.

$\therefore \angle 1 + \angle 2 + \angle 5 + \angle 6 = \angle B + \angle 3 + \angle 4 + \angle D$,

即 $\angle BEF + \angle FGD = \angle B + \angle EFG + \angle D$.

(2) $\angle B + \angle F_1 + \angle F_2 + \cdots + \angle F_{n-1} + \angle D = \angle E_1 + \angle E_2 + \cdots + \angle E_n$.

　　如果出现多个拐点时，可以作多条平行线，从而将多拐点问题转化为一个拐点问题来处理.

　　"M"型最终的结论为：朝左的角之和等于朝右的角之和.

探究三

平行线间的"枝丫"模型（锄头型和犀牛角型）

已知 $AB /\!/ CD$，点 E 为 AB，CD 之外任意一点.

(1) 如图 5.2.5 所示，探究 $\angle BED$ 与 $\angle B$，$\angle D$ 的数量关系，并说明理由；

(2) 如图 5.2.6 所示，探究 $\angle CDE$ 与 $\angle B$，$\angle BED$ 的数量关系，并说明理由.

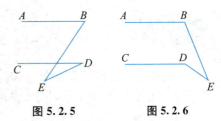

图 5.2.5　　　　图 5.2.6

白小塔："类比上面的方法，这题也可以过拐点画平行线，通过平行线实现角度的转化."

解：(1) $\angle B = \angle BED + \angle D$. 理由如下：

如图 5.2.7 所示，过点 E 作 $EF /\!/ AB$.

又 $\because AB /\!/ CD$，$\therefore EF /\!/ AB /\!/ CD$.

$\therefore \angle BEF = \angle B$，$\angle D = \angle DEF$.

$\because \angle BEF = \angle BED + \angle DEF$,

$\therefore \angle B = \angle BED + \angle D$.

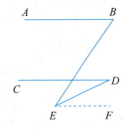

图 5.2.7

(2) $\angle CDE = \angle B + \angle BED$. 理由如下：

如图 5.2.8 所示，过点 E 作 $EF /\!/ AB$.

又 $\because AB /\!/ CD$，$\therefore EF /\!/ AB /\!/ CD$.

$\therefore \angle B + \angle BEF = 180°$，$\angle CDE + \angle DEF = 180°$.

又 $\because \angle DEF = \angle BEF - \angle BED$,

$\therefore \angle CDE + \angle BEF - \angle BED = \angle B + \angle BEF$,

即 $\angle CDE = \angle B + \angle BED$.

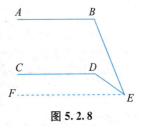

图 5.2.8

67

探究四

平行线间的铅笔模型

如图 5.2.9 所示，直线 $AB /\!/ CD$，则 $\angle B$，$\angle BED$，$\angle D$ 之间有什么关系呢？为什么？

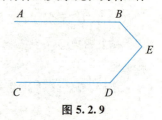

图 5.2.9

解：$\angle B + \angle BED + \angle D = 360°$.

理由：如图 5.2.10 所示，过点 E 作 $EF /\!/ AB$.

$\because AB /\!/ CD$，

$\therefore AB /\!/ CD /\!/ EF$.

$\therefore \angle B + \angle BEF = 180°$，$\angle D + \angle DEF = 180°$.

$\therefore \angle B + \angle BEF + \angle DEF + \angle D = 360°$，

即 $\angle B + \angle BED + \angle D = 360°$.

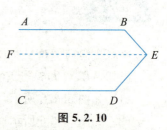

图 5.2.10

探究五

铅笔型中平行线间有多个拐点

(1) 如图 5.2.11（a）所示，$MA_1 /\!/ NA_2$，则 $\angle A_1 + \angle A_2 =$ _____ 度；

如图 5.2.11（b）所示，$MA_1 /\!/ NA_3$，则 $\angle A_1 + \angle A_2 + \angle A_3 =$ _____ 度；

如图 5.2.11（c）所示，$MA_1 /\!/ NA_4$，则 $\angle A_1 + \angle A_2 + \angle A_3 + \angle A_4 =$ _____ 度；

如图 5.2.11（d）所示，$MA_1 /\!/ NA_5$，则 $\angle A_1 + \angle A_2 + \angle A_3 + \angle A_4 + \angle A_5 =$ _____ 度；

(2) 如图 5.2.11（e）所示，$MA_1 /\!/ NAn$，

则 $\angle A_1 + \angle A_2 + \angle A_3 + \cdots + \angle An =$ _____ 度.

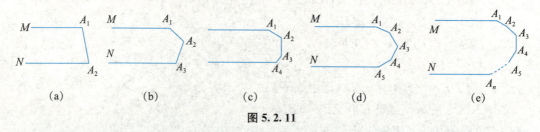

(a)　　　　(b)　　　　(c)　　　　(d)　　　　(e)

图 5.2.11

首先过"拐点"作一条平行线，利用平行公理的推论得出三条直线互相平行，从而两次利用"两直线平行，同旁内角互补"，得到三个角之和为 $2 \times 180° = 360°$，图中每多一个拐点，角度和增加 $180°$.

白小塔："拐点问题看起来比较复杂，好好归类总结一下才发现，原来这其中是有诀窍的，只要过拐点作平行线，就可以得到一些角之间的特殊关系，同学们你们掌握了吗？"

1. 如图 1，直线 $l_1 /\!/ l_2$，$\angle A = 125°$，$\angle B = 85°$，则 $\angle 1 + \angle 2 = ($　　$)$.

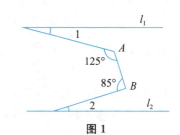

图 1

A. 85°　　　　　　　　B. 40°
C. 30°　　　　　　　　D. 60°

2. 如图 2，已知 $AB /\!/ CD$，BF 平分 $\angle ABE$，DF 平分 $\angle CDE$，$\angle BED = 115°$，那么 $\angle BFD$ 的度数是 $($　　$)$.

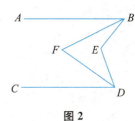

图 2

A. 62°　　　　　　　　B. 64°
C. 57.5°　　　　　　　D. 60°

3. 如图 3 是婴儿车的平面示意图，其中 $AB /\!/ CD$，$\angle 1 = 120°$，$\angle 3 = 40°$，那么 $\angle 2$ 的度数为 $($　　$)$.

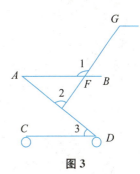

图 3

A. 80°　　　　　　　　B. 90°
C. 100°　　　　　　　D. 102°

4. 如图 4，如果 $AB /\!/ CD$，那么角 α，β，γ 之间的关系式为 $($　　$)$.

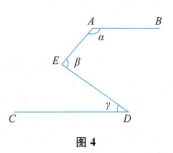

图 4

A. $\alpha + \beta + \gamma = 360°$　　　　　　B. $\alpha - \beta + \gamma = 180°$
C. $\alpha + \beta + \gamma = 180°$　　　　　　D. $\alpha + \beta - \gamma = 180°$

5. 如图 5，$BD \parallel EF$，AE 与 BD 交于点 C，$\angle B = 30°$，$\angle A = 75°$，则 $\angle E$ 的度数为（   ）.

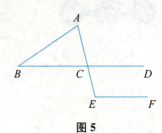

图 5

A. 135°   B. 125°

C. 115°   D. 105°

6. 如图 6，直线 $AB \parallel EF$，点 C 是直线 AB 上一点，点 D 是直线 AB 外一点，若 $\angle BCD = 100°$，$\angle CDE = 15°$，则 $\angle DEF$ 的度数是（   ）.

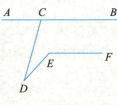

图 6

A. 110°   B. 115°

C. 120°   D. 125°

7. 如图 7，已知直线 $a \parallel b$，则 $\angle 1$、$\angle 2$、$\angle 3$ 的关系是（   ）.

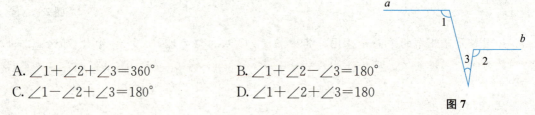

图 7

A. $\angle 1 + \angle 2 + \angle 3 = 360°$ B. $\angle 1 + \angle 2 - \angle 3 = 180°$

C. $\angle 1 - \angle 2 + \angle 3 = 180°$ D. $\angle 1 + \angle 2 + \angle 3 = 180$

8. 如图 8，直线 $m \parallel n$，$AB \perp BC$，$\angle 1 = 35°$，$\angle 2 = 62°$，则 $\angle BCD$ 的度数为（   ）.

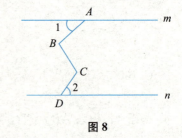

图 8

A. 97°   B. 117°

C. 125°   D. 152°

5.3   翻折、直尺、三角板中的平行问题

学校要在初一年级进行一次数学实践活动，让学生们探讨翻折、直尺、三角板中的平行问题.

探究一

翻折中的平行问题

一次教学活动中，为检验两条纸带①、②的边线是否平行（见图 5.3.1），求小实和白小塔采用两种不同的方法：求小实将纸带①沿 AB 折叠，量得∠1＝∠2＝50°；白小塔将纸带②沿 GH 折叠，发现 GD 与 GC 重合，HF 与 HE 重合. 则纸带①的边线＿＿＿＿＿＿；纸带②的边线＿＿＿＿＿＿.（横线上填"平行"或"不平行"）

思考：你能说说求小实和白小塔是怎么得出结论的吗？

如何检验纸带的边线是否平行？

翻折纸带试试.

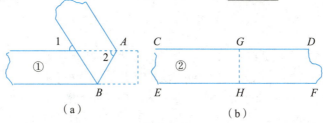

图 5.3.1

解：如图 5.3.2 所示，∵ ∠1＝∠2＝50°，而∠1＝∠3，

∴ ∠3＝∠2＝50°，

∴ ∠4＝∠5＝180°－50°－50°＝80°，

∴ ∠2≠∠4，所以纸带①的边线不平行.

又∵ GD 与 GC 重合，HF 与 HE 重合，

所以∠CGH＝∠DGH＝90°，∠EHG＝∠FHG＝90°，

所以∠CGH ＋∠EHG ＝180°，

所以纸带②的边线平行.

故答案为不平行，平行.

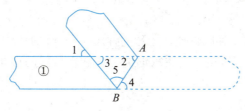

图 5.3.2

思考：解决问题的关键之处在哪？

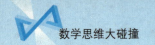

折叠是一种对称变换

（1）折叠前后图形的形状和大小不变，位置变化；

（2）对应边和对应角相等.

对于折叠较为复杂的问题可以通过实际操作图形的折叠来解决，在画图时，画出折叠前后的图形，这样便于找到图形之间的数量关系和位置关系.

平行线的性质和判定

平行线的性质：两直线平行，同位角相等；

两直线平行，内错角相等；

两直线平行，同旁内角互补.

平行线的判定：同位角相等，两直线平行；

内错角相等，两直线平行；

同旁内角互补，两直线平行.

1. 把一张对边互相平行的纸条折成如图 5.3.3 所示那样，EF 是折痕，若 $\angle EFB = 32°$，则 $\angle D'FD$ 的度数为 _____.

答案：$64°$

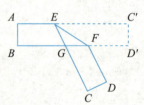

图 5.3.3

【分析】 根据 $AC' /\!/ BD'$ 可得出 $\angle EFB = \angle FEC'$，结合折叠的性质可得出 $\angle FEC' = \angle FEG$，继而根据 $\angle EFB = 32°$ 可得出 $\angle C'EG$，也可得出 $\angle BGE$ 的度数，从而得出 $\angle D'FD$ 的度数.

解： $\because AC' /\!/ BD'$，

$\therefore \angle EFB = \angle FEC'$，

由折叠的性质可得，$\angle FEC' = \angle FEG$，

故可得 $\angle C'EG = \angle FEC' + \angle FEG = 64°$，

又 $\because AC' /\!/ BD'$，

$\therefore \angle BGE = \angle C'EG = 64°$，

$\therefore \angle CGF = \angle BGE = 64°$，

又 $\because DF /\!/ CE$

$\therefore \angle D'FD = \angle CGF = 64°$.

故答案为 $64°$.

2. 如图 5.3.4 所示，把长方形 $ABCD$ 沿 EF 按图那样折叠后，点 A，B 分别落在 G，H 点处，若 $\angle 1 = 50°$，则 $\angle AEF$ 的度数是 _____.

答案：$115°$（翻折变换的性质、矩形的性质、平行线的性质）

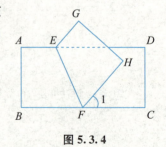

图 5.3.4

【分析】 如图 5.3.4 所示，利用矩形的性质和平行线的性质证明 $\angle AEF + \angle BFE = 180°$，再借助翻折变换的性质求出 $\angle BFE$，即可解决问题.

解： $\because$ 四边形 $ABCD$ 为长方形，

$\therefore AE /\!/ BF$，$\angle AEF + \angle BFE = 180°$；

由折叠变换的性质得，$\angle BFE = \angle HFE$，

又 $\because \angle 1 = 50°$，

$$\therefore \angle BFE = (180° - 50°) \div 2 = 65°,$$
$$\therefore \angle AEF = 180° - 65° = 115°.$$

探究二

直尺、三角板中的平行问题

白小塔将一副三角板如图 5.3.5 放置，小组合作探究，你们能得到哪些结论？

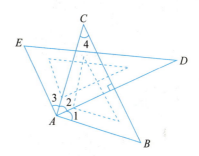

图 5.3.5

　　白小塔将这副三角板改变了位置放置（如图 5.3.6 所示），得到下列结论：①如果 $\angle 2$ $= 30°$，则有 $AC /\!/ DE$；②$\angle BAE + \angle CAD = 180°$；③如果 $BC /\!/ AD$，则有 $\angle 2 = 30°$；④如果 $\angle CAD = 150°$，则 $\angle 4 = \angle C$. 那么正确的结论为_____.

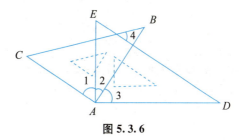

图 5.3.6

答案：①②④

【分析】根据平行线的性质和判定和三角形内角和定理逐个判断即可.

解：$\because$ $\angle 2 = 30°$，$\angle CAB = 90°$，

$\therefore \angle 1 = 60°$，

$\because \angle E = 60$，

$\therefore \angle 1 = \angle E$，

$\therefore AC /\!/ DE$，故①正确；

$\because \angle CAB = \angle DAE = 90°$，

$\therefore \angle BAE + \angle CAD = 90° - \angle 1 + 90° + \angle 1 = 180°$，故②正确；

$\because BC /\!/ AD$ ，$\angle B = 45°$，

$\therefore \angle 3 = \angle B = 45°$，

$\because \angle 2 + \angle 3 = \angle DAE = 90°$，

$\therefore \angle 2 = 45°$，故③不正确；

∵ ∠CAD=150°, ∠BAE+∠CAD=180°,

∴ ∠BAE=30°,

∵ ∠E=60°,

∴ BOE=∠BAE+∠E=90°,

∵ ∠4+∠B=90°,

又∵ ∠B=45°

∴ ∠4=45°,

又∵ ∠C=45°,

∴ ∠4=∠C，故④正确；

故答案为①②④.

1. 如图1所示，将直尺与含30°角的三角尺摆放在一起，若∠1=20°，则∠2的度数是（　　）.

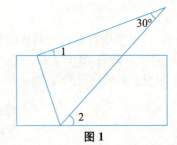

图1

A. 30°　　　　　　　　B. 40°

C. 50°　　　　　　　　D. 60°

2. 如图2所示，一副直角三角板如图所示的方式摆放，其中点C在FD的延长线上，且AB∥FC，则∠CBD的度数为_____.

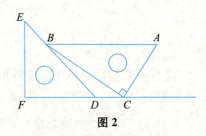

图2

3. 如图3所示，将一张长方形纸片ABCD沿EF折叠后ED与BC的交点为G；D，C分别在M，N的位置上. 若∠EFG=52°，则∠2−∠1=_____.

4. 如图4（a）是长方形纸带，∠DEF=20°，将纸带沿EF折叠图4（b）形状，则∠FGD的度数为_____.

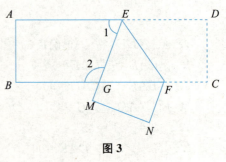

图3

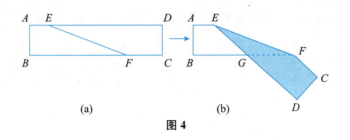

(a)   (b)

图 4

5.4 利用平移妙解答

求小实和白小塔在做题的过程中发现一类小路问题，他们把这类小路问题做了个总结，发现其中有一种非常巧妙的办法可以快速准确地得出答案，同学们一起来探究吧！

探究一

1. 如图 5.4.1 所示，在一块长为 20m，宽为 10m 的长方形草地上，修建两条宽为 2m 的长方形小路，则这块草地的绿地面积（图中空白部分）为_____.

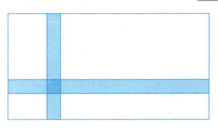

图 5.4.1

求小实："这个简单，矩形面积减去两条小路的面积. $S=20\times10-20\times2-10\times2=140\text{m}^2$."

白小塔："你确定？你好好看看两条小路的重叠部分."

求小实："好像不对，那块小正方形被减了两次，那就再加 4 就行."

白小塔："是的，如果你要直接算的话，就要把重复减去的部分再加回来. 不过，我有一种巧妙的办法——平移法."

解： 直接利用平移道路的方法，将横着的小路平移到上方或者下方，将竖着的小路平移到左侧或者右侧，那剩下的空地就是一个长方形，得出草地的绿地面积＝$(20-2)\times(10-2)=144\text{m}^2$，故答案为 144m^2.

2. 如图 5.4.2 所示，在宽为 20 米，长为 32 米的矩形地面上修筑同样宽的道路（图中阴影部分），道路的宽为 2 米，余下部分种植草坪，则草坪的面积为_____平方米.

求小实："这个我会了，同上将横的三条小路平移至上方，竖的两条小路平移到左侧，空白草坪可以看作长为 $(32-2)$ 米，宽为 $(20-2)$ 米的矩形，再根据矩形的面积计算即可."

解： 草坪的面积为：$(32-2)\times(20-2)=540$（平方米）. 故答案为 540.

白小塔："本题主要利用平移不改变图形的形状和大小，把草坪转化成长方形求解，从而避免了去计算重叠面积,这个方法是解决小路问题的一种较简单而且容易计算的方法."

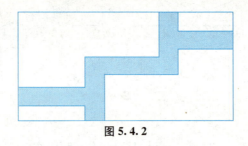

图 5.4.2

探究二

(1) 如图 5.4.3 (a) 所示,长方形草地长为 20,宽为 15,小路 $A_1B_1=2$,且小路宽处处相等,求空白草地的面积;

(2) 如图 5.4.3 (b) 所示,长方形草地长为 20,宽为 15,小路 $A_1B_1=2$,且小路宽处处相等,求空白草地的面积;

(3) 在图 5.4.3 (c) 中,请你类似地画一条有两个折点的折线作为小路,小路 $A_1B_1=2$,且小路宽处处相等,并求出空白草地的面积;

(4) 如图 5.4.3 (d) 所示,在一块长为 a,宽为 b 的长方形草地上,有一条弯曲的小路(小路任何地方的水平宽度都是 2 个单位),请你猜想空白部分表示的草地面积是多少,并证明你的猜想是正确的.

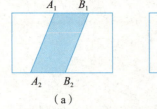 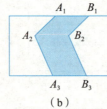 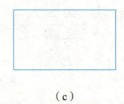 

(a)　　　　　　(b)　　　　　　(c)　　　　　　(d)

图 5.4.3

求小实:"第一个可以直接求小路的面积,平行四边形的面积=底×高,则小路面积为 30,空白草地面积为 $20×15-30=270$."

白小塔:"利用你刚刚的办法试求剩下三个图形的面积."

求小实:"第二个好像有点困难,第四个直接没法求啊!"

白小塔:"所以说你直接求的方法是有局限性的,还记得我们刚刚解决小路面积问题的技巧吗?"

求小实:"平移! 对了,由于小路任何地方的水平宽度都是相等的,那就可以把小路剪下来,剩余的两块可以拼接成一个长为 (20-2),宽依然为 15 的长方形,那这四个问题就迎刃而解了."

> 将"小路"沿着左右两边界"剪去",左侧的草地向右平移 2 个单位,得到一个新的长方形. 在新的长方形中,其竖直方向的边长仍是 15,水平方向的边长变成了 (20-2),所以空白部分表示的草地面积是 $15×(20-2)=270$.

理由： 将"小路"沿着左右两个边界"剪去"，将左侧的草地向右平移两个单位，得到一个新的矩形．在新得到的矩形中，其纵向宽仍然是 b，其水平方向的长变成了 $a-2$，所以草地的面积就是：$b(a-2)=ab-2b$．

解： (1) $S=18×15=270$

(2) $S=18×15=270$

(3) 答案不唯一，示例如图 5.4.4 所示（要求对应点在水平位置上，宽度保持一致）．

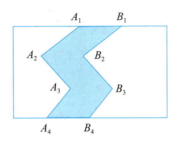

图 5.4.4

(4) 猜想空白部分表示的草地面积是 $S=b(a-2)=ab-2b$．

本题主要考查了矩形的性质和平移的性质．能利用平移的性质把不规则的图形拆分或拼凑为简单图形来计算草地的面积是解题的关键．

1. 如图 1，四边形 $ABCD$ 是一块长方形的场地，长 $AB=$ 102m，宽 $AD=51$m，A，B 两处入口的宽都是 1m，两条小路汇合处的路宽为 2m，其余部分种植草坪，则草坪的面积为（　　）．

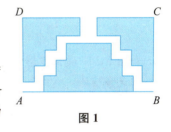

图 1

A. 5 050m² 　　　B. 4 900m² 　　　C. 5 000m² 　　　D. 4 998m²

2. 如图 2，在长为 50m，宽为 30m 的长方形地块上，有纵横交错的几条小路，宽均为 1m，其他部分均种植花草．试求出种植花草的面积是多少？

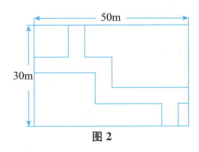

图 2

3. 如图 3，某居民小区有一长方形地，居民想在长方形地内修筑同样宽的两条小路，余下部分绿化，道路的宽为 2m，则绿化的面积为多少？

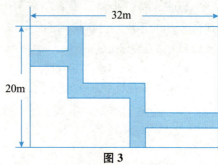

图3

4. 如图4，公园里有一块长36m、宽23m的长方形草地中间有一条宽2m的小路，这块草地的实际面积是多少平方米？

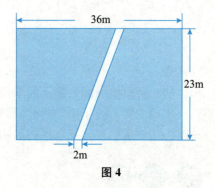

图4

5. 如图5，一块长方形绿地中有一条弯曲的小路，准备在小路两侧铺上草坪，则草坪的面积是多少？

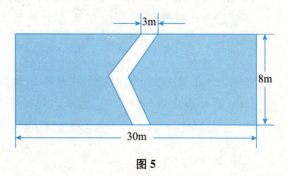

图5

第6章 实 数

章前导语

　　求小实正在研究数轴，老师说所有的数都能够在数轴上找到，而求小实在数轴上画点时，却出现了很多空隙，那么这些空隙是我们所熟知的数吗？让我们一起跟随求小实，研究那些数轴上的"空隙"，一起学习有理数之外的数，认识数的另外一面，去探索实数的世界！

6.1　无理数的由来

　　求小实："初一上学期我们已经学习了有理数，也了解了有理数的由来，那有没有无理数呢？"

　　白小塔："当然有！无理数也称为无限不循环小数，不能写作两整数之比。"

　　求小实："那么无理数是怎么来的呢？"

　　白小塔："那我们一起查阅资料回顾历史，看看无理数是怎么来的。"

探究一

　　无理数的由来

　　无理数也称为无限不循环小数，是不能写作两整数之比的数．若将它写成小数形式，小数点之后的数字有无限多个，并且不会循环．常见的无理数有非完全平方数的平方根、π 和 e 等（其中后两者均为超越数）．无理数的另一特征是无限的连分数表达式．无理数最早由毕达哥拉斯学派弟子希伯索斯发现．毕达哥拉斯是著名的数学家，以他为代表的一批学者便组成了毕达哥拉斯学

有没有无理数？

当然有！

派，并发现了世界最美的公式之一——勾股定理．也正是在这个定理的使用中，毕达哥拉斯的一个学生——希伯索斯，发现了一个新数．他发现一个正方形的对角线的长度是不可公度的，若正方形的边长为 1，则对角线的长不是一个有理数，而是一个人们还未认识的新数 $\sqrt{2}$．$\sqrt{2}$ 不能表示为两个整数之比，不是有理数．也正是因为这个发现，打破了"万物皆数"理论．

19 世纪数学家哈密顿、梅雷、戴德金、海涅、波雷尔、康托尔和维尔斯特拉斯等正式研究了无理数，给出了无理数的严格定义，提出了一个含有有理数和无理数的（具有不确定性或取近似值）新数类——实数，并建立了完整的实数理论．

我国古代的数学家在开方运算中就接触到了无理数．《九章算术》中提到，"若开方不尽者，为不可开".并将这种不尽根数称为"面"."面"，其实就是无理数．而十进位制的使用能够有效地计算被称为"面"的无理数．

探究二

在数轴上表示无理数

在数轴原点上画一个边长为 1 的正方形，利用圆规以数轴上的直角顶点作为圆心，以对角线的长度为半径在数轴上画圆，如图 6.1.1 所示．

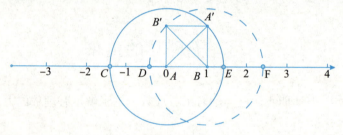

图 6.1.1

首先用尺子量得 AE、AC 的长度约为 1.4，BD、BF 长度也约为 1.4.

利用勾股定理，进行如下计算：

在直角三角形 ABB' 中，$AB=1$，$AB'=1$，

$\therefore BB'^2 = AB^2 + AB'^2 = 1^2 + 1^2 = 2$，

$\therefore BB'^2 = 2$，

$\therefore BB' = \pm\sqrt{2}$，

$\because BB' > 0$，

$\therefore BB' = \sqrt{2}$，

$\therefore BD = BB' = \sqrt{2}$，

同理可得：$AA' = AE = AC = \sqrt{2}$，

$\therefore C$ 点表示为 $-\sqrt{2}$，E 表示为 $\sqrt{2}$，D 表示为 $1-\sqrt{2}$，F 表示为 $1+\sqrt{2}$.

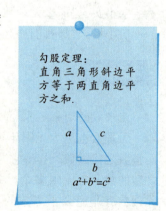

勾股定理：
直角三角形斜边平方等于两直角边平方之和．

$a^2 + b^2 = c^2$

在数轴上表示无理数的方法：

(1) 确定圆心，以正方形对角线或直角三角形斜边长为半径画圆，与数轴相交；

(2) 利用直角三角形斜边的平方等于直角边的平方和列出等量关系；

(3) 利用平方根知识求出斜边长度；

(4) 在数轴上根据线段长表示出无理数大小.

1. 希伯索斯发现边长为 1 的正方形的对角线的长不能用整数或整数之比来表示. 这个发现动摇了"万物皆数"的理论，导致了第一次数学危机. 这里所说的"边长为 1 的正方形的对角线的长"是一个（　　）.

　A. 有理数　　　　　　　B. 自然数　　　　　　C. 无理数　　　　　　D. 分数

2. 希帕索斯发现，边长为 1 的正方形的对角线的长度不能用整数或整数的比表示. 这里"不能用整数或整数的比表示的数"指的是（　　）.

　A. 有理数　　　　　　　B. 无理数　　　　　　C. 分数　　　　　　　D. 质数

3. 下面关于无理数的说法错误的是（　　）.

　A. 面积为 2 的正方形的边长是无理数　　　B. 无限小数是无理数

　C. 无理数可以用数轴上的点来表示　　　　D. 半径为 1 的圆的周长是无理数

4. 如图，数轴上点 A 表示的数是 -2，$\angle OAB = 90°$，$AB = 1$，以点 O 为圆心，OB 为半径画弧，与数轴的负半轴相交于点 P，则交点 P 所表示的数是＿＿＿＿.

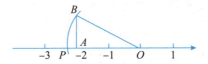

6.2　无理数的估算

在学习七年级实数章节时需要用到计算器，求小实和妈妈去商场购买科学计算器.

求小实对售货员说："阿姨，这款科学计算器多少钱？"

售货员："哦，这款科学计算器是今天刚到的新款，价格在 70～90 元，具体的价格还要问问老板，你稍等一会儿，我打电话问问老板."

求小实在猜测计算器正确价格的过程中发现猜测价格一般有两个步骤：

(1) 先给计算器的价格卡定一个大范围，再逐渐地缩小范围.

(2) 采用取中间值的方法一步步缩小范围，直到得到正确的价格.

喜欢思考的求小实想：能否用同样的方法来估算最近学习过程中遇到的算数平方根 $\sqrt{3}$ 的范围呢？

探究一

估算无理数

下面我们就来估算 $\sqrt{3}$ 的近似值.

(1) 先给 $\sqrt{3}$ 卡定一个整数范围.

∵ $1^2=1$，$2^2=4$，而 $1<3<4$，∴ $1<\sqrt{3}<2$.

(2) 采用取中间值的方法一步步缩小范围.

∵ $1.5^2=2.25$，$1.6^2=2.56$，$1.7^2=2.89$，$1.8^2=3.24$，$2.89<3<3.24$，∴ $1.7<\sqrt{3}<1.8$.

a	1.72	1.73	1.74	…
a^2	2.958 4	2.992 9	3.027 5	…

如此下去，求小实得到了 $\sqrt{3}$ 更精确的近似值 $\sqrt{3}\approx1.732\ 05\ldots$

估算无理数的方法：

1. 先给无理数卡定一个大范围，再逐渐地缩小范围.
2. 采用取中间值的方法一步步缩小范围.

思考一： 估算无理数的范围.

(1) $\sqrt{13}$ 在 ___ 和 ___ 两个整数之间；

(2) $\sqrt{13}-1$ 在 ___ 和 ___ 两个整数之间；

(3) $\sqrt{13}$ 在 ___ 和 ___ 两个数之间（精确到 0.1）；

(4) $\sqrt{13}-1$ 在 ___ 和 ___ 两个数之间（精确到 0.1）.

解： (1) 先给 $\sqrt{13}$ 卡定一个整数范围.

∵ $3^2=9$，$4^2=16$，而 $9<13<16$，∴ $3<\sqrt{13}<4$.

(2) ∵ $3<\sqrt{13}<4$，∴ $3-1<\sqrt{13}-1<4-1$，∴ $2<\sqrt{13}-1<3$.

(3) 采用取中间值的方法一步步缩小范围.

∵ $3.5^2=12.25$，$3.6^2=12.96$，$3.7^2=13.69$，$12.96<13<13.69$，

∴ $3.6<\sqrt{13}<3.7$.

(4) ∵ $3.6<\sqrt{13}<3.7$，∴ $3.6-1<\sqrt{13}-1<3.7-1$，

∴ $2.6<\sqrt{13}-1<2.7$.

知道了无理数的具体取值范围，就可以知道它的整数部分了.整个数减去整数部分就知道小数部分是多少.

思考二： 填一填.

(1) $\sqrt{13}$ 的整数部分为 _____，小数部分为 _____；

(2) $\sqrt{13}-1$ 的整数部分为 _____，小数部分为 _____.

解: (1) ∵ $3<\sqrt{13}<4$，∴ $\sqrt{13}$ 的整数部分为 3，小数部分为 $\sqrt{13}-3$.

(2) ∵ $2<\sqrt{13}-1<3$，∴ $\sqrt{13}$ 的整数部分为 2，小数部分为 $\sqrt{13}-3$.

探究二

比较无理数的大小

求小实在估算过程中发现，如果要比较两个无理数的大小关系，不必得到无理数的估算值，只需要通过比较两个数的平方的大小关系，就可以得到这两个数的大小关系. 于是向白小塔发起实数比大小的挑战，比谁出的实数更大.

求小实	符号 ($<$, $>$, $=$)	白小塔
$\sqrt{8}$	$<$	$\sqrt{10}$
$\sqrt{65}$	$>$	8
-6	$>$	$-\sqrt{37}$
0.5	$<$	$\dfrac{\sqrt{5}}{2}$

比较无理数大小的方法：

比较无理数的大小，先比较两个数的平方，再根据正负号来比较大小，若两个数都是正数，则平方后的数越大，本身数就越大；若两个数均为负数，则平方后的数越大，本身数越小.

练一练

1. 若 $a<\sqrt{6}<b$，且 a，b 是两个连续的整数，则 $a+b$ 的值是_____.

2. 已知 x 是 $\sqrt{7}$ 的整数部分，y 是 $\sqrt{7}$ 的小数部分，则 xy 的值为_____. 已知 $5+\sqrt{11}$ 的小数部分为 m，$5-\sqrt{11}$ 的整数部分为 n，则 $m+n=$_____.

3. 比较大小：$\dfrac{\sqrt{5}-1}{3}$ _____ $\dfrac{1}{3}$.（填 "$>$"、"$<$" 或 "$=$"）

6.3　平方根立方根的规律

规律探索问题是给出一组具有某种特定关系的数、式、图形，或是给出与图形有关的操作、变化过程，要求通过观察、思路点拨、推理，探究其中所蕴含的规律，进而归纳或猜想出一般性的结论，这个过程是非常有趣的规律探索过程，充分体现出了数学的奥妙. 本节就跟随求小实和白小塔探索平方根立方根中的规律，发现数学的奥妙.

探究一

平方根的规律

求小实在学习如何使用科学计算器后，利用计算器计算下面几个数的算术平方根，无意中发现算术平方根据的规律.

$\sqrt{0.036}$	$\sqrt{0.36}$	$\sqrt{3.6}$	$\sqrt{36}$	$\sqrt{360}$	$\sqrt{3\,600}$
0.189 7	0.6	1.897	6	18.973	60

规律归纳：被开方数的小数点向右每移动 2 位，它的算术平方根的小数点就向右移动 1 位；被开方数小数点向左每移动 2 位；它的算术平方根小数点就向左移动 1 位；被开方数每扩大 100 倍，其算术平方根就扩大 10 倍.

思考一： 利用发现的规律，你能快速说出 $\sqrt{0.07}$，$\sqrt{0.7}$，$\sqrt{700}$，$\sqrt{7\,000}$ 的近似值吗？（$\sqrt{7} \approx 2.645$，$\sqrt{70} \approx 8.366$.）

解： $\sqrt{0.07} \approx 0.264\,5$，$\sqrt{0.7} \approx 0.836\,6$，$\sqrt{700} \approx 26.46$，$\sqrt{7\,000} \approx 83.66$.

思考二： 观察并分析下列数据，按规律填空.

$\sqrt[3]{1}$，$\sqrt{4}$，$\sqrt[3]{27}$，$\sqrt{16}$，$\sqrt[3]{125}$，$\sqrt{36}$，$\sqrt[3]{343}$，_____.

解： 规律是奇数位上是立方根，偶数位上是算术平方根，且奇数位根号内数字是数位的立方，偶数位根号内数字是数位的平方.

所以此处应填 $\sqrt{64}$.

探究二

立方根的规律

观察下表，参照平方根的规律，尝试总结立方根的规律.

a	0.000 008	0.008	8	8 000	8 000 000
$\sqrt[3]{a}$	0.02	0.2	2	20	200

规律归纳：被开立方根数扩大 1 000 倍，立方根扩大 10 倍.

思考：（1）已知 $\sqrt[3]{3} \approx 1.442$，则 $\sqrt[3]{3\,000} \approx$ _____，$\sqrt[3]{0.003} \approx$ _____；

（2）已知 $\sqrt[3]{456} \approx 7.697$，$\sqrt[3]{0.000\,456} \approx$ _____.

解：（1）14.42，0.144 2；（2）0.076 97.

1. $\sqrt{5}$ 可以通过计算器求得，还可以通过一组数的内在联系，运用规律求得. 请同学们观察下表：

n	25	0.25	0.002 5	2 500	250 000	⋯
$\sqrt{n}$	5	0.5	0.05	50	500	⋯

（1）表中所给的信息中，你能发现被开方数的小数点向左或向右移动 $2n$ 位，算术平方根的小数点就向左或向右移动_____位.

（2）运用你发现的规律，探究下面的问题：

已知 $\sqrt{1.34} \approx 1.158$，填空.

① $\sqrt{0.013\ 4} \approx$ _____；② $\sqrt{1\ 340\ 000} \approx$ _____.

2. 观察下列等式，再回答问题：

① $\sqrt{1+\dfrac{1}{2^2}+\dfrac{1}{3^2}} = 1+\dfrac{1}{2}-\dfrac{1}{2+1} = 1\dfrac{1}{6}$；

② $\sqrt{1+\dfrac{1}{3^2}+\dfrac{1}{4^2}} = 1+\dfrac{1}{3}-\dfrac{1}{3+1} = 1\dfrac{1}{12}$；

③ $\sqrt{1+\dfrac{1}{4^2}+\dfrac{1}{5^2}} = 1+\dfrac{1}{4}-\dfrac{1}{4+1} = 1\dfrac{1}{20}$；

……

（1）根据上面三个等式提供的信息，则 $\sqrt{1+\dfrac{1}{5^2}+\dfrac{1}{6^2}} =$ _____ $=$ _____.

（2）请根据上面式子反映的规律，试用含 n 的式子表示第 n 个式子.

3. （1）填写下表，观察被开方数 a 的小数点与算术平方根 $\sqrt{a}$ 的小数点的移动规律.

a	0.001 6	0.16	16	1 600
$\sqrt{a}$				

（2）根据你发现的规律填空：

① 已知 $\sqrt{7.2}=2.683$，$\sqrt{72}=8.485$，则 $\sqrt{7\ 200}=$ _____，$\sqrt{0.000\ 72}=$ _____；

② 已知 $\sqrt{38}=6.164$，若 $\sqrt{x}=61.64$，则 $x=$ _____；

（3）直接写出 $\sqrt{a}$ 与 a 的大小.

6.4　实数计算闯关题

昆明市第十中学在初一年级举行了实数计算大闯关的比赛，求小实与白小塔两位同学

代表他们的班级参加了比赛. 比赛分两轮，基础赛与进阶赛，基础赛每题分值为 5 分，进阶赛每小题分值为 10 分，两轮满分 100 分，同学们，看看你又能得多少分？

基础赛

1. 计算：

(1) $-2^2-\sqrt[3]{-1}+\sqrt{49}$；

(2) $\sqrt{0.49}+\sqrt{\left(-\dfrac{5}{2}\right)^2}-\sqrt[3]{-\dfrac{27}{64}}$；

(3) $\sqrt[3]{8}-\sqrt{4}-\sqrt{(-3)^2}+|\sqrt{2}-1|$；

(4) $\sqrt{2\dfrac{1}{4}}-\sqrt[3]{-\dfrac{8}{27}}-\sqrt{(-4)^2}+|\sqrt{3}-2|$；

(5) $|\sqrt{3}-\sqrt{2}|+|1-\sqrt{2}|-|3-\pi|$；

(6) $\sqrt{16}+\sqrt[3]{-\dfrac{27}{64}}\times\sqrt{\left(-\dfrac{4}{3}\right)^2}-|2-\sqrt{5}|$；

(7) $(-2)^3+\sqrt{(-4)^2}+\sqrt[3]{(-4)^3}\times\left(-\dfrac{1}{2}\right)^2-\sqrt[3]{27}$.

2. 解方程：

(1) $64(x+1)^2=25$；

(2) $4x^2-49=0$；

(3) $(x-1)^3+27=0$.

进阶赛

1. (1) 计算 $\sqrt[3]{0.216}-\sqrt{1\frac{9}{16}}+5\sqrt{\frac{1}{100}}+|\sqrt{3}-\sqrt{2}|+|\sqrt{3}-2|-|\sqrt{2}-1|$；

(2) 计算 $\sqrt[3]{8}+\sqrt{(-2)^2}-1^{2018}+\sqrt{\frac{1}{4}}+\sqrt{3}\times\frac{\sqrt{3}}{3}-\sqrt{25}-|\sqrt{2}-2|-\sqrt[3]{-8}$.

2. 阅读下面的文字，解答问题：

大家知道 $\sqrt{2}$ 是无理数，而无理数是无限不循环小数，因此 $\sqrt{2}$ 的小数部分我们不可能全部地写出来，于是小明用 $\sqrt{2}-1$ 来表示 $\sqrt{2}$ 的小数部分，你同意小明的表示方法吗？

事实上，小明的表示方法是有道理的，因为 $\sqrt{2}$ 的整数部分是 1，将这个数减去其整数部分，差就是小数部分.

又例如：

∵ $\sqrt{4}<\sqrt{7}<\sqrt{9}$，即 $2<\sqrt{7}<3$，

∴ $\sqrt{7}$ 的整数部分为 2，小数部分为 $(\sqrt{7}-2)$.

请解答：(1) $\sqrt{17}$ 的整数部分是_____，小数部分是_____；

(2) 如果 $\sqrt{5}$ 的小数部分为 a，$\sqrt{13}$ 的整数部分为 b，求 $a+b-\sqrt{5}$ 的值；

(3) 已知 $10+\sqrt{3}=x+y$，其中 x 是整数，且 $0<y<1$，求 $x-y$ 的相反数.

3. 如图 1，一只蚂蚁从点 A 沿数轴向右爬了 2 个单位长度到达点 B，点 A 表示 $-\sqrt{2}$，设点 B 所表示的数为 m.

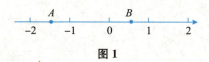

图 1

(1) 实数 m 的值是_____；

(2) 求 $|m+1|+|m-1|$ 的值；

(3) 在数轴上还有 C，D 两点分别表示实数 c 和 d，且有 $|2c+4|$ 与 $\sqrt{d-4}$ 互为相反数，求 $2c+3d$ 的平方根.

4. 操作探究：已知在纸面上有一数轴（如图 2 所示），

(1) 折叠纸面，使表示的点 1 与 -1 重合，则 -2 表示的点与_____表示的点重合；

(2) 折叠纸面，使 -1 表示的点与 3 表示的点重合，回答以下问题.

①5 表示的点与数_____表示的点重合；

②$\sqrt{3}$ 表示的点与数_____表示的点重合；

③若数轴上 A，B 两点之间距离为 9（A 在 B 的左侧），且 A，B 两点经折叠后重合，此时点 A 表示的数是_____，点 B 表示的数是_____；

(3) 已知在数轴上点 A 表示的数是 a，点 A 移动 4 个单位，此时点 A 表示的数和 a 是互为相反数，求 a 的值.

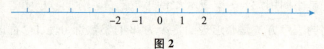

图 2

第7章　平面直角坐标系

章前导语

　　自古以来，人们从未放弃对精确定位的追求，在沙漠和大海中，人们从前只能通过日月星辰来确定方位，而随着科技的发展，人们逐渐建立起一种更为先进且精确的方式来描述位置，通过全球卫星定位系统，我们可以准确获知当前所处的位置，而这些都离不开坐标系. 坐标系不仅在生活中发挥着重要的作用，而且在数学上也有着无比深远的影响. 欧氏几何有个局限性，那就是只能证明几何图形之间的关系，随着研究的需要，数学家们开始探索将代数语言和几何直观进行融合. 勒内·笛卡尔发明了坐标系，他由此开创了一个全新的几何体系——解析几何，从此我们可以运用强大的代数工具，通过推导和变形来研究更复杂的曲线及其几何性质. 本章我们将开启平面直角坐标系的学习，学习平面直角坐标系不仅能教会我们确定位置的方法，而且还将为今后深入的数学学习奠定基础.

7.1　笛卡尔与平面直角坐标系

　　在学完平面直角坐标系之后，白小塔问："求小实，考考你！你知道笛卡尔坐标系吗?"求小实一脸"问号". 白小塔哈哈一笑："我给你讲讲笛卡尔的故事吧！"

　　勒内·笛卡尔（René Descartes，1596—1650 年），出生于法国安德尔-卢瓦尔省的图赖讷（现更名为笛卡尔，因笛卡尔得名），逝于瑞典斯德哥尔摩，法国哲学家、数学家、物理学家. 他对现代数学的发展做出了重要的贡献，因将几何坐标体系公式化而被认为是解析几何之父.

　　他还是西方现代哲学思想的奠基人之一，是近代唯物论的开拓者，提出了"普遍怀疑"的主

张．他的哲学思想深深影响了之后的几代欧洲人，并为欧洲的"理性主义"哲学奠定了基础．

笛卡尔最为世人熟知的是其作为数学家的成就．他于 1637 年发明了现代数学的基础工具之一——坐标系，将几何和代数相结合，创立了解析几何学．同时，他也推导出了笛卡尔定理等几何学公式．值得一提的是，传说著名的心形线函数也是由笛卡尔提出的．

在物理学方面，笛卡尔将坐标几何学应用到光学研究上，在《屈光学》中第一次对折射定律作出了理论上的推证．在他的《哲学原理》第二章中以第一和第二自然定律的形式首次比较完整地表述了惯性定律，并首次明确地提出了动量守恒定律．这些都为后来牛顿等人的研究奠定了一定的基础．

据说有一天，笛卡尔生病卧床，病情很重，尽管如此他还反复思考一个问题：几何图形是直观的，而代数方程是比较抽象的，能不能把几何图形与代数方程结合起来，也就是说能不能用几何图形来表示方程呢？要想达到此目的，关键是如何把组成几何图形的点和满足方程的每一组"数"挂上钩．他苦苦思索，拼命琢磨，通过什么样的方法，才能把"点"和"数"联系起来．突然，他看见屋顶角上的一只蜘蛛，拉着丝垂了下来，一会儿工夫，蜘蛛又顺着丝爬上去，在上边左右拉丝．蜘蛛的"表演"使笛卡尔豁然开朗．他想，可以把蜘蛛看作一个点，它在屋子里可以上、下、左、右运动，能不能把蜘蛛的每个位置用一组数确定下来呢？他又想，屋子里相邻的两面墙与地面交出了三条线，如果把地面上的墙角作为起点，把交出来的三条线作为三根数轴，那么空间中任意一点的位置就可以在这三根数轴上找到有顺序的三个数来表示．反过来，任意给一组三个有顺序的数也可以在空间中找出一点 P 与之对应．同样道理，用一组数 $(x，y)$ 可以表示平面上的一个点，平面上的一个点也可以用一组两个有顺序的数来表示，这就是坐标系的雏形．

由此笛卡尔在创立直角坐标系的基础上，创造了用代数的方法来研究几何图形的数学分支——解析几何．他大胆设想：如果把几何图形看成是动点的运动轨迹，就可以把几何图形看成是由具有某种共同特征的点组成的．例如，我们可以把圆看作是与定点距离相等的动点的轨迹，如果我们再把点看作是组成几何图形的基本元素，把数看作是组成方程的基本元素，于是代数和几何就这样合为一家人了．

笛卡尔创建了直角坐标系，在代数和几何上架起了一座桥梁，它使几何概念用数来表示，几何图形也可以用代数形式来表示，做出了巨大的贡献！直角坐标系和斜坐标系统称为笛卡尔坐标系．

查找生活中利用平面直角坐标系解决问题的实例，并跟大家分享你的案例．

7.2 坐标系类型

求小实和白小塔在了解了笛卡尔的故事后，对学习数学产生了无限热情，求小实说："平面直角坐标系和斜坐标系统称为笛卡尔坐标系，那说明有除了平面直角坐标系以外的其他坐标系用来确定位置."白小塔附和道:"嗯!地理上的经纬线也是用来确定位置的!"我们再来一起学习和了解一些坐标系吧.

探究一

空间直角坐标系

与空间解析几何相似,为了确定空间中任意一点的位置,需要在空间中引进坐标系,最常用的坐标是空间直角坐标系.

如图 7.2.1 所示,空间中任意选定一点 O,过点 O 作三条互相垂直的数轴,它们都以 O 为原点且具有相同的长度单位,这三条数轴分别称为 x 轴(横轴)、y 轴(纵轴)、z 轴(竖轴),统称为坐标轴. 它们的正方向符合右手规则,这样就构成了一个空间直角坐标系,称为空间直角坐标系 $O\text{-}xyz$,定点 O 称为坐标系的原点.

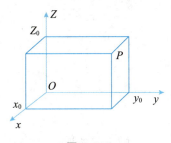

图 7.2.1

探究二

大地坐标系

大地坐标系是采用大地纬度、经度和大地高程来描述空间位置的. 纬度是空间的点在参考椭球面上的法线与赤道面的夹角;经度是空间的点的参考椭球的自转轴所在的面与参考椭球的起始子午面的夹角;大地高程是空间的点沿着参考椭球的法线方向到参考椭球面的距离.(见图 7.2.2)

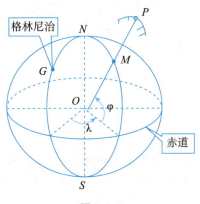

图 7.2.2

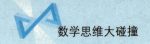
探究三

斜坐标系

互相垂直且有公共原点的两条数轴构成平面直角坐标系，而如果坐标系中两条坐标轴不垂直，那么这样的坐标系称为"斜坐标系".（见图7.2.3）

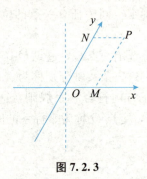

图 7.2.3

探究四

极坐标系

极坐标属于二维坐标系统，其创始人是牛顿，主要应用于数学领域. 如图 7.2.4 所示，在平面内取一个定点 O，叫极点，引一条射线 Ox，叫作极轴，再选定一个长度单位和角度的正方向（通常取逆时针方向）. 对于平面内任何一点 M，用 ρ 表示线段 OM 的长度（有时也用 r 表示），θ 表示从 Ox 到 OM 的角度，ρ 叫作点 M 的极径，θ 叫作点 M 的极角，有序数对 (ρ, θ) 就叫点 M 的极坐标，这样建立的坐标系叫作极坐标系. 通常情况下，M 的极径坐标单位为 1（长度单位），极角坐标单位为 rad（或°）.

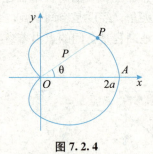

图 7.2.4

小组合作查阅资料进一步了解关于坐标系更多的知识，了解上述其中一种坐标系是怎样表示位置的，写一篇数学小论文.

7.3　绘制昆十中校园地图

一天,求小实的宠物灰灰在校园走丢了,求小实急坏了,白小塔与求小实分头在校园里寻找,白小塔在学校的某个角落发现了灰灰,立即告诉了求小实,却怎么也没法描述清楚灰灰所在的位置,此时白小塔想:要是我能利用所学过的知识,绘制一张校园的地图,表示出位置,就可以把准确位置告诉求小实了.

同学们,我们先来看一个实例:

图 7.3.1 是某市部分平面简图(图中小正方形的边长代表 100m),请建立适当的平面直角坐标系,并写出各地的坐标.

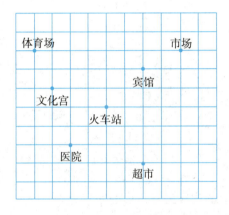

图 7.3.1

思考: 怎样利用平面直角坐标系绘制地图?有哪些步骤?

1. 建立适当的坐标系,选择一个适当的参照点为坐标原点,确定 x 轴,y 轴的方向.
2. 根据具体的问题确定适当的比例尺,在坐标轴上标出单位长度.
3. 在坐标平面内画出这些点,写出各点的名称和地点坐标.

项目式学习

通过学习,请你利用平面直角坐标系为昆十中校园绘制一张地图.

7.4　网格中图形的面积问题

在学习了平面直角坐标系和几何图形之后,求小实和白小塔发现了一类网格与面积相关的问题，于是他们把同类题目放在一起做了总结和归纳. 同学们，跟着他们一起来学习学习吧.

探究一

求一条边在坐标轴上的三角形的面积

利用三角形的面积公式 $S=\dfrac{\text{底}\times\text{高}}{2}$，图 7.4.1 中三个图形的面积分别是：$\dfrac{3\times 4}{2}=6$，

$\dfrac{5\times 5}{2}=12.5$，$\dfrac{5\times 3}{2}=7.5$.

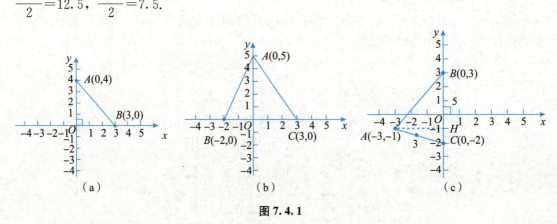

图 7.4.1

方法：选取在坐标轴上的边作为三角形的底.

探究二

求一条边平行于坐标轴的三角形的面积

利用三角形的面积公式 $S=\dfrac{\text{底}\times\text{高}}{2}$，图 7.4.2 中三个图形的面积分别是：$\dfrac{4\times 5}{2}=10$，

$\dfrac{4\times 3}{2}=6$，$\dfrac{5\times 6}{2}=15$.

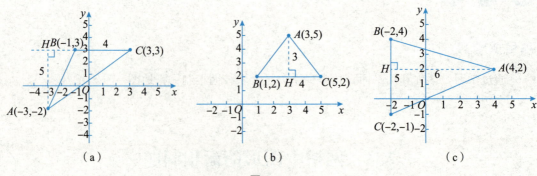

图 7.4.2

方法：选取平行于坐标轴的边作为三角形的底.

在平面直角坐标系中，如果三角形有一条边在坐标轴上（或平行于坐标轴），可根据这条边的两个顶点的坐标求出这条边的长，再利用这条边所对的顶点的坐标求出该边上的高，从而求出三角形的面积.

探究三

求三边都不平行（或在）坐标轴的三角形的面积

当三边都不平行（或在）坐标轴的时候，可以选择水平或者竖直方向将三角形分成两个.

水平分割：如图 7.4.3（a），$S_{\triangle ABC}=S_{\triangle ABD}+S_{\triangle BCD}=\dfrac{1}{2}BD\times AE+\dfrac{1}{2}BD\times CF=\dfrac{1}{2}BD\times(AE+CF)=\dfrac{1}{2}(x_B-x_D)(y_C-y_A)$.

竖直分割：如图 7.4.3（b），$S_{\triangle ABC}=S_{\triangle ABD}+S_{\triangle BCD}=\dfrac{1}{2}BD\times AE+\dfrac{1}{2}BD\times CF=\dfrac{1}{2}BD\times(AE+CF)=\dfrac{1}{2}(y_D-y_B)(x_C-x_A)$.

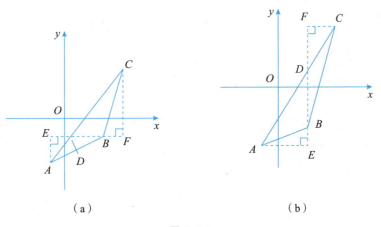

（a）　　　　　　　　　　（b）

图 7.4.3

思考：如图 7.4.4，这个三角形的面积可以采用上述两种方式分割，但是点 M 的坐标以我们现有的知识还无法计算，该如何求它的面积呢？

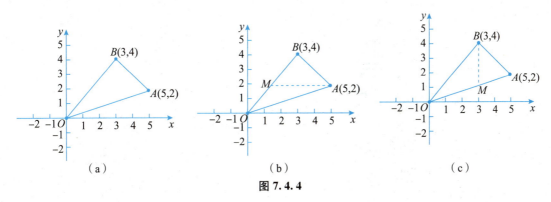

（a）　　　　　　　　　（b）　　　　　　　　　（c）

图 7.4.4

可以通过补形法进行求解. 如图 7.4.5 所示, 将三角形补成梯形, 则 $S = S_{梯形} - S_1 - S_2$, 而 S_1、S_2 又是直角三角形, 则三角形 ABC 的面积就可以计算; 也可以将三角形补成矩形, 则 $S = S_{矩形} - S_1 - S_2 - S_3$. 可求得三角形面积为 7.

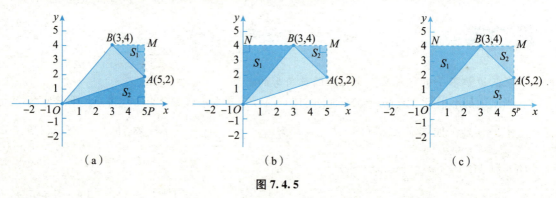

（a）　　　　　　　（b）　　　　　　　（c）

图 7.4.5

探究四

求 7.4.6 中四边形 $OACB$ 的面积

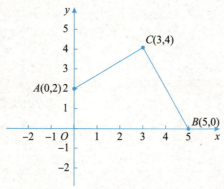

图 7.4.6

方法一: 如图 7.4.7 所示.

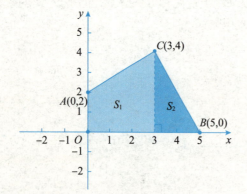

$$S = S_1 + S_2 = \frac{(2+4) \times 3}{2} + \frac{2 \times 4}{2} = 13$$

图 7.4.7

方法二：如图 7.4.8 所示.

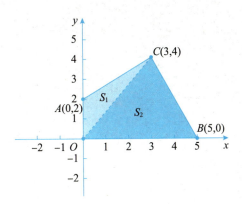

$$S = S_1 + S_2 = \frac{2 \times 3}{2} + \frac{5 \times 4}{2} = 13$$

图 7.4.8

方法三：如图 7.4.9 所示.

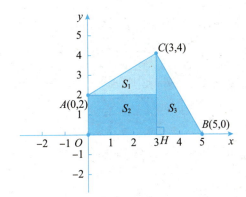

$$S = S_1 + S_2 + S_3 = \frac{2 \times 3}{2} + \frac{2 \times 4}{2} + 3 \times 2 = 13$$

图 7.4.9

方法四：如图 7.4.10 所示.

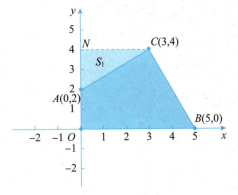

$$S = S_{梯形} - S_1 = \frac{(3+5) \times 4}{2} - \frac{2 \times 3}{2} = 13$$

图 7.4.10

方法五: 如图 7.4.11 所示.

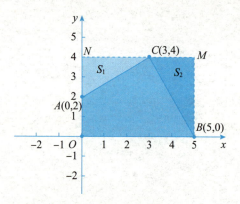

$$S = S_{矩形} - S_1 - S_2 = 5 \times 4 - \frac{2 \times 3}{2} - \frac{2 \times 4}{2} = 13$$

图 7.4.11

方法六: 如图 7.4.12 所示.

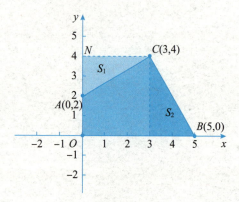

$$S = S_{矩形} + S_2 - S_1 = 3 \times 4 + \frac{2 \times 4}{2} - \frac{2 \times 3}{2} = 13$$

图 7.4.12

> 在平面直角坐标系中,若三角形无边在坐标轴上或平行于坐标轴,或不规则的多边形的面积不能直接求出时,可以利用"分割"或"补形",通过添辅助线将图形转化为有边与坐标轴平行或在坐标轴上的图形进行计算.

1. 如图 1,直角坐标系中,三角形 ABC 的顶点都在网格点上,其中,C 点坐标为 $(1, 2)$.

(1) 填空:点 A 的坐标是_____,点 B 的坐标是_____;

(2) 将三角形 ABC 先向左平移 2 个单位长度,再向上平移 1 个单位长度,得到三角形 $A'B'C'$. 请画出平移后的三角形 $A'B'C'$,并写出三角形 $A'B'C'$ 的三个顶点坐标;

(3) 求三角形 ABC 的面积.

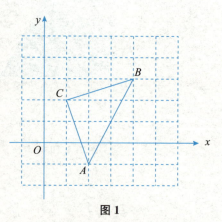

图 1

2. 如图 2，四边形 $OABC$ 各个顶点的坐标分别是 $O(0，0)$，$A(3，0)$，$B(5，2)$，$C(2，3)$．求这个四边形的面积．

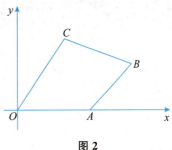

图 2

3. 如图 3，四边形 $ABCD$ 各个顶点的坐标分别为 $(-9，0)$，$(-8，-2)$，$(-2，-3)$，$(0，0)$．

(1) 求这个四边形的面积；

(2) 如果把四边形 $ABCD$ 各个顶点横坐标不变，纵坐标增加 3，所得的四边形的面积又是多少？

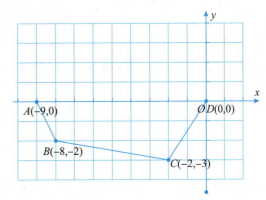

图 3

4. 如图 4，在边长为 1 的小正方形组成的网格中，点 A，B，C 都在格点上，若将线段 AB 沿 BC 方向平移，使点 B 与点 C 重合，则线段 AB 扫过的面积为（　　）．

A. 11   B. 10

C. 9   D. 8

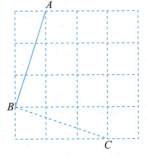

图 4

5. 如图 5，在平面直角坐标系中，图中的网格是由边长相等的小正方形组成，点 A，B，C 的坐标分别为 $(-5，4)$，$(-4，0)$．$(-5，-3)$．

(1) 请写出点 D，E，F，G 的坐标；

(2) 求图中阴影部分（多边形 $ABCDEFG$）的面积．

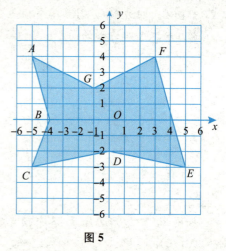

图 5

6. 在边长为 1 个单位长度的小正方形组成的网格中建立如图 6 所示的平面直角坐标系，四边形 ABCD 是格点四边形（顶点为网格线的交点）.

(1) 写出点 A，B，C，D 的坐标；

(2) 求四边形 ABCD 的面积.

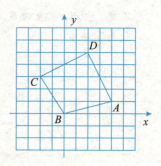

图 6

7. 如图 7，以直角三角形 AOC 的直角顶点 O 为原点，以 OC，

OA 所在直线为 x 轴，y 轴建立平面直角坐标系，点 $A(0, a)$，$C(c, 0)$ 满足 $\sqrt{a-2c}+|c-4|=0$.

(1) C 点的坐标为_____，A 点的坐标为_____；

(2) 直角三角形 AOC 的面积为_____；

(3) 已知坐标轴上有两动点 P，Q 同时出发，P 点从 C 点出发沿 x 轴负方向以 1 个单位长度每秒的速度匀速移动，Q 点从 O 点出发以 2 个单位长度每秒的速度沿 y 轴正方向移动，点 Q 到达 A 点整个运动随之结束. AC 的中点 D 的坐标是（2，4），设运动时间为 $t(t>0)$ 秒，问：是否存在这样的 t 使 $S_{\triangle ODP}=S_{\triangle ODQ}$？若存在，请求出 t 的值；若不存在，请说明理由.

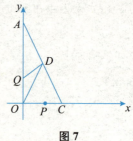

图 7

第8章 二元一次方程组

章前导语

这章我们将学习用二元一次方程组解决实际问题. 解三元一次方程组、二元一次方程组的基本思路是一样的，都是通过"代入"或"加减"进行消元，把"三元"化为"二元"，使解三元一次方程组转化为解二元一次方程组，进而再次消元，将二元一次方程组转化为解一元一次方程. 用"消元"的思想我们不仅可以解三元一次方程组，还可以解多元一次方程.

数学名著《九章算术》里记载了我国古代对数学的发现和研究成果，有些算法甚至比欧洲的同类算法早一千多年！《九章算术》其中有一章专门记载了"方程"，方程是帮我们解决实际问题的重要工具，方程与算术相比，更加便于理解问题、分析数量关系并构建模型.

在实际生活中的问题不一定都能列出两个方程，有时候只能列出一个方程，这样还能解出来吗？含参数的二元一次方程组又如何求解呢？请跟随求小实和白小塔一起探究吧！

8.1 消元思想解一次方程

白小塔看见正在解二元一次方程组的求小实.

（1）比如解以下两个方程组.

$$\begin{cases} 2x-y=-3 & ① \\ 4x+5y=1 & ② \end{cases}$$

$$\begin{cases} 2x+4y=5 & ① \\ x=1-y & ② \end{cases}$$

两个方程组都含有系数为1的方程，这种情况一般用代入消元法较简便.

（2）比如解以下三个方程组.

当然有！

练了这两页计算，有没有什么心得？

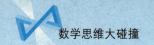

$$\begin{cases} 3x-2y=-8 & ① \\ x+2y=0 & ② \end{cases} \qquad \begin{cases} 8x+9y=73 & ① \\ 17x-3y=74 & ② \end{cases} \qquad \begin{cases} 3x+2y=8 & ① \\ 2x+3y=7 & ② \end{cases}$$

三个方程组中，都含有相同未知数的系数相同、相反、成倍数关系，或者变形后成倍数关系的方程，此时，一般用加减消元法求解较简便.

那么通过前面的梳理，这个方程组又怎么解较简便呢？ $\begin{cases} 33x+17y=83 & ① \\ 17x+33y=67 & ② \end{cases}$

白小塔提示说，①+②得出 $x+y=3$，然后利用代入消元法求解.

你能根据白小塔的提示试着求出方程组的解吗？

探究一

整体代入法

解方程组 $\begin{cases} x-y=1 & ① \\ 4(x-y)-y=5 & ② \end{cases}$ 时，可将①代入②得：$4×1-y=5$.

$\therefore y=-1$，从而求得 $\begin{cases} x=0 \\ y=-1 \end{cases}$.

这种方法被称为"整体代入法".

试用"整体代入法"解方程组：$\begin{cases} x-3y-8=0 \\ \dfrac{2x-6y+5}{7}+2y=9 \end{cases}$.

解： $\begin{cases} x-3y-8=0 & ① \\ \dfrac{2x-6y+5}{7}+2y=9 & ② \end{cases}$

由①得，$x-3y=8$ ③

把③代入②得，$\dfrac{2×8+5}{7}+2y=9$，即 $y=3$，

把 $y=3$ 代入③得，$x=17$.

则方程组的解为 $\begin{cases} x=17 \\ y=3 \end{cases}$.

探究二

解三元一次方程组

下面这个方程含有三个未知数，每个方程中含未知数的项的次数都是1，并且一共有三个方程，像这样的方程组叫作三元一次方程组.

$$\begin{cases} x+y+z=12 & ① \\ x+2y+5z=22 & ② \\ x=4y & ③ \end{cases}$$

怎样解三元一次方程组呢？

　　二元一次方程组可以利用代入法或加减法消去一个未知数，化成一元一次方程求解. 那么，能不能类比该思路，用代入法或加减法消去三元一次方程组的一个未知数，把它化成二元一次方程组呢？

　　依照前面学过的代入法，我们可以把③分别代入①，②，得到两个只含 y，z 的方程：

$4y + y + z = 12$，

$4y + 2y + 5z = 22$.

把它们组成方程组 $\begin{cases} 5y + z = 12 \\ 6y + 5z = 22 \end{cases}$.

得到二元一次方程组之后，就不难求出 y 和 z，进而可求出 x.

　　从上面的分析可以看出，解三元一次方程组的基本思路是：通过"代入"或"加减"进行消元，把"三元"化为"二元"，使解三元一次方程组转化为解二元一次方程组，进而再转化为解一元一次方程. 这与解二元一次方程组的思路是一样的.

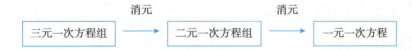

$$三元一次方程组 \xrightarrow{\text{消元}} 二元一次方程组 \xrightarrow{\text{消元}} 一元一次方程$$

练一练

1. 对于某些数学问题，灵活运用整体思想，可以化难为易. 在解二元一次方程组时，就可以运用整体代入法，如解方程组：$\begin{cases} x + 2(x + y) = 3 & ① \\ x + y = 1 & ② \end{cases}$.

　　解答过程：把②代入①得，$x + 2 \times 1 = 3$，解得 $x = 1$.

　　把 $x = 1$ 代入②得，$y = 0$.

　　所以方程组的解为 $\begin{cases} x = 1 \\ y = 0 \end{cases}$.

　　请用同样的方法解方程组：$\begin{cases} 2x - y - 2 = 0 & ① \\ \dfrac{2x - y + 5}{7} + 2y = 9 & ② \end{cases}$.

2. 用适当的方法解下列方程组.

　　(1) $\begin{cases} 7x + 5y = 3 & ① \\ y = x + 3 & ② \end{cases}$；

　　(2) $\begin{cases} 3x - 2y = 5 & ① \\ x + 2y = 13 & ② \end{cases}$；

　　(3) $\begin{cases} 2(x + 1) - 3(y - 1) = 10 & ① \\ 2(x + 1) + 7(y - 1) = 20 & ② \end{cases}$；

(4) $\begin{cases} \dfrac{2x-y}{5}=3 & ① \\ \dfrac{x+y}{3}=3 & ② \end{cases}$;

(5) $\begin{cases} 3(x-1)-2(2y-1)=7 & ① \\ \dfrac{x+2}{3}-\dfrac{1-y}{2}=2 & ② \end{cases}$;

(6) $\begin{cases} 25x+17y=91 & ① \\ 17x+25y=35 & ② \end{cases}$.

3. 若方程组中每个方程都是三元一次方程时，我们该如何确定先消哪个未知数？请以 $\begin{cases} 2x+4y-3z=9 & ① \\ 3x-2y-4z=8 & ② \\ 5x-6y-5z=7 & ③ \end{cases}$ 为例进行探究.

8.2　求含参数的二元一次方程组中的参数值

有时在二元一次方程组中，除了未知数 x，y，方程中还有 a，b，c，m，n，k 等字母作为待定系数，我们称这样的方程组为含参数的方程. 最近求小实正被含参数的方程组所困扰，我们和白小塔一起来帮一帮他.

探究一

已知 $\begin{cases} x=1 \\ y=1 \end{cases}$ 是方程组 $\begin{cases} 2x+(m-1)y=2 \\ nx+y=1 \end{cases}$ 的解，则 $(m+n)^{2\,020}$ 的值为（　　）.

A. $2^{2\,020}$　　　　　　B. -1　　　　　　C. 1　　　　　　D. 0

白小塔分析：把 x 与 y 的值代入方程组，就变成了一个未知数为 m、n 的二元一次方程组，解出这个方程组，即求出 m 与 n 的值，进而可求出该式的值.

解：把 $\begin{cases} x=1 \\ y=1 \end{cases}$ 代入方程组得，$\begin{cases} 2+m-1=2 \\ n+1=1 \end{cases}$，

解得 $\begin{cases} m=1 \\ n=0 \end{cases}$，

则原式 $=1$. 故选 C.

类似的问题，同学们是否能解决呢？

探究二

若关于 x，y 的二元一次方程组 $\begin{cases} x-y=4k \\ x+y=2k \end{cases}$ 的解也是二元一次方程 $x-2y=10$ 的解，则 k 的值为（　　）.

A. 2　　　　　　　B. -2　　　　　　　C. 0.5　　　　　　　D. -0.5

求小实又有点为难了，灰灰帮忙分析，可以将 k 看作已知数，表示出 x 与 y，根据题意代入方程 $x-2y=10$ 中计算，即可求出 k 的值. 通过灰灰的分析，求小实开始了演算.

解：$\begin{cases} x-y=4k & ① \\ x+y=2k & ② \end{cases}$，

①+②得，$x=3k$，

将 $x=3k$ 代入①得，$y=-k$，

将 $x=3k$，$y=-k$ 代入 $x-2y=10$ 中得，$3k+2k=10$，

解得 $k=2$. 故选 A.

你还有其他解法吗？

探究三

已知方程组 $\begin{cases} 2x+y=-2 \\ ax-by=-8 \end{cases}$ 和方程组 $\begin{cases} bx+ay=-4 \\ 3x-y=12 \end{cases}$ 的解相同，求 $(2a+b)^{2021}$ 的值.

在含参数的方程组中，还会经常遇到两个方程组的解相同的情况，遇到这种问题又该怎么做呢？

求小实抢答道：既然两个方程组的解相同，那么也就是说四个方程组的解都一样，其中有两个方程没有参数，先解出这两个方程，由方程组 $\begin{cases} 2x+y=-2 \\ 3x-y=12 \end{cases}$ 可求出 x、y 的值，然后再代入另外两个含有 a，b 的方程，组成方程组求出 a，b 的值，代入求值即可.

解：由题意得，方程组 $\begin{cases} 2x+y=-2 \\ 3x-y=12 \end{cases}$，

解得 $\begin{cases} x=2 \\ y=-6 \end{cases}$，

把 $\begin{cases} x=2 \\ y=-6 \end{cases}$ 代入 $\begin{cases} ax-by=-8 \\ bx+ay=-4 \end{cases}$，

得 $\begin{cases} 2a+6b=-8 \\ 2b-6a=-4 \end{cases}$，

∴ 方程组的解为 $\begin{cases} a=\dfrac{1}{5} \\ b=-\dfrac{7}{5} \end{cases}$，

∴ $(2a+b)^{2021}=(-1)^{2021}=-1$.

数学思维大碰撞

探究四

在解决关于 x，y 的二元一次方程组 $\begin{cases} ax+by=3 & ① \\ cx-3y=5 & ② \end{cases}$ 时，小明由于粗心，把 c 写错解

得 $\begin{cases} x=-1 \\ y=1 \end{cases}$，小红正确地解得 $\begin{cases} x=4 \\ y=-3 \end{cases}$，求 a^2b-ab^2-c 的值.

这类错解问题又如何找到突破口呢？

白小塔给求小实讲解道，先把正确的解代入②式中，求出 c 的值；而小明只是把字母 c 写错，字母 a，b 是对的，所以把解 $\begin{cases} x=-1 \\ y=1 \end{cases}$ 与 $\begin{cases} x=4 \\ y=-3 \end{cases}$ 代入 $ax+by=3$ 得到关于 a，b 的方程组，再代入代数式计算即可得出答案.

求小实似乎明白了，开始解答.

解：$\begin{cases} ax+by=3 & ① \\ cx-3y=5 & ② \end{cases}$，

把 $\begin{cases} x=4 \\ y=-3 \end{cases}$ 代入②得，$4c-3\times(-3)=5$，

解得 $c=-1$，

由题意得，把 $\begin{cases} x=-1 \\ y=1 \end{cases}$ 与 $\begin{cases} x=4 \\ y=-3 \end{cases}$ 代入①得 $\begin{cases} -a+b=3 \\ 4a-3b=3 \end{cases}$，

解方程组得 $\begin{cases} a=12 \\ b=15 \end{cases}$，

把 $a=12$，$b=15$，$c=-1$ 代入得，

$a^2b-ab^2-c=12\times12\times15-12\times15\times15-(-1)=-539$.

通过前面对求小实的帮助，几个小伙伴还是不放心求小实的举一反三能力，又给他出了一道题.

在解方程组 $\begin{cases} ax+by=16 & ① \\ bx+ay=19 & ② \end{cases}$ 时，小明把方程①抄错了，得到错解 $\begin{cases} x=1 \\ y=7 \end{cases}$，而小亮却把方程②抄错了，得到错解 $\begin{cases} x=-2 \\ y=4 \end{cases}$，原方程组是怎样的？你能求出正确答案吗？

求小实信心满满的说，没问题的！就是把小明的解代入②，小亮的解代入①，列出关于 a 与 b 的方程组，求出方程组的解得到 a 与 b 的值，即可确定出方程组，进而求出解.

解：根据题意得，$\begin{cases} b+7a=19 \\ -2a+4b=16 \end{cases}$，

解得 $\begin{cases} a=2 \\ b=5 \end{cases}$，

106

原方程组为 $\begin{cases} 2x+5y=16 & ① \\ 5x+2y=19 & ② \end{cases}$,

①+②得，$7(x+y)=35$，即 $x+y=5$ ③，

③×2−①得，$-3y=-6$，即 $y=2$，

把 $y=2$ 代入③得，$x=3$，

则原方程组的解为 $\begin{cases} x=3 \\ y=2 \end{cases}$.

求小实终于攻克了难关，你也来练练手吧！

练一练

1. 已知关于 x，y 的二元一次方程组 $\begin{cases} 3x+2y=a+2 \\ 2x+3y=2a \end{cases}$ 的解满足 $x+y=4$，则 a 的值

为（　　）.

A. $\dfrac{2}{3}$　　　　B. 2　　　　C. 4　　　　D. 6

2. 已知关于 x，y 的方程组 $\begin{cases} x-y=2m+1 \\ x+y=4m+3 \end{cases}$ 的解也是二元一次方程 $2x-3y=7$ 的一个解，

求 m 的值.

3. 已知关于 x，y 的方程组 $\begin{cases} x+2y=10 \\ ax+by=1 \end{cases}$ 与 $\begin{cases} bx+ay=6 \\ 2x-y=5 \end{cases}$ 有相同的解，求 a，b 的值.

4. 已知关于 x、y 的方程组 $\begin{cases} ax+y=5 & ① \\ 4x-by=7 & ② \end{cases}$，甲由于看错了方程①中的 a，得到方程组的

解为 $\begin{cases} x=3 \\ y=5 \end{cases}$；乙由于看错了方程②中的 b，得到方程组的解为 $\begin{cases} x=-1 \\ y=7 \end{cases}$. 求原方程组的正

确解.

5. 已知方程组 $\begin{cases} ax+3y=9 & ① \\ 4x-by=-2 & ② \end{cases}$，由于甲看错了方程①中的 a，得到方程组的解为

$$\begin{cases} x=-1 \\ y=1 \end{cases}$$，乙看错了方程②中的 b，得到方程组的解为 $\begin{cases} x=6 \\ y=-3 \end{cases}$.

(1) 求 a，b 的值；

(2) 求原方程组的解.

8.3　二元一次方程组解的方案

　　前面学习了解二元一次方程组，今天白小塔准备考考同桌求小实，在实际生活中的问题不一定能列出两个方程，有时候只能列出一个方程，这样的话，方程会有多少种解呢？跟随求小实一起来探究一下吧！

探究一

　　学校计划购买 A 和 B 两种品牌的足球，已知一个 A 品牌足球 60 元，一个 B 品牌足球 75 元. 学校准备将 1 500 元钱全部用于购买这两种足球（两种足球都买），该学校的购买方案共有几种？

　　求小实分析起来，设购买 A 品牌足球 x 个，购买 B 品牌足球 y 个，根据总价＝单价×数量，即可得出关于 x，y 的二元一次方程 $60x+75y=1\,500$，但是现在两个未知数一个方程，有无数组解啊！正当求小实困惑的时候，灰灰提醒求小实足球可以取小数吗？可以取负数吗？求小实恍然大悟，原来这个具有实际意义的题其实有隐含条件，它的解只能是非负整数！但是 $60x+75y=1\,500$ 这个方程要解出非负整数，难道要从 0 一个一个试吗？太麻烦了吧！

　　白小塔得意地跳出来说，我出的难题我来教你吧，先把方程变形：$y=20-\dfrac{4}{5}x$.

　　因为 x，y 均为正整数，那么 $\dfrac{4}{5}x$ 这个部分也必须是整数，也就是 x 必须为 5 的倍数.

　　求小实说：我明白了，这下结合 x，y 均为正整数，
解得，
$$\begin{cases} x_1=5 \\ y_1=16 \end{cases},\begin{cases} x_2=10 \\ y_2=12 \end{cases},\begin{cases} x_3=15 \\ y_3=8 \end{cases},\begin{cases} x_4=20 \\ y_4=4 \end{cases}.$$
所以该学校共有 4 种购买方案.

探究二

　　《张丘建算经》是一部数学问题集，其内容、范围与《九章算术》相仿. 其中提出并解决了一个在数学史上非常著名的不定方程问题，通常称为"百鸡问题"："今有鸡翁一值

钱五，鸡母一值钱三，鸡雏三值钱一．凡百钱买鸡百只，问鸡翁、母、雏各几何."译文，公鸡每只值五文钱，母鸡每只值三文钱，小鸡每三只值一文钱．现在用一百文钱买一百只鸡，问这一百只鸡中，公鸡、母鸡、小鸡各有多少只？

求小实看完题目后完全没有思路，白小塔先给求小实出了一个简单的问题：若设公鸡有 x 只，母鸡有 y 只，则小鸡有多少只？买小鸡一共花费几文钱？（用含 x，y 的式子表示）

求小实答道：因为要买 100 只鸡，且小鸡每 3 只值一文钱，所以买了（$100-x-y$）只小鸡，则买小鸡花了 $\dfrac{100-x-y}{3}$ 文钱.

白小塔又说，那么根据题意列出一个含有 x，y 的方程吧！

求小实喃喃自语：根据总价＝单价×数量结合用 100 文钱买 100 只鸡，即可得出关于 x、y 的二元一次方程 $5x+3y+\dfrac{100-x-y}{3}=100$.

白小塔追问道：若对"百鸡问题"增加一个条件，"公鸡数量是母鸡数量的 3 倍"，求此时公鸡、母鸡、小鸡各有多少只？

求小实：这个不就是列一个二元一次方程组吗，容易！

设公鸡有 x 只，母鸡有 y 只，则小鸡有（$100-x-y$）只，

根据题意得，$\begin{cases} x=3y \\ 5x+3y+\dfrac{100-x-y}{3}=100 \end{cases}$，

解得 $\begin{cases} x=12 \\ y=4 \end{cases}$，

∴ $100-x-y=84$.

故公鸡有 12 只，母鸡有 4 只，小鸡有 84 只.

白小塔见难不倒求小实，升级了难度，问道：求小实，除了第二个问题中的解之外，你能解出所有符合"百鸡问题"的解吗？其实这个才是《张丘建算经》中的原题.

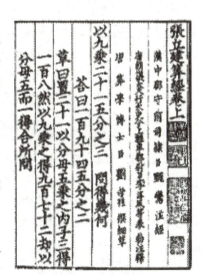

求小实说道：列方程 $5x+3y+\dfrac{100-x-y}{3}=100$，但是现在只有一个方程了.

灰灰提示求小实，想想探究一里的方法．求小实一拍头说，对了，就用刚才的方法，先变形得 $y=25-\dfrac{7}{4}x$，

因为 x，y 是鸡的数量，均为正整数，那么 $\dfrac{7}{4}x$ 这个部分也必须是整数，也就是 x 必须为 4 的倍数，

当 $x=0$ 时，$y=25$，$100-x-y=75$；

当 $x=4$ 时，$y=18$，$100-x-y=78$；

当 $x=8$ 时，$y=11$，$100-x-y=81$；

当 $x=12$ 时，$y=4$，$100-x-y=84$；

当 $x=16$ 时，$y=-3$，舍去.

故除了第二个问题中的解之外，还有以下三组答案：①公鸡有 8 只，母鸡有 11 只，小鸡有 81 只；②公鸡有 4 只，母鸡有 18 只，小鸡有 78 只；③公鸡有 0 只，母鸡有 25 只，小鸡有 75 只.

在白小塔的重重追问下，求小实解决了"百鸡问题"，你也来练练手吧！

1. 体育器材室有 A、B 两种型号的实心球，1 只 A 型球与 1 只 B 型球的质量共 7 千克，3 只 A 型球与 1 只 B 型球的质量共 13 千克.

   (1) 每只 A 型球、B 型球的质量分别是多少千克？

   (2) 现有 A 型球、B 型球的质量共 17 千克，则 A 型球、B 型球各有多少只？

2. 某国硬币有 5 分和 7 分两种，问用这两种硬币支付 142 分货款，有多少种不同的方法？

3. 某学校计划用 34 件同样的奖品全部用于奖励在"经典诵读"活动中表现突出的班级，一等奖奖励 6 件，二等奖奖励 4 件，则分配一、二等奖个数的方案有（　　）.
   A. 4 种　　　　　　B. 3 种　　　　　　C. 2 种　　　　　　D. 1 种

4. 笼中有 x 只鸡、y 只兔，共有 36 只脚，能表示题中数量关系的方程是（　　）.
   A. $x+y=18$　　B. $x+y=36$　　C. $4x+2y=36$　　D. $2x+4y=36$

5. 把一根 9m 长的钢管截成 1m 长和 2m 长两种规格的短钢管，且没有余料，设某种截法中 1m 长的钢管有 a 根，则 a 的值可能有（　　）.
   A. 3 种　　　　　　B. 4 种　　　　　　C. 5 种　　　　　　D. 9 种

6. 某次知识竞赛共有 20 道题，规定每答对一道题得 $+5$ 分，每答错一道题得 -2 分，不答的题得 0 分. 已知圆圆这次竞赛得了 60 分，设圆圆答对了 x 道题，答错了 y 道题，则（　　）.
   A. $x-y=20$　　B. $x+y=20$　　C. $5x-2y=60$　　D. $5x+2y=60$

7. 阅读感悟：

   有些关于方程组的问题，求的结果不是每一个未知数的值，而是关于未知数的代数式的值，如以下问题.

   已知实数 x，y 满足 $3x-y=5$①，$2x+3y=7$②，求 $x-4y$ 和 $7x+5y$ 的值.

本题常规思路是将①②两式联立组成方程组，解得 x，y 的值，再代入欲求值的代数式得到答案，常规思路运算量比较大. 其实，仔细观察两个方程未知数的系数之间的关系，本题还可以通过适当变形整体求得代数式的值，如由①－②可得 $x-4y=-2$，由①＋②×2 可得 $7x+5y=19$. 这样的解题思想就是通常所说的"整体思想".

解决问题：

(1) 已知二元一次方程组 $\begin{cases} 2x+y=7 \\ x+2y=8 \end{cases}$，则 $x-y=$ _____，$x+y=$ _____；

(2) 某班级组织活动购买小奖品，买 20 支铅笔、3 块橡皮、2 本日记本共需 32 元，买 39 支铅笔、5 块橡皮、3 本日记本共需 58 元，则购买 5 支铅笔、5 块橡皮、5 本日记本共需多少元？

(3) 对于实数 x，y，定义新运算 $x*y=ax+by+c$，其中 a，b，c 是常数，等式右边是通常的加法和乘法运算. 已知 $3*5=15$，$4*7=28$，那么 $1*1=$ _____.

8.4　《九章算术》里的二元一次方程组

这天，求小实在做二元一次方程组的练习时，发现中国古代的数学名著《九章算术》《孙子算经》《周髀算经》等书籍中的题目常常在我们的练习中出现，这些著作里记载了我国古代对数学的发现和研究成果，在书中记载的有些算法甚至比欧洲的同类算法早一千多年！比如，"算筹"就是中国古代的一种十进制计算工具，我们和求小实一起来了解一下吧！

探究一

名句"运筹帷幄之中，决胜千里之外"中的"筹"原意是指"算筹"，在我国古代的数学名著《九章算术》和《孙子算经》中都有记载. "算筹"是古代用来进行计算的工具之一，它是将几寸长的小竹棍摆在平面上进行运算，"算筹"的摆放有纵、横两种形式（见图 8.4.1）. 当表示一个多位数时，要像阿拉伯计数一样，把各数位的数码从左到右排列，但各数位数码的摆放需要纵横相间：个位、百位、万位数用纵式表示，十位、千位、十万位数用横式表示，"0"用空位来代替. 例如，2 307 用"算筹"表示就是

，而《九章算术》中"方程"一章介绍了用"算筹图"解决二元一次方程组的方法，例如 ，在从左到右的符号中，前两个符号分别代表未知数 x，y 的系数，后两个符号表示对应的常数项，则根据此图可以列出方程 $x+2y=26$.

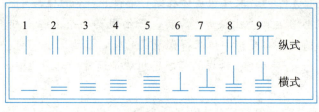

图 8.4.1

(1) 用"算筹" [算筹图] 表示的数是_____.

根据图 8.4.1，用"算筹" [算筹图] 表示的数是 6 238.

(2) 请你根据如图所示的"算筹图" [算筹图] ，列出方程组并求解.

求小实分析道，只用对照横、纵式表示的数字，前两个分别表示 x，y 的系数，剩下的表示右边的常数，据此列出关于 x，y 的方程组，解之即可.

所以，根据"算筹"可得 $\begin{cases} 2x+y=7 & ① \\ x+3y=11 & ② \end{cases}$，

①×3−②，得，$5x=10$，

解得 $x=2$，

将 $x=2$ 代入①，得，$4+y=7$，

解得 $y=3$，

∴ $\begin{cases} x=2 \\ y=3 \end{cases}$.

小科普：算盘的发展史

珠算是由筹算演变而来的. 筹算中，上面一根筹当五，下边一根筹当一，珠算盘中的上一珠也是当五，下一珠也是当一. 由于筹算在乘、除法中出现某位数字等于十或多于十的情形，因此珠算盘采用上二珠下五珠的形式.

《九章算术》是古代中国第一部自成体系的数学专著，其中在"方程"一章记载了许多和二元一次方程组有关的题，下面让我们一起来探究！

探究二

"今有甲乙二人持钱不知其数，甲得乙半而钱五十，乙得甲太半而亦钱五十，问甲、乙持钱各几何？"译文是，今有甲、乙两人持钱不知道各有多少，甲若得到乙所有钱的 $\dfrac{1}{2}$，则甲有 50 钱，乙若得到甲所有钱的 $\dfrac{2}{3}$，则乙也有 50 钱，问甲、乙各持钱多少？设甲持钱

数为 x 钱，乙持钱数为 y 钱，列出关于 x、y 的二元一次方程组＿＿＿＿＿.

白小塔说，根据"甲若得到乙所有钱的 $\frac{1}{2}$，则甲有 50 钱，乙若得到甲所有钱的 $\frac{2}{3}$，则乙也有 50 钱"，列出二元一次方程组解答即可.

解：设甲，乙的持钱数分别为 x，y，

根据题意可得 $\begin{cases} x + \dfrac{1}{2}y = 50 \\ \dfrac{2}{3}x + y = 50 \end{cases}$.

探究三

《九章算术》是中国古代重要的数学著作，其中有这样一道题："今有醇酒一斗，直钱五十；行酒一斗，直钱一十. 今将钱三十，得酒二斗，问醇、行酒各得几何？"译文，今有醇酒（优质酒）1 斗，价格 50 钱；行酒（勾兑酒）1 斗，价格 10 钱. 现有 30 钱，买 2 斗酒，问能买醇酒、行酒各多少斗？设能买醇酒 x 斗，行酒 y 斗，可列二元一次方程组为
＿＿＿＿＿.

白小塔分析道：设能买醇酒 x 斗，行酒 y 斗，利用总价＝单价×数量，结合用 30 钱共买 2 斗酒，就可得出关于 x，y 的二元一次方程组.

求小实接着说，∵ 买 2 斗酒，∴ $x + y = 2$；

∵ 醇酒 1 斗，价格 50 钱；行酒 1 斗，价格 10 钱，且共花费 30 钱，

∴ $50x + 10y = 30$.

联立两方程组成方程组 $\begin{cases} x + y = 2 \\ 50x + 10y = 30 \end{cases}$.

探究四

《九章算术》中有这样一个题："今有三人共车，二车空；二人共车，九人步. 问：人与车各几何？"其大意是，若 3 人坐一辆车，则两辆车是空的；若 2 人坐一辆车，则 9 人需要步行，问人与车各多少？设有 x 辆车，人数为 y，根据题意，可列二元一次方程组为
＿＿＿＿＿.

两人兴致勃勃地分析：设有 x 辆车，人数为 y，根据"如果每 3 人坐一辆车，那么有 2 辆空车"可以列出方程 $3(x-2) = y$；

再根据"如果每 2 人坐一辆车，那么有 9 人需要步行"可以列出方程 $2x + 9 = y$；

依题意得，$\begin{cases} 3(x-2) = y \\ 2x + 9 = y \end{cases}$.

拓展园地

阅读材料：

对于二元一次方程组 $\begin{cases} 4x+3y=54 \\ x+3y=36 \end{cases}$，我们可以将 x，y 的系数和相应的常数项排成一

个数表，通过运算使数表变为 $\begin{vmatrix} 4 & 3 & 54 \\ 1 & 3 & 36 \end{vmatrix}$，即可求得的方程组的解为 $\begin{cases} x=a \\ y=b \end{cases}$，用数表简化

解二元一次方程组 $\begin{cases} 4x+3y=54 \\ x+3y=36 \end{cases}$ 的过程如下：

上行 $\begin{vmatrix} 4 & 3 & 54 \\ 1 & 3 & 36 \end{vmatrix}$ $\xrightarrow{\text{上行}-\text{下行}}$ $\begin{vmatrix} 3 & 0 & 18 \\ 1 & 3 & 36 \end{vmatrix}$ $\xrightarrow{\text{上行}\div3}$

$\begin{vmatrix} 1 & 0 & 6 \\ 1 & 3 & 36 \end{vmatrix}$ $\xrightarrow{\text{下行}-\text{上行}}$ $\begin{vmatrix} 1 & 0 & 6 \\ 0 & 3 & 30 \end{vmatrix}$ $\xrightarrow{\text{下行}\div3}$ $\begin{vmatrix} 1 & 0 & 6 \\ 0 & 1 & 10 \end{vmatrix}$

$\therefore$ 方程组的解为 $\begin{cases} x=6 \\ y=10 \end{cases}$.

解答下列问题：

(1) 直接写出下面算筹图表示的关于 x，y 的二元一次方程组，如图 8.4.2 所示.

(2) 依照阅读材料中数表的解法格式解（1）中你写出的二元一次方程组.

图 8.4.2

【分析】(1) 模仿利用算筹图写出方程组的方式可写出图 8.4.2 对应的二元一次方程

组是 $\begin{cases} 2x+y=13 \\ 2x+3y=19 \end{cases}$；

(2) 按照阅读材料中图解消元法可求得此方程组的解为 $\begin{cases} x=5 \\ y=3 \end{cases}$.

解：(1) 上图对应的二元一次方程组是 $\begin{cases} 2x+y=13 \\ 2x+3y=19 \end{cases}$；

(2) 按照阅读材料中图解此方程组如下，

上行 $\begin{vmatrix} 2 & 1 & 13 \\ 2 & 3 & 19 \end{vmatrix}$ $\xrightarrow{\text{下行}-\text{上行}}$ $\begin{vmatrix} 2 & 1 & 13 \\ 0 & 2 & 6 \end{vmatrix}$ $\xrightarrow{\text{下行}\div2}$

$\begin{vmatrix} 2 & 1 & 13 \\ 0 & 1 & 3 \end{vmatrix}$ $\xrightarrow{\text{上行}-\text{下行}}$ $\begin{vmatrix} 2 & 0 & 10 \\ 0 & 1 & 3 \end{vmatrix}$ $\xrightarrow{\text{上行}\div2}$ $\begin{vmatrix} 1 & 0 & 5 \\ 0 & 1 & 3 \end{vmatrix}$

$\therefore$ 此方程组的解为 $\begin{cases} x=5 \\ y=3 \end{cases}$.

1. 《九章算术》中的算筹图是竖排的，为看图方便，我们把它改成横排，如图 1、图 2，图中各行从左到右列出的算筹数分别表示未知数 x，y 的系数与相应的常数项. 把图 1 所示的算筹图用我们现在所熟悉的方程组形式表述出来，就是 $\begin{cases} 2x+3y=21 \\ 3x+2y=19 \end{cases}$. 类似地，图 2 所示的算筹图所对应的二元一次方程组的解为＿＿＿＿.

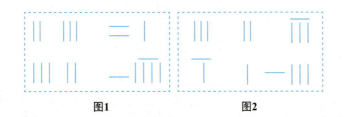

图1   图2

2. 《九章算术》中记载了一个问题，原文如下："今有人共买物，人出八，盈三；人出七，不足四. 问人数，物价各几何？"大意是，有几个人一起去买一件物品，每人出 8 元，多 3 元；每人出 7 元，少 4 元，求有几个人及该物品的价格. 用二元一次方程组解答该问题，若已经列出一个方程 $8x-3=y$，则符合题意的另一个方程是＿＿＿＿.

3. 《九章算术》中曾记载："今有七雀、四燕，集称之衡，雀惧重，燕惧轻. 一雀一燕交而处，衡适平. 并燕、雀两斤半. 问燕、雀一枚各重几何？"译文，今有 7 只雀和 4 只燕，分别聚集而用衡器称之，聚在一起的雀重，燕轻. 将 1 只雀、1 只燕交换位置而放，重量相等. 7 只雀、4 只燕总重量为 40 两（1 斤＝16 两）. 问雀、燕每只各重多少两？（每只雀的重量相同、每只燕的重量相同）设每只雀重 x 两，每只燕重 y 两，则可列二元一次方程组为＿＿＿＿.

4. 《九章算术》"盈不足"一章中记载了这样一个问题："今有大器五小器一容三斛，大器一小器五容二斛，问大小器各容几何." 其大意为，有大小两种盛酒的桶，已知 5 个大桶加上 1 个小桶可以盛酒 3 斛（斛，是古代的一种容量单位），1 个大桶加上 5 个小桶可以盛酒 2 斛. 1 个大桶，1 个小桶分别可以盛酒多少斛？设 1 个大桶，1 个小桶分别可以盛酒 x，y 斛，根据题意，可列二元一次方程组为＿＿＿＿＿＿.

5. 我国古代对于利用二元一次方程组解决实际问题早有研究，《九章算术》中记载："今有上禾三秉，益实六斗，当下禾十秉；下禾五秉，益实一斗，当上禾二秉. 问上、下禾实一秉各几何？"其大意是，今有上等稻子三捆，若打出来的谷子再加六斗，则相当于十捆下等稻子打出来的谷子；有下等稻子五捆. 若打出来的谷子再加一斗，则相当于两捆上等稻子打出来的谷子. 问上等、下等稻子每捆能打多少斗谷子？设上等稻子每捆能打 x 斗谷子，下等稻子每捆能打 y 斗谷子，根据题意可列方程组为＿＿＿＿.

第9章　不等式

章前导语

　　生活中处处充满着不等的关系，到处都有不等式的存在. 不等式的世界是奇妙的，本章节，让我们一起跟随求小实和白小塔，在实际的生活中去发现不等式的存在，体会数学离不开生活这句话，一起在生活中探索不等式的奥妙.

9.1　实际问题中的不等式

　　数学源于生活，生活中处处充满数学. 在学习了不等式之后，求小实便思考生活中哪些地方有不等式的存在，好学的求小实立马找到"学霸"白小塔.

你觉得我们的生活中哪些地方存在不等式?

咱们去敬老院当志愿者分礼物的过程似乎存在着不等式.

探究一

　　求小实和白小塔及班上几位同学去社区敬老院当志愿者，看望敬老院的爷爷奶奶们，他们一起凑钱给爷爷奶奶们买了一些礼物，求小实给爷爷奶奶们分配礼物. 这些礼物要分给若干个老人. 若每个老人分 4 件，那么还剩余 6 件礼物；若前面每个老人分 5 件，则最后一个老人最多得到 2 件礼物，从分礼物的过程分析敬老院的老人至少有多少人.

解：设敬老院的老人共有 x 位.

由题意可列，$4x+6-5(x-1)\leqslant 2$，

解得 $x\geqslant 9$.

答：敬老院的老人至少 9 人.

探究二

数学老师定的竞赛比赛规则如下：竞赛中共有 25 道题，每道题目答对得 4 分，不答或答错倒扣 2 分，如果在本次竞赛中的得分不低于 85 分才能获胜，至少要答对多少道题目才能获胜？

解：设至少要答对 x 道题目.

由题意可列，$4x-2(25-x)\geqslant 85$，

解得 $x\geqslant 22.5$.

∵ x 取整数，

∴ x 取 23.

答：至少要答对 23 道题目才能获胜.

思考：求小实："白小塔，数学老师说分数低于 60 分要有惩罚，那么你算算至少要答对多少题才不会受到惩罚？"

解：设至少要答对 y 道题目.

由题意可列，$4y-2(25-y)\geqslant 60$，

解得 $y\geqslant 18\frac{1}{3}$.

∵ y 取整数，

∴ y 取 19.

答：至少要答对 19 道题目才能获胜.

探究三

白小塔："我计划 15 天内背 408 个单词，最初三天我每天背 24 个，但我计划要超额完成任务，那么我以后每天至少要背多少个单词，才能在规定的时间内超额完成任务呢？"

解：设白小塔每天至少要背 x 个单词，才能在规定的时间超额完成任务.

由题意可列，$24\times 3+(15-3)x>408$，

解得 $x>28$.

答：以后白小塔每天至少要背 29 个单词才能在规定的时间超额完成任务.

探究四

求小实："我家离学校相距 2.1 千米，今早我还有 18 分钟就要迟到了.我步行速度是

90 米/分，跑步的速度是 210 米/分，那我至少需要跑几分钟才能在 18 分钟内到学校呢?"

解：设求小实至少跑 x 分钟，才能在 18 分钟内到学校.

由题意可列，$90(18-x)+210x \geqslant 2\,100$，

解得 $x \geqslant 4$

答：求小实至少要跑 4 分钟，才能在 18 分钟内到学校.

探究五

求小实白小塔购买定价分别为 5 元和 8 元的语文周报和数学周报一共 30 张，计划用钱在 192 元到 210 元之间（包括 192 元和 210 元），那么 8 元一张的数学周报最少可以买多少张? 最多可以买多少张?

解：设可以买 x 张数学周报.

依题意可列，$\begin{cases} 8x+5(30-x) \geqslant 192 \\ 8x+5(30-x) \leqslant 210 \end{cases}$，

解得 $16 \leqslant x \leqslant 20$.

答：最多购买 20 张数学周报，最少购买 16 张数学周报.

探究六

求小实："我上周接到劳技老师安排的一项任务，用 2 米长的铁丝作原料，现在需要截取 0.3 米长的铁丝 18 根，0.4 米长的铁丝 14 根，那么我要怎样安排截料方案，才能使得用掉的 2 米长的铁丝最少? 最少需几根?"

解：设需要 2 米长的铁丝 x 根.

$0.3 \times 18 + 0.4 \times 14 \leqslant 2x$，

解得 $x \geqslant 5.5$.

∵ x 取整数，

∴ x 取 6.

答：最少需要 6 根.

用一元一次不等式（组）解决实际问题的步骤：

1. 审题：弄清题意和题目中的数量关系.

2. 设元：用字母表示题目中的未知数，可直接设也可间接设.

3. 列方程组.

4. 解方程组.

5. 检验作答：检验所求的解是否符合题目的实际意义，然后作答.

1. 求小实的妈妈过年去超市买年货送人. 其中零食礼包和生活礼包的销售价格如下表所示：

品名	销售价格（元/件）
零食礼包	175
生活礼包	200

现购买这两种产品共 15 件，其中购买 x 件零食礼包，付款总额要少于 2 500 元，请据此列出不等式.

2. 昆十中组织开展知识竞赛，共有 20 道题，答对一题加 10 分，答错或不答扣 5 分，求小实参加了本次知识竞赛，本次竞赛分数低于 140 分淘汰，求小实至少要答对几题才能不被淘汰？

3. 昆十中准备组织七年级 160 名学生参加社会实践活动，租用 35 座和 45 座两种客车共 4 辆，每种客车至少租 1 辆，可以坐不满.

(1) 参加本次活动至少需几辆 45 座客车？

(2) 如果 35 座客车的租金为每辆 300 元，45 座客车的租金为每辆 400 元，要想使全部租车的费用不超过 1 550 元，则有几种租车的方案？哪种方案最省钱？

9.2　绝对值不等式

荷兰教育家弗赖登塔尔曾说过，数学来源于生活，也必须根植于生活，生产和生活中充满着大量的数学影子，如人们生活最基本的方式衣、食、住、行等，都可以看到数学的作用.

思考：求小实最近热衷于研究生活中的不等式，这一天，他帮助妈妈去买味精，他在超市看到一包味精标明了有 600g 重量，求小实想："我估计重量不可能是标准的 600g，我在书上看到，商品质量规定实际重量与所标数相差不能超过 5g，这里面也存在不等式，我现在就来研究一下，看看这包味精是否符合商品质量标准."

解：设此包味精质量为 xg.

由题意可列，$\begin{cases} x-600 \leqslant 5 \\ 600-x \leqslant 5 \end{cases}$，

解得 $595 \leqslant x \leqslant 605$，

回到家，求小实用家里的小秤称了一下，恰好 600g，求小实挠挠头，"这个商家真不错，看来不是奸商."

求小实的妈妈："当然啦，现在国家管控得可严啦，一般不会出现奸商的，傻孩子."

求小实："那么刚刚所列的 $x-600$，$600-x$，根据以前的知识，不就是 $|x-600|$ 吗?"求小实发现了一个新知识——绝对值不等式.

求小实的妈妈："买个味精都能想出数学的知识来，非常不错，给予鼓励."

求小实害羞地挠挠头，决定继续努力，明天去找白小塔好好研究一下绝对值不等式.

第二天，求小实找到白小塔，疑惑地对白小塔说："白小塔，我昨天发现了一个新不等式，绝对值不等式，$|x-600| \leqslant 5$，你想想这种不等式应怎么求解?"

探究一

绝对值不等式的求解方法

$|x|$ 表示数轴上的点 x 与原点的距离，$|x| = \begin{cases} x, & x > 0, \\ 0, & x = 0, \\ -x, & x < 0. \end{cases}$ 我们可以用类比思想，利

用绝对值和数轴来研究.

$|x| = 2$，由图 9.2.1 可知：

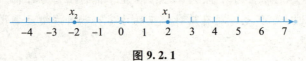

图 9.2.1

解为：$x_1 = 2$，$x_2 = -2$.

$|x| < 2$，由图 9.2.2 可知：

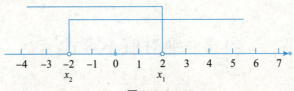

图 9.2.2

解集为：$-2 < x < 2$.

$|x| > 2$，由图 9.2.3 可知：

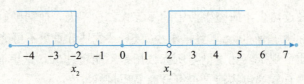

图 9.2.3

解集为：$x>2$ 或 $x<-2$.

根据绝对值的意义，从数轴可以看出，不等式 $|x|<2$ 的解集表示数轴上到原点的距离小于 2 的点；不等式 $|x|>2$ 的解集表示数轴上到原点的距离大于 2 的点.

$|x|=-2$ 无解；

$|x|<-2$ 无解；

$|x|>-2$ 任意实数.

方法归纳：

①若 $a>0$，$|x|<a$ 的解集：$-a<x<a$；

$\qquad\qquad |x|>a$ 的解集：$x>a$ 或 $x<a$.

②若 $a<0$，$|x|>a$ 的解集：任意实数；

$\qquad\qquad |x|<a$ 的解集：无解.

利用数形结合分类讨论思想解题.

白小塔："求小实，那你来求一下，$|x-5|<3$ 的解集吧！"

解： 由 $|x-5|<3$ 可得 $\begin{cases} x-5>-3 \\ x-5<3 \end{cases}$，

解得 $2<x<8$.

再如 $|x-2|+|x+3|=7$. 从绝对值的几何意义知，该方程表示求在数轴上与 2 和 -3 距离之和为 7 的点对应的 x 的值. 在数轴上，2 和 -3 的距离为 5，满足方程的 x 的对应点在 2 的右边或在 -3 的左边，如图 9.2.4 所示，$x_1=-4$，$x_2=3$. 故 $|x-2|+|x+3|\geqslant 7$ 的解集为 $x\geqslant 3$ 或 $x\leqslant -4$.

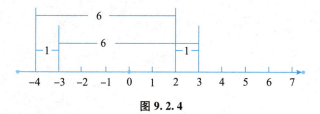

图 9.2.4

对于绝对值不等式而言，含绝对值的不等式可利用数形结合法与分类讨论法来解决问题.

解下列含绝对值的不等式：

(1) $|x|\leqslant 7$；　　　　(2) $|3x-2|<3$；　　　　(3) $\left|\dfrac{3x-2}{2}\right|\geqslant 4$.

9.3　含参不等式

周末，求小实完成了周末作业，开心地出去玩耍，宠物灰灰在家却不小心干了一件坏事，它将主人求小实的周末作业弄脏了，待求小实回家，灰灰急切地说："主人对不起，我一不小心把你的卷子弄脏了，怎么办呀？"

求小实一看试卷，有两个地方出了问题，$2x - \bigcirc > 5$，$\begin{cases} 2x-1 > \bigcirc + 1 \\ 2x < 8 \end{cases}$，两个题目均有数字被弄脏看不清了．

有什么办法能帮求小实算出污渍上的数字是多少吗？

探究一

把污渍看成参数 a，已知不等式 $2x - a > 5$ 的解集为 $x > 3$，那么 a 的值是多少？

从解集对照来看，$2x - a > 5$，$x > \dfrac{5+a}{2}$，解集为 $x > 3$，

则 $\dfrac{5+a}{2} = 3$，解得 $a = 1$.

> 含有参数的不等式，称为含参不等式．

思考：关于 x 的不等式组 $\begin{cases} 2x-1 > a+1 & ① \\ 2x < 8 & ② \end{cases}$ 的解集为 $2 < x < 4$，那么 a 的值是多少？

解：由得 $2x > 2 + a$，$x > \dfrac{2+a}{2}$，

由②得 $x < 4$，

则 $\dfrac{2+a}{2} < x < 4$，

∵ 解集为 $2 < x < 4$，

∴ $\dfrac{2+a}{2} = 2$，解得 $a = 2$.

周一，求小实找到白小塔，说："白小塔，我这周发现了一个有趣的不等式——含参不等式，但有一些地方我没搞懂，我俩一起研究一下好吗？"

白小塔："好的！"

> 解决含参不等式的方法：1. 带着参数求不等式的解集．2. 对照解集确定参数的值．

探究二

若 $\begin{cases} x \geq a \\ x \leq 4 \end{cases}$ 无解，则 a 的情况如何讨论呢？

不等式解集与数轴密不可分，我们在数轴上，用数形结合的数学思想来研究.

如图 9.3.1 所示，当 $a>4$ 时，$\begin{cases}x\geqslant a\\x\leqslant 4\end{cases}$不等式组无解.

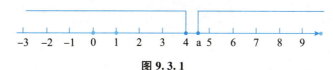

图 9.3.1

思考一： 利用数形结合思想，能否确定 a 的取值范围？

(1) 关于 x 的不等式 $\begin{cases}x>a\\x\leqslant 4\end{cases}$无解时 a 的取值范围；

(2) 关于 x 的不等式 $\begin{cases}x>a\\x\leqslant 4\end{cases}$有解时 a 的取值范围.

> 解决含参不等式的方法：
> 1. 在数轴画出不等式解集图像.
> 2. 根据已知解集对比确定参数取值范围.
> 3. 注意界点取值.

解： (1) 由图 9.3.2 可知，当 $a\geqslant 4$ 时不等式组无解.

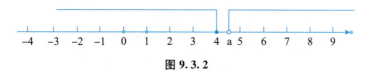

图 9.3.2

(2) 由图 9.3.3 可知，当 $a<4$ 时，不等式组有解.

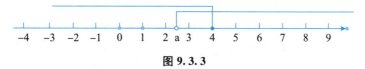

图 9.3.3

思考二： 进一步研究，若关于 x 的不等式组 $\begin{cases}x-a>0 & ①\\3-x\geqslant -1 & ②\end{cases}$恰有 3 个整数解，则 a 的取值范围是什么？

解： 由①得 $x>a$，

由②得 $x\leqslant 4$，

由图 9.3.4 可知：

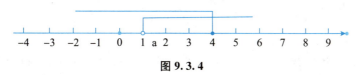

图 9.3.4

故当 $1<a\leqslant 2$ 时，恰有 3 个整数解.

对于含参不等式而言，只需要把字母参数看成已知数，用参数来表示不等式解集，再结合条件确定参数的值.

> 对于含参不等式，用数形结合的思想通过数轴研究取值问题时，特别要注意临界点的取值.

1. 不等式 $(2-m)<\dfrac{1}{3}(x-m)$ 的解集为 $x>2$，求 m 的值.

2. 若关于 x 的不等式组 $\begin{cases} x<2(x-a) \\ x-1\leqslant\dfrac{2}{3}x \end{cases}$ 恰有 3 个整数解，求出 a 的取值范围.

3. 若关于 x 的不等式组 $\begin{cases} \dfrac{3x+1}{2}-\dfrac{4x+2}{3}>1 \\ 2(m-x)\geqslant 4 \end{cases}$ 无解，求出 m 的取值范围.

9.4　利用不等式比较大小

　　求小实："不等式里面的 $>$、$<$ 符号，分别代表了大于、小于的意义，那么我们能不能用不等式的知识来比较大小呢？"

　　白小塔说："我认为可以的，我们通过比较体重来研究研究吧."

探究一

作差法比较大小

　　求小实："白小塔，我两个要比较体重谁重谁轻，往往是通过体重秤称出体重，将两个数字相减，我的体重减去你的体重，如果这个数大于零，那么我重；这个数小于零，那么你重；如果这个数等于零，那么我俩一样重."

　　作差法比较大小：若 $a-b>0$，那么 $a>b$；若 $a-b=0$，那么 $a=b$；若 $a-b<0$，那么 $a<b$.

　　思考： 如果有三个数 X，Y，Z，$X=a$，$Y=\dfrac{a+1}{2}$，$Z=\dfrac{a+2}{3}$，若 $a>1$，则 X，Y，Z 的大小关系是什么？

解： 从求差值入手，分别比较 X，Y，Z 之间任意两个的大小.

因为 $X-Y=a-\dfrac{a+1}{2}=\dfrac{2a-a-1}{2}=\dfrac{a-1}{2}$，又 $a>1$，所以 $X-Y>0$，$X>Y$.

同理，由 $X-Z=a-\dfrac{a+2}{3}=\dfrac{3a-a-2}{3}>0$，得 $X>Z$；$Y-Z=\dfrac{a+1}{2}-\dfrac{a+2}{3}=$

$\dfrac{3a+3-2a-4}{6}=\dfrac{a-1}{6}>0$，得 $Y>Z$.

所以 X，Y，Z 的大小关系为 $X>Y>Z$.

探究二

作商法比较大小

白小塔："求小实，比较大小其实不一定用作差法，我还知道一种方法叫作商法，比如说，若我们两个的体重比值为 1，则我们两个一样重；若我的体重与你的体重的比值大于 1，那么我比你重；若我的体重与你的体重的比值小于 1，那么我比你轻."

作商法比较大小：

若 $\dfrac{a}{b}>1$，且 a，b 都是正数，那么 $a>b$；

若 $\dfrac{a}{b}=1$，那么 $a=b$；

若 $\dfrac{a}{b}<1$，且 a，b 都是正数，那么 $a<b$.

思考： 已知 $a=22^5$，$b=33^4$，$c=55^3$，请比较一下 a，b，c 的大小是多少？

解： 因为 $\dfrac{a}{b}=\dfrac{22\times22\times22\times22\times22}{33\times33\times33\times33}=\dfrac{11^5\times2^5}{11^4\times3^4}=\dfrac{11\times32}{81}>1$，所以 $a>b$.

同理，由 $\dfrac{b}{c}=\dfrac{33\times33\times33\times33}{55\times55\times55}=\dfrac{11^4\times3^4}{11^3\times5^3}=\dfrac{11\times81}{125}>1$，得 $b>c$；

所以 $a>b>c$.

探究三

其他方法比较大小

利用倒数比较大小：如果有两个分数 $\dfrac{1}{a}>\dfrac{1}{b}>0$，那么 $a<b$；若 $\dfrac{1}{a}=\dfrac{1}{b}$，那么 $a=b$；若 $\dfrac{1}{a}<\dfrac{1}{b}<0$，那么 $a>b$.

思考一： 有两个分数 $-\dfrac{222}{2\,222}$ 与 $-\dfrac{2\,222}{22\,222}$，它们的大小关系是什么？

解： 因为 $-\dfrac{2\,222}{222}=-\dfrac{1\,111}{111}=-10-\dfrac{1}{111}$，$-\dfrac{22\,222}{2\,222}=-\dfrac{11\,111}{1\,111}=-10-\dfrac{1}{1\,111}$，又 $\dfrac{1}{111}>$

$\dfrac{1}{1\,111}$，所以 $-\dfrac{1\,111}{111}<-\dfrac{11\,111}{1\,111}<0$.

所以 $-\dfrac{222}{2\,222}>-\dfrac{2\,222}{22\,222}$.

> 若 $a+c>b+c$，那么 $a>b$；若 $a+c=b+c$，那么 $a=b$；若 $a+c<b+c$，那么 $a<b$.

思考二： 两个数字 $x=\dfrac{2^{2\,020}+1}{2^{2\,021}+1}$，$y=\dfrac{2^{2\,021}+1}{2^{2\,022}+1}$，它们的大小关系是什么？

解： x 的分子与分母差值为 $2^{2\,020}-2^{2\,021}$，y 的分子与分母差值为 $2^{2\,021}-2^{2\,022}$，后者是前者的 2 倍.

因为 $x-1=\dfrac{2^{2\,020}-2^{2\,021}}{2^{2\,021}+1}=\dfrac{2^{2\,021}-2^{2\,022}}{2^{2\,022}+2}$，$y-1=\dfrac{2^{2\,021}-2^{2\,022}}{2^{2\,022}+1}$，又 $2^{2\,021}-2^{2\,022}<0$，$2^{2\,021}+2>2^{2\,021}+1$，所以 $\dfrac{1}{2^{2\,021}+2}<\dfrac{1}{2^{2\,021}+1}$，$\dfrac{2^{2\,021}-2^{2\,022}}{2^{2\,022}+2}>\dfrac{2^{2\,021}-2^{2\,022}}{2^{2\,022}+1}$.

所以 $x-1>y-1$，$x>y$.

练一练

若 $a>1$，$X=a^2+3a+5$，$Y=a^2+5a+3$，则 X，Y 的大小关系是什么？

第 10 章　三角形

章前导语

　　三角形是一种基本的几何图形. 从古埃及的金字塔到现代的建筑物, 从巨大的钢架桥到微小的分子结构, 到处都有三角形的形象, 为什么在工程建筑、机械制造中经常采用三角形的结构呢? 这与三角形的性质有关.

　　一个三角形有三个角、三条边. 三个角之间有什么关系? 三条边之间有什么关系? 在小学我们通过测量得知三角形的内角和等于 $180°$. 但测量常常有误差, 三角形有无数多个, 要说明任意一个三角形都符合这一规律, 就不能只靠测量, 而必须通过推理证明, 本章中, 我们就来证明这个结论.

　　三角形是最简单的多边形, 也是认识其他图形的基础. 学习本章后, 我们不仅可以进一步认识三角形, 而且还可以了解一些几何中研究问题的基本思路和方法.

10.1　三角形内角和定理证明

　　我们小学学过任意三角形的内角和都为 $180°$, 这叫作三角形的内角和定理, 那你知道如何证明这个定理吗? 接下来就让我们一起跟随求小实走进证明三角形内角和的奇妙世界吧.

把三个内角想办法拼在一起组成平角, 这是一个很好的证明思路.

如何证明任意三角形的内角和是180°呢?

探究一

折"三角形"

求小实和白小塔找了一个三角形纸板,把三个内角撕下来,三个角的顶点共线,发现三个角居然恰好把图 10.1.1 所示的 △ABC 的 3 个内角撕开,然后把它们的顶点 A,B,C 重合在同一点 B 处,∠A,∠C 可以拼到 ∠B 两侧,也可拼到 ∠B 的同侧,分别如图 10.1.2 和图 10.1.3 所示,但拼得的最终都是一个平角,通过折纸的实践操作发现三角形的三个内角的度数之和为 180°.

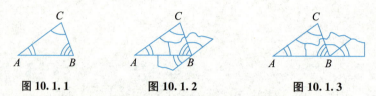

图 10.1.1   图 10.1.2   图 10.1.3

求小实:"可是这样只能证明这个三角形纸板的内角和为 180°,没有说明三角形的任意性."

白小塔:"说明任意三角形的内角和是 180°,需要严格的数学证明,让我们画个三角形一起来研究吧."

求小实:"其实可以通过平行线实现角的转换,过 △ABC 的顶点 B 作 AC 的平行线得到图 10.1.4."白小塔:"你这么一说,我也立刻有思路了,可以根据图 10.1.3,将 AB 延长,过 △ABC 的顶点 B 作 AC 的平行线得到图 10.1.5."

求小实:"我还有别的思路,根据图 10.1.3,△ABC 的三个内角放在它所在平面的任意一点处,拼成一个新角,这个新角的两边在一条直线上,启示我们,可以在 △ABC 所在平面内任意一点分别作三角形三边的平行线,得到图 10.1.6."

白小塔:"所以我们发现可以通过作平行线,将三角形的三个内角平移到它所在平面内的同一个点处,从而得到平角."

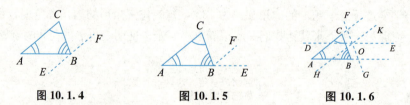

图 10.1.4   图 10.1.5   图 10.1.6

那接下来我们一起根据图片来书写几何证明吧.

证法 1:如图 10.1.4,过点 B 作 AC 的平行线 EF. 由平行线的性质,得到 ∠CBF=∠C,∠ABE=∠A. 因为 ∠CBF+∠ABC+∠ABE=∠EBF=180°,所以 ∠A+∠ABC+∠C=180°.

证法 2:如图 10.1.5,延长 AB 至点 E,过点 B 作 BF 平行于 AC. 由平行线的性质,得到 ∠CBF=∠C,∠FBE=∠A. 因为 ∠ABC+∠CBF+∠FBE=∠ABE=180°,所以 ∠A+∠ABC+∠C=180°.

证法 3：如图 10.1.6，过△ABC 外任意一点 O，分别作三边的平行线 DE，FG，HK. 由平行线的性质，得到 $\angle A = \angle KOE$，$\angle B = \angle FOD$，$\angle C = \angle FOK$. 由 $\angle FOD +\angle FOK + \angle KOE = \angle DOE = 180°$，所以 $\angle A + \angle B + \angle C = 180°$.

探究二

折"长方形"

求小实："我今天来考考你，将一个长方形纸片对折两次，并且在上面画一个不等边三角形，剪下来得到四张形状、大小相同的三角形纸片，如图 10.1.7 所示. 你现在尝试一下，把它拼成一个大的三角形."

图 10.1.7

白小塔："这还不简单，你等我立马给你拼出来."

求小实："想不到你动手操作能力这么强，我就是想告诉你用这样的方法也可以证明三角形的内角和为 $180°$."

白小塔："我也发现了，每个平角都是由三角形的三个内角构成，所以三个角之和就是 $180°$. 那你会书写这种方法的几何证明过程吗？"

求小实："刚才我们就是通过作平行线实现了角度的转换，那我现在也可以过△ABC 三边上任意一点作另外两边的平行线，将三角形的三个内角同时移到三角形的边上某一点处构成平角，如图 10.1.8 所示."

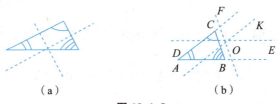

（a）　　　　　　　　（b）

图 10.1.8

思考： 你能根据求小实的思路写出三角形内角和的证明过程吗？

探究三

旋转"角"

白小塔："我又有一个新思路，如图 10.1.9 所示，△ABC 的边 AC 所在的直线绕点 A 按逆时针方向旋转的过程中，直线 AC 与边 BC 的延长线分别交于点 C_1，C_2，C_3…"

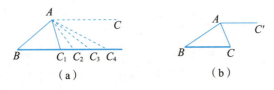

（a）　　　　　　　　（b）

图 10.1.9

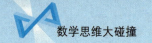
请你根据白小塔提供的思路回答以下问题:

（1）如图 10.1.9（a）所示，在上述过程中，△ABC 哪些角的大小发生了变化？

度量 ∠BAC 与 ∠ACB，∠BAC₁ 与 ∠AC₁B，∠BAC₂ 与 ∠AC₂B，∠BAC₃ 与 ∠AC₃B，并求它们的和，你发现了什么？

（2）如图 10.1.9（b）所示，当直线 AC 绕点 A 旋转到 AC′，使 AC′ // BC 时，度量 ∠BAC′ 的度数，你发现了什么？

求小实："我懂你的意思啦，这个思路是来自我们之前学过的平行线的性质，因为两直线平行，同旁内角互补，即和为 180°，当 AC′ // BC 时，∠B + ∠BAC′ = 180°. 在 △ABC 中，如果 ∠BAC + ∠ACB = ∠BAC′，则 ∠B + ∠BAC + ∠ACB = 180°，通过旋转变换，我们直观猜想到任意三角形的内角和都等于 180°."

思考：你能根据白小塔的思路写出三角形内角和的证明过程吗？

> 结论：任意三角形的内角和是180°.

白小塔："今天我们学会了用多种方法证明三角形的内角和定理，有拼图、旋转. 我发现，数学真的是动手操作出奇迹呢."

求小实："是啊，而且我们俩的思维碰撞给了我很多的收获."

1. 如图 1，在 △ABC 中，∠A = 60°，∠B = 40°，则 ∠C 等于（　　）.

A. 100°　　　　　　　　B. 80°

C. 60°　　　　　　　　D. 40°

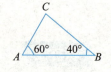

图 1

2. 如图 2，在 △ABC 中，点 D 在 AB 上，点 E 在 AC 上，DE // BC. 若 ∠A = 62°，∠AED = 54°，则 ∠B 的度数为（　　）.

A. 54°　　　　　　　　B. 62°

C. 64°　　　　　　　　D. 74°

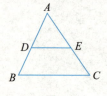

图 2

3. 如图 3，在 △ABC 中，∠B ＝ 67°，∠C ＝ 33°，AD 是 △ABC 的角平分线，则 ∠CAD 的度数为 （　　）.

A. 40° B. 45°
C. 50° D. 55°

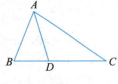

图 3

4. 如图 4，直线 l_1∥l_2，直线 l_3 与 l_1，l_2 分别交于点 A，C，BC⊥l_3 交 l_1 于点 B. 若 ∠1 ＝ 70°，则 ∠2 的度数为 （　　）.

A. 10° B. 20°
C. 30° D. 40°

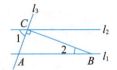

图 4

5. 一副三角尺如图 5 所示摆放（直角顶点重合），边 AB 与 CE 交于点 F，DE∥BC，则 ∠BFC 等于 （　　）.

A. 105° B. 100°
C. 75° D. 60°

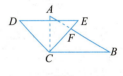

图 5

6. 在 △ABC 中，若一个内角等于另外两个内角的差，则 （　　）.
A. 必有一个内角等于 30°
B. 必有一个内角等于 45°
C. 必有一个内角等于 60°
D. 必有一个内角等于 90°

7. 如图 6，∠1＋∠2＋∠3＋∠4＝_____°.

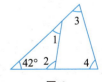

图 6

10.2　平面镶嵌

　　求小实和白小塔在校园里看到了许多美丽的瓷砖，发现这些瓷砖都是用我们学过的简单几何图形拼接而成的，这在数学之中叫作平面镶嵌.

　　生活中处处有数学，有数学的地方处处充满美. 接下来请你跟随求小实的脚步一起欣赏数学中的镶嵌美，探究正多边形的平面镶嵌问题吧！

> **链接教材**
> 八年级上册第十一章的"数学活动"中，讲到了平面镶嵌问题，指的是用一些不重叠摆放的多边形把平面的一部分完全覆盖，生活中最常见的就是用地砖铺地板或用瓷砖贴墙.

探究一

　　单个正多边形的平面镶嵌

　　对于正三角形、正方形、正五边形、正六边形……这些正多边形，只用其中一种（大小相同，数量若干），是否能进行平面镶嵌？

　　复习：正多边形的每个内角度数为：

$$\frac{(n-2)\times 180^\circ}{n}$$

　　针对这个问题，求小实立即提出，因为我们只用了单一的正多边形，所以我们就可以假设在某顶点处可拼接的正多边形有 m 个，则须满足下式：

$$m \times \frac{(n-2)\times 180^\circ}{n} = 360^\circ$$

　　白小塔看了以后也是恍然大悟，接下来只需要解出上述方程的所有正整数解（$n \geqslant 3$）即可，若无正整数解，则说明只用该正多边形无法进行平面镶嵌.

　　你听懂了吗？快去尝试算一算吧！

> 在解决镶嵌问题时，最重要的是要看所用的多边形在拼接顶点位置时是否有遗漏的部分，也就是说共顶点的各个角的度数之和必须为 360°.

> **结论：**
> 　　每个顶点取 6 个三角形时，可以用来镶嵌；
> 　　每个顶点处取 4 个四边形时，可以用来镶嵌；
> 　　每个顶点处取 3 个六边形时，可以用来镶嵌，即只有正三角形、正方形和正六边形可以平面镶嵌.

探究二

　　两种正多边形的平面组合镶嵌

　　对于两种多边形的组合镶嵌问题，我们又该如何去完成呢？一起看看求小实给出的方案吧.

　　对于用两种正多边形进行组合镶嵌，则同样需要在某个顶点处两种正多边形的角度之和为 360 度，设有 x 个正 n 边形，y 个正 m 边形，则有下列式子成立：

$$x \times \frac{(n-2) \times 180^\circ}{n} + y \times \frac{(m-2) \times 180^\circ}{m} = 360^\circ$$

可以发现，有以下五种方案：

每个顶点处需要 1 个 3 边形，2 个 12 边形.

每个顶点处需要 1 个 4 边形，2 个 8 边形.

每个顶点处需要 1 个 6 边形，4 个 3 边形.

每个顶点处需要 1 个 10 边形，2 个 5 边形.

每个顶点处需要 2 个 4 边形，3 个 3 边形.

结论：

两种正多边形在平面中的镶嵌方案：

第 1 种方案，正 3 边形和正 12 边形；

第 2 种方案，正 4 边形和正 8 边形；

第 3 种方案，正 3 边形和正 6 边形；

第 4 种方案，正 5 边形和正 10 边形；

第 5 种方案，正 3 边形和正 4 边形.

探究三

任意三角形和任意四边形的平面镶嵌问题

上面讨论了正多形的平面镶嵌，接下来和求小实一起看一下任意三角形和任意四边形（依然是大小相同，数量若干）是否可以进行平面镶嵌. 图 10.2.1 分别给出了任意三角形和任意四边形的平面镶嵌图案.

（a）任意三角形的平面镶嵌

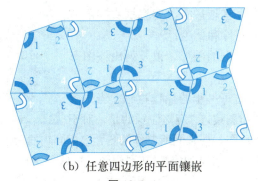

（b）任意四边形的平面镶嵌

图 10.2.1

本节我们主要认识了正多边形的镶嵌问题以及不规则三角形和四边形的平面镶嵌, 你还记得平面镶嵌必须要满足什么条件吗?

在日常生活中, 同学们可以看到各种不规则图形的镶嵌平面, 要多加留意.

1. 正三角形的每个内角都等于_____, 因此用_____个正三角形可以镶嵌成一个平面图案.

2. 正六边形的每个内角都等于_____, 因此用_____个正六边形可以镶嵌成一个平面图案.

3. 请欣赏如图 1 所示的图案, 并观察每一种图案是由哪几种正多边形拼铺而成的.

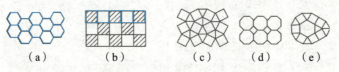

| (a) | (b) | (c) | (d) | (e) |

图 1

(1) 图 1 (a) 是由_____铺成的;

(2) 图 1 (b) 是由_____铺成的;

(3) 图 1 (c) 是由_____铺成的;

(4) 图 1 (d) 是由_____铺成的;

(5) 图 1 (e) 是由_____铺成的.

10.3　尺规作图

初等几何中, 我们需要预先给出一些条件要求作出具备这些条件的图形, 这便是作图题. 按照一定方法作出所求图形的过程, 叫作解作图题. 作图的方法, 是和作图的工具有关的. 古希腊以来, 平面几何中的作图习惯上限用直尺和圆规两种, 其中, 直尺假定直而且长, 但上面无任何刻度, 圆规则假定其两腿足够长并能开闭自如.

接下来介绍尺规作图的基本步骤.

①当发现作图是文字语言叙述时, 要根据文字语言用数学语言写出题目中的条件和结论;

②根据题目画出要求作出的图形, 以及列出该图形应满足的条件;

③根据作图的过程写出每一步的操作过程, 当不要求写作法时, 一般需保留作图痕迹. 应该注意的是, 对于较复杂的作图, 可先画出草图, 使它同所要作的图大致相同, 然后借助草图寻找作法.

最基本、最常用的尺规作图, 通常称基本作图, 一些复杂的尺规作图都是由基本作图组成的.

> 尺规作图是指用没有刻度的直尺和圆规作图。尺规作图是起源于古希腊的数学课题。只使用圆规和直尺, 并且只准许使用有限次, 来解决不同的平面几何作图题.

有六种基本作图：

（1）作一条线段等于已知线段；

（2）作已知线段的中点；

（3）作已知角的角平分线；

（4）作一个角等于已知角；

（5）经过直线上一点作已知直线的垂线；

（6）经过直线外一点作已知直线的垂线.

接下来逐一展示这六种基本作图的步骤.

探究一

作一条线段等于已知线段

已知：如图 10.3.1，线段 a.

求作：线段 AB，使 $AB=a$.

作法：

（1）作射线 AP；

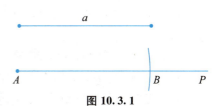

（2）利用圆规在射线 AP 上截取 $AB=a$. 则线段
AB 就是所求作的图形.

图 10.3.1

探究二

作已知线段的中点

已知：如图 10.3.2，线段 MN.

求作：点 O，使 $MO=NO$（即 O 是 MN 的中点）.

作法：

（1）分别以 M，N 为圆心，大于线段 MN 一半的长度
为半径画弧，两弧相交于 P，Q；

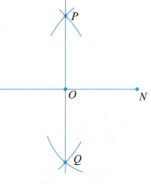

（2）连接 PQ 交 MN 于 O. 则点 O 就是所求作的 MN
的中点.

同学们，你知道这样作图的原理是什么吗？

图 10.3.2

探究三

作已知角的角平分线

已知：如图 10.3.3，已知 $\angle AOB$.

求作：射线 OP，使 $\angle AOP=\angle BOP$（即 OP 平分
$\angle AOB$）.

作法：

（1）以 O 为圆心，任意长度为半径画弧，分别交 OA，

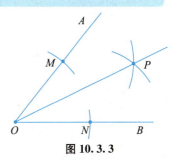

图 10.3.3

OB 于 M，N；

（2）分别以 M，N 为圆心，大于线段 MN 一半的长度为半径画弧，两弧交 $\angle AOB$ 内于 P；

（3）作射线 OP，则射线 OP 就是 $\angle AOB$ 的角平分线.

探究四

作一个角等于已知角

已知：如图 10.3.4，已知 $\angle AOB$.

求作：$\angle A'O'B'$，使 $A'O'B' = \angle AOB$.

作法：如图 10.3.5 所示.

（1）作射线 $O'A'$；

（2）以 O 为圆心，任意长度为半径画弧，交 OA 于 M，交 OB 于 N；

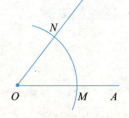

图 10.3.4

（3）以 O' 为圆心，以 OM 的长为半径画弧，交 $O'A'$ 于 M'；

（4）以 M' 为圆心，以 MN 的长为半径画弧，交前弧于 N'；

（5）连接 $O'N'$ 并延长到 B'，则 $\angle A'O'B'$ 就是所求作的角.

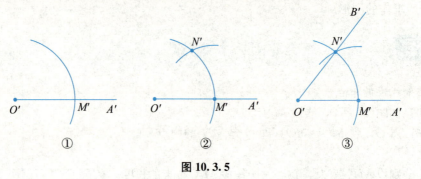

图 10.3.5

探究五

经过直线上一点作已知直线的垂线

已知：如图 10.3.6，P 是直线 AB 上一点.

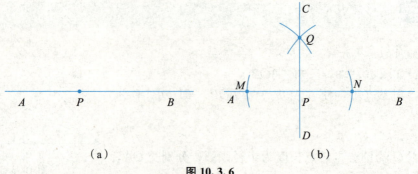

（a）　　　　　　　（b）

图 10.3.6

求作：直线 CD，CD 经过点 P，且 $CD \perp AB$.

作法：

（1）以 P 为圆心，任意长为半径画弧，交 AB 于 M，N；

（2）分别以 M，N 为圆心，大于线段 MN 一半的长度为半径画弧，两弧交于点 Q；

（3）过 D，Q 作直线 CD，则直线 CD 是求作的直线.

探究六

经过直线外一点作已知直线的垂线

已知：如图 10.3.7，直线 AB 及直线外一点 P.

求作：直线 CD，使 CD 经过点 P，且 $CD \perp AB$.

作法：

（1）以 P 为圆心，任意长为半径画弧，交 AB 于 M，N；

（2）分别以 M，N 圆心，大于线段 MN 一半的长度为半径画弧，两弧交于点 Q；

（3）过 P，Q 作直线 CD，则直线 CD 就是所求作的直线.

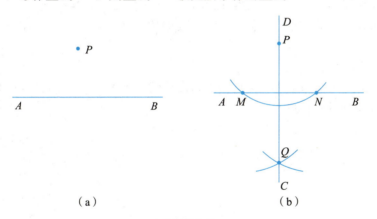

（a） （b）

图 10.3.7

思考：同学们，以上基本作图的原理是什么？和同桌一起讨论一下.

利用基本作图的方法如何根据已知条件作三角形呢？接下来我们一起来探索.

1. 如果已知三角形三边作三角形，已知：如图 10.3.8，线段 a，b，c.

求作：$\triangle ABC$，使 $AB = c$，$AC = b$，$BC = a$.

作法：

（1）作线段 $AB = c$；

（2）以 A 为圆心，以 b 为半径作弧；以 B 为圆心，以 a 为半径作弧与前弧相交于 C；

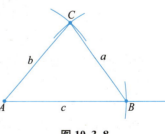

图 10.3.8

（3）连接 AC，BC，则 $\triangle ABC$ 就是所求作的三角形.

2. 如果已知两边及夹角作三角形.

已知：如图 10.3.9，线段 m，n，$\angle \alpha$.

求作：$\triangle ABC$，使 $\angle A = \angle \alpha$，$AB = m$，$AC = n$.

作法：

（1）作∠A＝∠α；

（2）在 AB 上截取 AB＝m，在 AC 上截取 AC＝n；

（3）连接 BC，则△ABC 就是所求作的三角形.

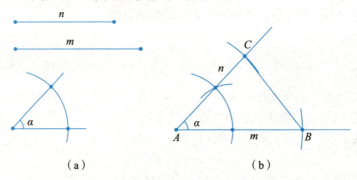

（a）　　　　　　　　（b）

图 10.3.9

3. 如果已知两角及夹边作三角形.

已知：如图 10.3.10，∠α，∠β，线段 m.

求作：△ABC，使∠A＝∠α，∠B＝∠β，AB＝m.

作法：

（1）作线段 AB＝m；

（2）在 AB 的同旁作∠A＝∠α，作∠B＝∠β，∠A 与∠B 的另一边相交于 C，则△ABC 就是所求作的三角形.

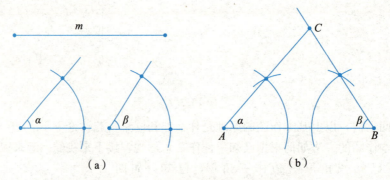

（a）　　　　　　　　（b）

图 10.3.10

同学们学会了吗？接下来我们用尺规作图完成挑战.

尺规作图闯关训练

典型题 1：难度★

如图 10.3.11，已知∠AOB 和点 C，D. 求作一点 M，使点 M 到∠AOB 两边的距离相等，且与 C，D 组成以 CD 为底边的等腰三角形.

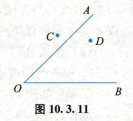

图 10.3.11

【答案解析】因为到一个角两边距离相等的点在这个角的平分线上；而根据题意，点 M 应满足条件 $MC = MD$，所以点 M 又在连接 CD 所得线段的垂直平分线上.

（1）作 $\angle AOB$ 的平分线 OG；

（2）连接 CD，作 CD 的垂直平分线，交 OG 于点 M，如图 10.3.12 所示，M 就是所要求作的点.

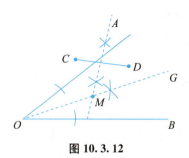

图 10.3.12

典型题 2：难度 ★★

如图 10.3.13，A，B，C 三个城市准备共建一个飞机场，希望机场到 B，C 两市的距离相等，到较大城市 A 的距离最近，试确定飞机场的位置.

图 10.3.13

【答案解析】机场到 B，C 两市的距离相等，则应在线段 BC 的垂直平分线上；而这条垂直平分线上的点到点 A 的最短距离是点 A 到这条直线的垂线段的长.

（1）连接 BC，作线段 BC 的垂直平分线 l；

（2）过点 A 作直线 l 的垂线，垂足 P，如图 10.3.14 所示，点 P 就是飞机场的位置.

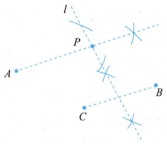

图 10.3.14

典型题 3：难度 ★★

如图 10.3.15，已知线段 a，$\angle \alpha$，求作 $\triangle ABC$，使 $\angle C = 90°$，$\angle A = \angle \alpha$，$AB = a$.

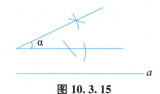

图 10.3.15

【答案解析】

(1) 作∠DAE＝∠α；

(2) 在 AD 上截取 AB＝a；

(3) 过点 B 作 BC⊥AE 于 C，如图 10.3.16 所示，△ABC 即所求作的三角形.

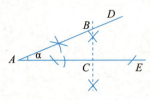

图 10.3.16

典型题 4：难度★★★

已知等腰三角形的底角∠α，以及底边上的中线 m，如图 10.3.17，求作这个等腰三角形.

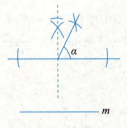

图 10.3.17

【答案解析】

(1) 作∠EDF＝90°，在 DE 上截取 DA＝m；

(2) 以 AD 为一边，作∠DAB＝90°－∠α，另一边交 DF 于点 B；

(3) 在 BD 延长线上截取 DC＝BD，连接 AC，如图 10.3.18 所示，△ABC 就是所求作的三角形.

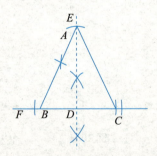

图 10.3.18

典型题 5：难度★★★

如图 10.3.19，已知线段 a，b，m，要求作出△ABC，使 AB＝a，BC＝b，BC 边上的中线 AD＝m.

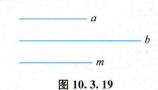

图 10.3.19

【答案解析】 根据题意，△ABD 的三边已知，可以先确定这一三角形的三个顶点，进而作出所要求作的三角形.

(1) 作 $BC=b$，取 BC 的中点 D；

(2) 以点 B 为圆心，a 为半径作弧，以 D 为圆心，m 为半径作弧，两弧相交于点 A；

(3) 连接 AB，AC，如图 10.3.20 所示，即得到所求作的△ABC.

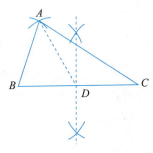

图 10.3.20

现在你对尺规作图了解了吗？快去动手试一试吧！

如图，107 国道 OA 和 320 国道 OB 在某市交于点 O，在∠AOB 的内部有工厂 C 和 D，现要修建一个货站 P，使货站到 107 国道和 320 国道距离相等，且 $PC=PD$，请用尺规作图在∠AOB 的内部画出货站 P 的位置. (不写画法，保留画图痕迹，写出结论)

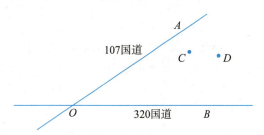

第 11 章　全等三角形

章前导语

　　同学们，欢迎大家来到全等三角形的世界，上一章我们认识了三角形的重要组成部分——边和角，知道了它们之间的内在规律，那么，这一章我们将继续跟随求小实从整体来认识三角形：什么是全等呢？和相等有什么区别？全等三角形有什么性质？两个三角形之间如何才能全等？

　　在生活中有很多全等图形的案例，而在几何中两个图形的全等能为我们在研究各几何元素时提供一条捷径. 反之，各几何元素之间满足什么样的条件时，两个三角形全等？在寻找两个三角形全等的判定方法时，我们还将重温尺规作图，这将教会我们从绘画的角度来学习几何. 看似简单的角平分线定理中，隐藏着哪些重要的结论？学会了判定全等三角形，我们还将学习在网格中寻找全等三角形，并尝试截长补短的辅助线做法. 快来一起感受全等世界中的精彩吧.

11.1　寻找全等三角形的模型

　　最近在学习的全等三角形可把求小实同学难坏了，各种复杂的图形看得头晕眼花，怎么才能快速准确地找到两个全等的三角形呢？求小实于是向白小塔请教："这两天的作业，你是怎么快速找到两个全等的三角形的？"白小塔说："你想想两个全等三角形会组合出哪些图形？"求小实仔细体会这句话的意思.

　　回家后求小实剪下了任意两个全等的三角形（见图 11.1.1），开始按照白小塔的提示进行组合实验.

图 11.1.1

探究一

全等三角形的模型

他将两个三角形一边落在同一条直线上，得到了下面三个模型（见图11.1.2）：

图 11. 1. 2

这三个模型的特征是有一组边共边或部分重合，称为平移模型.

接着他又将两个三角形对称着摆放，得到了以下模型（见图11.1.3）：

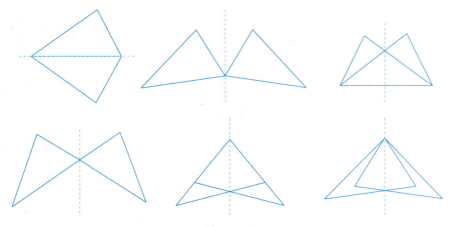

图 11. 1. 3

这六个模型的特征是沿某一直线折叠后，直线两旁的部分能够完全重合，重合的顶点就是全等三角形中的对应顶点，称为对称模型.

然后他又将两个三角形中的一个旋转，得到了以下模型（见图11.1.4）：

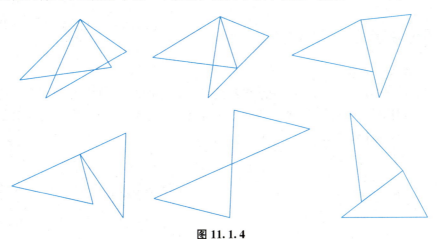

图 11. 1. 4

这六个模型的特征是沿某一点旋转以后，两个三角形能够完全重合，重合的顶点就是全等三角形中的对应顶点，称为旋转模型.

如果将上面的模型加以组合.

平移＋对称模型（见图 11.1.5）：

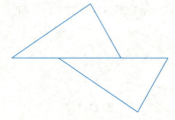

图 11.1.5

平移＋旋转模型（见图 11.1.6）：

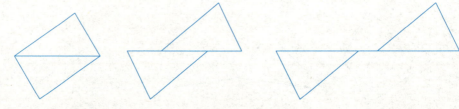

图 11.1.6

旋转＋对称模型（见图 11.1.7）：

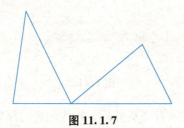

图 11.1.7

思考： 在这些模型中你能找到哪些相等的角？

探究二

全等的特殊三角形

得到了这么多模型后，求小实突然想到我们还学过很多特殊的三角形，要是特殊的直角三角形会是什么不一样的结果呢？于是他又剪出两个全等的直角三角形开始拼起来，如图 11.1.8 所示. 请你也动手试一试.

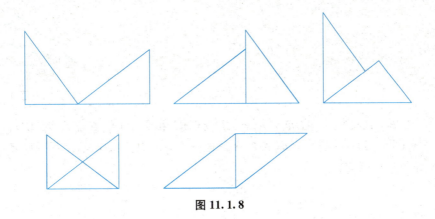

图 11.1.8

再特殊一点，等腰三角形呢（见图 11.1.9）？你能得到什么结论？

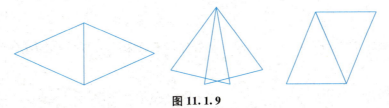

图 11.1.9

等腰直角三角形或是等边三角形呢（见图 11.1.10）？还是和之前一样吗？

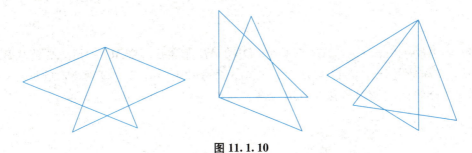

图 11.1.10

在拼图的过程中求小实发现很多图形就是练习中常见的全等三角形，他也终于明白与其去题中费力地找全等三角形，不如先把全等三角形可能出现的组合模型全部记下来，这样才能以不变应万变.

1. 如图 1，△ABC 与△ADE 顶点 A 重合，点 D，E 分别在边 BC，AC 上，且 AB＝AC，AD＝DE，∠B＝∠ADE＝40°，则∠EDC 的度数为（　　　）.

A. 20°　　　　　　　B. 30°
C. 40°　　　　　　　D. 50°

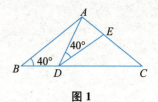

图 1

2. 如图 2，已知 $\angle BAC = \angle ABD = 90°$，$AD$ 和 BC 相交于 O. 在①$AC = BD$；②$BC = AD$；③$\angle C = \angle D$；④$OA = OB$ 条件中任选一个，可使 $\triangle ABC \cong \triangle BAD$. 可选的条件个数为（　　）.

A. 1　　　　　　　B. 2
C. 3　　　　　　　D. 4

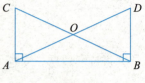

图 2

3. 如图 3，$AC = DC$，$BC = EC$，添加一个条件，不能保证 $\triangle ABC \cong \triangle DEC$ 的是（　　）.

A. $AB = DE$　　　　　　　B. $\angle ACB = \angle DCE$
C. $\angle ACD = \angle BCE$　　　　D. $\angle B = \angle E$

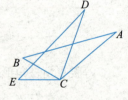

图 3

4. 如图 4，$AB = 12$m，$CA \perp AB$ 于点 A，$DB \perp AB$ 于点 B，且 $AC = 4$m，点 P 从 B 向 A 运动，每分钟走 1m，点 Q 从 B 向 D 运动，每分钟走 2m，P、Q 两点同时出发，运动（　　）分钟后，$\triangle CAP$ 与 $\triangle PQB$ 全等.

A. 2　　　　　　　B. 3
C. 4　　　　　　　D. 8

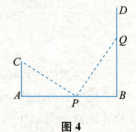

图 4

5. 如图 5，在 $\triangle ABC$ 与 $\triangle AEF$ 中，$AB = AE$，$BC = EF$，$\angle ABC = \angle AEF$，$\angle EAB = 40°$，AB 交 EF 于点 D，连接 EB. 下列结论：①$\angle FAC = 40°$；②$AF = AC$；③$\angle EFB = 40°$；④$AD = AC$，正确的个数为（　　）.

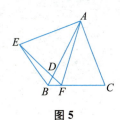

A. 1 个   B. 2 个

C. 3 个   D. 4 个

图 5

6. 如图 6，AD 是 $\triangle ABC$ 的中线，E，F 分别是 AD 和 AD 延长线上的点，且 $DE = DF$，连接 BF，CE. 下列说法：

①$\triangle ABD$ 和 $\triangle ACD$ 面积相等；②$\angle BAD = \angle CAD$；③$\triangle BDF \cong \triangle CDE$；④$BF /\!/ CE$；⑤$CE = AE$.

其中正确的有（   ）.

A. 1 个   B. 2 个

C. 3 个   D. 4 个

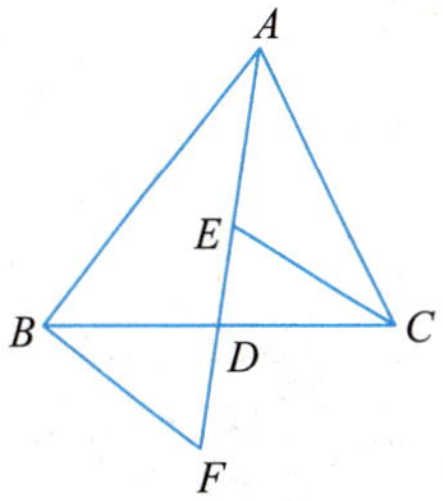

图 6

7. 在平面直角坐标系中，已知 A (0, 0)，B (3, 0)，C (1, 2)，若 $\triangle BAD \cong \triangle ABC$，则点 D 的坐标为_____.

8. 在平面直角坐标系中有两点 A (4, 0)，B (0, 2). 如果点 C 在 x 轴上方，由点 B，O，C 组成的三角形与 $\triangle AOB$ 全等时，此时点 C 的坐标为_____.

9. 如图 7，小张同学拿着老师的等腰直角三角尺，摆放在两摞长方体教具之间，$\angle ACB = 90°$，$AC = BC$，若每个长方体教具高度均为 6cm，则两摞长方体教具之间的距离 DE 的长为_____cm.

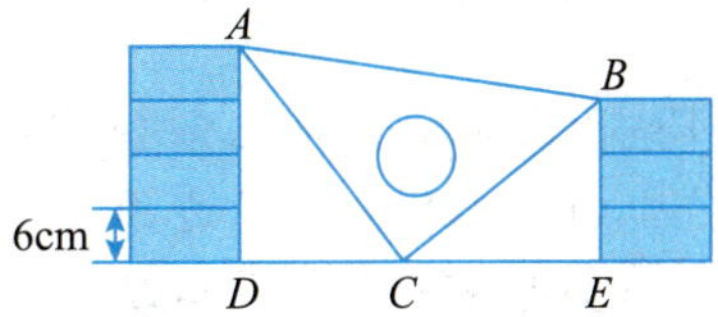

图 7

10. 如图 8，$\triangle ABC$ 中，$AB = AC$，$\angle BAC = 45°$，$AD \perp BC$，$CE \perp AB$.

证明：(1) $\triangle AEF \cong \triangle CEB$；

(2) $AF = 2CD$.

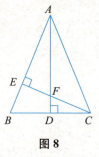

图 8

11. 如图 9，△ABC 和△CDE 都是等边三角形，且 B，C，D 三点共线，连接 AD，BE 相交于点 P，求证：BE=AD.

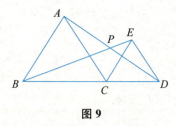

图 9

12. 在△ABC 中，AB=BC.

(1) 如图 10 所示，直线 NM 过点 B，AM⊥MN 于点 M，CN⊥MN 于点 N，且 ∠ABC=90°. 求证：MN=AM+CN.

(2) 如图 11 所示，直线 MN 过点 B，AM 交 MN 于点 M，CN 交 MN 于点 N，且 ∠AMB=∠ABC=∠BNC，则 MN=AM+CN 是否成立？请说明理由.

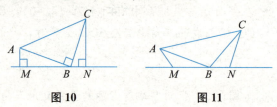

图 10   图 11

13. 如图 12，已知△ABC 中，AB=AC=9cm，BC=6cm，点 D 为 AB 的中点.

(1) 如果点 P 在边 BC 上以 1.5cm/s 的速度由点 B 向点 C 运动，同时，点 Q 在边 CA 上由点 C 向点 A 运动.

①若点 Q 的运动速度与点 P 的运动速度相等，经过 1 秒后，△BPD 与△CQP 是否全等，请说明理由；

②若点 Q 的运动速度与点 P 的运动速度不相等，经过 t 秒后，△BPD 与△CQP 全等，求此时点 Q 的运动速度与运动时间 t.

(2) 若点 Q 以②中的运动速度从点 C 出发，点 P 以原来的运动速度从点 B 同时出发，都逆时针沿△ABC 三边运动，则经过_____秒后，点 P 与点 Q 第一次在△ABC 的_____边上相遇？（在横线上直接写出答案，不必书写解题过程）

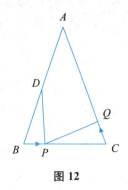

图 12

11.2　角平分线

学习完"角平分线"一节内容，求小实做练习时遇到了这样一道选择题.

有下列四种说法：①角的内部任意一点到角的两边的距离相等；②到角的两边距离相等的点在这个角的平分线上；③角的平分线上任意一点到角的两边的距离相等；④在△ABC 中的∠BAC 的平分线上任意一点到三角形三边的距离相等，其中正确的有（　　）个.

A. 1　　　　　　　　B. 2　　　　　　　　C. 3　　　　　　　　D. 4

求小实觉得应该有两个说法是对的，但灰灰觉得应该只有一个说法是对的.

求小实拿着题目去问白小塔，他俩到底谁对呢？白小塔看了看题，让求小实回忆角平分线的性质和判定.

> 角平分线的性质：角的平分线上的点到角的两边的距离相等.
>
> 角平分线的判定：角的内部到角的两边距离相等的点在角的平分线上.

"现在知道怎么选择了吗？"白小塔微微一笑，求小实说："①是假命题，②是假命题，③是真命题，④是假命题，所以选 A，记住定理就可以解决问题了."

"那来看看这道题."白小塔说着就找出一道练习题来考求小实.

"在图 11.2.1 中，如果 AD 平分∠BAC，那么通过角平分线的性质可以得到 DE＝DF，还是 AE＝AF？"

"当然是 DE＝DF 啦，要得到 AE＝AF 是需要当 AD 平分∠EDF 时才能得到."求小实自信满满地答道.

"不错，那么还是这个题，我们加上一些条件，看看你还能不能答对."白小塔在这个图形的基础上加上了几个条件.

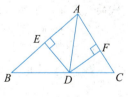

图 11.2.1

探究一

如图 11.2.2 所示，在△ABC 中，AB＝8，BC＝9，AC＝6，AD 平分∠BAC，DE⊥AB，DF⊥AC，则 $S_{\triangle ABD} : S_{\triangle ACD} =$（　　）.

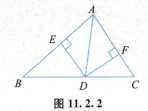

A. 4 : 3   B. 9 : 8
C. 9 : 6   D. 3 : 2

图 11.2.2

求小实思考了一会儿，写下了这样的解答过程：

解：∵ AD 是角平分线，$DE \perp AB$，$DF \perp AC$，

∴ $DE = DF$，

∵ $AB = 8$，$BC = 9$，$AC = 6$，

∴ $S_{\triangle ABD} : S_{\triangle ACD} = \frac{1}{2}AB \cdot DE : \frac{1}{2}AC \cdot DF = AB : AC = 8 : 6 = 4 : 3$.

故选 A.

角平分线分出的两个三角形面积之比就是原三角形两条边 AB 与 AC 之比.

厉害嘛！咱们再来一题试试.

探究二

如图 11.2.3 所示，在 $\triangle ABC$ 中，$\angle BAC = 48°$，点 I 是 $\angle ABC$，$\angle ACB$ 的平分线的交点. 点 D 是 $\angle ABC$、$\angle ACB$ 的两条外角平分线的交点，点 E 是内角 $\angle ABC$，外角 $\angle ACG$ 的平分线的交点，则下列结论不正确的是（   ）.

A. $\angle BDC + \angle BIC = 180°$ B. $\angle ICE = 85°$
C. $\angle E = 24°$ D. $\angle DBE = 90°$

图 11.2.3

【**分析**】这里有三个重要的结论：

$$\angle BIC = 90° + \frac{1}{2}\angle BAC$$

$$\angle BDC = 90° - \frac{1}{2}\angle BAC$$

$$\angle E = \frac{1}{2}\angle BAC$$

你知道这三个结论是怎么得到的吗？请试着证明一下.

A 选项利用结论 $\angle BIC = 90° + \frac{1}{2}\angle BAC$，$\angle BDC = 90° -$

$\dfrac{1}{2}\angle BAC$ 可知 $\angle BDC+\angle BIC=180°$；

C 选项也可以直接利用结论 $\angle E=\dfrac{1}{2}\angle BAC=24°$；

B 选项，$\because$ CI 平分 $\angle ACB$，CE 平分 $\angle ACG$，

$\therefore$ $\angle ACI=\dfrac{1}{2}\angle ACB$，$\angle ACE=\dfrac{1}{2}\angle ACG$，

$\therefore$ $\angle ACI+\angle ACE=\dfrac{1}{2}\angle ACB+\dfrac{1}{2}\angle ACG=\dfrac{1}{2}(\angle ACB+\angle ACG)=90°$，

即 $\angle ICE=90°$，同理可得 D 选项中 $\angle DBE=90°$，

故 B 选项不正确，符合题意，选 B.

1. 如图 1，Rt$\triangle ACB$ 中，$\angle C=90°$，AD 平分 $\angle BAC$，交 BC 于点 D，$AB=10$，$S_{\triangle ABD}=15$，则 CD 的长为（　　）.

A. 2　　　　　　　　　　B. 3
C. 4　　　　　　　　　　D. 5

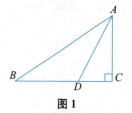

图 1

2. 如图 2，已知在 $\triangle ABC$ 中，CD 是 AB 边上的高线，BE 平分 $\angle ABC$，交 CD 于点 E，$BC=10$，$DE=4$，则 $\triangle BCE$ 的面积等于（　　）.

A. 16　　　　　　　　　　B. 20
C. 28　　　　　　　　　　D. 40

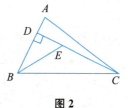

图 2

3. 如图 3，AD 是 $\triangle ABC$ 的角平分线，$DE\perp AB$ 于点 E，$S_{\triangle ABC}=9$，$DE=2$，$AB=5$，则 AC 的长是（　　）.

A. 2　　　　　　　　　　B. 3
C. 4　　　　　　　　　　D. 5

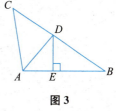

图 3

4. 如图 4，$\triangle ABC$ 中，AD 是角平分线，BE 是 $\triangle ABD$ 中边 AD 的中线，若 $\triangle ABC$ 的面积是 24，$AB=10$，$AC=6$，则 $\triangle ABE$ 的面积是（　　）.

A. 15　　　　　　　　B. 12

C. 7. 5　　　　　　　D. 6

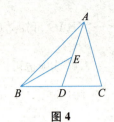

图 4

5. 如图 5，Rt△ACB 中，∠C＝90°，BG 平分∠ABC，交 AC 于点 G，若 CG＝1，P 为 AB 上一动点，则 GP 的最小值为（　　）.

A. 1　　　　　　　　B. $\dfrac{1}{2}$

C. 2　　　　　　　　D. 无法确定

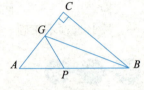

图 5

6. 如图 6，点 E 是 BC 的中点，AB⊥BC，DC⊥BC，AE 平分∠BAD，下列结论：①∠AED＝90°；②∠ADE＝∠CDE；③DE＝BE；④AD＝AB＋CD，其中成立的是（　　）.

A. ①②④　　　　　　B. ①②③

C. ②③④　　　　　　D. ①③

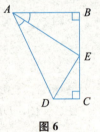

图 6

7. 如图 7，△ABC 中，∠ABC，∠EAC 的角平分线 BP，AP 交于点 P，延长 BA，BC，PM⊥BE，PN⊥BF，则下列结论中正确的个数为（　　）.

①CP 平分∠ACF；　　　②∠ABC＋2∠APC＝180°；

③∠ACB＝2∠APB；　　④$S_{\triangle PAC}=S_{\triangle MAP}+S_{\triangle NCP}$.

A. 1 个　　　　　　　B. 2 个

C. 3 个　　　　　　　D. 4 个

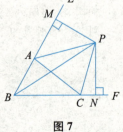

图 7

8. 如图 8，在△ABC（AB＞AC）中，AB＝nAC，AD，AE 分别为△ABC 的角平分线、中线，若 DE＝$\dfrac{2}{7}$BC，则 n＝（　　）.

A. $\dfrac{11}{3}$ 　　　　B. 4

C. $\dfrac{16}{5}$ 　　　　D. $\dfrac{7}{2}$

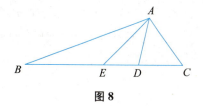

图 8

9. 如图 9，$\angle B = \angle C = 90°$，$M$ 是 BC 上一点，且 DM 平分 $\angle ADC$，AM 平分 $\angle DAB$，求证：$AD = CD + AB$.

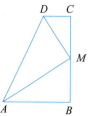

图 9

10. 如图 10，$\triangle ABC$ 中，AD 平分 $\angle BAC$，$DG \perp BC$ 且平分 BC，$DE \perp AB$ 于 E，$DF \perp AC$ 于 F.

(1) 说明 $BE = CF$ 的理由；

(2) 如果 $AB = 5$，$AC = 3$，求 AE，BE 的长.

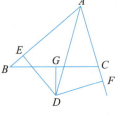

图 10

11. 如图 11，$\angle AOB = 90°$，OM 是 $\angle AOB$ 的平分线，将三角尺的直角顶点 P 在射线 OM 上滑动，两直角边分别与 OA，OB 交于点 C 和 D，证明：$PC = PD$.

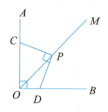

图 11

12. 如图 12，已知 AC 平分 $\angle BAD$，$CE \perp AB$ 于 E，$CF \perp AD$ 于 F，且 $BC = CD$.

(1) 求证：$\triangle BCE \cong \triangle DCF$；

(2) 求证：$AB + AD = 2AE$.

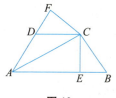

图 12

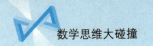
13. 已知 $AM/\!/BN$，AE 平分 $\angle BAM$，BE 平分 $\angle ABN$，

(1) 如图 13，求 $\angle AEB$ 的度数.

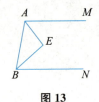

图 13

(2) 如图 14，过点 E 的直线交射线 AM 于点 C，交射线 BN 于点 D，求证：$AC+BD=AB$；

图 14

(3) 如图 15，过点 E 的直线交射线 AM 的反向延长线于点 C，交射线 BN 于点 D，$AB=5$，$AC=3$，$S_{\triangle ABE}-S_{\triangle ACE}=2$，求 $\triangle BDE$ 的面积.

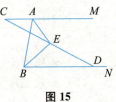

图 15

11.3 截长补短

　　有一类几何题，其命题主要是证明三条线段长度的"和""差"及倍分关系，这一类题目一般可以采取"截长"或"补短"的方法来进行求解. 所谓"截长"，就是将三者中最长的那条线段一分为二，使其中的一条线段长度与已知线段的长度相等，然后再证明剩余的线段与另一条线段的数量关系. 所谓"补短"，就是将一条已知的较短的线段延长至与另一条较长的线段相等，然后证明延长后的线段与最长的线段的数量关系；还有的是采取截长补短后，使之构成某种特定的三角形进行求解.

　　求小实在做习题时，遇到了这样的一道题.

探究一

　　如图 11.3.1（a），已知等腰直角三角形 ABC 中，$\angle B=90°$，AD 是角平分线，交 BC 边于点 D，求证：$AC=AB+BD$.

　　证明： 如图 11.3.1（a），在 AC 上截取 $AE=AB$，连接 DE，

　　$\because AD$ 是角平分线，

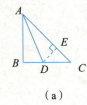

（a）

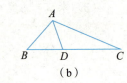

（b）

图 11.3.1

$\therefore \angle BAD = \angle EAD.$

在△ADB 和△ADE 中，

$$\begin{cases} AB=AE \\ \angle BAD=\angle EAD, \\ AD=AD \end{cases}$$

$\therefore △ADB \cong △ADE$（SAS）.

$\therefore \angle AED = \angle B = 90°, DE=DB.$

……

完成下列任务：

（1）上述证明中的依据是＿＿＿＿＿＿＿＿＿；

（2）补全剩余的证明过程；

（3）根据上述材料的思路解答下题：

如图 11.3.1（b），已知在△ABC 中，$\angle B=2\angle C$，AD 是△ABC 的平分线，求证：$AC=AB+BD.$

求小实快速地完成了前两个小问，你完成了吗？

解：（1）依据是：全等三角形的对应角相等，对应边相等.

（2）解：如图 11.3.1（a），在 AC 上截取 $AE=AB$，连接 DE，

$\because AD$ 是角平分线，

$\therefore \angle BAD = \angle EAD.$

在△ADB 和△ADE 中，

$$\begin{cases} AB=AE \\ \angle BAD=\angle EAD, \\ AD=AD \end{cases}$$

$\therefore △ADB \cong △ADE$（SAS）.

$\therefore \angle AED = \angle B = 90°, DE=DB.$

$\because AB=BC, \angle B=90°,$

$\therefore \angle C=45°,$

$\because \angle DEC=90°,$

$\therefore \angle EDC = \angle C=45°,$

$\therefore ED=EC,$

$\therefore AC=AE+EC=AB+BD$；

完成之后对于第三问，求小实想，我可以参照之前的方法，在长边上截出相等的线段，于是他得到了下面的证明过程.

（3）证明：如图 11.3.2，在 AC 上截取 $AE=AB$，连接 DE.

$\because \angle BAC$ 的平分线 AD 交 BC 边于点 D，

$\therefore \angle BAD = \angle DAC,$

在△ABD 与△AED 中，

$$\begin{cases} AB=AE \\ \angle BAD=\angle DAC, \\ AD=AD \end{cases}$$

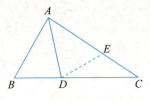

图 11.3.2

$\therefore \triangle ABD \cong \triangle AED$（SAS），

$\therefore BD=DE$，$\angle B=\angle AED$，

$\because \angle B=2\angle C$，$\angle AED=\angle C+\angle EDC$，

$\therefore \angle C=\angle EDC$，

$\therefore CE=DE$，

$\therefore CE=BD$，

$\therefore AC=AE+EC=AB+BD$.

这是截长的方法，那么补短怎么做呢？

思考： 请用补短的方法完成此题的证明.

刚好白小塔从他身边走过，"哦，在做截长补短啊？刚好这里有一道题你再来试试."白小塔把手中的题目递给求小实.

探究二

如图 11.3.3，$\triangle ABC$ 的 $\angle B$ 和 $\angle C$ 的平分线 BD，CE 相交于点 F，$\angle A=60^\circ$，求证：$BC=BE+CD$.

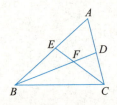

图 11.3.3

看起来很简单，求小实却找不到思路. 白小塔笑着说："你看看要证明的结论是什么，熟不熟悉啊？"求小实再看了看题目，分析道："又是求证线段的和差倍分关系. 那还是用截长补短法构造全等三角形来完成！"

边说边动手做起来.

证明： 如图 11.3.3，在 BC 上取一点 O，使得 $BO=BE$，

$\because \angle A=60^\circ$，$BD$，$CE$ 是$\triangle ABC$ 的角平分线，

$\therefore \angle BFC=120^\circ$，

$\therefore \angle BFE=\angle CFD=60^\circ$，

在$\triangle BFE$ 和$\triangle BFO$ 中，

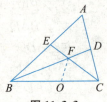

图 11.3.3

$$\begin{cases} BF=BF \\ \angle FBE=\angle FBO, \\ BE=BO \end{cases}$$

∴　△BFE≌△BFO，（SAS）

∴　∠BFO＝∠BFE＝60°，

∴　∠CFO＝∠BFC－∠BFO＝60°，

在△OCF 和△DCF 中，

$$\begin{cases} \angle CFO=\angle CFD=60° \\ CF=CF \\ \angle FCO=\angle FCD \end{cases},$$

∴　△OCF≌△DCF（ASA），

∴　CO＝CD，

∵　BC＝BO＋CO，

∴　BC＝BE＋CD.

"你看这就是截长法，你也可以试试补短法!"白小塔补

充道.

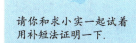

请你和求小实一起试着用补短法证明一下.

练一练

1. 如图 1，AC 平分 $\angle BAD$，$CE \perp AB$ 于点 E，$\angle B+\angle D=180°$，求证：$AE=AD+BE$.

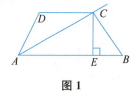

图 1

2. 如图 2，已知 $AC \parallel BD$，EA，EB 分别平分 $\angle CAB$ 和 $\angle DBA$，CD 过点 E，求证：$AB=AC+BD$.

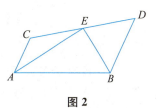

图 2

3. 在等边 $\triangle ABC$ 中，点 E 是边 AC 上一定点，点 D 是直线 BC 上一动点，以 DE 为边作等边 $\triangle DEF$，连接 CF.

(1) 如图 3，若点 D 在边 BC 上，试说明 $CE + CF = CD$；（提示：在线段 CD 上截取 $CG = CE$，连接 EG.)

(2) 如图 4，若点 D 在边 BC 的延长线上，请探究线段 CE，CF 与 CD 之间的数量关系并说明理由.

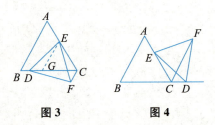

图 3   图 4

4. 如图 5，在四边形 $ABCD$ 中，$\angle BAD = \angle BCD = 90°$，$AB = AD$，若 $AC = 5$cm，求四边形 $ABCD$ 的面积.

解：延长线段 CB 到 E，使得 $BE = CD$，连接 AE，我们可以证明 $\triangle BAE \cong \triangle DAC$，根据全等三角形的性质得 $AE = AC = 5$，$\angle EAB = \angle CAD$，则 $\angle EAC = \angle EAB + \angle BAC = \angle DAC + \angle BAC = \angle BAD = 90°$，得 $S_{\text{四边形}ABCD} = S_{\triangle ABC} + S_{\triangle ADC} = S_{\triangle ABC} + S_{\triangle ABE} = S_{\triangle AEC}$，这样，四边形 $ABCD$ 的面积就转化为等腰直角三角形 EAC 面积.

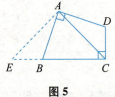

图 5

(1) 根据上面的思路，我们可以求得四边形 $ABCD$ 的面积为 _____ cm^2.

(2) 请你用上面学到的方法完成下面的习题.

如图 6，已知 $FG = FN = HM = GH + MN = 5$cm，$\angle G = \angle N = 90°$，求五边形 $FGHMN$ 的面积.

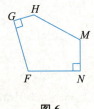

图 6

11.4 在网格中寻找全等三角形

求小实今天遇到了这样一道题，他发现是在网格中寻找全等三角形. 让我们跟随求小实一起来看看这类问题如何解决.

探究一

如图 11.4.1，在正方形网格上有五个三角形，其中与 $\triangle ABC$ 全等（不包括本身）的三角形有（   ）.

A. 4 个　　　　　　B. 3 个
C. 2 个　　　　　　D. 1 个

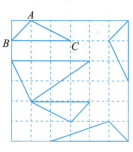

求小实想,这用眼睛观察一下就能知道答案. 你能完成这道题吗?

接着求小实又发现了这样一道题,对比上一题需要全等的三角形都已经给出,而下面这道题只给了一条已知边和一个点.

图 11.4.1

探究二

如图 11.4.2,在正方形网格中,每个小正方形的边长均为 1,每个小正方形顶点叫作格点,$\triangle ABC$ 的顶点都在格点上,以 AB 为一边作 $\triangle ABP$,使之与 $\triangle ABC$ 全等,从 P_1,P_2,P_3,P_4 四点中找出符合条件的点 P,则点 P 有_____个.

求小实用铅笔描画了一下这些三角形,他发现要使 $\triangle ABP$ 与 $\triangle ABC$ 全等,点 P 到 AB 的距离应该等于点 C 到 AB 的距离,即 3 个单位长度,那么哪些点符合要求呢? 你完成这道题了吗?

挑战继续升级,接下来这道题需要和已知三角形全等的三角形只给出了一条边,如何来寻找呢?

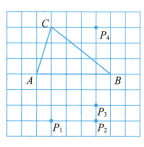

图 11.4.2

探究三

如图 11.4.3,在 5×5 的正方形网格中,以 D,E 为顶点作位置不同的格点的三角形与 $\triangle ABC$ 全等,这样的格点三角形最多可以画出(　　　).

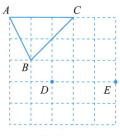

图 11.4.3

A. 2 个　　　　　　B. 3 个　　　　　　C. 4 个　　　　　　D. 5 个

求小实发现充分利用全等三角形的判定方法:三条边分别对应相等的两个三角形全等,就可以找到和 $\triangle ABC$ 全等的三角形. 你找对了吗?

白小塔路过他桌前,说:"加入平面直角坐标系你还会吗?"说着拿过自己的习题册放在求小实面前,求小实一看原来是这样的题.

探究四

如图 11.4.4，正方形网格中，每一格表示 1 个单位长度，在所给网格中确定一点 D（不与点 C 重合），使得 $\triangle DAB$ 与 $\triangle ABC$ 全等，则点 D 的坐标是_____．

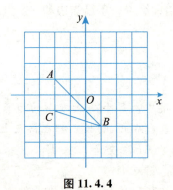

图 11.4.4

求小实一看心想这个难不倒我，就是在之前的问题上再加入一个坐标，只要熟练掌握全等三角形的判定定理完全没有问题，很快他给出了正确答案．你做对了吗？

求小实在胜利的喜悦中决定和白小塔比一比，他找到了下面这道题，需要找到与已知三角形有一条公共边且全等的所有格点三角形，灰灰和大白也加入其中．

探究五

在如图 11.4.5 所示的 6×6 网格中，$\triangle ABC$ 是格点三角形（即顶点恰好是网格线的交点），则与 $\triangle ABC$ 有一条公共边且全等（不含 $\triangle ABC$）的所有格点三角形的个数是（   ）．

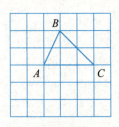

图 11.4.5

A. 5 个   B. 6 个   C. 7 个   D. 8 个

思考了一段时间后，求小实选择了 C 选项，白小塔选择了 B 选项，而灰灰和大白分别选了 A 和 D，你觉得他们中谁是对的？

输的一方很是不服气，他们又找来一题开始了比赛．

探究六

如图 11.4.6 为正方形网格，顶点在格点上的三角形称为格点三角形，每个小正方形均为边长为 1 的正方形, 图中与△ABC 全等的格点三角形 (不含△ABC) 共有 (   ) 个.

A. 4   B. 16

C. 23   D. 24

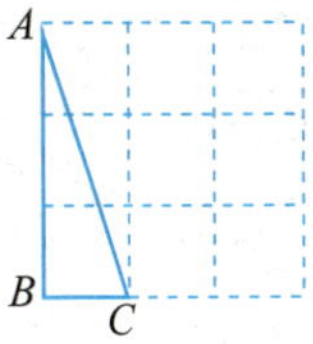

这次求小实和灰灰选择了 B 选项, 白小塔和大白选择了 C 选项, 他们谁胜了呢?

激烈的比赛引起了数学老师的注意, 决定再来一道题考验一下他们.

图 11.4.6

探究七

如图 11.4.7 所示的网格是正方形网格, 图形的各个顶点均为格点, 则∠1+∠2 = _____.

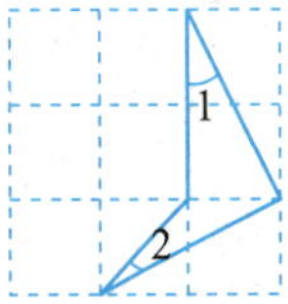

图 11.4.7

你能通过数学老师给的考验吗? 接下来和你的同学一起来试试下面这些练习, 一起比赛一下, 看看谁能胜出.

练一练

1. 如图 1, 正方形网格中的网格线交点称为格点. △ABC 的三个顶点为三个格点, 如果 P 是图中异于 C 点的格点, 且以 A, B, P 为顶点的三角形与△ABC 全等, 则符合条件的 P 点有 (   ).

   A. 1 个   B. 2 个

   C. 3 个   D. 4 个

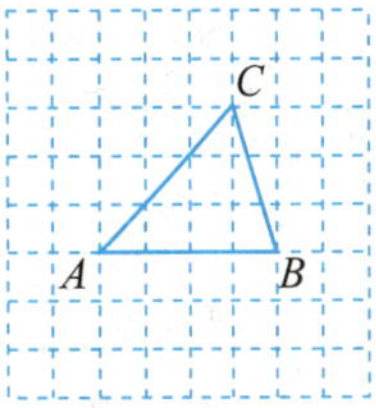

图 1

2. 如图 2, 在直角坐标系中, △ABC 的三个顶点的坐标分别为 A(−6, 1), B(−2, 1), C(−8, 3), 线段 DE 的两个端点的坐标分别为 D(−1, 6), E(−1, 2). 若网格中有一点 F, 且以 D, E, F 为顶点的三角形与△ABC 全等, 则点 F 的坐标为 _____.

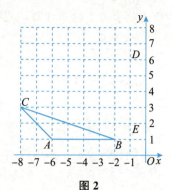

图 2

3. 如图 3，在 5×5 的正方形网格中，△ABC 的三个顶点都在格点上，则与△ABC 有一条公共边且全等（不与△ABC 重合）的格点三角形（顶点都在格点上的三角形）共有（   ）.

A. 5 个   B. 6 个

C. 7 个   D. 8 个

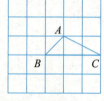

图 3

4. 如图 4 所示的 4×4 的正方形网格中，△ABC 的顶点都在小正方形的格点上，这样的三角形称为格点三角形，在网格中与△ABC 全等的格点三角形一共有_____个.

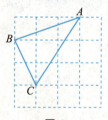

图 4

5. 如图 5，在正方形网格上的一个△ABC. 以 P 为一个顶点作与△ABC 全等的三角形（规定点 P 与点 B 对应，另两顶点都在图中网格交点处），则可作出_____个三角形与△ABC 全等.

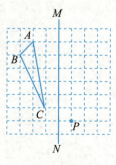

图 5

6. 如图 6 所示的 2×2 正方形网格中，$\angle 1 + \angle 2$ 等于（　　）.

   A. $105°$　　　　　　　　　　　B. $90°$

   C. $85°$　　　　　　　　　　　D. $95°$

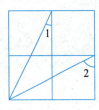

图 6

7. 如图 7，在正方形网格中，$\angle 1 + \angle 2 + \angle 3 = $ _____ .

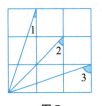

图 7

8. 如图 8，请在正方形网格图中，画出一个与图中四边形全等的格点四边形（顶点在网格的交点上）.

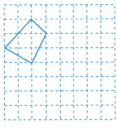

图 8

第 12 章　轴对称

章前导语

　　我们生活在一个充满对称的世界中：许多建筑都设计成对称形，艺术作品的创作往往也从对称角度考虑，自然界的许多动植物也按对称形生长，中国的方块字中有些也具有对称性……对称给我们带来了很多美的感受！

　　轴对称是一种重要的对称. 本章我们将从生活的对称出发，学习几何图形的轴对称，并利用轴对称来研究等腰三角形，进而通过推理论证得到等腰三角形、等边三角形的性质和判定方法，体会图形变化在几何研究中的作用. 让我们与求小实和白小塔一起探索轴对称的奥秘吧！

12.1　作轴对称图形

　　自然界中时常会看见飞来飞去的蝴蝶，当一只蝴蝶停留在花朵上，合着翅膀时，会发现如果将蝴蝶两只触角的中点与尾部相连接，连接好的线段所在的那一条直线就是对称轴，而右边的翅膀就像是左边的翅膀沿着对称轴翻过去的图形. 跟蝴蝶一样是轴对称图形的动物还有很多，比如蜻蜓、飞蛾等.

　　欣赏下面这些照片，观察它们有什么特点.

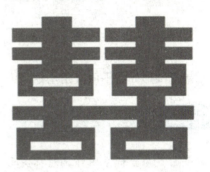

求小实：这些照片都是对称的，沿着一条直线进行折叠，能完全重合在一起！
接下来的探究，请大家一起完成！

探究一

下面这些图形是轴对称图形吗？如果是，有几条对称轴？

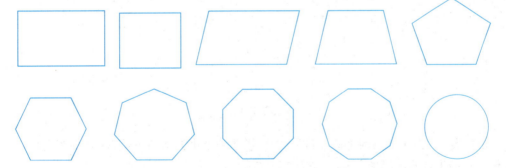

思考：正 n 边形中，正奇 n 边形的对称轴有多少条？正偶 n 边形的对称轴有多少条？
会数对称轴之后，如何作轴对称图形呢？让我们来动手操作吧！

探究二

在方格纸上画轴对称图形
在网格中画出图 12.1.1 中图案的轴对称图形.

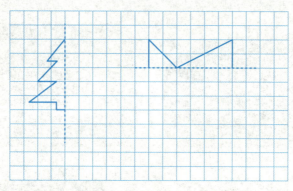

图 12.1.1

如果把图形放在平面直角坐标系中，你还会作对称图形吗？让我们一起来探究吧！

探究三

在平面直角坐标系中作轴对称图形

如图 12.1.2，在平面直角坐标系 xOy 中，$A(1，-2)$．作△ABC 关于 y 轴的对称图形△$A'B'C'$．

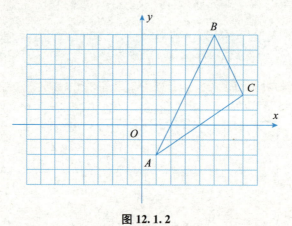

图 12.1.2

求小实："已知 A 点的坐标（1，-2），说明一个小方格的边长为 1，那我们可以把 B 点和 C 点的坐标表示出来."

白小塔："$B(5，5)$，$C(7，2)$，并且关于 y 轴对称……"

求小实："那我们就可以算出 A，B，C 三个点关于 y 轴对称的点."

白小塔："聪明，那我们一起来做吧！"

最终，求小实和白小塔都作出了对称图形，如图 12.1.3 所示．你的和他们的一样吗?

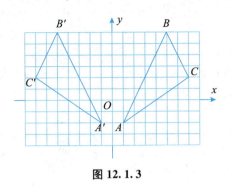

图 12. 1. 3

探究四

作对称轴

如图 12.1.4 和图 12.1.5，△ABC 与 △DEF 关于直线 l 对称，请仅用无刻度的直尺，在下面两个图中分别作出直线 l.

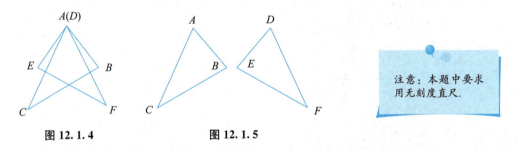

图 12. 1. 4　　　　　　图 12. 1. 5

注意：本题中要求用无刻度直尺.

求小实："根据轴对称的性质，对应边所在直线的交点一定在对称轴上，在图 12.1.4 中过点 A 和 BC 与 EF 的交点作直线即为对称轴直线 l，那图 12.1.5 怎么做呢?"

白小塔："可以延长两组对应边得到两个交点，然后过这两点作直线即为对称轴直线 l."

如图 12.1.6 和图 12.1.7 所示.

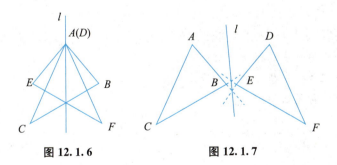

图 12. 1. 6　　　　　图 12. 1. 7

1. 下列"慢行通过、注意安全、禁止行人通行、禁止非机动车通行"四个交通标志图（黑白阴影图片）中为轴对称图形的是（　　）.

　　　A　　　　　　　　B　　　　　　　　C　　　　　　　　D

2. 下列语句中正确的有（　　）.
①关于一条直线对称的两个图形一定能重合；②两个能重合的图形一定关于某条直线对称；③一个轴对称图形不一定只有一条对称轴；④两个轴对称图形的对应点一定在对称轴的两侧.
　　A. 1个　　　　　　B. 2个　　　　　　C. 3个　　　　　　D. 4个

3. 如图 1，$\triangle ABC$ 与 $\triangle A'B'C'$ 关于直线 l 对称，且 $\angle A = 105°$，$\angle C' = 30°$，则 $\angle B$ 的度数为（　　）.
　　A. 45°
　　C. 30°
　　B. 25°
　　D. 20°

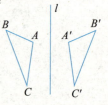

图 1

4. 如图 2，AD 是 $\triangle ABC$ 的对称轴，点 E，F 是 AD 的三等分点. 若 $\triangle ABC$ 的面积为 12cm^2，则图中阴影部分的面积是_____.

图 2

5. 如图 3，$\triangle ABC$ 与 $\triangle ADE$ 关于直线 MN 对称，BC 与 DE 的交点 F 在直线 MN 上.
(1) 指出两个三角形中的对称点；
(2) 指出两个三角形中相等的线段和角；
(3) 图中还有对称的三角形吗？

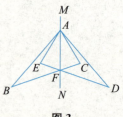

图 3

6. 如图 4，点 P 在 $\angle AOB$ 内，M，N 分别是点 P 关于 AO，BO 的对称点，MN 分别交 AO，BO 于点 E，F．若 $\triangle PEF$ 的周长等于 20cm，求 MN 的长.

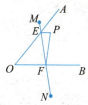

图 4

7. 如图 5，将长方形纸片 $ABCD$ 沿 EF 折叠，使点 A 与点 C 重合，点 D 落在点 G 处，EF 为折痕.

   (1) 求证：$\triangle FGC \cong \triangle EBC$；

   (2) 若 $AB = 8$，$AD = 4$，求四边形 $ECGF$（阴影部分）的面积.

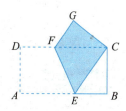

图 5

8. 如图 6，在 3×3 的正方形格纸中，格线的交点称为格点，以格点为顶点的三角形称为格点三角形. 图中 $\triangle ABC$ 是一个格点三角形，在图中画一个与 $\triangle ABC$ 成轴对称的格点三角形，这样的格点三角形可以画多少个？

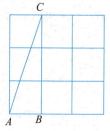

图 6

9. 试一试，你能将正方形分割成 6 个等腰直角三角形吗？如图 7，已经列出了一些画法，你能继续完成一些吗？

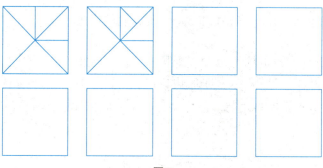

图 7

12.2 等腰三角形的分类讨论

　　近年来，与等腰三角形有关的试题经常出现在全国各地的中考数学中，并且形式多样，内容新颖. 等腰三角形相关的知识定理和方法技巧是整个初中几何的核心知识，是中考命题老师设计新题型的典型素材，常见新题型有折叠型、网格型、剪纸型、拓展型、规律型等，能较好地考查同学们的应用意识和思维能力. 加上等腰三角形的"不确定性"，也会出现一些分类讨论的问题. 在等腰三角形有关的分类讨论问题当中，通过层层递进的问题和条件设置，引导学生对边、角、顶点等条件进行分类，帮助学生掌握分类的原则，体会分类的思想.

　　今天的求小实有点沮丧，原来今天的课堂测验求小实没拿到满分，究其原因，竟然错在了一道等腰三角形的题上，是自己考虑不周全，因此错失了满分的机会. 因此放学一到家，小实就拿出老师给他关于等腰三角形分类的专题，认认真真地做起来.

探究一

　　关于角的分类

　　1. 已知等腰三角形的一个内角为 80°，则顶角为 _____.

　　求小实："等腰三角形的一个内角为 80°，但是没说明这个内角的顶角还是底角，所以得分类讨论. 当 80° 为顶角时，顶角 = 80°；当 80° 为底角时，顶角 = 180° − 2 × 80° = 20°，则顶角为 20° 或 80°."

　　2. 一个等腰三角形的一个外角等于 100°，则这个三角形的两个底角应该为 _____.

　　求小实："等腰三角形的一个外角等于 100°，所以可以得到一个内角为 80°，分类讨论，跟第（1）题讨论一样."

> 对于一个等腰三角形，若条件中并没有确定顶角或底角时，应注意分情况讨论，先确定这个已知角是顶角还是底角，再运用三角形内角和定理求解. 外角也如此.

探究二

　　关于边的分类

　　等腰三角形的周长为 14，其一边长为 4，那么它的底边为 _____.

　　求小实："等腰三角形的周长为 14，等腰三角形两腰相等，一边长为 4，但没说明是腰长还是底边长，所以要分类讨论. 当腰长为 4 时，底边长 = 14 − 2 × 4 = 6；当底边长为 4 时，底边长 = 4."

> 对于底和腰不等的等腰三角形，若条件中没有明确哪是底哪是腰时，应在符合三角形三边关系的前提下分类讨论.

探究三

关于腰的高的分类

一个等腰三角形一腰上的高与另一腰的夹角为 $45°$，则其顶角为 _____．

白小塔："这道题需要考虑三角形的形状．"

解：若等腰三角形为锐角三角形，如图 12.2.1 所示．

因为 BD 垂直于 AC，$\angle ABD = 45°$，所以 $\angle A = 45°$；

若等腰三角形为钝角三角形，如图 12.2.2 所示．

因为 BD 垂直于 AC，$\angle DBA = 45°$，所以 $\angle BAD = 45°$，$\angle BAC = 135°$．

则顶角为 $45°$ 或 $135°$．

> 对于等腰三角形，当顶角是锐角时，腰上的高在三角形内；当顶角是钝角时，腰上的高在三角形外．

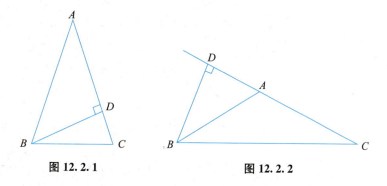

图 12.2.1　　　　图 12.2.2

探究四

关于中线的分类

等腰三角形一腰上的中线把周长分成 15 和 12 两部分，则它的底边长等于 _____．

解：如图 12.2.3 所示，在 $\triangle ABC$ 中，$AB = AC$，BD 是中线，设 $AB = x$，$BC = y$，

当 $AB + AD = 12$ 时，则 $\begin{cases} x + \dfrac{1}{2}x = 12 \\ y + \dfrac{1}{2}x = 15 \end{cases}$，解得 $\begin{cases} x = 8 \\ y = 11 \end{cases}$，

三角形三边的长为 8，8，11；

当 $AB + AD = 15$ 时，则 $\begin{cases} x + \dfrac{1}{2}x = 15 \\ y + \dfrac{1}{2}x = 12 \end{cases}$，解得 $\begin{cases} x = 10 \\ y = 7 \end{cases}$，

三角形的三边长为 10，10，7．

> 设"腰一半"为 x，用方程解决，然后求出来的解应满足三角形三边关系定理．

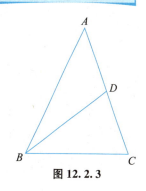

图 12.2.3

经检验，两种情况都满足三角形三边关系定理，所以三角形三边的长为 8，8，11 或 10，10，7．

探究五

等腰三角形的存在性——"两圆一线"

如图 12.2.4，在平面直角坐标系中，已知点 $A(3，1)$．

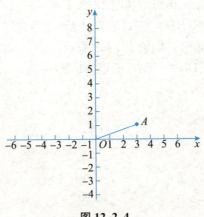

图 12.2.4

（1）若点 P 在 y 轴上，则使得 $\triangle OPA$ 是以 OA 为底的等腰三角形的点 P 有_____个；

求小实："要使 $\triangle OPA$ 是以 OA 为底的等腰三角形，则只需要 $PO＝PA$，所以点 P 在 OA 的垂直平分线上．作 OA 的垂直平分线，与 y 轴的交点有 1 个．"如图 12.2.5 所示．

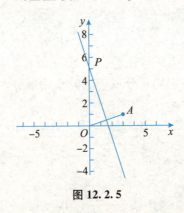

图 12.2.5

（2）若点 P 在 x 轴上，则使得 $\triangle OPA$ 是以 OA 为一腰且点 O 为顶点的等腰三角形的点 P 有_____个；

白小塔："$\triangle OPA$ 是以 OA 为一腰且点 O 为顶点的等腰三角形，所以 $OA＝OP$．此时点 P 在以点 O 为圆心，OA 的长为半径的圆上．以点 O 为圆心，OA 的长为半径画圆，与 x 轴的交点有 2 个．"如图 12.2.6 所示．

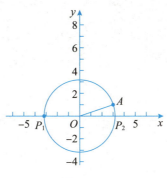

图 12.2.6

（3）若点 P 在坐标轴上，则使得△OPA 是等腰三角形的点 P 有_____个.

求小实：“这道题，没有告诉我们 OA 是底还是腰，所以要分类讨论，分别以点 O，A 为圆心，OA 的长度为半径画圆，作 OA 的垂直平分线，与坐标轴的交点有 8 个.”如图 12.2.7 所示.

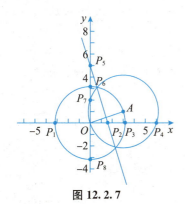

图 12.2.7

解决等腰三角形的存在性问题可以借助圆规和直尺，进而分情况讨论：
（1）以 AB 为底时，作线段 AB 的垂直平分线；
（2）以 AB 为腰时：①以点 A 为顶点画圆；②以点 B 为顶点画圆.
分三种情况进行讨论.
这简称“两圆一线”.

1. 已知等腰三角形的一个内角为 80°，则另两个角的度数是_____.

2. 一个等腰三角形的一个外角等于 80°，则这个三角形的两个底角应该为_____.

3. 等腰三角形的周长为 14，其一边长为 3，那么它的底边为_____.

4. 已知实数 x，y 满足 $|x-3|+(y-8)^2=0$，则以 x，y 的值为两边长的等腰三角形的周长是_____.

5. 如图 1 在平面直角坐标系中，$A(2,2)$，在 x 轴上找一点 P，使得△AOP 是等腰三角形，则符合条件的点 P 有_____个.

6. 如图 2 在平面直角坐标系中，$A(2,2)$，在坐标轴上找一点 P，使得△AOP 是以 AO 为底的等腰三角形，则符合条件的点 P 有_____个.

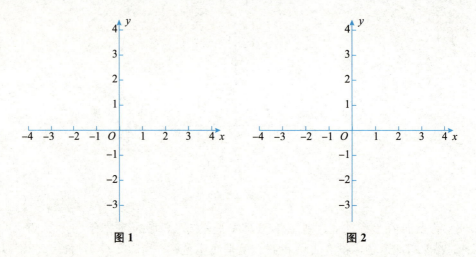

图1   图2

7. 如图 3，在△ABC 中，AB=AC=2，∠B=∠C=40°，点 D 在线段 BC 上运动（D 不与 B，C 重合），连接 AD，作∠ADE=40°，DE 交线段 AC 于 E.

(1) 当∠BDA=115°时，∠EDC=＿＿＿°，∠DEC=＿＿＿°；点 D 从 B 向 C 运动时，∠BDA 逐渐变＿＿＿（填"大"或"小"）.

(2) 当 DC 等于多少时，△ABD≌△DCE？请说明理由.

(3) 在点 D 的运动过程中，△ADE 的形状可以是等腰三角形吗？若可以，请直接写出∠BDA 的度数. 若不可以，请说明理由.

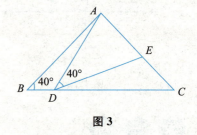

图3

12.3　角平分线、平行线、等腰三角形之间的联系

　　某些数学问题表面上看它们的条件和结论各不相同，但认真加以分析，透过现象挖掘本质属性，便会从中归纳出某些规律性的东西. 角平分线、平行线、等腰三角形关系密切，在题设中若见其一，应思其二，想其三；或作其二，寻找发现其三. 一般有三种不同的推理形式出现：

　　(1) 已知平行和角平分线生成等腰三角形；

　　(2) 已知平行和等腰三角形生成角平分线；

　　(3) 已知角平分线和等腰三角形生成平行.

　　这种解题思路往往能得到打开第一道大门的金钥匙，突破解题的一个难点，使一类题目变难为易成为可能.

求小实今天在预习中遇到了这样一道例题，他发现在几何图形中角平分线、平行线、等腰三角形三者之间有着密切的联系. 让我们一起跟随求小实来看看这类问题如何解决.

根据以下各图及所给条件，分别指出下列图形中有哪些等腰三角形，并说明理由.

（1）如图 12.3.1，OC 平分 $\angle AOC$，$CD \parallel OB$，请指出等腰三角形，并说明理由. 若 $DC = 3$，则 OD 的长为多少？

求小实："因为 OC 平分 $\angle AOC$，所以 $\angle AOC = \angle BOC$，又因为 $CD \parallel OB$，所以 $\angle DCO = \angle BOC$，所以得到 $\angle DCO = \angle AOC$，进而得到 $DO = DC = 3$（等角对等边），所以 $\triangle DOC$ 是等腰三角形."

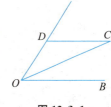

图 12.3.1

白小塔："那就是只要已知平行和角平分线就可以得到等腰三角形."

求小实："是的."

（2）如图 12.3.2，OC 平分 $\angle AOB$，$OC \parallel DB$，请指出等腰三角形，并说明理由. 若 $\angle AOB = 100°$，则 $\angle B$ 为多少度？

白小塔："因为 OC 平分 $\angle AOB$，$OC \parallel DB$，所以可得 $\triangle DOB$ 是等腰三角形. 因为 OC 平分 $\angle AOB$，所以 $\angle AOC = \angle BOC = \dfrac{1}{2} \angle AOB = 50°$，因为 $OC \parallel DB$，所以 $\angle B = \angle BOC = 50°$."

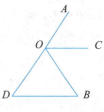

图 12.3.2

（3）如图 12.3.3，在 $\triangle ABC$ 中，BE 平分 $\angle ABC$，$DE \parallel BC$，请指出等腰三角形，并说明理由. 若 $DE = 7$，$AD = 5$，则 AB 的长为多少？

白小塔："图形不一样了，但已知平行和角平分线同样可以得到等腰三角形."

求小实："在 $\triangle ABC$ 中，BE 平分 $\angle ABC$，$DE \parallel BC$，可得 $\triangle DBE$ 是等腰三角形."

白小塔："所以 $BD = DE = 7$，$AB = AD + BD = 5 + 7 = 12$."

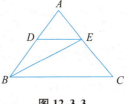

图 12.3.3

（4）如图 12.3.4，在 $\triangle ABC$ 中，$\angle ABC$ 和 $\angle ACB$ 的平分线相交于点 D，过点 D 作 $EF \parallel BC$，交 AB，AC 于点 E，F. 指出等腰三角形，并说明理由. 若 $AB = 12$，$AC = 18$，$BC = 24$，则 $\triangle AEF$ 的周长是多少？

求小实："在 $\triangle ABC$ 中，$\angle ABC$ 和 $\angle ACB$ 的平分线相交于点 D，过点 D 作 $EF \parallel BC$，可得 $\triangle DBE$ 和 $\triangle DCF$ 是等腰三角形."

白小塔："所以 $BE = ED$，$DF = FC$，那 $\triangle AEF$ 的周长怎么求呢？"

求小实："$AB = AE + BE$，$BE = DE$，所以 $AB = AE + ED = 12$，$AC = AF + DF = 18$."

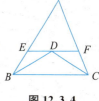

图 12.3.4

白小塔："我懂了，$\triangle AEF$ 的周长 $= AE + ED + DF + AF = AB + AC = 12 + 18 = 30$."

求小实："已知平行和角平分线同样可以得到等腰三角形. 如果已知等腰三角形、平行可以得到角平分线吗? 如果已知等腰三角形、角平分线可以得到平行吗?"

白小塔："我们一起探究探究."

探究二

思考一: 若将图 12.3.1 的条件改成"如图 12.3.5, $\triangle DOC$ 为等腰三角形, $CD /\!/ OB$, 请问 OC 平分 $\angle AOC$ 吗?"

求小实: "$\triangle DOC$ 为等腰三角形, 所以 $\angle AOC = \angle DCO$, 因为 $CD /\!/ OB$, 所以 $\angle DCO = \angle BOC$, 进而得到 $\angle AOC = \angle BOC$, 所以 OC 平分 $\angle AOC$."

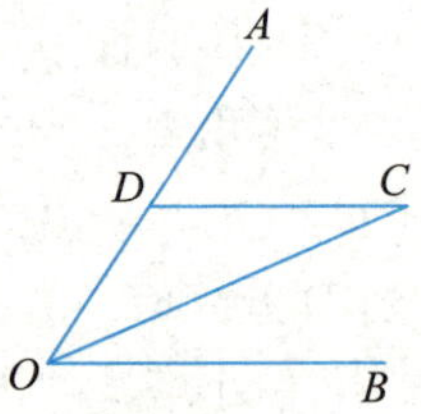

思考二: 若将图 12.3.1 的条件改成"如图 12.3.5, $\triangle DOC$ 为等腰三角形, OC 平分 $\angle AOC$, 请问 $CD /\!/ OB$ 吗?"

白小塔: "$\triangle DOC$ 为等腰三角形, 所以 $\angle AOC = \angle DCO$, 因为 OC 平分 $\angle AOC$, 所以 $\angle AOC = \angle BOC$, 进而得到 $\angle DCO = \angle BOC$, 所以 $CD /\!/ OB$（内错角相等, 两直线平行）."

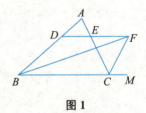

图 12.3.5

> **总结:**
> (1) 已知平行和角平分线生成等腰三角形;
> (2) 已知平行和等腰三角形生成角平分线;
> (3) 已知角平分线和等腰三角形生成平行.

练一练

1. 如图 1, $\angle ABC$ 的平分线 BF 与 $\triangle ABC$ 的外角 $\angle ACM$ 的平分线 CF 相交于点 F, 过点 F 作 $DF /\!/ BC$, 交 AB 于点 D, 交 AC 于点 E, 则 BD, CE, DE 之间存在怎样的数量关系? 并说明理由.

图 1

2. 如图 2, 在 $\triangle ABC$ 中, $\angle ABC$ 和 $\angle ACB$ 的角平分线相交于 D, 过点 D 作 $DE /\!/ AB$ 交 BC 于点 E, $DF /\!/ AC$ 交 BC 于点 F. 若 $BC = 15$, $AB = 16$, $AC = 12$, 则 $\triangle DEF$ 的周长为 _____.

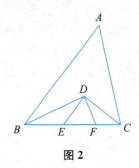

图 2

3. 如图 3，平行四边形 $ABCD$ 中，$\angle BAD$ 的平分线交 BC 边于点 M，而 MD 平分 $\angle AMC$，若 $\angle MDC=45°$，则 $\angle BAD=$ _____，$\angle ABC=$ _____.

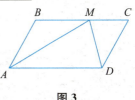

图 3

4. 如图 4，$\triangle ABC$ 中，点 O 是边 AC 上一个动点，过 O 作直线 $MN\parallel BC$，设 MN 交 $\angle ACB$ 的平分线于点 E，交 $\angle ACB$ 的外角平分线于点 F. 求证：$OE=OF$.

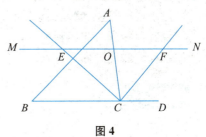

图 4

5. 如图 5，在 $\triangle ABC$，AD 平分 $\angle BAC$，E，F 分别在 BD，AD 上，且 $DE=CD$，$EF=AC$，求证：$EF\parallel AB$.

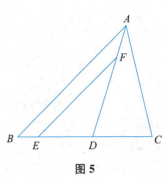

图 5

12.4　最短路径

　　唐朝诗人李颀的诗《古从军行》开头两句说："白日登山望烽火，黄昏饮马傍交河."该诗句记录了一位将军在观望烽火之后，从山脚出发，走到河边饮马后，再回到宿营的活动过程，诗中隐含着一个有趣的数学问题，就是"将军饮马"问题."将军饮马"这一数学模型，是解决轴对称最短路径问题中的一种重要思想.

　　温暖的午后，求小实和白小塔吃完午餐，在回教室的路上，他们路过小花园，求小实似乎看到了什么，走到桥上.

　　求小实："小塔，考你一个问题，看到灰雁了吗?"

　　白小塔："看到了，你又想考我什么?"

　　求小实："问题来了，你看，灰雁妈妈要带它的崽崽们到旁边的空地晒太阳，晒完太阳又要带着崽崽们到池边喝水，最后回到它们的家，你猜猜灰雁妈妈应该带着崽崽们在池边的哪个地方喝水，它们所活动的路径最短?"

　　白小塔："这不就是最短路径问题吗? 我给你分析分析."

　　说着，两人一起回到教室，白小塔向求小实展示了她的数学绘图，也给求小实做了详细的解释，聪明的你，可以帮忙作图吗? 让我们一起根据所学内容找出最优点 P.

探究一

　　将 A，B 两地抽象为两个点，将河流 l 抽象为一条直线，C 为直线上的一个动点.

　　上面的问题就转化为：如图 12.4.1，当点 C 在 l 的什么位置时，AC 与 CB 的和最小?

$$\bullet B$$
$$A \bullet$$
$$\underline{\hspace{6cm}} l$$

图 12.4.1

　　求小实："如何将点 B '转移' 到 l 的另一侧 B' 处，满足直线 l 上的任意一点 C，都保持 CB 与 CB' 的长度相等?"

　　白小塔："其实可以利用轴对称的有关知识，找到符合条件的点 B'."

　　作法：如图 12.4.2，（1）作点 B 关于直线 l 的对称点 B';

> 最短路径作法：直线同侧的两点与直线上一点所连线段的和最小的问题，只要找到其中一个点关于这条直线的对称点，连接对称点与另一个点，与该直线的交点即为所求.

(2) 连接 AB'，与直线 l 相交于点 C，则点 C 即为所求.

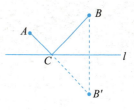

图 12.4.2

求小实："那如何说明 $AC+BC$ 就是最短的？"

证明：如图 12.4.3，在直线 l 上任取一点 C'（与点 C 不重合），连接 AC'，BC'，$B'C'$.

由轴对称的性质知，$BC=B'C$，$BC'=B'C'$.

$\therefore$ $AC+BC=AC+B'C=AB'$，$AC'+BC'=AC'+B'C'$.

在 $\triangle AB'C'$ 中，$AB'<AC'+B'C'$，

$\therefore$ $AC+BC<AC'+BC'$.

即 $AC+BC$ 最短.

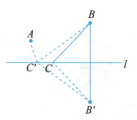

图 12.4.3

刚刚我们都为灰雁妈妈设计了最短路径，接下来请大家来完成以下问题.

思考：如图 12.4.4，一辆汽车在直线公路 AB 上由 A 向 B 行驶，M，N 分别表示位于公路 AB 同侧的两个村庄，当汽车行驶到什么位置时，到村庄 M，N 的距离之和最短？

M $\bullet$

$\bullet$
N

A

B

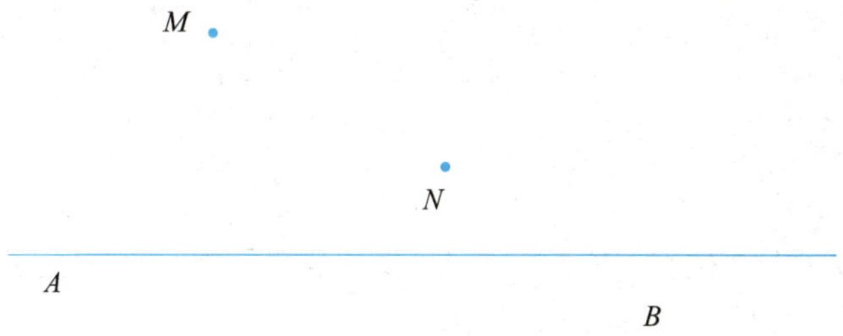

图 12.4.4

白小塔："我们一起来做吧，先找 M 的对称点 M'，再连接 $M'N$，与 AB 交于点 P，则汽车行驶至 P 点时，到村庄 M，N 的距离之和最短."

探究二

在平面直角坐标系里又该如何解决呢？

如图 12.4.5，在平面直角坐标系中，点 $A(-2，4)$，$B(4，2)$，在 x 轴上取一点 P，使点 P 到点 A 和点 B 的距离之和最小，求点 P 的坐标.

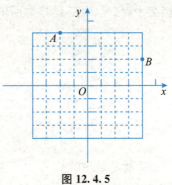

图 12.4.5

求小实："这跟探究一相同的思路，可求得 P 点坐标为（2，0）."

探究三

如图 12.4.6，等腰三角形 ABC 的底边 BC 长为 3，面积是 12，腰 AC 的垂直平分线 EF 分别交 AC，AB 边于 E，F 点. 若点 D 为 BC 边的中点，点 M 为线段 EF 上一动点，则△CDM 周长的最小值为多少？

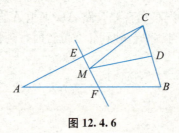

图 12.4.6

求小实："连接 AD，根据 EF 是线段 AC 的垂直平分线，点 C 关于直线 EF 的对称点为点 A，故 AD 的长为 $CM+MD$ 的最小值."

白小塔："△ABC 是等腰三角形，点 D 是 BC 边的中点，根据等腰三角形的三线合一，所以 $AD⊥BC$，即可求出 AD 的长，也就能得到△CDM 周长的最小值了."

练—练

1. 如图 1，$CD⊥AB$，垂足是 D，$AC=7$，$BC=5$，$CD=4$，点 E 是线段 AB 上的一个动点（包括端点），连接 CE，那么 CE 的范围是_____.

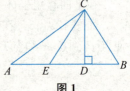

图 1

2. 如图 2，在△ABC 中，$AB=AC$，AD，CE 是△ABC 的两条中线，P 是 AD 上一个动点，则 $BP+EP$ 的最小值等于线段_____的长度.

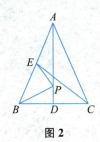

图 2

3. 如图 3，点 P 为 $\angle AOB$ 内一点，分别作出 P 点关于 OB，OA 的对称点 P_1，P_2，连接 P_1P_2 交 OA 于 M，交 OB 于 N，$P_1P_2 = 5$，求 $\triangle PMN$ 的周长.

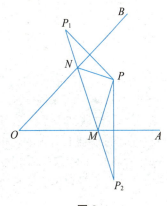

图 3

4. 如图 4，$\angle AOB = 30°$，内有一点 P 且 $OP = 6$，若 M，N 为边 OA，OB 上两动点，求 $\triangle PMN$ 的周长最小.

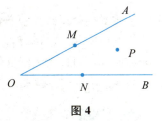

图 4

5. 如图 5，点 P 是 $\angle AOB$ 内任意一点，$OP = 5$cm，点 M 和点 N 分别是射线 OA 和射线 OB 上的动点，$\triangle PMN$ 周长的最小值是 5cm，则 $\angle AOB$ 的度数是（　　）.

A. 25°　　　　　　　B. 30°
C. 35°　　　　　　　D. 40°

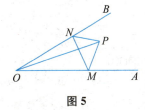

图 5

第 13 章　整式的乘法与因式分解

章前导语

　　本章属于《课程标准》中的"数与代数"领域，其核心知识是整式的乘除运算和因式分解．这些知识是在学习了有理数的运算、列代数式、整式加减和解一元一次方程及不等式的基础上引入的，也是进一步学习分式和根式运算、一元二次方程以及函数等知识的基础，同时又是学习物理、化学等学科及其他科学技术不可缺少的数学工具．因此，本章在初中学段占有重要地位．

13.1　整式乘法的几何意义

　　数形结合思想是中学数学解题中常用的数学思想，利用这种思想，可以将代数问题转化为几何问题，也可以将几何问题转化为代数问题．通过数形结合将代数与几何完美地结合在一起，可以大大降低解题的难度，提高效率和正确率，甚至还可以达到令人意想不到的效果．让我们一起来体会数形结合的奥妙吧！

探究一

　　如图 13.1.1 所示，长方形 $ABCD$ 是阳光小区内的一块空地，已知 $AB=2a$，$BC=3b$，且 E 为 AB 边的中点，$DF=\dfrac{1}{3}BC$，现计划在阴影部分种植一片草坪，求这片草坪的面积．

　　解：已知 $AB=2a$，$BC=3b$．

　　$\because E$ 为 AB 中点，$DF=\dfrac{1}{3}BC$，

　　$\therefore AF=\dfrac{2}{3}BC=2b$，$AE=a$．

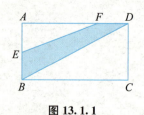

图 13.1.1

根据题意，得 $S_{阴影} = S_{长方形ABCD} - S_{\triangle BCD} - S_{\triangle AEF} = 6ab - \dfrac{1}{2} \times 6ab - \dfrac{1}{2} a \times 2b = 6ab - 3ab - ab = 2ab$.

探究二

如图 13.1.2，一张长方形硬纸板，长为 $(5a^2 + 4b^2)$m，宽为 $6a^4$m，在它的四个角上分别剪去一个边长为 $\dfrac{3}{2} a^3$m 的小正方形，然后折成一个无盖的盒子，请求出这个无盖盒子的表面积.

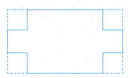

图 13.1.2

白小塔："这道题用大长方形的面积减去四个小正方形的面积就可以了."

解：长方形硬纸片的面积是 $(5a^2 + 4b^2) \cdot 6a^4 = (30a^6 + 24a^4 b^2)$m^2，

小正方形的面积是 $\left(\dfrac{3}{2} a^3\right)^2 = \dfrac{9}{4} a^6$（m^2），

则这个无盖盒子的表面积是 $30a^6 + 24a^4 b^2 - 4 \times \dfrac{9}{4} a^6 = (21a^6 + 24a^4 b^2)$m^2.

探究三

请帮故事中的张老汉解决问题.

从前，有一个狡猾的庄园主，把一块边长为 a 米的正方形土地租给张老汉种植. 第二年，他对张老汉说："我把这块地的一边减少 5 米，相邻的另一边增加 5 米，继续租给你，租金不变，你也没有吃亏，你看如何?"张老汉一听，觉得好像没有吃亏，就答应道："好吧."回到家中，他把这事和邻居们一讲，大家都说："张老汉，你吃亏了!"张老汉非常吃惊. 张老汉是否吃亏呢?

求小实："如图 13.1.3，原有的正方形土地的面积为 a^2，庄园主划分后是阴影部分的面积为 $(a+5)(a-5) = a^2 - 25$，对比可发现，面积竟然少了 25，真是个狡猾的庄园主啊，张老汉吃亏了."

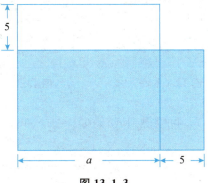

图 13.1.3

白小塔："是的，我算出来的和你一样！用图形的面积来变式整式的乘法，更加形象简单，更容易理解！"

探究四

如图 13.1.4，把一张长方形纸片沿着线段 AB 剪开，把剪成的两张纸片拼成如图 13.1.5 所示的图形.

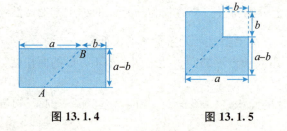

图 13.1.4   图 13.1.5

(1) 设图 13.1.4 中阴影部分面积为 S_1，图 13.1.5 中阴影部分面积为 S_2，请直接用含 a，b 的式子表示 S_1，S_2；

(2) 请写出上述过程所揭示的乘法公式.

解：(1) $S_1=(a+b)(a-b)$，

$S_2=a^2-b^2$.

(2) $(a+b)(a-b)=a^2-b^2$.（平方差公式）

探究五

我们已经接触了很多代数恒等式，知道可以用图形面积来解释一些代数恒等式. 例如图 13.1.6 可以用来解释 $(a+b)^2-(a-b)^2=4ab$. 那么图 13.1.7 可以解释的代数恒等式是_____.

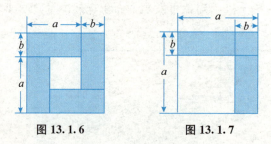

图 13.1.6   图 13.1.7

求小实："根据图 13.1.7，可以得到 $(a-b)^2=a^2+b^2-2ab$."

1. 如图 1，将一个正方形分成四部分，其面积分别是 a^2，ab，ab，b^2，则原正方形的边长

是（　　）.

A. a^2+b^2 B. $a+b$

C. $a-b$ D. a^2-b^2

图 1

2. 如图 2，有两个正方形 A，B，现将 B 放在 A 的内部得图 2 甲，将 A，B 并列放置后构造新的正方形得图 2 乙. 若图甲和图乙中阴影部分的面积分别为 3 和 30，则正方形 A，B 的面积之和为（　　）.

A. 33   B. 30

C. 27   D. 24

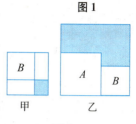

图 2

3. 如图 3，是有一块长 $(3a+b)$ 米，宽 $(2a+b)$ 米的长方形广场，某小区要对阴影区域进行绿化，空白区域进行广场硬化，阴影部分是边长为 $(a+b)$ 米的正方形.

(1) 计算广场上需要硬化部分的面积；

(2) 若 $a=30$，$b=10$，求硬化部分的面积.

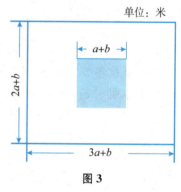

图 3

4. 如图 4 中的 1 张边长为 a 的正方形 A，1 张边长为 b 的正方形 B 和 2 张宽和长分别为 a 与 b 的长方形 C 纸片，排成了如图 5 中的大正方形. 观察图形并解答下列问题.

(1) 由图 4 和图 5 可以得到的等式为_____（用含 a，b 的代数式表示）；

(2) 如果要用图 4 的三种纸片拼出一个面积为 $(a+b)(a+2b)$ 的大长方形，则需要 A 纸片_____张，B 纸片_____张，C 纸片_____张（空格处填写数字），并尝试参考图 5 画出相关的图形；

(3) 如图 6，已知点 C 为线段 AB 上的动点，分别以 AC，BC 为边在 AB 的两侧作正方形 $ACED$ 和正方形 $BCFG$，面积分别记作 S_1，S_2，若 $AB=6$，图中阴影部分 $\triangle ACF$ 的面积为 4，利用（1）中得到的结论求 S_1+S_2 的值.

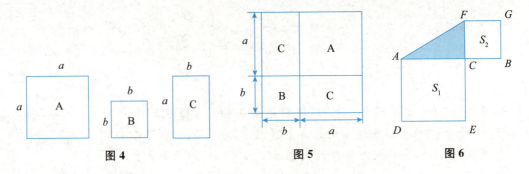

图 4　　　　　图 5　　　　　图 6

5. 阅读学习：数学中有很多等式可以用图形的面积来表示. 如图 7，它表示 $(n+m)(m+2n)=m^2+3mn+2n^2$，

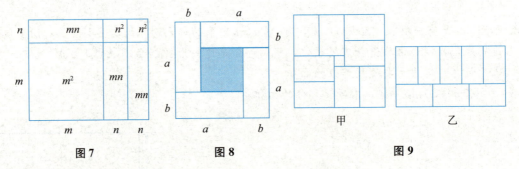

图 7　　　　　图 8　　　　　图 9

(1) 观察图 8，请你写出 $(a+b)^2$，$(a-b)^2$，ab 之间的关系_____.

(2) 小明用 8 个一样大的长方形，（长为 a 宽为 b），拼成了如图 9 中甲、乙两种图案，图案甲是一个正方形，图案甲中间留下了一个边长为 2 的正方形；图案乙是一个长方形.

① $a^2-4ab+4b^2=$_____；（填数值）

② $ab=$_____.（填数值）

6. （知识生成）用两种不同方法计算同一图形的面积，可以得到一个等式，如图 10，是用长为 x，宽为 $y(x>y)$ 的四个全等长方形拼成一个大正方形，用两种不同的方法计算阴影部分（小正方形）的面积，可以得到 $(x-y)^2$，$(x+y)^2$，xy 三者之间的等量关系式：_____；

（知识迁移）如图 11 所示的大正方体是由若干个小正方体和长方体拼成的，用两种不同的方法计算大正方体的体积，我们也可以得到一个等式：_____；

（成果运用）利用上面所得的结论解答：

(1) 已知 $x>y$，$x+y=3$，$xy=\dfrac{5}{4}$，求 $x-y$ 的值；

(2) 已知 $|a+b-4|+(ab-2)^2=0$，则 $a^3+b^3=$_____.

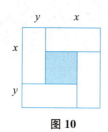
图 10

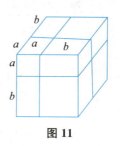
图 11

13.2　杨辉三角找规律

　　杨辉是我国南宋末年的一位杰出的数学家．在他著的《详解九章算法》一书中，画了一张由二项式展开后的系数构成的三角图形，称为"开方做法本源"，现在简称为"杨辉三角"，它是杨辉的一大重要研究成果．生活中很多问题都与杨辉三角有着或多或少的联系，那如何解决这些以"杨辉三角"为背景的问题呢？这就需要我们对杨辉三角本身蕴含的规律进行探讨和研究．

　　周二结束了"完全平方公式"的学习，数学老师拓展了 $(a+b)^3$ 展开式，并留下了一道作业题，让大家继续探究 $(a+b)^4$，$(a+b)^5$，$\cdots$，$(a+b)^n$ 的展开式是什么样的，它有什么样的规律？请各个小组进行思考．求小实意犹未尽，放学后，找到了白小塔．

杨辉三角.

　　求小实："小塔，今天的数学课好有趣哦，老师留的课后作业，你有没有什么想法？"

　　白小塔："有一点，我想的是利用乘方的意义来进行展开，但是指数越大，计算就越复杂了．"

　　求小实："是的，我也是这么想的，小塔，你有没有考虑过它们之间系数的关系？"

　　求小实："我刚好看到课本阅读材料里有这个内容，叫杨辉三角，但是我还没有搞清楚为什么要呈现类似三角形的排列，它们的数字是怎么来的？这些数字有什么样的规律？"

　　白小塔："今晚我们回去思考思考，明天我们一起进行探究吧．"

　　求小实："好！"

　　晚上，求小实和白小塔奋笔疾书，都在为明天的数学活动课做准备．

　　（第二天）

　　求小实小组在数学课上分享得到的学习成果．

$(a+b)^1 = 1a + 1b$

$(a+b)^2 = 1a^2 + 2ab + 1b^2$

$(a+b)^3 = 1a^3 + 3a^2b + 3ab^2 + 1b^3$

$(a+b)^4 = 1a^4 + 4a^3b + 6a^2b^2 + 4ab^3 + 1b^4$

　　求小实："将各项系数进行排列后就有了类似三角形一样的形状．"

　　数学老师："非常棒，那大家再想想这些系数有什么关系或者规律？"

```
                    1       1
                1       2       1
            1       3       3       1
        1       4       6       4       1
```

白小塔："系数之间可以进行和运算."

白小塔进行了演示.

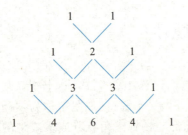

$(a+b)^1=a+b$

$(a+b)^2=a^2+2ab+b^2$

$(a+b)^3=a^3+3a^2b+3ab^2+b^3$

$(a+b)^4=a^4+4a^3b+6a^2b^2+4ab^3+b^4$

数学老师："小塔同学以上的演示过程非常不错，通过各个小组的努力，各项系数之间的关系一目了然，像这样的结构我们称之为"杨辉三角"，今天还要给大家介绍一位杰出的人物——杨辉."

小科普：

杨辉，杭州钱塘人. 中国南宋末年数学家，数学教育家. 他编著的数学书共五种二十一卷，著有《详解九章算法》十二卷（1261 年）、《日用算法》二卷、《乘除通变本末》三卷、《田亩比类乘除算法》二卷、《续古摘奇算法》二卷. 其中后三种合称为《杨辉算法》，朝鲜、日本等国均有译本出版.

"杨辉三角"出现在杨辉编著的《详解九章算法》一书中，此书还说明表内除"一"以外的每一个数都等于它肩上两个数的和. 杨辉指出这个方法出于《释锁》算书，且我国北宋数学家贾宪（约 11 世纪）已经用过它，这表明我国发现这个表不晚于 11 世纪.

在欧洲，这个表被认为是法国数学家物理学家帕斯卡（Blaise Pascal，1623—1662 年）首先发现的，他们把这个表叫作帕斯卡三角．这就是说，杨辉三角的发现要比欧洲早 500 年左右，由此可见我国古代数学的成就是非常辉煌的．

接下来，让我一起来探究"杨辉三角"的神秘之美吧！

探究一

下面这个模型，你有发现什么规律吗？

```
                    1
                  1   1
                1   2   1
              1   3   3   1
            1   4   6   4   1
          1   5   10  10  5   1
        1   6   15  20  15  6   1
      1   7   21  35  35  21  7   1
    1   8   28  56  70  56  28  8   1
  1   9   36  84  126 126 84  36  9   1
............................................
```

求小实组合作探究如下：

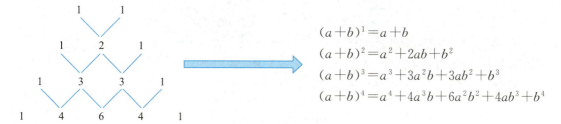

$(a+b)^1=a+b$

$(a+b)^2=a^2+2ab+b^2$

$(a+b)^3=a^3+3a^2b+3ab^2+b^3$

$(a+b)^4=a^4+4a^3b+6a^2b^2+4ab^3+b^4$

白小塔："上述数据上下之间有什么规律？"

求小实："每行数字左右对称，由 1 开始逐渐变大，然后变小，回到 1；每个数字等于上一行左右两个数字之和．"

白小塔："那每项中字母 a 和 b 的次数排列具有什么规律？"

求小实："展开式中每项字母 a 的次数从高到低排列，字母 b 的次数从低到高排列．"

白小塔："展开式中的项数与乘方指数有何关系？"

求小实："展开式中的项数比乘方指数多 1．"

白小塔："小实，你能按上述规律写出 $(a+b)^5$ 的展开式吗？"

求小实："这很简单嘛，$(a+b)^5=a^5+5a^4b+10a^3b^2+10a^2b^3+5ab^4+b^4$．"

白小塔："给你点赞．"

探究二

填表：小组共同完成下表．

思考一： 你能找到各行数字之和的规律吗？并用字母 n 表示第 n 行之和的结果.

结果展示：

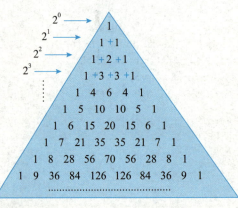

与数字 2 的幂的关系：$a_n = 2^{n-1}$.

思考二： 你还能探究出杨辉三角其他的规律吗？

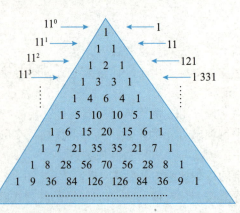

求小实："与数字 11 的幂的关系."

思考三： 第 $2k$ 行的数字特征.

白小塔："第 $2k$ 行所有数的和是偶数."

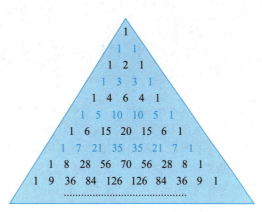

$$
\begin{array}{c}
1 \\
1 \quad 1 \\
1 \quad 2 \quad 1 \\
1 \quad 3 \quad 3 \quad 1 \\
1 \quad 4 \quad 6 \quad 4 \quad 1 \\
1 \quad 5 \quad 10 \quad 10 \quad 5 \quad 1 \\
1 \quad 6 \quad 15 \quad 20 \quad 15 \quad 6 \quad 1 \\
1 \quad 7 \quad 21 \quad 35 \quad 35 \quad 21 \quad 7 \quad 1 \\
1 \quad 8 \quad 28 \quad 56 \quad 70 \quad 56 \quad 28 \quad 8 \quad 1 \\
1 \quad 9 \quad 36 \quad 84 \quad 126 \quad 126 \quad 84 \quad 36 \quad 9 \quad 1
\end{array}
$$

练 — 练

1. 已知 $(x+1)^5 = a_0 x^5 + a_1 x^4 + a_2 x^3 + a_3 x^2 + a_4 x + a_5$.

   (1) 求 $a_0 + a_1 + a_2 + a_3 + a_4 + a_5$；

   (2) 求 $a_1 + a_3 + a_5$.

2. 已知 $(x+1)^6 = a_0 x^6 - a_1 x^5 + a_2 x^4 - a_3 x^3 + a_4 x^2 - a_5 x + a_6$.

   求：$a_0 + a_1 + a_2 + a_3 + a_4 + a_5 + a_6$.

3. 若今天是星期一，再过 8^2 天是星期几？怎么算？

   示例：因为 $8^2 = (7+1)^2 = 7^2 + 2 \times 7 + 1$，

   所以 8^2 是 7 的倍数余 1，因此是星期一.

   求：(1) 若今天是星期一，再过 8^5 天后是星期几？

   (2) 若今天是星期一，再过 8^7 天后是星期几？

   (3) 若今天是星期一，再过 8^{10} 天后是星期几？

13.3　十字相乘法

因式分解是初中数学里的一个重点，也是一个基础点．学好因式分解，是对后面分式的学习和解一元二次方程打下坚实的基础．但是，因式分解对于很多初学的同学来说，是一个难点．什么是因式分解？简单来说，就是要把一个多项式分解成几个多项式或者单项式的乘积的形式．因式分解的常用方法有提公因式法、套公式法、十字相乘法等．尤其是十字相乘法，学好它，可以为高中打下坚实的基础．

今天课堂上刚学完 $x^2+(p+q)x+pq$ 型式子的因式分解——"十字相乘法"．

求小实："小塔，我刚刚有个想法，就是二次项的系数只能是 1 吗？可不可以为其他的数呢，比如 2，3，4 等．"

白小塔："有这个可能，我们不妨试试."

如图 13.3.1 所示，A 卡片是边长为 x 的正方形，B 卡片是边长为 1 的正方形，C 卡片是长为 x，宽为 1 的长方形．

请用 A，B，C 三种卡片分别拼一个面积为 x^2+2x+1，x^2+4x+4 的正方形，并根据图形，写出多项式 x^2+2x+1，x^2+4x+4 因式分解的结果．

> 十字相乘法：十字的左边相乘等于二次项系数，右边相乘等于常数项，交叉相乘再相加等于一次项系数．

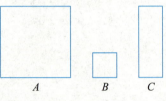

A　　　B　　　C

图 13.3.1

探究一

因式分解：$3x^2+11x+10$．

解：$\because$

$$\begin{array}{cc} 1 & \searrow \nearrow & 2 \\ 3 & & 5 \\ \hline & 6+5=11 \end{array}$$

$\therefore 3x^2+11x+10=(x+2)(3x+5)$．

> 二次项的系数 3 分解成 1，3 两个因数的积；常数项 10 分解成 2，5 两个因数的积；最后发现交叉相乘再相加 $1×5+2×3$ 正好等于一次项的系数 11．

探究二

因式分解：$x^2y^2-3xy+2$．

白小塔："多了一个字母 y，先提公因式，好像不行，小实，你有想法没？"

求小实："我们可以把 xy 看作一个整体，一起来试试吧！"

解：令 $xy=a$，则原式 $=a^2-3a+2$，

> 这道题和前面的题是一样的．唯一的区别，就是要先把第一项 x^2y^2 看作一个整体或者写成 $(xy)^2$ 的形式，那么此时第一项的系数就是 1．

$$\begin{array}{c} 1 \diagdown \diagup -1 \\ 1 \diagup \diagdown -2 \\ \hline -1+(-2)=-3 \end{array}$$

$$\therefore x^2 y^2 - 3xy + 2 = (xy - 1)(xy - 2).$$

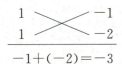

利用十字相乘法进行因式分解：

(1) $5a^2 b^2 + 23ab - 10$；

(2) $3a^2 b^2 - 17abxy + 10x^2 y^2$；

(3) $x^2 - 7xy + 12y^2$；

(4) $x^4 + 7x^2 - 18$；

(5) $4m^2 + 8mn + 3n^2$；

(6) $5x^5 - 15x^3 y - 20xy^2$.

13.4　整式乘法与因式分解综合计算

　　计算，作为数学学习的奠基石，在整个数学的学习中起到了灵魂的作用. 据统计，计算是每次考试中学生最容易得分也是最容易失分的项目，同时计算也是短时间内能够最快提升的. 因此，计算对于数学的重要性不言而喻，需要进行重点训练.

　　今天求小实和白小塔格外兴奋，因为听说下午的数学课要进行整式乘法与因式分解的综合计算比赛.

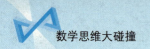

探究一

题中运用了哪些运算公式?

(1) $(-3x^2y)^3 \cdot (-2xy^3) = 54x^7y^6$.

求小实:"幂的乘方、积的乘方、同底数幂的乘法."

(2) $-(-a^4)^5 \cdot a^3 \div (-a)^5 = -a^{18}$.

白小塔:"幂的乘方、同底数幂的乘法、同底数幂的除法、奇负偶正."

(3) $12a^2 - 3b^2 = 3(2a+b)(2a-b)$.

求小实:"提公因式法、平方差公式."

(4) $ax^2 - 2axy + ay^2 = a(x-y)^2$.

白小塔:"提公因式法、完全平方公式."

探究二

比赛解题:

1. 幂的乘方

$-1^4 + (-1)^{-1} - (-1)^4$.

2. 同底数幂的乘法、除法、乘方

$(-2a^2b)^2 \cdot (3ab^2 - 5a^2b) \div (-ab)^3$.

3. 整式乘除运算

$(6x^4 - 8x^3) \div (-2x^2) - (3x+2)(1-x)$.

4. 分解因式

(1) $-3ma^3 + 6ma^2 - 12ma$;

(2) $4q(1-p)^3+2(p-1)^2$;

(3) $(3m-n)(-3m-n)$.

练一练

计算

1. $(\sqrt{2}+1)^0-\left(-\dfrac{1}{2}\right)^2+2^{-2}$.

2. $\sqrt[3]{(-3)^3}+(\pi-2)^0+(-1)^{2\,019}+\left(\dfrac{1}{3}\right)^{-2}$.

3. $\left(\dfrac{1}{2}\right)^{-3}-2^2\times0.25-|6|+(\pi-3.14)^0$.

4. $(x+y)(x-y)-x(x-2y)$.

5. $[(xy+2)(xy-2)-2x^2y^2+4]\div xy$.

6. $4(x+1)^2-(2x-5)(2x+5)$.

7. $[x(x^2y^2-xy)-y(x^2-x^3y)]\div x^2y$.

8. $(2x+y)^2-(-2x+3y)(-2x-3y)$.

9. $-\dfrac{3}{4}ab^2c\cdot(-2a^2b)^2\div6a^2b^3$.

10. $(3x-2)(2x+3)-(x-1)^2$.

11. $(-3x^2y^3)^2 \cdot (-4y^3) \div (6xy)^2$.　　12. $58^2 - 42^2$.

13. $(2x+y-2)(2x+y+2)$.　　14. $(x+5)^2 - (x-2)(x-3)$.

分解因式

1. $x^2(x-2) - 16(x-2)$;　　2. $2x^3 - 8x^2 + 8x$;

3. $4a^2 - 25b^2$;　　4. $-3x^3y^2 + 6x^2y^3 - 3xy^4$;

5. $3x(a-b) - 6y(b-a)$;　　6. $(x^2+4)^2 - 16x^2$;

7. $1 - a^2 - b^2 - 2ab$;　　8. $9a^2(x-y) + 4b^2(y-x)$.

先化简，再求值

1. $(2a-b)^2 + (a-b)(a+b) + 4ab$，其中 $a=2$，$b=-\dfrac{1}{2}$;

2. $[(x+2y)(x-2y) - (x+4y)^2] \div 4y$，其中 $x=1$，$y=4$.

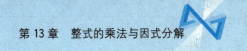

综合运用

1. 已知 $x+y=8$，$xy=12$，求：

 (1) x^2y+xy^2；

 (2) x^2-xy+y^2.

2. 已知 $a^m=2$，$a^n=3$，求：

 (1) a^{m+n} 的值；

 (2) a^{3m-2n} 的值.

第 14 章　分　式

章前导语

数有整数和分数之分，那么式子呢？

当一个整式除以另一个整式，并且除式中含有字母时，分式就产生了！类比分数，分式一样能进行加、减、乘、除、乘方的运算. 这就是数学中的"类比学习思想".

在实际生活中，我们有很多问题可以通过建立方程模型而解决，学习了分式，我们还可以建立分式方程解决实际问题！

14.1　分式相关计算

学习完分式的运算，求小实和白小塔在一个题上出现了分歧，看看他们是怎么做的？

化简 $\left(\dfrac{3}{x-1}-1-x\right)\cdot\dfrac{x-1}{x^2-4x+4}$.

求小实：原式 $=\left(\dfrac{3}{x-1}-\dfrac{1-x}{1}\right)\cdot\dfrac{x-1}{x^2-4x+4}$

$=\left[\dfrac{3}{x-1}-\dfrac{(x-1)(1-x)}{x-1}\right]\cdot\dfrac{x-1}{(x-2)^2}$

$=\left[\dfrac{3}{x-1}+\dfrac{(x-1)^2}{x-1}\right]\cdot\dfrac{x-1}{(x-2)^2}$

$=\left[\dfrac{x^2-2x+4}{x-1}\right]\cdot\dfrac{x-1}{(x-2)^2}=\dfrac{x^2-2x+4}{x-1}\cdot\dfrac{x-1}{(x-2)^2}$

$=\dfrac{x^2-2x+4}{(x-2)^2}$.

白小塔：原式 $=\left(\dfrac{3}{x-1}-\dfrac{1+x}{1}\right)\cdot\dfrac{x-1}{x^2-4x+4}$

$=\left[\dfrac{3}{x-1}-\dfrac{(x-1)(x+1)}{x-1}\right]\cdot\dfrac{x-1}{(x-2)^2}$

198

$$= \left[\frac{3}{x-1} - \frac{x^2-1}{x-1}\right] \cdot \frac{x-1}{(x-2)^2} = \frac{2-x^2}{x-1} \cdot \frac{x-1}{(x-2)^2}$$

$$= \frac{2-x^2}{(x-2)^2}.$$

让我们从分式的基本运算开始看看问题出在哪里.

探究一

分式基本运算

分式的乘除法

(1) $a \cdot \left(\frac{2y}{3x}\right)^2 \div \left(-\frac{6ax}{y^2}\right)$.

解：原式 $= \frac{4ay^2}{9x^2} \div \left(-\frac{6ax}{y^2}\right)$

$$= \frac{4ay^2}{9x^2} \times \left(-\frac{y^2}{6ax}\right) = -\frac{2y^4}{27x^3}.$$

(2) $\frac{1}{x^2-x} \cdot \frac{x-1}{x}$.

解：原式 $= \frac{1}{x^2-x} \cdot \frac{x-1}{x} = \frac{1}{x(x-1)} \cdot \frac{x-1}{x}$

$$= \frac{1}{x^2}.$$

分式乘除法化简的运算本质是约分，当分子分母有公因（数）式时，可以同时约去公因（数）式.

运算时需注意：

1. 除法一般转化为乘法运算，可以运用乘法的运算律.

2. 当分母是多项式时，要因式分解才便于约分.

分式的加减法

(1) $\frac{1}{ab} + \frac{m}{abx}$.

解：原式 $= \frac{1}{ab} + \frac{m}{abx} = \frac{x}{abx} + \frac{m}{abx}$

$$= \frac{x+m}{abx}.$$

(2) $\frac{b^2}{a+b} + 1 - a$.

解：原式 $= \frac{b^2}{a+b} + (1-a)$

$$= \frac{b^2}{a+b} + \frac{(1-a)}{1}$$

$$= \frac{b^2}{a+b} + \frac{(1-a)(a+b)}{a+b}$$

$$= \frac{b^2+a+b-a^2-ab}{a+b} = \frac{-a^2+b^2-ab+a+b}{a+b}.$$

分式加减法化简的运算本质是通分，当几个加数的分母不一样时，可以同时通分成最简公分母．统一分母后，分母不变分子相加减．

运算时需注意：

1. 最简公分母为所有分母的数字的最小公倍数，字母取指数最高的项的指数．
2. 当分母是多项式时，要因式分解才便于通分．

探究二

混合运算

通过回顾，你觉得谁做得是对的呢？错的同学是哪一步出错了？错因是什么？

求小实第一步就错了，错因是添括号法则用错．

$$\because \ -1-x = -(1+x),$$

$$\therefore \ \left(\frac{3}{x-1} -1-x \right) \cdot \frac{x-1}{(x-2)^2} = \left(\frac{3}{x-1} - \frac{1+x}{1} \right) \cdot \frac{x-1}{(x-2)^2}.$$

白小塔在后面 $\left(\frac{3}{x-1} - \frac{x^2-1}{x-1} \right) \cdot \frac{x-1}{(x-2)^2} = \frac{2-x^2}{x-1} \cdot \frac{x-1}{(x-2)^2}$ 也错了一步，错因是去括号法则用错，

$$\because \ 3-(x^2-1) = 3-x^2+1,$$

$$\therefore \ \left(\frac{3}{x-1} - \frac{x^2-1}{x-1} \right) \cdot \frac{x-1}{(x-2)^2} = \frac{4-x^2}{x-1} \cdot \frac{x-1}{(x-2)^2}.$$

两个同学都有错，错在对分式分子分母的整体性理解不对．

分式中分数线上下的分子分母有时候虽然没有括号，但 $\frac{A}{B}$ $(B \neq 0)$ 中 A，B 表示多项式时，是一个整体，计算时要打括号．

正确的结果：

解：原式 $= \left(\frac{3}{x-1} - \frac{1+x}{1} \right) \cdot \frac{x-1}{x^2-4x+4}$

$$= \left[\frac{3}{x-1} - \frac{(x-1)(x+1)}{x-1} \right] \cdot \frac{x-1}{(x-2)^2}$$

$$= \left(\frac{3}{x-1} - \frac{x^2-1}{x-1} \right) \cdot \frac{x-1}{(x-2)^2}$$

$$= \frac{4-x^2}{x-1} \cdot \frac{x-1}{(x-2)^2} = \frac{(2-x)(2+x)}{x-1} \cdot \frac{x-1}{(x-2)^2}$$

$$= -\frac{x+2}{x-2}.$$

1. 下列分式计算正确的是（　　）.

　A. $\left(\dfrac{2y}{3x}\right)^2=\dfrac{2y^2}{3x^2}$ 　　　　　　B. $\dfrac{1}{x-y}-\dfrac{1}{y-x}=0$

　C. $\left(-\dfrac{x^2}{y}\right)^3=-\dfrac{x^6}{y^3}$ 　　　　　D. $\dfrac{1}{3x}+\dfrac{1}{3y}=\dfrac{1}{3(x+y)}$

2. 老师设计了接力游戏，用合作的方式完成分式计算. 规则是：每人只能看到前一人给的式子，并进行一步计算，再将结果传递给下一人，最后完成分式计算. 过程如图所示. 接力中，自己负责的一步出现错误的是（　　）.

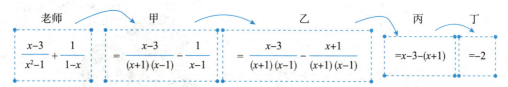

　A. 只有乙　　　　B. 甲和丙　　　　C. 丙和丁　　　　D. 乙和丁

3. 分式计算.

　(1) $\dfrac{1}{a^2-a}\cdot\dfrac{a-1}{a}$；

　(2) $\dfrac{a+b}{ab}-\dfrac{b+c}{bc}$.

4. 阅读下列分式的计算过程，请你观察和思考，并回答所提出的问题：

计算 $\dfrac{1}{x+1}-\dfrac{2x}{x^2-1}=\dfrac{x-1}{(x+1)(x-1)}-\dfrac{2x}{(x+1)(x-1)}$ （第一步）

$\qquad\qquad\qquad =-1-2x$ （第二步）

$\qquad\qquad\qquad =-x-1$ （第三步）

　(1) 该同学在计算中，第一步用的数学算理是_____；

　(2) 上述计算过程是从第_____步开始出现错误的；

　(3) 求出该分式的正确结果（写出具体步骤）.

5. 化简式子 $\left(y-5+\dfrac{16}{y+3}\right)\div\dfrac{y-1}{y^2-9}$，再从 1，2，3 中选一个合适的值代入 y，求式子的值.

6. 化简式子 $\left(\dfrac{2m-1}{m-1}-m-1\right)\div\dfrac{m-2}{m^2-2m+1}$，其中 $m=0.5$ 时，求式子的值.

14.2　裂项相消法

求小实周末作业有一个题没有做出来，第二天一早就去和同学们讨论了. 先来看看这个题，计算：$\dfrac{1}{1\times2}+\dfrac{1}{2\times3}+\cdots+\dfrac{1}{100\times101}$. 这个题你怎么思考呢？

求小实说："这么长的式子，用常规通分方法肯定行不通！"

同学们，你们会有思路吗？接下来让我们一起跟随求小实去探索！

> 像这样项数多的式子，不可能用常规通分方法解决，我们要探究规律，让它互相抵消化简.

探究一

裂项相消法

既要把式子里的乘法关系改变，又要使式子中前后项能相互抵消，求小实总结出以下规律：

$$\frac{1}{1\times2}=\frac{1}{1}-\frac{1}{2}$$

$$\frac{1}{2\times3}=\frac{1}{2}-\frac{1}{3}$$

$$\cdots\cdots$$

$$\frac{1}{n\times(n+1)}=\frac{1}{n}-\frac{1}{n+1}$$

因此，$\dfrac{1}{1\times2}+\dfrac{1}{2\times3}+\cdots+\dfrac{1}{100\times101}=1-\dfrac{1}{2}+\dfrac{1}{2}-\dfrac{1}{3}\cdots+\dfrac{1}{100}-\dfrac{1}{101}=1-\dfrac{1}{101}=\dfrac{100}{101}$.

你能总结一下这个方法的特征吗？

> 裂项相消法，又称为裂项法，是指将一列有规律的式子中的每一项分解，然后重新组合，使之能消去一些项，最终达到求和的目的.

白小塔转过头，又说："其他情况呢？我们再找几个这样的题试一试？"

计算下列各题：

1. $\dfrac{1}{1\times 3}+\dfrac{1}{3\times 5}\cdots +\dfrac{1}{99\times 101}$.

2. $\dfrac{1}{20\times 25}+\dfrac{1}{25\times 30}\cdots +\dfrac{1}{95\times 100}$.

如何裂项

解决裂项问题，本质上是解决 $\dfrac{1}{n\cdot (n+a)}$ 裂项问题.

比如第 1 题，分母是一列奇数相乘，我们可以将它写为具有 $\dfrac{1}{(2n-1)(2n+1)}$ 特征的式子.

而要得到这样的式子，首先考虑 $\dfrac{1}{2n-1}-\dfrac{1}{2n+1}$ 的值.

计算 $\dfrac{1}{2n-1}-\dfrac{1}{2n+1}=\dfrac{2n+1}{(2n-1)(2n+1)}-\dfrac{2n-1}{(2n-1)(2n+1)}=\dfrac{2}{(2n-1)(2n+1)}$

故 $\dfrac{1}{(2n-1)(2n+1)}=\dfrac{1}{2}\left(\dfrac{1}{2n-1}-\dfrac{1}{2n+1}\right)$.

1. 解：原式 $=\dfrac{1}{1\times 3}+\dfrac{1}{3\times 5}\cdots +\dfrac{1}{99\times 101}$

$=\dfrac{1}{2}\times\left(1-\dfrac{1}{3}\right)+\dfrac{1}{2}\times\left(\dfrac{1}{3}-\dfrac{1}{5}\right)+\cdots +\dfrac{1}{2}\times\left(\dfrac{1}{99}-\dfrac{1}{101}\right)$

$=\dfrac{1}{2}\times\left(1-\dfrac{1}{101}\right)=\dfrac{1}{2}\times\dfrac{100}{101}=\dfrac{50}{101}$.

仿照 1 题的做法，求小实给出 2 题的解答.

2. 解：$\dfrac{1}{20\times 25}+\dfrac{1}{25\times 30}\cdots +\dfrac{1}{95\times 100}$，

由题可观察这一列式子有 $\dfrac{1}{(5n+15)(5n+20)}$ 的特征，

对 $\dfrac{1}{(5n+15)(5n+20)}$ 裂项得，

$\dfrac{1}{5n+15}-\dfrac{1}{5n+20}=\dfrac{5n+20}{(5n+15)(5n+20)}-\dfrac{5n+15}{(5n+15)(5n+20)}$

$$=\frac{5}{(5n+15)(5n+20)},$$

因此$\frac{1}{(5n+15)(5n+20)}=\frac{1}{5}\left(\frac{1}{5n+15}-\frac{1}{5n+20}\right).$

$$原式=\frac{1}{20\times25}+\frac{1}{25\times30}+\cdots+\frac{1}{95\times100}$$

$$=\frac{1}{5}\times\left(\frac{1}{20}-\frac{1}{25}\right)+\frac{1}{5}\times\left(\frac{1}{25}-\frac{1}{30}\right)+\cdots+\frac{1}{5}\times\left(\frac{1}{95}-\frac{1}{100}\right)$$

$$=\frac{1}{5}\times\left(\frac{1}{20}-\frac{1}{100}\right)$$

$$=\frac{1}{5}\times\frac{4}{100}=\frac{1}{125}.$$

求小实："裂项法好神奇，这题我虽然是做出来了，但其他题不一样啊."

白小塔："老师说，数学思想中从特殊到一般的化归思想就是通过规律探究解决一系列有共同特征的问题，要不，我们用公式试一下?"

探究三

解决$\frac{1}{n(n+a)}$的裂项（n、a都是使分式有意义的常数）

因为$\frac{1}{n}-\frac{1}{n+a}=\frac{n+a}{n(n+a)}-\frac{n}{n(n+a)}=\frac{a}{n(n+a)},$

所以$\frac{1}{n(n+a)}=\frac{1}{a}\left(\frac{1}{n}-\frac{1}{n+a}\right).$

1. 阅读材料，解决问题．

材料一：配方法不仅能用于解决一元二次方程、二次函数等问题，还能用来因式分解，比如：$x^4+4=x^4+4x^2+4-4x^2=(x^2+2)^2-(2x)^2=(x^2+2+2x)(x^2+2-2x).$

材料二：在解决较为复杂的分数或分式运算时，当每一个分数或分式的分母是两个因数或因式之积且两个因数或因式之差为定值，而分子也是一个定值时，可用裂项相消、拆项通分的方法进行运算：逆用同分母分数或分式的加减法则，将每一个分式先拆成两项之差，前后相互抵消后再通分．例如：

$$\frac{1}{n(n-1)}+\frac{1}{n(n+1)}+\frac{1}{(n+1)(n+2)}+\cdots+\frac{1}{(n+2\,021)(n+2\,022)}$$

$$=\left(\frac{1}{n-1}-\frac{1}{n}\right)+\left(\frac{1}{n}-\frac{1}{n+1}\right)+\cdots+\left(\frac{1}{n+2\,021}-\frac{1}{n+2\,022}\right)$$

$$=\frac{1}{n-1}-\frac{1}{n}+\frac{1}{n}-\frac{1}{n+1}+\cdots+\frac{1}{n+2\,021}-\frac{1}{n+2\,022}$$

$$= \frac{1}{n-1} - \frac{1}{n+2\,022}$$

$$= \frac{n+2\,022-n+1}{(n+2\,022)(n-1)}$$

$$= \frac{2\,023}{(n+2\,022)(n-1)}.$$

阅读上述材料，解决下面的问题：

（1）因式分解：$81x^4+4$；

（2）解方程：$\dfrac{x}{1\times 2} + \dfrac{x}{2\times 3} + \dfrac{x}{3\times 4} + \cdots + \dfrac{x}{2\,019\times 2\,020} = 2\,019$；

（3）求证：$\dfrac{1}{1+1^2+1^4} + \dfrac{2}{1+2^2+2^4} + \dfrac{3}{1+3^2+3^4} + \cdots + \dfrac{n}{1+n^2+n^4} = \dfrac{n^2+n}{2n^2+2n+2}.$

14.3 含有参数的分式方程

这几天，求小实总为这样的题目发愁.

若关于 x 的分式方程 $\dfrac{2x+a}{x-2} = 3$ 的解是正数，则实数 a 的取值范围是什么？

> 一个方程里有两个字母，它怎么又称作关于x的方程呢？a又是什么呢？

当一个方程里有多个字母，但称作关于 x 的方程时，是指除了 x 是未知数，其余字母都是参数，我们应该把它看成待定的系数或是常数，因此这样的方程称为含参数的方程.

探究一

解含参数的分式方程

如何解含参数的方程呢？

我们先来看看上面问题的解答.

解：去分母 $(x-2)$ 得 $2x+a=3x-6$，解得 $x=a+6$，

因此 $a+6>0$，$a>-6$，

又方程有解则 $x\neq2$，则 $a+6\neq2$，

则 $a\neq-4$，

故 a 的范围是 $a>-6$ 且 $a\neq-4$.

> 对于含有参数的方程，在解决时，应把除未知数外的所有字母看作常数，用它们表示未知数，即把式子化成 $x=\cdots$（含有参数及数字）的形式，再按照条件解决问题. 注意在分式方程中不要忽略增根的情况.

探究二

含参数的分式方程与不等式（组）

关于 x 的一元一次不等式组 $\begin{cases}2x-1\leqslant3(x-2)\\ \dfrac{x-m}{2}>1\end{cases}$ 的解集为 $x\geqslant5$，且关于 y 的分式方程

$\dfrac{y}{y-2}+\dfrac{m}{2-y}=-1$ 有非负整数解，则符合条件的所有整数 m 的值是多少？

解：解不等式得 $\begin{cases}x\geqslant5\\ x>2+m\end{cases}$，因为解集为 $x\geqslant5$，所以 $m<3$，

解分式方程得 $y-m=-(y-2)$，则 $y=\dfrac{2+m}{2}$，

因为，有非负整数解则 $\dfrac{2+m}{2}\geqslant0$，则 $m\geqslant-2$，

故 $-2\leqslant m<3$，又因为 $y=\dfrac{2+m}{2}$ 为非负整数解，故 m 为偶数，因此 m 为 -2，0，2.

但 $y=2$ 时，y 是方程的增根，无解，故 $\dfrac{2+m}{2}\neq2$，$m\neq2$.

因此 m 为 -2，0.

探究三

含参数的分式方程与其他知识的综合

若关于 x 的分式方程 $\dfrac{x+2m}{x-3}-1=\dfrac{2}{x}$ 无解，又另有一组数据 2，5，6，8，n 的平均数是 5.4，则代数式 mn 的值为 _____.

解：由分式方程 $\dfrac{x+2m}{x-3}-1=\dfrac{2}{x}$，得 $(2m+1)x=-6$，

当 $m=-\dfrac{1}{2}$ 时，该方程无解，

当 $m\neq-\dfrac{1}{2}$ 时，$x=\dfrac{-6}{2m+1}$，

∵ 分式方程 $\dfrac{x+2m}{x-3}-1=\dfrac{2}{x}$ 无解，

$$\therefore \frac{-6}{2m+1}=3,$$

$$\therefore m=-\frac{3}{2},$$

由上可得，$m=-\frac{1}{2}$ 或 $m=-\frac{3}{2}$；

由题意得 $\frac{2+5+6+8+n}{5}=5.4$,

$$\therefore n=6,$$

$\therefore$ 当 $m=-\frac{1}{2}$，$n=6$ 时，$mn=-3$；

当 $m=-\frac{3}{2}$，$n=6$ 时，$mn=-9$；

故答案为：-3 或 -9.

随着知识学习的深入及量的积累，综合问题多了起来，这更加考验大家对概念的理解，以及对基本技能和基础知识的掌握. 因此，更需要大家求真务实！

1. 已知关于 x 的分式方程 $\frac{2a}{x-5}+\frac{3}{5-x}=1$，则用 x 表示 a 为 _____，用 a 表示 x 为 _____.

2. 若关于 y 的分式方程 $\frac{2a}{y-1}=a-1$ 无解，求 a 的值.

3. 已知关于 y 的分式方程 $\frac{m-2}{y+1}=1$ 解为负数，则 m 的取值范围是什么？

4. 在初中数学学习阶段，我们常常会利用一些变形技巧来简化式子，解答问题.

   材料一：在解决某些分式问题时，倒数法是常用的变形技巧之一. 所谓倒数法，即把式子变成其倒数形式，从而运用约分化简，以达到计算目的.

   例：已知 $\frac{x}{x^2+1}=\frac{1}{4}$，求代数式 $x^2+\frac{1}{x^2}$ 的值.

   解：$\because \frac{x}{x^2+1}=\frac{1}{4}$，$\therefore \frac{x^2+1}{x}=4$

   即 $\frac{x^2}{x}+\frac{1}{x}=4$ $\therefore x+\frac{1}{x}=4$ $\therefore x^2+\frac{1}{x^2}=\left(x+\frac{1}{x}\right)^2-2=16-2=14.$

材料二：在解决某些连等式问题时，通常可以引入参数"k"，将连等式变成几个值为 k 的等式，这样就可以通过适当变形解决问题.

例：若 $2x = 3y = 4z$，且 $xyz \neq 0$，求 $\dfrac{x}{y+z}$ 的值.

解：令 $2x = 3y = 4z = k(k \neq 0)$，

则 $x = \dfrac{k}{2}$，$y = \dfrac{k}{3}$，$z = \dfrac{k}{4}$ $\therefore \dfrac{x}{y+z} = \dfrac{\frac{1}{2}k}{\frac{1}{3}k + \frac{1}{4}k} = \dfrac{\frac{1}{2}}{\frac{7}{12}} = \dfrac{6}{7}$.

根据材料回答问题：

(1) 已知 $\dfrac{x}{x^2 - x + 1} = \dfrac{1}{2}$，则 $x + \dfrac{1}{x} = $ _____.

(2) 解分式方程组：$\begin{cases} \dfrac{mn}{3m+2n} = 3 \\ \dfrac{mn}{2m+3n} = 5 \end{cases}$.

(3) 若 $\dfrac{yz}{bz+cy} = \dfrac{zx}{cx+az} = \dfrac{xy}{ay+bx} = \dfrac{x^2+y^2+z^2}{a^2+b^2+c^2}$，$x \neq 0$，$y \neq 0$，$z \neq 0$，且 $abc = 5$，求 xyz 的值.

14.4　增根与无解

　　学习完解分式方程，很多同学以"无解了"表示一件事情解决不了，或是没有办法. 求小实想："方程有增根就是无解了吗？"

　　今天我们就来谈谈分式方程的增根及方程无解.

探究一

　　方程无解和方程有增根是一回事吗？

解分式方程 $\dfrac{x-2}{x+2}-\dfrac{16}{x^2-4}=1$.

解：去分母，同时乘以 $(x-2)(x+2)$，

得 $x^2-4x+4-16=(x-2)(x+2)$，

$2x=4$，$x=-2$，检验，把 $x=-2$ 代入使 $(x-2)(x+2)=0$，因此 $x=-2$ 不是原方程的解，原方程无解。

回顾解分式方程的步骤：

（1）去分母，将分式方程变成整式方程；

（2）得到整式方程的根；

（3）检验整式方程的根是否也是分式方程的根。

有增根：（2）中得到的整式方程的根存在会使原分式方程的分母为 0 的根，那么这个根就是原分式方程的增根，则称这个分式方程无解。

注意：这里只是存在会使最简公分母为 0 的根，具体几个不确定，故而一定要注意分类讨论。

无解：情况一，分式方程增根导致方程无解；

情况二，整式方程本身也无解，尤其是含参数的方程，要考虑系数为 0 的情况。

因此，方程有增根只是方程无解的一种情况。

> 分式方程的增根：在将分式方程化成整式方程后，解出使最简公分母为0的未知数的值。

探究二

含参数分式方程的有增根、无解问题

已知关于 x 的分式方程 $\dfrac{x+a}{x-2}-\dfrac{5}{x}=1$.

（1）若方程有增根，求 a 的值；

（2）若方程无解，求 a 的值。

解：（1）$x(x+a)-5(x-2)=x(x-2)$，

$x^2+ax-5x+10=x^2-2x$，$(a-3)x=-10$，方程的增根使 $x(x-2)=0$，

当 $x=2$ 时，$a=-2$，

当 $x=0$ 时，a 无解，

因此若方程有增根，a 的值为 -2。

（2）方程无解可能有如下情况：

情况一，方程有增根，则根据（1）可知 a 的值为 -2；

情况二，整式方程无解，$(a-3)x=-10$，则 $a-3=0$，故 a 的值为 3。

综上，方程无解则 a 的值为 -2 或 3。

对于含参数的分式方程无解情况，应分类讨论：

情况一：考虑增根的情况；

情况二：考虑整式方程未知数项系数为零的情况。

1. 分式方程 $\dfrac{1}{x-1}-\dfrac{2}{x}=\dfrac{1}{x^2-x}$ 的解为（　　）.

   A. $x=-2$　　　　　　　　　　　　B. $x=2$

   C. $x=-1$　　　　　　　　　　　　D. $x=1$ 是增根，此方程无解

2. 下列结论正确的是（　　）.

   A. $\dfrac{y+1}{5}=\dfrac{y}{3}$ 是分式方程　　　　B. 方程 $\dfrac{x-2}{x+2}=\dfrac{16}{x^2-4}+1$ 无解

   C. 方程 $\dfrac{x}{x^2+x}=\dfrac{3x}{x^2+x}$ 的根为 $x=0$　　D. 解分式方程时，一定会出现增根

3. 关于方程 $\dfrac{3}{x^2-x}+\dfrac{6}{1-x^2}=\dfrac{7}{x^2+x}$ 的根的情况，说明正确的是（　　）.

   A. 0 是它的增根　　　　　　　　　B. -1 是它的增根

   C. 原分式方程无解　　　　　　　　D. 1 是它的根

4. 根据条件回答问题：

   (1) 若关于 x 的分式方程 $\dfrac{x}{x-1}-\dfrac{m}{1-x}=2$ 有增根，则这个增根是_____；

   (2) 若关于 x 的分式方程 $\dfrac{x}{x-2}+\dfrac{2m}{2-x}=2m$ 有增根，则 m 的值为_____；

   (3) 若关于 x 的分式方程 $\dfrac{2x}{x-1}-1=\dfrac{m}{x-1}$ 无解，则 m 的值为_____.

5. 关于 x 的方程 $\dfrac{5}{x-5}+\dfrac{ax}{x^2-25}=\dfrac{3}{x+5}$ 有增根，则 $a=$ _____，若此方程无解，则 $a=$ _____.

6. 已知关于 x 的方程 $\dfrac{2}{x+1}-\dfrac{5}{x-1}=\dfrac{mx}{x^2-1}$.

   (1) 若方程的增根为 $x=1$，求 m 的值；

   (2) 若方程有增根，求 m 的值；

   (3) 若方程无解，求 m 的值.

7. 小塔想复习分式方程，由于印刷问题，有一个数看不清楚：$\dfrac{x}{x-3}=2-\dfrac{?}{x-3}$.

   (1) 她把这个数猜成 -2，请你帮小塔解这个分式方程；

   (2) 小塔的妈妈说："我看了标准答案，$x=3$ 是方程的增根，原分式方程无解."请你求出原分式方程中 "?" 代表的数是多少.

8. 小华想复习分式方程，由于印刷问题，有一个数看不清楚：$\dfrac{?}{x-2}+3=\dfrac{1}{2-x}$.

(1) 她把这个数猜成 5，请你帮小华解这个分式方程；

(2) 小华的妈妈说："我看了标准答案，方程的增根是 $x=2$，原分式方程无解."请你求出原分式方程中"？"代表的数是多少.

14.5　使用表格分析法解分式方程

学习完分式方程后，白小塔掌握了一些列分式方程解实际问题的办法，但是又困于每次都有两种参考关系难于分析数量关系. 有什么方法能更快速地解决问题呢？下面我们一起来探究一下.

先来看看有哪些实际问题是常用分式方程解决的.

探究一

分式方程实际应用问题

1. 行程问题

八年级学生周末从学校出发到某实践基地研学旅行，实践基地距学校 150 千米，一部分学生乘慢车先行，出发 30 分钟后，另一部分学生乘快车前往，结果他们同时到达实践基地，已知快车的速度是慢车速度的 1.2 倍，求快车、慢车速度分别是多少千米/小时？

解：设慢车的速度为 x 千米/时，则快车的速度为 $1.2x$ 千米/时，

依题意得，$\dfrac{150}{x}-\dfrac{150}{1.2x}=\dfrac{30}{60}$，

解得 $x=50$，

经检验，$x=50$ 是原方程的解，且符合题意，

∴ $1.2x=60$.

答：快车的速度为 60 千米/时，慢车的速度为 50 千米/时.

2. 工程问题

某社区对 1 200 米的道路进行改造，铺设柏油路面，铺设 400 米后，为了尽快完成道路改造，后来每天的工作效率比原计划提高 25％，结果共用 13 天完成道路改造任务. 求原计划每天铺设路面多少米？

解：设原计划每天铺设路面 x 米，则提高工作效率后每天铺设路面 $(1+25\%)x$ 米，

依题意得，$\dfrac{400}{x}+\dfrac{1\,200-400}{(1+25\%)x}=13$，

解得 $x=80$,

经检验, $x=80$ 是原方程的解, 且符合题意.

答: 原计划每天铺设路面 80 米.

3. 几何问题

某种型号的 LED 显示屏为长方形, 其长与宽的比为 4∶3; 若将该显示屏的长、宽各减少 2cm, 则其长与宽的比值将会变为 3∶2. 求该型号 LED 显示屏的长度与宽度.

解: 设 LED 显示屏的长为 $4x\,\text{cm}$, 则宽为 $3x\,\text{cm}$.

根据题意得, $\dfrac{4x-2}{3x-2}=\dfrac{3}{2}$,

解得 $x=2$.

经检验, $x=2$ 是原方程的解, 且符合题意,

则 $4x=8$, $3x=6$,

答: 该 LED 显示屏的长度为 8cm, 宽度为 6cm.

4. 经济问题

某中学小卖部经营某款畅销饮料, 3 月份的销售额为 20 000 元, 为扩大销量, 4 月份小卖部对这种饮料打 9 折销售, 结果销售量增加了 1 000 瓶, 销售额增加了 1 600 元. 求 3 月份每瓶饮料的销售单价是多少元?

解: 设 3 月份每瓶饮料的销售单价为 x 元,

由题意得, $\dfrac{20\,000+1\,600}{0.9x}-\dfrac{20\,000}{x}=1\,000$,

解得: $x=4$,

经检验 $x=4$ 是原分式方程的解.

答: 3 月份每瓶饮料的销售单价是 4 元.

> 列分式方程解决实际问题的步骤:
> 1.分析数量关系
> 2.设未知数
> 3.列分式方程
> 4.解分式方程
> 5.检验
> 6.答

所有分式方程实际问题中的数量关系都呈现 $M=A\times B$ 的形式!

探究二

如何建立表格分析数量关系

为了看看这个方法的实用性, 他们一起用此方法重新解下面这道习题.

两个工程队共同参与一项筑路工程, 甲队单独施工一个月完成总工程量的 $\dfrac{1}{3}$, 这时增

加了乙队，两队又工作了半个月，总工程全部完成. 哪个队的施工速度快?

解：由题意得甲工程队效率为 $\frac{1}{3} \div 1 = \frac{1}{3}$，工程总量＝效率×时间，

设乙队效率为 $\frac{1}{x}$，

工程总量＝效率×时间	工程总量	效率	时间
甲队	1	$\frac{1}{3}$	1＋0.5
乙队		$\frac{1}{x}$	0.5

由此得方程 $\frac{1}{3} \times (1+0.5) + \frac{1}{x} \cdot 0.5 = 1$，

解方程得 $x=1$，经检验 $x=1$ 是原分式方程的解，因为 $1 > \frac{1}{3}$，所以乙队效率更高.

答：乙队效率高.

白小塔在求小实启发下，又列出另一个表格，

工程总量＝效率×时间	工程总量	效率	时间
先	1	$\frac{1}{3}$	1
后		$\frac{1}{x} + \frac{1}{3}$	0.5

得到方程 $\frac{1}{3} \times 1 + 0.5 \times \left(\frac{1}{x} + \frac{1}{3} \right) = 1$，

一样解出答案.

于是，求小实、白小塔共同整理出用表格解决分式方程实际问题的方法.

1. 列出满足 $M = A \times B$ 这样数量关系的表格.

$M=A\times B$	M	A	B
参考量一			
参考量二			

2. 参考量可以是两个人、两个队或是时间先后关系.

3. 根据表格列出满足数量关系的分式方程.

4. 解分式方程，检验，答.

聪明的你，快来试试这种新方法吧!

数学思维大碰撞

1. 某单位党支部在"精准扶贫"活动中，给结对帮扶的贫困家庭赠送甲、乙两种树苗. 已知每棵乙种树苗的价格比甲种树苗的价格贵 10 元，用 480 元购买乙种树苗的棵数恰好与用 360 元购买甲种树苗的棵数相同，求甲、乙两种树苗每棵的价格.

2. 一批疫苗的生产，先由 A 制药厂单独生产一个月完成总量的三分之一，为了加快生产进度，这时，B 制药厂加入生产，两个药厂又共同工作了半个月，生产全部完成. 求 B 制药厂单独生产这批疫苗需要几个月完成？

3. 学习分式方程应用时，老师板书的问题和两名同学所列的方程如下：

> ### 15.3 分式方程
>
> 甲、乙两个工程队，甲队修路 400 米与乙队修路 600 米所用的时间相等，乙队每天比甲队多修 20 米，求甲队每天修路的长度？
>
> 聪聪：$\dfrac{400}{x}=\dfrac{600}{x+20}$
>
> 明明：$\dfrac{600}{y}-\dfrac{400}{y}=20$

根据以上信息，解答下列问题：

(1) 选择：聪聪同学所列方程中的 x 表示_____，明明同学所列方程中的 y 表示_____；

A. 甲队每天修路的长度；

B. 乙队每天修路的长度；

C. 甲队修路 400 米所用的时间.

(2) 你喜欢_____列的方程，该方程的等量关系为_____.

(3) 解（2）中你所选择的方程，并回答老师提出的问题.

第 15 章　二次根式

章前导语

　　一个数自乘得其平方，反之，何数平方等于某已知数？研究开平方的运算方法，很早就引起了人们的兴趣，在古巴比伦的泥板书、古埃及的纸草书、印度的《绳法经》和中国的《九章算术》中，均对其进行了探讨. 古巴比伦的泥板书距今已有 4 000 余年，故二次根式的研究可谓历史悠久. 二次根式凝聚了众多数学家的心血，它也具有很多有趣且简洁的运算方法，这一章让我们来进一步研究二次根式吧.

15.1　二次根式的混合运算

　　白小塔："小实，你还记得单项式与多项式、多项式与多项式的乘法法则吗？"

　　求小实："这难不倒我. $m(a+b+c)=ma+mb+mc$，$(m+n)(a+b)=ma+mb+na+nb$."

　　白小塔："多项式与单项式的除法法则是什么，你还记得吗？"

　　求小实："$(ma+mb+mc)\div m=a+b+c$."

　　白小塔："乘法公式有哪些？"

　　求小实："平方差公式：$(a+b)(a-b)=a^2-b^2$；完全平方公式：$(a\pm b)^2=a^2\pm 2ab+b^2$."

探究一

　　(1) $(\sqrt{6}+\sqrt{3})\times\sqrt{6}$；　　　　　　(2) $(4\sqrt{3}-3\sqrt{6})\div 2\sqrt{3}$.

求小实："我来做第一题，把二次根式看成'项'，就可以类比整式的运算进行，第一题就是单项式乘以多项式，原式 $=\sqrt{6}\times\sqrt{6}+\sqrt{3}\times\sqrt{6}=6+3\sqrt{2}$."

白小塔："第二题就是多项式除以单项式，原式 $=4\sqrt{3}\div2\sqrt{3}-3\sqrt{6}\div2\sqrt{3}=2-\dfrac{3}{2}\sqrt{2}$."

探究二

$(1)\ \sqrt{3}(\sqrt{2}-\sqrt{3})-\sqrt{27}+|\sqrt{6}-3|$；　　　　$(2)\ (2\,021-\sqrt{3})^0+|3-\sqrt{12}|-\dfrac{\sqrt{6}}{\sqrt{2}}$.

白小塔："虽然这两个题目比前面两个要复杂，但其本质和整式运算是一样的，我来第一题吧."

解：原式 $=\sqrt{6}-3-3\sqrt{3}+3-\sqrt{6}$

$\qquad\quad =-3\sqrt{3}$.

求小实："那我来第二题."

解：原式 $=1+2\sqrt{3}-3-\sqrt{3}$

$\qquad\quad =\sqrt{3}-2$.

思考：你认为二次根式的混合运算的秘诀是什么呢?

白小塔："二次根式的混合运算，先要弄清运算种类，再确定运算顺序，最后按照二次根式相应的运算法则进行运算，在运算过程中，对于各根式不一定要化简，应因题而异，但最后结果一定要化简."

求小实："你说得太对了，我补充一下，有时还经常会使用到整式乘法中的公式，一定要牢记公式才能算得又快又准."

探究三

$(1)\ (2\sqrt{2}-3)^{2\,021}\times(2\sqrt{2}+3)^{2\,021}$；　　　　$(2)\ (2-\sqrt{3})^{2\,021}(2+\sqrt{3})^{2\,022}-2\times\dfrac{\sqrt{3}}{2}$.

求小实："这两个题……我不会了，这要怎么算呢？"

白小塔："我教你吧，根据乘方的定义，$(2\sqrt{2}-3)^{2\,021}$ 也就是 2 021 个 $(2\sqrt{2}-3)$ 相乘，$(2\sqrt{2}+3)^{2\,021}$ 也就是 2 021 个 $(2\sqrt{2}+3)$ 相乘，原式 $=(2\sqrt{2}-3)\times(2\sqrt{2}-3)\times\cdots\times(2\sqrt{2}-3)\times(2\sqrt{2}+3)\times(2\sqrt{2}+3)\times\cdots\times(2\sqrt{2}+3)$，可以发现 $(2\sqrt{2}-3)$ 和 $(2\sqrt{2}+3)$ 可以用平方差公式，于是我们使用乘法交换律，把式子变成 $(2\sqrt{2}-3)\times(2\sqrt{2}+3)\times(2\sqrt{2}-3)\times(2\sqrt{2}+3)\times\cdots\times(2\sqrt{2}-3)\times(2\sqrt{2}+3)$，一共 2 021 组，所以最后也就是 $[(2\sqrt{2}-3)\times(2\sqrt{2}+3)]^{2\,021}=(-1)^{2\,021}=-1.$"

求小实："神奇，那第二题我会了. 可以把 2 021 个 $(2-\sqrt{3})$ 和 2 021 个 $(2+\sqrt{3})$ 交换组合在一起，也就变成了 $[(2-\sqrt{3})(2+\sqrt{3})]^{2\,021}=1^{2\,021}$，还剩下一个 $2+\sqrt{3}$，则原式 $=(2+\sqrt{3})-2\times\dfrac{\sqrt{3}}{2}=2.$"

二次根式混合运算方法：

1. 运算顺序和有理数的运算顺序相同，即先乘方，再乘除最后加减，如果有括号先算括号里的.

2. 交换律、结合律、分配律在二次根式的运算中仍然适应.

3. 二次根式的和相乘与多项式乘法类似，并且乘法公式仍然适用.

4. 运算结果若为二次根式，要化为最简二次根式.

1. 已知 $\sqrt{x}-\dfrac{1}{\sqrt{x}}=\sqrt{3}$，则 $\sqrt{x}+\dfrac{1}{\sqrt{x}}$ 的解为 （   ）.

   A. $\pm\sqrt{5}$ B. $\pm\sqrt{7}$ C. $\sqrt{5}$ D. $\sqrt{7}$

2. 计算：$(\sqrt{3}+\sqrt{2})^2-\sqrt{24}=$ _____.

3. 计算：$2^{-2}+\sqrt{2}(\sqrt{2}-1)-(\pi-2\,019)^0-\sqrt{\dfrac{1}{16}}.$

4. 计算：$\sqrt{18}-\sqrt{8}-(\sqrt{3}-1)(\sqrt{3}+1).$

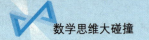

5. 计算：

(1) $4\sqrt{5}+\sqrt{45}-\sqrt{8}+4\sqrt{2}$；

(2) $(2\sqrt{48}-3\sqrt{27})\div\sqrt{6}$；

(3) $(\sqrt{6}+\sqrt{5})(\sqrt{6}-4)$；

(4) $2\sqrt{12}\times\dfrac{\sqrt{3}}{4}\div\sqrt{2}$.

6. 已知：$x=\sqrt{3}+1$，$y=\sqrt{3}-1$，求下列各式的值.

(1) x^2-y^2；

(2) $\dfrac{y}{x}+\dfrac{x}{y}$.

7. (1) $(\sqrt{3}-1)(\sqrt{3}+1)-\left(-\dfrac{1}{3}\right)^{-2}+(\pi-2)^0+\sqrt{8}$；

(2) 已知 $x=\sqrt{3}+1$，求 x^2-2x-3 的值.

15.2　海伦-秦九韶公式

在学习了二次根式后，求小实在课本里发现了一个很有趣的公式，于是这天小实找到小塔一起研究，同学们你们也和他们一起吧！

求小实："小塔，二次根式这一章你学得怎么样？"

白小塔："我觉得太有意思了，很多无限不循环小数我们都无法把他们完整地写出来，但通过根号就可以进行加减乘除，简直太神奇了."

求小实："小塔，那你知道海伦公式吗？"

白小塔："那是什么？快跟我说说."

求小实："我们今天一起来研究研究吧."

探究一

海伦-秦九韶公式

在《数学九章》中有这样一个问题：有沙田一段，有三斜，其小斜一十三里，中斜一十四里，大斜一十五里. 里法三百步，欲知为田几何？

上述问题等价于：如图 15.2.1，在 $\triangle ABC$ 中，已知 $a=15$，$b=14$，$c=13$，求三角形的面积 $S_{\triangle ABC}$.

求小实："实际上海伦-秦九韶公式就是解决这样一个问题的."

公元 1 世纪，古希腊数学家海伦（Heron）在其著作《度量》一书中给出了一个漂亮的公式：设 a，b，c 是 $\triangle ABC$ 的三边长，若 $p=\dfrac{a+b+c}{2}$，即 $S_{\triangle ABC}=\sqrt{p(p-a)(p-b)(p-c)}$. 这就是著名的已知三边长求三角形面积的海伦公式.

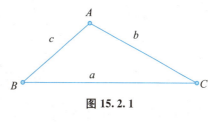

图 15.2.1

探究二

证明海伦-秦九韶公式

方法一：（勾股法）

如图 15.2.2 所示，$h^2=c^2-x^2=b^2-(a-x)^2$，

解得 $x=\dfrac{c^2+a^2-b^2}{2a}$，

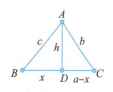

图 15.2.2

因此 $h=\sqrt{c^2-\left(\dfrac{c^2+a^2-b^2}{2a}\right)^2}$，

故 $S_{\triangle ABC}=\dfrac{1}{2}ah=\dfrac{1}{2}a\sqrt{c^2-\left(\dfrac{c^2+a^2-b^2}{2a}\right)^2}=\sqrt{\dfrac{1}{4}\left[a^2c^2-\left(\dfrac{c^2+a^2-b^2}{2}\right)^2\right]}.$

求小实："实际上这个三角形面积公式就是著名的秦九韶'三斜求积术'. 真理没有国界，我国数学家也发现了这个公式."

我国古代数学家秦九韶在《数书九章》中记述了"三斜求积术"，即已知三角形的三边长，求它的面积，用现代公式表示即为：

$$S_{\triangle ABC}=\sqrt{\dfrac{1}{4}\left[a^2c^2-\left(\dfrac{c^2+a^2-b^2}{2}\right)^2\right]}.$$

秦九韶"三斜求积术"与海伦公式本质上是一样的，有着异曲同工之妙，这就是数学的神奇之处，它突破了时空的界限. 数学就像一种语言，把两个不同时代、不同国度的人联系在一起，这就是数学独有的魅力.

白小塔："能否由秦九韶的公式推导出海伦公式?"

完整推导过程：
$$S_{\triangle ABC}=\sqrt{\dfrac{1}{4}\left[c^2a^2-\left(\dfrac{c^2+a^2-b^2}{2}\right)^2\right]}$$
$$=\sqrt{\dfrac{1}{4}\left(ca-\dfrac{c^2+a^2-b^2}{2}\right)\left(ca+\dfrac{c^2+a^2-b^2}{2}\right)}$$
$$=\sqrt{\dfrac{1}{4}\left(\dfrac{2ac-c^2-a^2+b^2}{2}\right)\left(\dfrac{2ac+c^2+a^2-b^2}{2}\right)}$$
$$=\sqrt{\dfrac{1}{4}\left[\dfrac{-(a-c)^2+b^2}{2}\right]\left[\dfrac{(a+c)^2-b^2}{2}\right]}$$
$$=\sqrt{\dfrac{a+b+c}{2}\cdot\dfrac{b+c-a}{2}\cdot\dfrac{a+c-b}{2}\cdot\dfrac{a+b-c}{2}}$$
$$=\sqrt{p(p-a)(p-b)(p-c)},\ \text{记}\ p=\dfrac{a+b+c}{2}.$$

求小实："我们前面用了三角形的标准面积公式 $S=\dfrac{1}{2}ah$ 来证明秦九韶'三斜求积术'和海伦公式，其实我们还可以用其他的方法推导它们，只是要使用到高中的三角函数知识. 我们先来欣赏一下吧."

方法二：（纯代数法）
$$S_{\triangle ABC}=\dfrac{1}{2}ac\sin B=\dfrac{1}{2}ac\sqrt{1-\cos^2 B}=\dfrac{1}{2}ac\sqrt{1-\left(\dfrac{a^2+c^2-b^2}{2ac}\right)^2}$$
$$=\sqrt{\dfrac{1}{4}\left[a^2c^2-\left(\dfrac{a^2+c^2-b^2}{2}\right)^2\right]}\ \text{（三斜求积术）}$$

伟大的哲学家罗素认识到数学中的美，他也恰如其分地描绘出了这种美："正确地说，数学不仅拥有真理，而且还拥有至高无上的美——一种冷静和朴素的美，犹如雕塑那样，虽然没有任何诱惑我们脆弱本性的内容，没有绘画或音乐那样华丽的外衣，但是，却显示了极端的纯粹和只有在最伟大的艺术中才能表现出来的严格的完美."

我们回过头再看本节一开始的问题：有沙田一段，有三斜，其小斜一十三里，中斜一十四里，大斜一十五里．里法三百步，欲知为田几何？

上述问题等价于：如图 15.2.3，在 $\triangle ABC$ 中，已知 $a=15$，$b=14$，$c=13$，求三角形的面积 $S_{\triangle ABC}$．

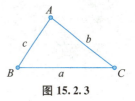

图 15.2.3

解： $p=\dfrac{a+b+c}{2}=\dfrac{15+14+13}{2}=21$，则 $S_{\triangle ABC}=\sqrt{p(p-a)(p-b)(p-c)}$

$=\sqrt{21\times6\times7\times8}=84$．

公式等价 $S_{\triangle ABC}=\sqrt{\dfrac{1}{4}\left[a^2c^2-\left(\dfrac{c^2+a^2-b^2}{2}\right)^2\right]}$（秦九韶"三斜求积术"）

$=\sqrt{p(p-a)(p-b)(p-c)}$（海伦公式）

1. 先阅读下面的内容，再解决问题：

古希腊的几何学家海伦，在数学史上以解决几何测量问题而闻名．在他的著作《度量》一书中，证明了如下结论：如果一个三角形三边长分别为 a，b，c，记 $p=\dfrac{a+b+c}{2}$，那么三角形的面积为 $S=\sqrt{p(p-a)(p-b)(p-c)}$．这一公式称为海伦公式．

(1) 已知 a，b，c 是 $\triangle ABC$ 的三边长，满足 $|a-4|+\sqrt{b-5}+(c-6)^2=0$，求 a，b，c 的值．

(2) 请你用海伦公式求 $\triangle ABC$ 的面积．

2. 海伦公式：如果一个三角形的三边长分别为 a，b，c，记 $p=\dfrac{a+b+c}{2}$，那么三角形的面积为：$S=\sqrt{p(p-a)(p-b)(p-c)}$．

请利用海伦公式解决下列问题：

如图 1，在 $\triangle ABC$ 中，$BC=4$，$AC=5$，$AB=6$，AE，BF 分别为 $\triangle ABC$ 的角平分线，且交于点 D，过 D 作 $DH\perp AB$ 于点 H．

(1) 利用"海伦公式"求 $\triangle ABC$ 的面积；

(2) 借助（1）的结果求线段 DH 之长．

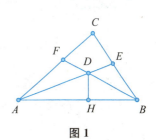

图 1

3. 如果一个三角形的三边长分别为 a，b，c，记 $p=\dfrac{a+b+c}{2}$，那么这个三角形的面积 $S=\sqrt{p(p-a)(p-b)(p-c)}$．这个公式叫"海伦公式"，它是利用三角形三条边的边长直接求出三角形面积的公式．中国的秦九韶也得出了类似的公式，称"三斜求积术"，故这个公式又被称为"海伦-秦九韶公式"．根据上述材料，回答下列问题：

如图 2，在 △ABC 中，$a=7$，$b=5$，$c=6$．

(1) 求 △ABC 的面积；

(2) 设 AB 边上的高为 h_1，AC 边上的高为 h_2，求 h_1+h_2 的值．

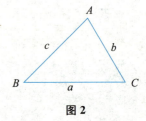

图 2

15.3　根式、分式有意义的条件

　　小实和小塔在做题过程中多次看见"有意义"这个词，这天小实和小塔决定一起把这个"有意义"搞清楚，同学们，你们也和他们一起来总结总结吧！

　　白小塔："小实，你都在哪些地方看到与'有意义'有关的题目啊？"

　　求小实："主要是两个地方吧，一个是学习分式的时候，一个是学习二次根式的时候．"

　　白小塔："你知道为什么他们会有取值的限制吗？"

　　求小实："以二次根式的概念为例，一般地，我们把形如 $\sqrt{a}\,(a\geqslant 0)$ 的式子叫作二次根式，这个被开方数就有限制，只有一个非负数才能开平方．"

　　白小塔："是的．对于分式而言，分母是不能为零的，否则这个式子就没有意义了．"

　　求小实："我还在很多中考题里看到这个问题，看来这个知识点还是很重要的，小塔，我们今天来一起总结一下吧．"

探究一

　　若 $\sqrt{a-1}$ 有意义，则 a 的取值范围是（　　）．

　　A. $a\geqslant 1$　　　　B. $a\leqslant 1$　　　　C. $a\geqslant 0$　　　　D. $a\leqslant -1$

　　求小实："这个利用二次根式有意义的条件，被开方数要大于或等于零，则 $a-1\geqslant 0$，解得 $a\geqslant 1$，故选 A．"

探究二

若 $x=\sqrt{3-y}+\sqrt{y-3}+2$ 有意义，则 $x=$ _____，$y=$ _____．

> 当看到二次根式的时候要明确二次根式有意义的条件，也就是二次根式具有双重非负性（被开方数非负，结果非负）．

求小实："这题没有给出有意义的条件，但和上一题有一点像，我们还是要考虑二次根式有意义的条件，这题有两个二次根式，这两个都得有意义，也就是说 $3-y\geqslant0$，$y-3\geqslant0$，那也就知道了 $y=3$，前面两个二次根式就等于 0，$x=2$．"

探究三

分式 $\dfrac{5}{x-1}$ 有意义的条件是_____．

求小实："分数的分母不为零，自然分式的分母也不能为零，那这题就是 $x-1\neq0$，即 $x\neq1$．"

探究四

使分式 $\dfrac{x}{2x-1}$ 有意义的条件是_____．

白小塔："分式有意义只需使得分母不为零，不用考虑分子，即 $2x-1\neq0$，$x\neq\dfrac{1}{2}$．"

探究五

$\dfrac{2}{\sqrt{x+2}}$ 有意义的条件是_____．

求小实："这是一个根式和分式并存的题目，我们既要考虑根式的意义，又要考虑分式的意义，必须满足 $x+2\geqslant0$ 且 $x+2\neq0$，即 $x>-2$．"

探究六

使代数式 $\dfrac{\sqrt{x}}{2x-1}$ 有意义的 x 的取值范围是_____．

白小塔："这题与上题类似，既要考虑被开方数非负，又要考虑分母不为零，也就是 $x\geqslant0$ 且 $2x-1\neq0$，即 $x\geqslant0$ 且 $x\neq\dfrac{1}{2}$．"

> 二次根式有意义的条件是被开方数为非负数，分式有意义的条件是分母不为零，如果二者同时存在，那两个条件也要同时满足．

数学思维大碰撞

1. 要使 $\sqrt{x-3}$ 有意义，那么 x 的取值范围是（　　）.

   A. $x \leqslant 3$　　　　　　B. $x \geqslant 3$　　　　　　C. $x < 3$　　　　　　D. $x > 3$

2. 若代数式 $\dfrac{\sqrt{a+1}}{a-2}$ 有意义，则实数 a 的取值范围是（　　）.

   A. $a \geqslant -1$　　　　B. $a \neq 2$　　　　　C. $a \geqslant -1$ 且 $a \neq 2$　D. $a > 2$

3. 使得 $y = \dfrac{x}{\sqrt{2\,021-x}}$ 有意义的 x 的取值范围是（　　）.

   A. $x \geqslant 2\,021$　　B. $x > 2\,021$　　C. $x \leqslant 2\,021$　　D. $x < 2\,021$

4. 已知式子 $\sqrt{-\dfrac{1}{x}}$ 有意义，则点 $(-x, \sqrt{-x})$ 在（　　）.

   A. 第一象限　　　　B. 第二象限　　　　C. 第三象限　　　　D. 第四象限

5. 使代数式：$\dfrac{1}{\sqrt{x+3}} + \sqrt{4-3x}$ 有意义的非正整数 x 有（　　）.

   A. 5 个　　　　　　B. 4 个　　　　　　C. 3 个　　　　　　D. 2 个

6. 若式子 $\sqrt{x^2-2} + \sqrt{2-x^2}$ 有意义，则 $x = $（　　）.

   A. ± 2　　　　　　B. ± 1　　　　　　C. $\pm\sqrt{2}$　　　　　D. 0

7. 代数式 $\dfrac{1}{\sqrt{x-8}}$ 有意义时，x 应满足的条件是_____.

8. 要使式子 $\dfrac{\sqrt{x+3}}{x-1} + (x-2)^0$ 有意义，则 x 的取值范围为_____.

9. 当 x 是怎样的实数时，下列各式在实数范围内有意义？

   (1) $\sqrt{x-3}$；

   (2) $\dfrac{3}{\sqrt{x-5}}$；

   (3) $\sqrt{\dfrac{x}{3}-1}$；

   (4) $\sqrt{x^2+6}$；

   (5) $\dfrac{\sqrt{x+2}}{x}$；

   (6) $\sqrt{x+1} + \sqrt{5-x}$.

15.4　二次根式数学史

    二次根式是初中学习中很重要的一个部分，它在解决一些二次方程以及二次函数等问题中起到了很大的作用，我们要认识二次根式，有必要从历史的角度了解一下它.

在数学史上，人类对无理数的认识，曾经历了漫长的原始无意识的认知状态. 耶鲁大学收藏了一块古巴比伦泥板（编号 7289），记录的是大约公元前 2000 年的数学文明，它表明当时美索不达米亚人已经有了优良的计数系统和程序化算法技巧. 令人振奋的是，在 4 000 年前，美索不达米亚人已能够计算出 $\sqrt{2}$ 的小数点的后 5 位数了，其值为 $1+\dfrac{24}{60}+\dfrac{51}{60^2}+\dfrac{10}{60^3}=1+0.4+0.141\dot{6}+0.000\ 04\dot{6}\ 2\dot{9}=1.414\ 21\dot{2}\ 9\dot{6}$. 即 $\sqrt{2}=1.414\ 21\dot{2}\ 9\dot{6}$. 至于此数如何获得，无人知晓，值得肯定的是，美索不达米亚人也知道该数的平方并不准确地等于 2，而仅仅是一个近似值.

而在中国，公元前 3 世纪《孙子算经》中给出方法 $\sqrt{a^2+b}\approx a+\dfrac{b}{2a}$，可以求得 $\sqrt{2}\approx$ 1.5. 公元前 1 世纪左右，《周礼》记载了《九章算术》中的开方术，它也给出了 $\sqrt{2}$ 的求解法.

随着社会的进步和数学的发展，人们对无理数有了理想的认识，首先是 $\sqrt{2}$ 的发现，在古希腊时期，毕达哥拉斯学派提出万物皆数的理论，也就是说世间一切事物都可以用有理数来表示，他的一个学徒希帕索斯提出 $\sqrt{2}$ 就不能用有理数表示. 当然，当时还没有根号，他表达的是边长为 1 的正方形的对角线长. 此说法一出，引起了轩然大波，毕达哥拉斯不能接受自己的理论被推翻，于是将希帕索斯石沉大海. 但真理不会随着他一起离去，在 19 世纪 70 年代，戴德金用"划分"来定义无理数，康托用有理"基本序列"来定义无理数，维尔斯托拉用递增有界序列来定义无理数. 这也就是历史上著名的第一次数学危机.

开平方运算产生得很早，但是根号的演化却经历了漫长的历史发展过程.

15 世纪的阿拉伯数学家阿尔卡拉沙第用阿拉伯文根号术语"$jidr$"的首写字母 j 表示根号，其用法是将该符号放在要求平方根的数字之上，有时会在符号和数字之间用一条水平线加以分隔. 用符号"R"表示根号则最先出现在阿拉伯文版的《原本》中，拉丁文"$radix$"有平方根的含义."R"的使用一度较为广泛，它既指一般的"根"，也被用作未知数. 典型人物是意大利数学家斐波那契（1170—1250 年），他把"R"同时用作根号和未知数.

欧拉曾猜想，二次根号是由"R"变形来的，后经研究确认并非如此. 在 1480 年前后，德国人用"·"表示平方根，用两点"··"表示四次方根，用三个点"···"表示立方根，如 ·3 表示 $\sqrt{3}$. 到了 16 世纪初，小点带上了一条尾巴，在此基础上演变成了"$\sqrt{\ }$". 如 1525 年，德国数学家鲁道夫的代数书中就用 $\sqrt{\ }8$ 表示 $\sqrt{8}$.

1629 年，荷兰数学家吉拉德（1595—1632 年）在其著作中，将指数放在"$\sqrt{\ }$"左上方，用以表示开几次方根，如三次方根写为"$\sqrt[3]{\ }$". 但对于开四次方根，他使用了"$\sqrt{\sqrt{\ }}$". 1637 年，笛卡尔在其《几何学》一书中首先应用了现代平方根符号"$\sqrt{\ }$". 他写道："若我欲求 a^2+b^2 的平方根，就写作 $\sqrt{a^2+b^2}$." 笛卡尔认为，当被开方数是一个多项式时，为了避免混淆，可在"$\sqrt{\ }$"上面加一条横线"__"，把几项连起来，这个创造既自然

又超凡.

同学们，在我们的课本里还有很多关于数学史的故事，有的介绍数学家的优秀品质，有的介绍重要的数学事件，有的介绍数学发展中的逸闻趣事……

意大利著名画家达·芬奇、美国第二十任总统都给出了"勾股定理"的证明方法. 达·芬奇将数学中的黄金分割比例应用到他的绘画中，创作了千古名画《蒙娜丽莎》. 为什么翩翩起舞的芭蕾舞演员要踮起脚尖？二胡要获得最佳音色，其"千斤"必须放在琴弦长度的黄金分割点？我国著名数学家华罗庚用"优选法"，即"黄金分割法"帮助五粮液集团研制低度酒创造了几十亿元的经济效益……有趣的数学史还有很多很多，同学们可以课后上网查阅资料，了解更多的数学历史故事，和大家一起分享！

15.5 分母有理化

求小实和白小塔在学习了二次根式后对二次根式有了深刻的认识，也掌握了二次根式的基本运算. 他们知道在二次根式的运算中，一般要把最后结果化为最简二次根式. 可是，有一天求小实遇到了一个问题，他解决不了，同学们，你们能帮帮他吗？

探究一

计算 $\dfrac{2\sqrt{5}}{3}+\dfrac{2}{\sqrt{3}}$

求小实："虽然我知道两个不同分母的分数相加减应先通分，再运算分子分母的加减，可是 3 和 $\sqrt{3}$ 应该如何通分？是取 3 做公分母吗？还是把它们乘起来？"

白小塔："小实，你发现问题很及时哦. 确实，分母中含有 $\sqrt{3}$ 这个二次根式不利于我们的运算，我们需要把分母中的二次根式去掉."

求小实："有道理，那应该怎么变呢？直接变肯定不行，这样就改变了数值了."

> 把分母中的根式去掉这个过程就是分母有理化，关键就是确定分母的有理化因式，然后利用分数的基本性质就可以将分母中的二次根式去掉.

白小塔："提示你一下，$\sqrt{3}$ 乘以几能变成有理数？"

求小实："$2\sqrt{3}$，$3\sqrt{3}$，$5\sqrt{3}$，$\sqrt{3}$…很多很多，有无数个选择啊."

白小塔："那你觉得哪个更简单呢？"

求小实："肯定是 $\sqrt{3}$."

白小塔："接下来你有想法了吗？"

求小实："我们可以利用分数的基本性质把第二个分数分子分母同时乘以 $\sqrt{3}$，也就变

成了 $\dfrac{2\sqrt{5}}{3}+\dfrac{2\sqrt{3}}{3}=\dfrac{2\sqrt{5}+2\sqrt{3}}{3}$ ．"

白小塔："你太棒了，就是这样的."

探究二

计算 $\dfrac{\sqrt{3}}{\sqrt{3}+1}$

求小实："分子分母同乘 $\sqrt{3}$ 也不行，分母又变成无理数了．把分母平方也不行，又会出现 $2\sqrt{3}$ ，还是有二次根式，这可怎么办？"

白小塔："你想想哪个公式里只有平方？"

求小实："平方差公式？我知道了，分子分母同乘 $(\sqrt{3}-1)$."

白小塔："正解，分子分母同乘 $(\sqrt{3}-1)$ ，就变成了 $\dfrac{\sqrt{3}(\sqrt{3}-1)}{(\sqrt{3}+1)(\sqrt{3}-1)}=\dfrac{3-\sqrt{3}}{3-1}=\dfrac{3-\sqrt{3}}{2}$."

探究三

化简： $\dfrac{m-n}{\sqrt{m}-\sqrt{n}}$

求小实："类比上面只需把 $\sqrt{m}-\sqrt{n}$ 的根号的去掉，就乘以它的有理化因式 $\sqrt{m}+\sqrt{n}$

原式 $=\dfrac{(m-n)(\sqrt{m}+\sqrt{n})}{(\sqrt{m}-\sqrt{n})(\sqrt{m}+\sqrt{n})}=\dfrac{(m-n)(\sqrt{m}+\sqrt{n})}{m-n}=\sqrt{m}+\sqrt{n}$."

(1) 两个含有根式的代数式相乘，如果他们的积不含有根式，那么这两个代数式相互叫作有理化因式，例如 $2\sqrt{5}$ 的有理化因式是 $\sqrt{5}$ ， $\sqrt{3}-\sqrt{2}$ 的有理化因式是 $\sqrt{3}+\sqrt{2}$ ；

(2) 分母有理化又称有理化分母，也就是把分母中的根号去掉，通常利用分数的基本性质，分子分母同乘一个二次根式，达到去分母中根号的目的.

练一练

1. $\sqrt{3}$ 的倒数是 (　　).

A. $-\sqrt{3}$ 　　　　B. $-\dfrac{\sqrt{3}}{3}$ 　　　　C. -3 　　　　D. $\dfrac{\sqrt{3}}{3}$

2. 已知 $a=\sqrt{3}+1$ ， $b=\dfrac{2}{\sqrt{3}-1}$ ，则 a 与 b 的关系为 (　　).

A. $a=b$ 　　　　B. $ab=1$ 　　　　C. $a=-b$ 　　　　D. $ab=-1$

3. 计算： $\dfrac{\sqrt{5}}{\sqrt{2}}=$ _____.

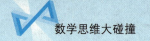

4. 计算：

(1) $\dfrac{\sqrt{3}}{\sqrt{5}}$；　　　　　(2) $\dfrac{3\sqrt{2}}{\sqrt{27}}$；　　　　　(3) $\dfrac{\sqrt{8}}{\sqrt{2a}}$.

5. 已知：$a=2+\sqrt{3}$，$b=2-\sqrt{3}$，求：① a^2+b^2，② $\dfrac{a}{b}-\dfrac{b}{a}$ 的值.

6. 先化简，再求值：$\dfrac{1}{a+b}+\dfrac{1}{b}+\dfrac{b}{a(a+b)}$，其中 $a=\sqrt{3}+1$，$b=\sqrt{3}-1$.

7. 在进行二次根式化简时，我们有时会碰上如 $\dfrac{5}{\sqrt{3}}$，$\sqrt{\dfrac{2}{3}}$，$\dfrac{2}{\sqrt{3}+1}$ 这样的式子，其实我们还

可以将其进一步化简：

$$\dfrac{5}{\sqrt{3}}=\dfrac{5\times\sqrt{3}}{\sqrt{3}\times\sqrt{3}}=\dfrac{5}{3}\sqrt{3}.\quad（一）$$

$$\sqrt{\dfrac{2}{3}}=\sqrt{\dfrac{2\times3}{3\times3}}=\dfrac{\sqrt{6}}{3}.\quad（二）$$

$$\dfrac{2}{\sqrt{3}+1}=\dfrac{2\times(\sqrt{3}-1)}{(\sqrt{3}+1)(\sqrt{3}-1)}=\dfrac{2(\sqrt{3}-1)}{(\sqrt{3})^2-1^2}=\sqrt{3}-1.\quad（三）$$

以上这种化简的方法叫作分母有理化.

$\dfrac{2}{\sqrt{3}+1}$ 还可以用如下方法化简：

$$\dfrac{2}{\sqrt{3}+1}=\dfrac{3-1}{\sqrt{3}+1}=\dfrac{(\sqrt{3})^2-1^2}{\sqrt{3}+1}=\dfrac{(\sqrt{3}+1)(\sqrt{3}-1)}{\sqrt{3}+1}=\sqrt{3}-1.\quad（四）$$

(1) 请用不同的方法化简 $\dfrac{2}{\sqrt{5}+\sqrt{3}}$.

① 参照（三）式化简；② 参照（四）式化简.

(2) 化简：$\dfrac{1}{\sqrt{3}+1}+\dfrac{1}{\sqrt{5}+\sqrt{3}}+\dfrac{1}{\sqrt{7}+\sqrt{5}}+\cdots+\dfrac{1}{\sqrt{2n+1}+\sqrt{2n-1}}$.

第 16 章　勾股定理

章前导语

　　在我国古代，人们将直角三角形中短的直角边叫作勾，长的直角边叫作股，斜边叫作弦. 根据我国古代数学书《周髀算经》记载，在约公元前 1100 年，人们就已经知道，如果勾是三、股是四，那么弦是五. 后来人们进一步发现并证明了关于直角三角形三边之间的关系——两条直角边的平方和等于斜边的平方，这就是勾股定理. 本章我们将探索和证明勾股定理及其逆定理，并运用这两个定理去解决有关问题，由此可以加深对直角三角形的认识.

16.1　勾股定理的来源

　　勾股定理想必大家都很熟悉，但是，你知道它的故事吗？
　　让我们跟着求小实走进勾股定理的历史吧！

何为勾股定理

　　勾股定理，是一个基本的几何定理，指直角三角形的两条直角边的平方和等于斜边的平方. 中国古代称直角三角形为勾股形，并且直角边中较小者为勾，另一长直角边为股，斜边为弦，所以称这个定理为勾股定理，也有人称商高定理. 勾股定理是人类最早发现并且证明的一个非常重要的数学定理.

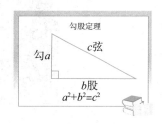

探究一

　　勾股定理与《周髀算经》

　　在中国，秦朝的算数书并未记载勾股定理，只是记录了一些勾股数，定理首次载于书面则是在西汉. 公元前一千多年的《周髀算经》"荣方问于陈子"一节中收集整理了勾股定理的内容. 据《周髀算经》中记述"若求邪至日者,以日下为勾,日高为股,勾股各自乘,并而开方除之,得邪至日."因此有些人会将这个定理称为陈子定理. 公元前一千多年周公与商高论数的对话中,商高就以 3, 4, 5 这 3 个特定数为例详细解释了勾股定理要素,其一, "以为勾广三, 股修四, 径隅五". 其二, "既方之外,半其一矩, 环而共盘, 得成三、四、五. 两矩共长二十有五, 是谓积矩".

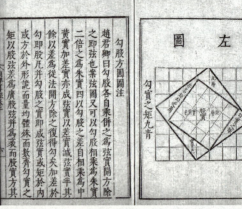

实际上,这个定理是我国的劳动人民通过一个长期的测量实验发现的,当时他们发现了当直角三角形短的直角边是 3, 长的直角边是 4 的时候,直角的对边正好是 5. 然后又通过了长期地测量,才发现只要是直角三角形,它的三边都有着这么一个关系,这样的正整数有许多组.

《周髀算经》上说,夏禹在实际测量中已经初步运用这个定理,还记载,有个叫陈子的数学家,应用这个定理来测量太阳的高度、太阳的直径和天地的长阔等.

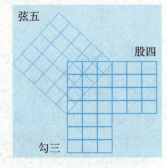

探究二

勾股定理与古巴比伦

编号为"Si. 427"的古巴比伦尼板

远在公元前约三千年的古巴比伦人就知道应用勾股定理,他们还知道许多勾股数组. 这一点现在依然可以被证实,美国哥伦比亚大学图书馆内收藏着一块编号为"普林顿322"的古巴比伦泥板,上面就记载了很多勾股数. 古埃及人在建筑宏伟的金字塔和测量尼罗河泛滥后的土地时,也应用过勾股定理.

编号为"普林顿 322"的古巴比伦泥板

　　古巴比伦人得到的勾股数的数量不太可能纯从测量手段获得. 之后的毕达哥拉斯本人并无著作传世，不过在他死后 1 000 年，5 世纪的普罗克勒斯给欧几里得的名著《几何原本》做注解时将最早的发现和证明归功于毕达哥拉斯学派.

探究三

勾股定理与《九章算术》

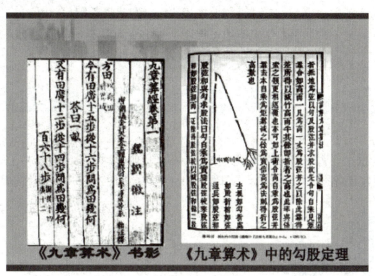

《九章算术》书影　　《九章算术》中的勾股定理

　　《九章算术》卷第九"勾股"一章详细讨论了勾股定理的运用，魏晋时期数学家刘徽反复运用勾股定理求圆周率. 金元时期数学家李冶的《测圆海镜》通过勾股容圆图式的十五个勾股形和直径的关系，建立了系统的天元术，推导出 692 条关于勾股形的各边的公式，其中用到了多组勾股数作为例子.

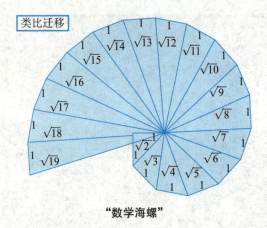

"数学海螺"

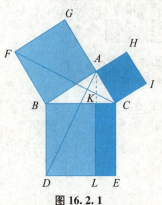

练一练

经过这一节课数学史的学习让我们大开眼界,有没有增加你对勾股定理的好奇心呢?其实勾股定理除了历史丰富多彩以外,证明方法也是层出不穷. 感兴趣的同学可以查阅资料,和大家一起分享收集的勾股定理的证明方法吧!

16.2 勾股定理的证明

上节课我们学习了勾股定理的数学史,这节课我们来学习勾股定理的证明方法. 求小实将收集到的证明方法进行了汇总,接下来让我们一起来看看吧!

公元前 6 世纪,古希腊数学家毕达哥拉斯,提出了勾股定理,但证明方法已失传. 所以西方多称这个定理为毕达哥拉斯定理.

探究一

欧几里得证明

公元前 4 世纪,古希腊数学家欧几里得,在《几何原本》中明确证明了勾股定理.

说明:同底等高的长方形面积是三角形面积的 2 倍,如图 16.2.1 中色块的面积是相等的.

$\because \angle ABD = \angle FBC$,$AB = FB$,$BC = BD$

$\therefore \triangle ABD \cong \triangle FBC$

$\because S_{ABFG} = 2 \times S_{\triangle FBC}$

$S_{BKLD} = 2 \times S_{\triangle ABD}$

$\therefore S_{ABFG} = S_{BKLD}$,

同理 $S_{ACIH} = S_{CKLE}$

$\therefore S_{BCED} = S_{ABFG} + S_{ACIH}$

$\therefore c^2 = a^2 + b^2$

图 16.2.1

探究二

赵爽证明

三国时期吴国数学家赵爽，在《周髀算经》的注释中记载"勾股各自乘，并之为玄实，开方除之，即弦"，并通过"勾股圆方图"证明了勾股定理.

说明：大正方形的面积等于 4 个直角三角形加上一个小正方形面积之和（见图 16.2.2）.

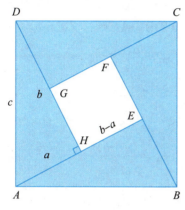

∵ $\angle AHD = 90°$, $AH = a$, $HD = b$, $AD = c$

∴ $S_{ABCD} = c^2$, $S_{\triangle ADH} = \dfrac{ab}{2}$

∴ $S_{ABCD} = 4 \times S_{\triangle ADH} + S_{EFGH}$

$\qquad = \dfrac{ab}{2} \times 4 + (b-a)^2$

∴ $c^2 = a^2 + b^2$

图 16.2.2

探究三

爱因斯坦证明

爱因斯坦认为之前的证明太复杂，于是就想了以下方法来证明.

说明：三个直角三角形相似，那么该三角形的面积与以斜边构成的正方形面积之比固定（见图 16.2.3）.

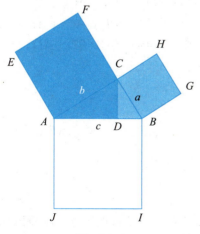

∵ $\triangle ABC \backsim \triangle CBD \backsim \triangle ACD$

∴ $ADCFE \backsim CDBGH \backsim ACBIJ$

∴ $\dfrac{S_{\triangle ADC}}{S_{ACEF}} = \dfrac{S_{\triangle CDB}}{S_{CBGH}} = \dfrac{S_{\triangle ACB}}{S_{ABIJ}} = k$

∴ $S_{\triangle ADC} = kb^2$, $S_{\triangle CDB} = ka^2$, $S_{\triangle ACB} = kc^2$

∵ $S_{\triangle ACB} = S_{\triangle ADC} + S_{\triangle CDB}$

∴ $c^2 = a^2 + b^2$

图 16.2.3

探究四

加菲尔德证明

加菲尔德在 1880 年当选美国第 20 任总统，他也证明了勾股定理，因此也称这个证明方法为"总统证法".

说明：梯形面积等于 3 个直角三角形的面积之和（见图 16.2.4）.

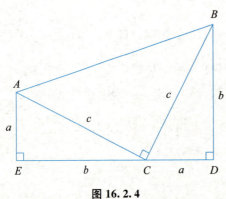

图 16.2.4

$\angle AEC = \angle CDB = 90°$

$\triangle AEC \cong \triangle CDB$，$AE = a$，$CE = b$，$AC = c$

$S_{\triangle ABC} = S_{\triangle CDB} = \dfrac{ab}{2}$，$S_{\triangle ABC} = \dfrac{c^2}{2}$

$S_{ABDE} = \dfrac{(a+b)(a+b)}{2}$

$\because S_{\triangle AEC} + S_{\triangle CDB} + S_{\triangle ABC} = S_{ABDE}$

$\therefore \dfrac{ab}{2} + \dfrac{ab}{2} + \dfrac{c^2}{2} = \dfrac{(a+b)^2}{2}$

$\therefore c^2 = a^2 + b^2$

探究五

相似三角形证明

说明：通过相似三角形，边长之比相等，证明了勾股定理（见图 16.2.5）.

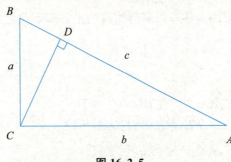

图 16.2.5

$\angle ACB = \angle CDB = 90°$

$\triangle CDB \backsim \triangle ACB \backsim \triangle ADC$

$\therefore \dfrac{BC}{BD} = \dfrac{AB}{BC}$，$\dfrac{AC}{AD} = \dfrac{AB}{AC}$

$\therefore BC^2 = AB \cdot BD$，$AC^2 = AB \cdot AD$

$\therefore BC^2 + AC^2 = AB(BD + AD)$

$\therefore a^2 + b^2 = c^2$

$\therefore c^2 = a^2 + b^2$

探究六

图形拼接证明

说明：图 16.2.6（a）中拼成的正方形与图 16.2.6（b）中拼成的正方形面积相等.

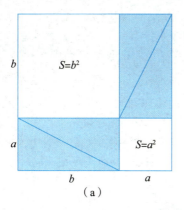 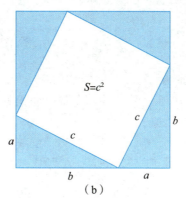

（a）　　　　　　　　　　（b）

图 16.2.6

探究七

辅助圆证明

说明：以点 B 为圆心，BA 为半径作圆，延长 BC 交圆于点 E，D，则 $\triangle DCA$ 与 $\triangle ACE$ 相似（见图 16.2.7）.

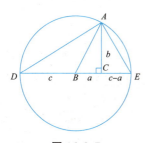

$\because$　$\triangle DCA \backsim \triangle ACE$

$\therefore$　$\dfrac{c+a}{b} = \dfrac{b}{c-a}$

$\therefore$　$c^2 - a^2 = b^2$

$\therefore$　$c^2 = a^2 + b^2$

图 16.2.7

探究八

切割定理证明

说明：直角三角形 ABC，以点 B 为圆心，BC 为半径作圆，交 AB 及 AB 延长线分别于 D，E，则 $BE = BC = BD = a$（见图 16.2.8）.

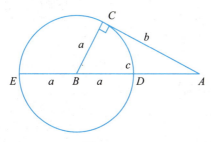

$\because$　$AC^2 = AD \cdot AE$

　　　　　$= (AB - BD)(AB + BE)$

　　　　　$= (c-a)(c+a)$

　　　　　$= c^2 - a^2 = b^2$

$\therefore$　$c^2 = a^2 + b^2$

图 16.2.8

面积合成证明

说明：图 16.2.9（a）中着色部分面积等于图 16.2.9（b）与图 16.2.9（c）中着色部分面积之差.

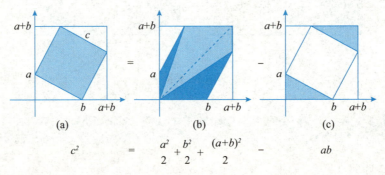

$$c^2 = \frac{a^2}{2} + \frac{b^2}{2} + \frac{(a+b)^2}{2} - ab$$

图 16.2.9

勾股定理的证明方法共计 500 多种，除了这几种以外，你还知道哪些证明方法呢？分享一下吧.

1. 历史上对勾股定理的一种证法采用了如图 1 所示的图形，其中两个全等的直角三角形的边 AE，EB 在一条直线上，证明中用到的面积相等关系是（　　）.

A. $S_{\triangle EDA} = S_{\triangle CEB}$

B. $S_{\triangle EDA} + S_{\triangle CEB} = S_{\triangle CDE}$

C. $S_{四边形CDAE} = S_{四边形CDEB}$

D. $S_{\triangle EDA} + S_{\triangle CDE} + S_{\triangle CEB} = S_{四边形ABCD}$

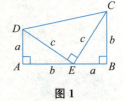

图 1

2. 如图 2 是用四个完全重合的直角三角形拼出的图形，每个直角三角形的直角边长分别为 a，b，斜边长为 c，用含 a，b，c 的代数式表示：

（1）大正方形的边长为_____，面积为_____；

（2）小正方形的边长为_____，面积为_____；

（3）四个直角三角形的面积和为_____，根据图中的面积关系，可得到 a，b，c 之间的关系式_____.

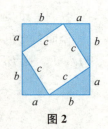

图 2

16.3　勾股定理的实际应用

学习了勾股定理以后，是不是发现其实勾股定理在我们的生活中随处可见？接下来就让我们跟随求小实和白小塔一起去探索勾股定理在实际生活中的应用吧！

探究一

木板进门问题

例 1. 一个门框的尺寸如图 16.3.1 所示，一块长 3m，宽 2.2m 的长方形薄木板能否从门框内通过？为什么？（参考数据：$\sqrt{2}\approx1.41$，$\sqrt{3}\approx1.73$，$\sqrt{5}\approx2.24$）

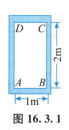

图 16.3.1

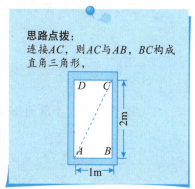

思路点拨：
连接 AC，则 AC 与 AB，BC 构成直角三角形，

解： 根据勾股定理得，

$AC=\sqrt{AB^2+BC^2}=\sqrt{1^2+2^2}=\sqrt{5}\approx2.24>2.2$.

故薄木板能从门框内通过.

反馈练习：

一个门框的尺寸如图 16.3.2 所示，下列长×宽型号（单位：m）的长方形薄木板能从门框中通过的是（　　）.

A. 2.9×2.2　　　　　　B. 2.8×2.3

C. 2.7×2.4　　　　　　D. 2.6×2.5

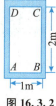

图 16.3.2

探究二

梯子靠墙问题

例 2. 如图 16.3.3，一架 2.6m 长的梯子 AB 斜靠在一竖直的墙 AO 上，这时 AO 为 2.4m，如果梯子的顶端 A 沿墙下滑 0.5m，那么梯子底端 B 向外移了多少米？

（注意：$\sqrt{3.15}\approx1.77$）

解： $\because$ Rt△AOB 中，$AB=2.6$m，$AO=2.4$m，

$\therefore$ $OB=\sqrt{AB^2-AO^2}=\sqrt{2.6^2-2.4^2}=1$m；

同理，Rt△COD 中，

$\because$ $CD=2.6$m，$OC=2.4-0.5=1.9$m，

$\therefore$ $OD=\sqrt{CD^2-OC^2}=\sqrt{2.6^2-1.9^2}=\sqrt{3.15}\approx1.77$m，

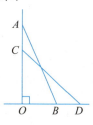

图 16.3.3

$$\therefore BD = OD - OB = 1.77 - 1 = 0.77\text{m}.$$

答：梯子底端 B 向外移了 0.77 米.

反馈练习：

1. 如图 16.3.4，一个梯子 AB 长 25 米，顶端 A 靠在墙 AC 上，这时梯子下端 B 与墙角 C 距离为 15 米，梯子滑动后停在 DE 的位置上，测得 BD 长为 5 米，请回答：

（1）梯子滑动后，梯子的高度 CE 是多少米？

（2）梯子顶端 A 下落的长度 AE 有多少米？

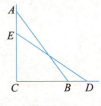

图 16.3.4

2. 如图 16.3.5，小巷左右两侧是竖直的墙，一架梯子斜靠在左墙时，梯子底端到左墙角的距离 BC 为 0.7 米，梯子顶端到地面的距离 AC 为 2.4 米，如果保持梯子底端位置不动，将梯子斜靠在右墙时，梯子顶端到地面的距离 $A'D$ 为 1.5 米，则小巷的宽为 _____.

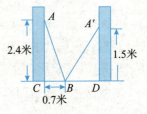

图 16.3.5

探究三

树折断问题

例3. 如图 16.3.6，一木杆在离地面 3m 处折断，木杆顶端落在离木杆底端 4m 处，木杆折断以前有多少米？

图 16.3.6

解：由题意得，$AC = 3\text{m}$，$AB = 4\text{m}$，

$$\begin{aligned}
\therefore BC &= \sqrt{AB^2 + AC^2} \\
&= \sqrt{3^2 + 4^2} \\
&= 5\text{m}.
\end{aligned}$$

$\therefore$ 折断以前有 $3 + 5 = 8\text{m}$.

答：木杆折断以前有 8 米.

反馈练习：

1. 如图 16.3.7, 一棵树从 3m 处折断了, 树顶端离树底端距离 4m, 那么这棵树原来的高度是 (　　).

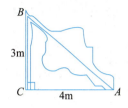

图 16.3.7

A. 8m　　　　　　　　B. 5m
C. 9m　　　　　　　　D. 7m

2. 我国古代数学著作《九章算术》中"折竹抵地"问题："今有竹高一丈, 末折抵地, 去本三尺, 问折者高几何?"大意为, 一根竹子高 1 丈, 折断后竹子顶端落地, 离竹子底端 3 尺处, 则折断处离地面的高度是＿＿＿＿. (1 丈＝10 尺)

探究四

芦苇问题

例 4. 我国古代数学著作《九章算术》中的一个问题. 原文是: 今有池方一丈, 葭生其中央, 出水尺. 引葭赴岸, 适与岸齐问水深、葭长各几何. 译文大意是, 如图 16.3.8, 有一个水池, 水面是一个边长为 10 尺的正方形, 在水池正中央有一根芦苇, 它高出水面 1 尺. 如果把这根芦苇拉向水池边, 它的顶端恰好到达池边的水面. 问水的深度与这根芦苇的长度分别是多少?

图 16.3.8

解: 设水深 x 尺, 芦苇 $(x+1)$ 尺,
由勾股定理: $x^2+5^2=(x+1)^2$, 解得: $x=12$, $x+1=13$,
答: 水深 12 尺, 芦苇的长度是 13 尺.

反馈练习：

如图 16.3.9, 有一个水池, 水面是一个边长为 14 尺的正方形, 在水池正中央有一根芦苇, 它高出水面 1 尺, 如果把这根芦苇拉向水池一边, 它的顶端恰好到达池边的水面. 则水的深度是＿＿＿＿.

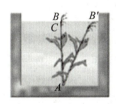

图 16.3.9

探究五

折叠问题

例 5. 如图 16.3.10, 折叠长方形 (四个角都是直角, 对边相等) 的一边 AD, 使点 D 落在 BC 边的点 F 处. 已知 $AB=8$cm, $BC=10$cm, 求 EC 的长.

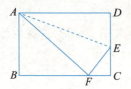

图 16.3.10

解： 设 EC 的长为 x cm，则 $DE=(8-x)$ cm.

$\because$ $\triangle ADE$ 折叠后的图形是 $\triangle AFE$，

$\therefore$ $AD=AF$，$\angle D=\angle AFE$，$DE=EF$.

$\because$ $AD=BC=10$ cm，

$\therefore$ $AF=AD=10$ cm.

又 $\because$ $AB=8$ cm，

在 Rt$\triangle ABF$ 中，根据勾股定理，得 $AB^2+BF^2=AF^2$，

$\therefore$ $8^2+BF^2=10^2$，

$\therefore$ $BF=6$ cm.

$\therefore$ $FC=BC-BF=10-6=4$ cm.

在 Rt$\triangle ECF$ 中，根据勾股定理，得：$FC^2+EC^2=EF^2$，

$\therefore$ $4^2+x^2=(8-x)^2$，

即 $16+x^2=64-16x+x^2$，

化简，得 $16x=48$.

$\therefore$ $x=3$.

答： EC 的长为 3cm.

反馈练习：

1. 如图 16.3.11，将长 $AB=5$ cm，宽 $AD=3$ cm 的长方形纸片 $ABCD$ 折叠，使点 A 与 C 重合，折痕为 EF，则 AE 长是_____.

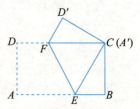

图 16.3.11

2. 如图 16.3.12，将矩形 $ABCD$ 沿 EF 折叠，使顶点 C 恰好落在 AB 边的中点 C' 上. 若 $AB=6$，$BC=9$，则 BF 的长为_____.

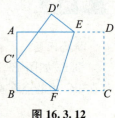

图 16.3.12

1. 如图 1，有两棵树，一棵高 19 米，另一棵高 10 米，两树相距 12 米. 若一只小鸟从一棵树的树梢飞到另一棵树的树梢，则小鸟至少飞行_____米.

2. 如图 2，将一根长为 24cm 的筷子，置于底面直径为 5cm，高为 12cm 的圆柱形水杯中，设筷子露在杯子外面的长度为 h cm，则 h 的取值范围是_____.

3. 如图 3，一块湿地边有两点 A，B，点 C 是与 BA 方向成直角的 AC 方向上一点，测得 $BC=60$m，$AC=20$m. 求 A，B 两点间距离为_____.（结果保留整数）

4. 如图 4，一个圆锥的高 $AO=2.4$cm，底面半径 $OB=0.7$cm，AB 的长是_____.

5. 已知一个工件尺寸如图 5（单位：mm），计算 l 的长为_____.（精确到 1mm）

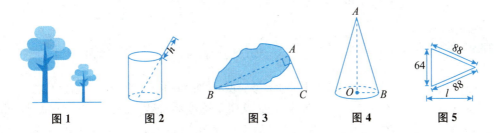

图 1   图 2   图 3   图 4   图 5

6. 如图 6，圆柱的底面半径为 6cm，高为 10cm，蚂蚁在圆柱表面爬行. 从点 A 爬到点 B 的最短路程是_____cm.（结果保留小数点后一位）

7. 如图 7，一个底面直径 $\dfrac{30}{\pi}$ cm，高为 20cm 的糖罐子，一只蚂蚁从 A 处沿着糖罐的表面爬行到 B 处，则蚂蚁爬行的最短距离是_____.

8. 如图 8，在高为 3 米，坡面线段 AB 长为 5 米的楼梯表面铺地毯，已知楼梯宽 1.5 米，地毯售价为 40 元/平方米，若将楼梯表面铺满地毯，则至少需_____元.

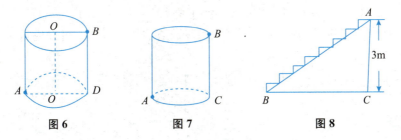

图 6   图 7   图 8

9. 如图 9，四边形 $ABCD$ 中，$\angle B=90°$，$AB=4$，$BC=3$，$CD=12$，$AD=13$.
   （1）求 AC 的长；（2）求四边形 $ABCD$ 的面积.

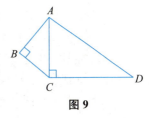

图 9

16.4　勾股数的规律

到现在为止，我们学过很多勾股数啦，那这些勾股数有没有规律可言呢？快来和求小实一起探索吧！

思考一：请列举出你所熟悉的勾股数.

求小实："这个我知道，我先来，3，4，5；5，12，13；7，24，25；9，40，41." 白小塔："你说这些我也知道，我补充一些你不知道的，11，60，61；13，84，85；15，112，113…"

> 勾股数又名毕氏三元数.凡是可以构成一个直角三角形三边的一组正整数，称之为勾股数.

思考二：从这些数中可以找到什么样的规律呢？

探究一

求小实："我先来介绍一下我的思路. 先看勾股数列的第一个数 a，你会发现，全部都是奇数（3，5，7，9，11，13，15…），而且还是连续的奇数，是以 +2 的方式往下推进. 我们假设 n 为自然数（$n \neq 0$），那么第一列数 a 就可以表示为 $2n+1$（任意偶数 +1 都为奇数）. 再来看第二列数 b 和第三列数 c，发现 b 全为偶数，c 全为奇数，并且 $c=b+1$. 之后我们再一组一组地观察，会发现 $a^2=b+c$. 依靠以上整理出的几点，我们可以推算出一个公式，利用这个公式我们可以快速找出与 a 相匹配的勾股数. $\because a^2=b+c$，$c=b+1$ $\therefore a^2=b+b+1$，即 $a^2=2b+1$."

白小塔："那我们如何用这个公式快速找到与之匹配的勾股数呢？"

求小实继续讲解："我们以 17 为例，当 $a=17$ 时，代入等式得 $17^2=2b+1$，$289=2b+1$，$288=2b$，$b=144$，$\therefore c=144+1=145$. 最后验证一下 $17^2=289$，$144^2=20\ 736$，$145^2=21\ 025$，$21\ 025-20\ 736=289$，$\therefore$ 验证成功！"

求小实："这个公式似乎成了一个寻找勾股数组的快捷方式，可以说是一个勾股数软件中的快捷键."

结论总结：$a^2=2b+1$.

探究二

白小塔："可是，为什么会有这样的规律呢？这个规律可靠吗？我们还要继续探索. 再观察这些勾股数，我又发现了一个规律，分享给你."

勾股数 3，4，5 有 $3^2=9=4+5$，而 $4=2\times1\times(1+1)$；勾股数 5，12，13 有 $5^2=25=12+13$，而 $12=2\times2\times(2+1)$；勾股数 7，24，25 有 $7^2=49=24+25$，而 $24=2\times3\times(3+1)$；勾股数 9，40，41 有 $9^2=81=40+41$，而 $40=2\times4\times(4+1)$ ……

规律出现了，即 $a=2n+1$ 时，$b=2n(n+1)$，去括号就得到 $b=2n^2+2n$，那么 c 就

等于 $2n^2+2n+1$.

这是通过观察数字发现的规律，它能不能推导出来呢？前面已经发现 $a^2=2b+1$，通过推导同样可以得到上面这个规律.

上面所推导的公式是具有普遍性和可靠性的.

结论总结：当 $a=2n+1$，$b=2n^2+2n$，$c=2n^2+2n+1$ 时，a，b，c 一定是一组勾股数.（n 为非 0 自然数）

探究三

求小实看到白小塔也找到规律以后，又有新发现.

接下来我们再观察一组勾股数：6，8，10；8，15，17；10，24，26；12，35，37；14，48，50；16，63，65；18，80，82.

第一列数 a 全是偶数，且全是连续的偶数，全是以 $+2$ 的方式往下推进，用 n 来表示，即为 $2n(n\geqslant 3)$.

再看后面两列，发现相同一行后两数都只相差 2，所以可以推导出 $c=b+2$，并且通过一组一组地观察，我们发现 $a^2=2(b+c)$，$\because a^2=2(b+c)$，$c=b+2$，$\therefore a^2=2(b+b+2)$，即 $a^2=2(2b+2)$，$\therefore a^2=4b+4$. 我们再次来验证一下推导出的快捷公式. $\because a^2=4b+4$，$\therefore$ 当 $a=32$ 时，等式为 $32^2=4b+4$，$1\,024=4b+4$，$1\,020=4b$，$b=255$，$\therefore c=255+2=257$，验证，$32^2=1\,024$，$255^2=65\,025$，$257^2=66\,049$，$66\,049-65\,025=1\,024$.

我们似乎又找到了当 a 为大于等于 6 的偶数时，其匹配勾股数的规律：当 $a=2n(n\geqslant 3)$，$a^2=4b+4$，$c=b+2$ 时，a，b，c 是一组勾股数. 可是，为什么会有这样的规律呢？

让我们继续观察数字：勾股数 6，8，10 有 $6^2=36=2\times(8+10)$，而 $8=3^2-1$，$10=3^2+1$；勾股数 8，15，17 有 $8^2=64=2\times(15+17)$，而 $15=4^2-1$，$17=4^2+1$；勾股数 10，24，26 有 $10^2=100=2\times(24+26)$，而 $24=5^2-1$，$26=5^2+1$……我们发现，当 $a=2n$（n 为自然数，且 $n\geqslant 3$）时，$b=n^2-1$，$c=n^2+1$.

这个规律同样也可以推导出来：我们已经发现当 a 为大于等于 6 的偶数偶数时，$a^2=4b+4$，那么，当 $a=2n$（n 为自然数且 $n\geqslant 3$）时，则 $a^2=4n^2$，$4n^2=4b+4$，$4n^2-4=4b$，$b=n^2-1$，$\therefore c=b+2=n^2+1$.

这样的 a，b，c 一定是勾股数吗？让我们用代数式来验证！

$\because a=2n$，则 $a^2=4n^2$，$b=n^2-1$，则 $b^2=n^4-2n^2+1$，$\because c=n^2+1$，则 $c^2=n^4+2n^2+1$，

$\therefore a^2+b^2=4n^2+n^4-2n^2+1=n^4+2n^2+1=c^2$，

$\therefore a^2+b^2=c^2$.

所以上面所推导的公式是具有普遍性和可靠性的.

结论总结：当 $a=2n$，$b=n^2-1$，$c=n^2+1$ 时，a，b，c 一定是一组勾股数.（n 为自然数，且 $n\geqslant 3$）

当然，并不是所有的勾股数都包含其中，也有一些特例，如 12，16，20；15，20，

25；18，24，30；21，28，35……这一些的规律和之前的不同，这一些的规律是 $a=3n$，$b=4n$，$c=5n$ 为一组勾股数（$n\geqslant1$）. 还有一些，如 20，21，29；20，99，101；48，55，73；60，91，109；等等. 虽然大部分勾股数我们都可以用以上的 3 种规律寻找到，但有一些特例我们依然只能用 $a^2+b^2=c^2$ 来验证是不是勾股数组.

虽然勾股数组规律的探索到这里已经告一段落了，但是肯定还有更多的勾股数规律存在，快去找找看吧！

1. 下列各组数是勾股数的是（　　）.

　　A. 12，15，18　　　　B. 6，8，12　　　　C. 4，5，6　　　　D. 7，24，25

2. 满足下列关系的三条线段 a，b，c 组成的三角形一定是直角三角形的是（　　）.

　　A. $a<b+c$　　　　B. $a>b-c$　　　　C. $a=b=c$　　　　D. $a^2=b^2+c^2$

3. 下列四组数据不能作为直角三角形的三边长的是（　　）.

　　A. 9，12，15　　　　B. 7，24，25　　　　C. 15，36，39　　　　D. 12，15，20

4. 以下列各组线段为边，能组成直角三角形的是（　　）.

　　A. 6cm，12cm，13cm

　　B. $\dfrac{5}{4}$ cm，1cm，$\dfrac{2}{3}$ cm

　　C. 8cm，6cm，9cm

　　D. 1.5cm，2cm，2.5cm

5. 下列条件中，不能判定 $\triangle ABC$ 为直角三角形的是（　　）.

　　A. $a:b:c=5:12:13$

　　B. $\angle A:\angle B:\angle C=2:3:5$

　　C. $a=9k$，$b=40k$，$c=41k$（$k>0$）

　　D. $a=3^2$，$b=4^2$，$c=5^2$

第 17 章　平行四边形

章前导语

　　我们生活中丰富多彩的图形其实都是由一些基本的图形构成的，例如平行四边形在我们生活中处处可见，它的应用极其广泛，如电动门、花园的篱笆、折叠椅等. 这一章我们将来进一步研究平行四边形. 同学们，你们脑海里已经浮现平行四边形的形状及相关特征了吗？

17.1　平行四边形的剪、拼、折

　　白小塔："小实，我给你一个正方形，让你沿一条对角线剪开，是什么图形？"

　　求小实："两个等腰直角三角形."

　　白小塔："如果是长方形呢？"

　　求小实："两个直角三角形."

　　白小塔："给你一个平行四边形呢？"

　　求小实："可能是两个锐角三角形，也可能是两个钝角三角形，还可能是两个直角三角形."

　　白小塔："今天我们就来探究一下不同的三角形可以拼成什么样的四边形吧."

探究一

　　两个一样的锐角三角形可以拼成什么特殊四边形？

　　如图 17.1.1 所示的图形为锐角三角形.

图 17.1.1

把它们的三条边分别合在一起，有 3 种情况（见图 17.1.2）.

图 17.1.2

探究二

两个一样的钝角三角形可以拼成什么特殊四边形？

如图 17.1.3 所示的图形为钝角三角形.

图 17.1.3

同理，有三种情况（见图 17.1.4）.

图 17.1.4

探究三

两个一样的直角三角形可以拼成什么特殊四边形？

如图 17.1.5 所示的图形为直角三角形.

图 17.1.5

把它们的短直角边合在一起，拼成一个平行四边形（见图 17.1.6）.

图 17.1.6

同样，也可以把它们的长直角边合在一起，也成为一个平行四边形（见图 17.1.7）.

图 17.1.7

可以把它们的斜边合在一起，它就不是一般的平行四边形了，就变成矩形了（见图 17.1.8）.

图 17.1.8

探究四

两个一样的等腰三角形可以拼成什么图形？

如图 17.1.9 所示的图形为等腰三角形.

图 17.1.9

与上面类似，分别把它们的两条腰重合，形成两种情况（见图 17.1.10）.

图 17.1.10

当然，也可以把它们的底合在一起，它就变成了特殊的平行四边形——菱形（见图 17.1.11）.

图 17.1.11

思考： 两个一样的等腰直角三角形可以拼成什么图形？

同学们，你们来动手拼一拼吧！

三角形和平行四边形之间有着密切的联系，很多特殊四边形的性质都与三角形有关.在考虑四边形问题的时候不妨转化成三角形的问题，困难的问题就迎刃而解了.

1. 用边长分别为 2cm，3cm，4cm 的两个全等三角形拼成四边形，共能拼成_____个平行四边形.

2. 以三角形的三个顶点作平行四边形，最多可以作（　　）.

   A. 1 个　　　　　　　B. 2 个　　　　　　　C. 3 个　　　　　　　D. 4 个

3. 如图 1，在菱形 $ABCD$ 中，不一定成立的是（　　）.

   A. 四边形 $ABCD$ 是平行四边形

   B. $AC \perp BD$

   C. $\triangle ABC$ 是等边三角形

   D. $\angle CAB = \angle CAD$

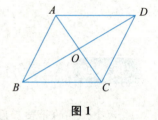

图 1

4. 如图 2，用 9 个全等的等边三角形，按图拼成一个几何图案，从该图案中可以找出_____个平行四边形.

图 2

17.2　倍长中线

白小塔："小实，还记得三角形的中位线吗？"

求小实："当然记得，如图 17.2.1 所示，连接 AB，AC 的中点 D，E，得到 $DE /\!/ BC$，$DE = \dfrac{1}{2} AC$."

图 17.2.1

白小塔："课本给出了中位线性质的证明，在证明过程中延长 DE 至点 F 使得 $DE = EF$，从而得到平行四边形 $DBCF$，继而推导出中位线的性质."

求小实："这个方法可真是巧妙啊，否则中位线的性质只停留在观察和测量层面."

白小塔："与此类似，还有一种常用于解决中点问题的方法——倍长中线."

求小实："那就是与三角形的中线有关系？"

白小塔："那是自然，如图 17.2.2，AD 是 $\triangle ABC$ 的中线（顶点与对边中点的连线），你知道它有什么性质吗？"

求小实："将三角形分成面积相等的两份."

白小塔："没错. 我们今天来研究与中线有关的解题方法——倍长中线."

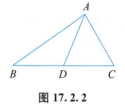

图 17.2.2

方法解读：

如图 17.2.3，在 $\triangle ABC$ 中，点 D 为 BC 的中点，延长 AD 到点 E，使得 $AD = DE$，连接 BE，则有 $\triangle ADC \cong \triangle EDB$.

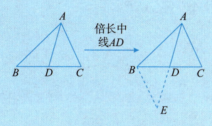

倍长中线 AD

图 17.2.3

探究一

已知，如图 17.2.4 所示，在 $\triangle ABC$ 中，$AB = 7$，$AC = 5$，M 是 BC 的中点，则 AM 的取值范围是_____.

解： 如图 17.2.5 所示，延长 AM 到 D，使 $DM = AM$，连接 BD，

$\because AM$ 为 BC 中线，$\therefore BM = MC$，

在 $\triangle ACM$ 和 $\triangle DBM$ 中 $\begin{cases} AM = DM \\ \angle AMC = \angle DMB, \\ CM = BM \end{cases}$

$\therefore \triangle ACM \cong \triangle DBM$（SAS），

$\therefore BD = AC$.

在 $\triangle ABD$ 中，$AB - BD < AD < AB + BD$，$\therefore AB - AC < 2AM < AB + AC$，

$\therefore 1 < AM < 6$.

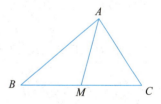

图 17.2.4

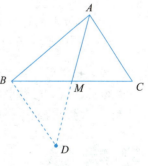

图 17.2.5

探究二

如图 17.2.6，已知在 $\triangle ABC$ 中，AD 是 BC 边上的中线，E 是 AD 上一点，延长 BE 交 AC 于 F，$AF = EF$，求证：$AC = BE$.

解：如图 17.2.7 所示，延长 AD 到 G，使 $DG = AD$，连接 BG，

在 $\triangle ADC$ 和 $\triangle GDB$ 中 $\begin{cases} AD = GD \\ \angle ADC = \angle GDB, \\ CD = BD \end{cases}$

$\therefore \triangle ADC \cong \triangle GDB$ (SAS)，

$\therefore AC = GB$，$\angle G = \angle EAF$，

又 $\because AF = EF$，$\therefore \angle EAF = \angle AEF$，

$\therefore \angle G = \angle BED$，

$\therefore BE = BG$，$\therefore BE = AC$.

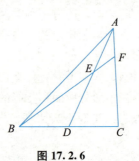
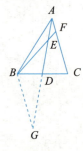

图 17.2.6　　图 17.2.7

探究三

如图 17.2.8，在 $\triangle ABC$ 中，AD 交 BC 于点 D，点 E 是 BC 中点，$EF \parallel AD$ 交 CA 的延长线于点 F，交 EF 于点 G，若 $BG = CF$，求证：AD 为 $\triangle ABC$ 的角平分线.

解：如图 17.2.9 所示，延长 FE 到点 H，使 $HE = FE$，连接 BH.

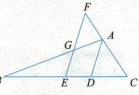

图 17.2.8

在 $\triangle CEF$ 和 $\triangle BEH$ 中 $\begin{cases} CE = BE \\ \angle CEF = \angle BEH, \\ FE = HE \end{cases}$

$\therefore \triangle CEF \cong \triangle BEH$ (SAS)，

$\therefore \angle EFC = \angle EHB$，$CF = BH = BG$，$\therefore \angle EHB = \angle BGE$，

而 $\angle BGE = \angle AGF$，$\therefore \angle AFG = \angle AGF$，

又 $\because EF \parallel AD$，$\therefore \angle AFG = \angle CAD$，$\angle AGF = \angle BAD$，

$\therefore \angle CAD = \angle BAD$，$\therefore AD$ 为 $\triangle ABC$ 的角平分线.

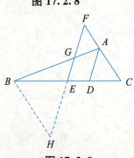

图 17.2.9

当我们遇到中点问题时可以联系中位线或者中线来考虑，当现有图形无法解决时可考虑做辅助线，遇到中线可以倍长中线，那必然会出现全等三角形，从而可以得到对应边相等、对应角相等，继而可以结合题目其他的条件代换或者推导出更多的结论.

1. 课外兴趣小组活动时，老师提出了如下问题：如图 1，$\triangle ABC$ 中，若 $AB = 8$，$AC = 6$，

求 BC 边上的中线 AD 的取值范围. 小明在组内经过合作交流, 得到了如下的解决方法: 延长 AD 到点 E, 使 $DE = AD$. 请根据小明的方法思考, AD 的取值范围是 (   ).

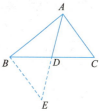

A. $6 < AD < 8$ B. $6 \leqslant AD \leqslant 8$

C. $1 < AD < 7$ D. $1 \leqslant AD \leqslant 7$

图 1

2. 如图 2, $\triangle ABC$ 的面积是 16, 点 D, E, F, G 分别是 BC, AD, BE, CE 的中点, 则 $\triangle AFG$ 的面积是_____.

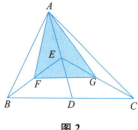

图 2

3. 如图 3, 已知, 在 $\triangle ABC$ 中, AD 是 BC 边上的中线, E 是 AD 上一点, 且 $BE = AC$, 延长 BE 交 AC 于 F, 求证: $AF = EF$.

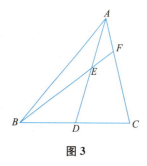

图 3

4. 如图 4, 已知 AM 为 $\triangle ABC$ 的中线, $\angle AMB$, $\angle AMC$ 的平分线分别交 AB 于 E, 交 AC 于 F. 求证: $BE + CF > EF$.

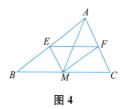

图 4

5. 【问题情境】

课外兴趣小组活动时, 老师提出了如下问题:

如图 5, $\triangle ABC$ 中, 若 $AB = 12$, $AC = 6$, 求 BC 边上的中线 AD 的取值范围.

小明在组内经过合作交流, 得到了如下的解决方法: 延长 AD 至点 E, 使 $DE = AD$,

连接 BE. 请根据小明的方法思考.

(1) 由已知和作图能得到 $\triangle ADC \cong \triangle EDB$, 依据是_____.

A. SAS   B. SSS   C. AAS   D. HL

(2) 由"三角形的三边关系"可求得 AD 的取值范围是_____.

解后反思: 题目中出现"中点""中线"等条件, 可考虑延长中线构造全等三角形, 把分散的已知条件和所求证的结论集中到同一个三角形之中.

【初步运用】

如图 6, AD 是 $\triangle ABC$ 的中线, BE 交 AC 于 E, 交 AD 于 F, 且 $AE=EF$. 若 $EF=4$, $EC=3$, 求线段 BF 的长.

【灵活运用】

如图 7, 在 $\triangle ABC$ 中, $\angle A=90°$, D 为 BC 中点, $DE \perp DF$, DE 交 AB 于点 E, DF 交 AC 于点 F, 连接 EF. 试猜想线段 BE, CF, EF 三者之间的数量关系, 并证明你的结论.

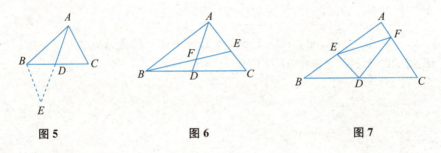

图 5   图 6   图 7

17.3 中点四边形

白小塔: "小实, 王大爷有一块三角形的地, 他要把地分给四个儿子, 要保证每个人分到的面积是相等的, 应该怎么分?"

求小实: "利用三角形的中位线就可以, 如图 17.3.1, 取三条边的中点 D, E, F 顺次连接, 分成的四个三角形面积相等. $DF \parallel BC$, 且 $DF=\frac{1}{2}BC$, 同理 $DE \parallel AC$, 且 $DE=\frac{1}{2}AC$, $EF \parallel BA$, 且 $EF=\frac{1}{2}BA$."

白小塔: "那你知道一个四边形各中点顺次连接而成的图形是什么吗?"

求小实: "我们画一个看看吧."

白小塔: "如图 17.3.2, 把四边形各边中点顺次连接得到的四边形, 叫作原四边形的中点四边形. 你知道中点四边形有什么性质吗? 我们今天就来探究一下."

　　求小实:"这个中点四边形看起来有点像平行四边形."

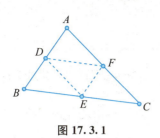

图 17. 3. 1

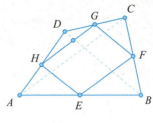

图 17. 3. 2

探究一

证明四边形 $EFGH$ 是平行四边形

证明: 如图 17. 3. 3,连接 AC,BD,

∵ E,F 是 AB,CD 的中点,

则 EF 是△ABC 的中位线,

∴ $EF // AC$,且 $EF = \dfrac{1}{2}AC$,

∵ H,G 是 AD,CD 的中点,

则 HG 是△ADC 的中位线,

∴ $HG // AC$,且 $HG = \dfrac{1}{2}AC$,

∴ $EF // HG$,且 $EF = HG$,

∴ 四边形 $EFGH$ 是平行四边形.

　　白小塔:"我们改变一下外面四边形的形状,看看里面的四边形会变化吗?"

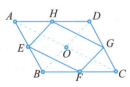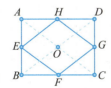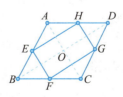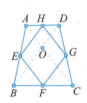

图 17. 3. 3

　　求小实:"有的变成了菱形,有的变成了矩形."

原四边形	一般四边形	平行四边形	矩形	菱形	正方形	等腰梯形
中点四边形形状						

探究二

中点四边形的形状是由什么决定的？

中点四边形的形状与原四边形的对角线有关系，我们回看中点四边形的证明，EF 与对角线 AC 的位置关系是平行，数量关系是 $EF = \frac{1}{2}AC$，EH 和对角线 BD 的位置关系是平行，数量关系是 $EH = \frac{1}{2}BD$，而 EF，EH 是中点四边形的邻边，故原四边形对角线的位置和数量关系就决定了中点四边形邻边的位置和数量关系.

若对角线 $AC = BD$，则中点四边形邻边相等，故四边形 $EFGH$ 为菱形；

若对角线 $AC \perp BD$，则中点四边形邻边互相垂直，故四边形 $EFGH$ 为矩形；

若对角线 $AC = BD$，$AC \perp BD$，则中点四边形邻边相等且垂直，故四边形 $EFGH$ 为正方形.

> 当原四边形是一般四边形和平行四边形时，中点四边形是平行四边形；
>
> 当原四边形是矩形和等腰梯形时，中点四边形是菱形；
>
> 当原四边形是菱形时，中点四边形是矩形；
>
> 当原四边形是正方形时，中点四边形也是正方形.

探究三

中点四边形与原四边形的面积有什么关系？

证明： 如图 17.3.4 所示，连接 AC，BD，

∵ EF 是△ABC 的中位线，

∴ $EF /\!/ AC$，$EF = \frac{1}{2}AC$，

∴ △$BFE \backsim$△BCA 得 $\dfrac{BE}{BA} = \dfrac{1}{2}$，

∴ $S_{\triangle BEF} = \dfrac{1}{4}S_{\triangle BCA}$，同理可得

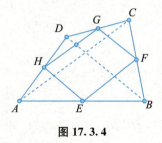

图 17.3.4

$$S_{\triangle CGF} = \frac{1}{4}S_{\triangle BCD}，\quad S_{\triangle GDH} = \frac{1}{4}S_{\triangle DCA}，\quad S_{\triangle AEH} = \frac{1}{4}S_{\triangle BDA}，$$

$$S_{四边形EFGH} = S_{四边形ABCD} - S_{\triangle BEF} - S_{\triangle CGF} - S_{\triangle GDH} - S_{\triangle AEH}$$

$$= S_{四边形ABCD} - \frac{1}{4}S_{\triangle BCA} - \frac{1}{4}S_{\triangle BCD} - \frac{1}{4}S_{\triangle DCA} - \frac{1}{4}S_{\triangle BDA}$$

$$= S_{四边形ABCD} - \frac{1}{2}S_{四边形ABCD} = \frac{1}{2}S_{四边形ABCD}.$$

中点四边形不仅形状和原四边形有关，面积也息息相关. 同学们，你们学会了吗？来检验一下吧！

1. 顺次连接正方形四边中点得到的四边形一定是 （　　）.

   A. 平行四边形　　　　B. 菱形　　　　　　C. 矩形　　　　　　D. 正方形

2. 直角梯形的中点四边形是 （　　）.

   A. 平行四边形　　　　B. 矩形　　　　　　C. 菱形　　　　　　D. 正方形

3. 如图 1 所示，已知四边形 $ABCD$ 的两条对角线 AC，BD 互
   相垂直，E，F，G，H 分别是四边形 $ABCD$ 各边的中点.
   若 $AC=6$，$BD=8$，则四边形 $EFGH$ 的面积为 （　　）.

   A. 48　　　　　　　　B. 24

   C. 12　　　　　　　　D. 条件不足，无法计算

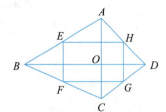

图 1

4. 如图 2 所示，已知菱形 $ABCD$ 的对角线 AC，BD 交于点
   O，E 为 BC 的中点，若 $OE=3$，则菱形的周长为_____.

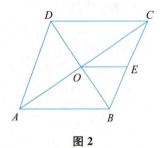

图 2

5. 如图 3 所示，E，F，G，H 分别是 AB，BC，CD，DA 的中点. 要使四边形 $EFGH$
   是正方形，BD，AC 应满足的条件是_____.

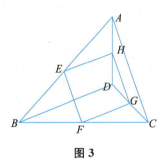

图 3

6. 正方形是一种特殊的四边形，它具有所有四边形的性质，所以生活中它有很广泛的应
   用，下面是三幅用电脑设计的美丽图案，从左到右，图 4 和图 5 以静态的形式出现，图
   4 可以看作是由边长逐次等差增加的正方形同心叠加而成的；图 5 可以看作是由边长逐
   次等比增加，且逐次旋转 90°角的正方形同心叠加而成的；而图 6 是有波动感的设计，
   可以看作是由边长逐次等比增加，且逐次旋转同一个角度 θ（θ 为锐角）的正方形同心
   叠加而成的.

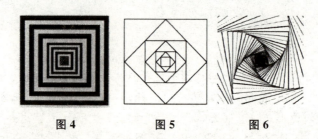

| 图 4 | 图 5 | 图 6 |

小李同学喜欢画画，他自己动手作图，画出了如图 5 所示的图形，他是这样做的：首先画一个边长为 1 的正方形，接着取正方形各边的中点，以此为顶点再作四边形，再以所得四边形四边中点为顶点作四边形，依次作下去．图中所作的第四个四边形的周长为_____；他所作的第 2 021 个四边形的周长为_____；猜想他所作的第 n 个四边形的周长为_____．

7. 如图 7 所示，在四边形 $ABCD$ 中，E，F，G，H 分别是 AD，BD，BC，AC 的中点．

(1) 当 AB，CD 满足什么条件时，四边形 $EFGH$ 是矩形？请证明你的结论．

(2) 当 AB，CD 满足什么条件时，四边形 $EFGH$ 是菱形？请证明你的结论．

(3) 当 AB，CD 满足什么条件时，四边形 $EFGH$ 是正方形？请证明你的结论．

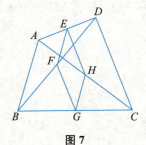

图 7

8. 如图 8 所示，点 O 是三角形 ABC 所在平面内一动点，连接 OB，OC，并将 AB，OB，OC，AC 中点 D，E，F，G 依次连接起来，设 $DEFG$ 能构成四边形．

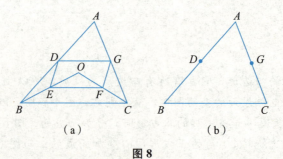

| (a) | (b) |

图 8

(1) 如图 8 (a) 所示，当点 O 在 △ABC 内时，求证：四边形 $DEFG$ 是平行四边形；

(2) 当点 O 在 △ABC 外时，(1) 的结论是否成立？（画出图形，指出结论，不需说明理由）

（3）若四边形 $DEFG$ 是菱形，则点 O 的位置应满足什么条件？试说明理由.

17.4　对点法解决平行四边形的存在性问题

白小塔："小实，（3，5）和（−1，3）的中点是多少？"

求小实："这可难不倒我，当然是（1，8）. 利用中点公式，$A(x_1，y_1)$，$B(x_2，y_2)$ 的中点是 $\left(\dfrac{x_1+x_2}{2}，\dfrac{y_1+y_2}{2}\right)$."

白小塔："那你知道中点坐标公式是怎么证明出来的吗？我们一起来看看吧！"

中点公式的证明

如图 17.4.1，设 $A(x_1，y_1)$，$B(x_2，y_2)$，中点 $P(m，n)$，B 在 A 上方（方便说明，其他位置是一样的）

过点 A 作直线平行于 x 轴，过点 B 作直线平行于 y 轴，两线交于点 C，则 $C(x_2，y_1)$.

过 P 作 $PM\perp AC$，$PN\perp BC$ 分别于点 M，N.

于是有 $AM=CM$，$BN=CN$，且四边形 $PMCN$ 是矩形，这样就有 $x_2-m=m-x_1$，$y_2-n=n-y_1$.

即 $m=\dfrac{x_1+x_2}{2}$，$n=\dfrac{y_1+y_2}{2}$.

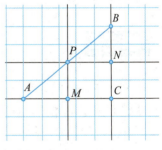

图 17.4.1

求小实："我懂了，看来学习知识不能只学其表面，要究其根本."

白小塔："其实我们要探究的不仅仅是中点公式，而是利用中点公式解决一些更高级的问题——对点法."

求小实："对点法？那是什么？"

白小塔："我们一起去看看吧."

对点法

在平面直角坐标系中，$A(x_1，y_1)$，$B(x_2，y_2)$，若线段 AB 的中点为 O，则中点坐标：$x_O=\dfrac{x_1+x_2}{2}$，$y_O=\dfrac{y_1+y_2}{2}$；

如图 17.4.2，在 $\square ABCD$ 中，$A(x_1，y_1)$，$B(x_2，y_2)$，$C(x_3，y_3)$，$D(x_4，y_4)$，对角线交于点 O，则有 $x_O=\dfrac{x_1+x_3}{2}=\dfrac{x_2+x_4}{2}$，$y_O=\dfrac{y_1+y_3}{2}=\dfrac{y_2+y_4}{2}\Rightarrow\begin{cases}x_1+x_3=x_2+x_4\\y_1+y_3=y_2+y_4\end{cases}$.

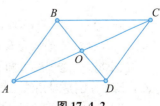

图 17.4.2

求小实："这种方法太棒了，因为平行四边形具有对角线互相平分的性质，即 AC 与 BD 的中点都是 O，那利用中点公式便得到了上述结论，实际上，利用这种方法只要知道一个平行四边形的三个点，第四个点就迎刃而解了."

白小塔："那我们来用一用这个对点法吧."

探究一

已知 $A(0，0)$，$B(5，0)$，$D(2，3)$，是否存在点 C，使以 $\square ABCD$ 存在，若存在，求点 C 坐标.

解： 平行四边形对角线互相平分，令它们的交点为 O，O 既是 AC 的中点也是 BD 的中点，

设 $C(x，y)$，

$\because B(5，0)$，$D(2，3)$，

$\therefore O\left(\dfrac{5+2}{2}，\dfrac{0+3}{2}\right)$，

$\therefore \dfrac{5+2}{2}=\dfrac{0+x}{2}$，$\dfrac{0+3}{2}=\dfrac{0+y}{2}$

$\therefore x=7$，$y=3$，

则 $C(7，3)$.

探究二

已知 $A(0，3)$，$B(4，0)$，点 C 在 y 轴上，是否存在点 D 在 $y=2x-1$ 上，使得 $\square ABCD$ 存在，求 C，D 的坐标.

解： $A(0，3)$，$B(4，0)$，

C 点在 y 轴上，D 点在直线 $y=2x-1$ 上，

设 $C(0，a)$，$D(x，2x-1)$

$\therefore AC$ 中点为 $\left(\dfrac{0+0}{2}，\dfrac{3+a}{2}\right)$，$BD$ 中点为 $\left(\dfrac{4+x}{2}，\dfrac{0+2x-1}{2}\right)$，

$\therefore x=-4$，$a=-12$，

$\therefore C(0，-12)$，$D(-4，-9)$.

探究三

已知 $A(-3，0)$，$B(1，0)$ 两点，点 $P(p，-p^2-2p+3)$，点 Q 在 y 轴上，以 A，B，P，Q 为顶点的四边形为平行四边形，求点 P 的坐标.

白小塔："这个题目和上面有点不一样啊，上面明确了 $\square ABCD$ 四个顶点的顺序，即 AC，BD 分别是对角线，可是这道题却不知道字母顺序."

求小实："那分类讨论不就得了呗."

解：设 $P(p, -p^2-2p+3)$，$Q(0, q)$

情况一：若以 AB 为对角线，可得 $-3+1=p+0$ 解

得：$p=-2$；

情况二：若以 AP 为对角线，可得 $-3+p=1+0$ 解

得：$p=4$；

情况三：若以 AQ 为对角线，可得 $-3+0=1+p$ 解

得：$p=-4$.

故 $P(-2, 3)$ 或 $P(-4, -5)$ 或 $(4, -21)$.

在数学学习中不断地总结方法可以大大提高做题的速度及准确率. 同学们，你们学会了吗？

> 当问题是平行四边形存在类问题，已知两个点求另外两个点，或者已知三个点求另外一个点时，我们就可以设点的坐标利用中点公式延伸出的对点法解决问题.

1. 若在平面直角坐标系中，已知 $A(x_1, y_1)$，$B(x_2, y_2)$，设点 M 为线段 AB 的中点，则点 M 的坐标为 $\left(\dfrac{x_1+x_2}{2}, \dfrac{y_1+y_2}{2}\right)$. 应用：设线段 CD 的中点为点 N，其坐标为 $(3, 2)$，若端点 C 的坐标为 $(7, 3)$，则端点 D 的坐标为（   ）.

   A. $(-1, 1)$　　　B. $(-2, 4)$　　　C. $(-2, 1)$　　　D. $(-1, 4)$

2. 在平面直角坐标系中，点 A 的坐标为 $(-1, 2)$，点 B 的坐标为 $(5, 4)$，则线段 AB 的中点坐标为（   ）.

   A. $(2, 3)$　　　B. $(2, 2.5)$　　　C. $(3, 3)$　　　D. $(3, 2.5)$

3. 如图 1 所示，已知 $\triangle ABC$ 为直角三角形，$\angle B=90°$，$AB\perp x$ 轴，M 为 AC 中点. 若点 A 的坐标为 $(3, 4)$，点 M 的坐标为 $(-1, 1)$，则点 B 的坐标为（   ）.

   A. $(3, -4)$　　　　　　B. $(3, -3)$

   C. $(3, -2)$　　　　　　D. $(3, -1)$

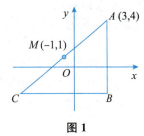

图 1

4. 已知 $A(-1, 0)$，$B(2, -1)$，$C(0, 2)$，点 D 在平面直角坐标系内，且以 A，B，C，D 为顶点的四边形为平行四边形，求出满足条件的点 D 坐标.

5. 已知 A $(-2,0)$，B $(3,0)$，点 C 在 y 轴上，D $(x,2x+1)$，若以 A，B，C，D 为顶点的四边形是平行四边形，求点 D 的坐标.

17.5 平行四边形过对角线交点的直线

探究一

如图 17.5.1，王大爷有一块平行四边形样的菜地，他要将菜地平均分给两个儿子，该怎么分？

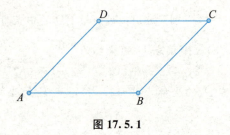

图 17.5.1

求小实："这个容易，连接 AC，或者 BD 就行了."

探究二

那如果菜地里面有一棵树位于点 M（见图 17.5.2），王大爷想沿着这棵树种一排树，把菜地恰好分成面积相等的两部分，应该怎么分呢？

证明：如图 17.3.3 所示，∵ 四边形 $ABCD$ 为平行四边形，

∴ $AB /\!/ CD$，

∴ $\angle 1 = \angle 2$，$OB = OD$，且 $\angle DOP = \angle BOQ$，

在 $\triangle DOP$ 和 $\triangle BOQ$ 中 $\begin{cases} \angle 1 = \angle 2 \\ \angle DOP = \angle BOQ, \\ OD = OB \end{cases}$

∴ $\triangle DOP \cong \triangle BOQ$（ASA），

∴ $S_{\triangle DOP} = S_{\triangle BOQ}$，且 $S_{\triangle AOD} = S_{\triangle COB}$，

∴ $S_{\triangle AOD} + S_{\triangle DOP} = S_{\triangle COB} + S_{\triangle BOQ}$，

∴ $S_{四边形ADPO} = S_{四边形CBQO}$.

同理，$\triangle COP \cong \triangle AOQ$（ASA），

∴ $S_{\triangle COP} = S_{\triangle AOQ}$

$$\therefore S_{四边形AQPD}=S_{四边形CPQB}.$$

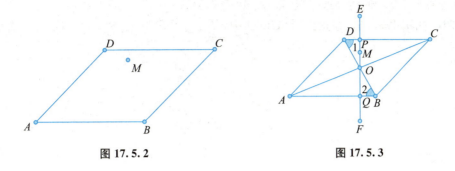

图 17.5.2　　　　　　　图 17.5.3

也就是说，无论 EF 怎么动，只要它经过对角线交点 O 就可以把平行四边形分成面积相等的两份.

白小塔："你知道王大爷应该怎么分菜地了？"

求小实："明白了. 找到对角线交点 O，再和 O 两点确定一条直线，沿着这条线种一排树就搞定了."

探究三

如果王大爷的菜地是正方形，他有四个儿子又该怎么分呢？

求小实："如图 17.5.4，这两种方法都可以."

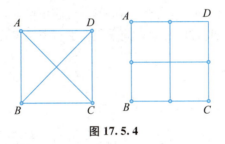

图 17.5.4

白小塔："如图 17.5.5，如果菜地里还是有一棵树 M 呢？"

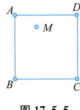

图 17.5.5

我们先观察一下上面两种分割方式有什么共同特点？

1. 两条线

2. 都经过对角线的交点

3. 具有垂直的位置关系

因此，先找到对角线的交点 O，连接 OM，交 AD 于 H，交 BC 于 K，再作一条垂直于 HK 的直线 PQ，便将菜地分成了面积相等的四份。

证明： 如图 17.5.6，在正方形 $ABCD$ 中，$S_{\triangle AOB}=S_{\triangle BOC}=S_{\triangle COD}=S_{\triangle DOA}$，

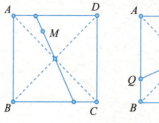

图 17.5.6

$\angle AOB=\angle BOC=\angle COD=\angle DOA=90°$，且 $OA=OB=OC=OD$，

$\because HK \perp PQ$，

$\therefore \angle QOK=\angle KOP=\angle POH=\angle HOQ=90°$，

$\therefore \angle QOB=\angle KOC=\angle POD=\angle HOA$ （同角的余角相等），

且 $\angle QBO=\angle KCO=\angle PDO=\angle HAO=45°$，

$\therefore \triangle QOB\cong\triangle KOC\cong\triangle POD\cong\triangle HOA$ （ASA），

$\therefore S_{四边形AHOQ}=S_{\triangle AQO}+S_{\triangle AHO}=S_{\triangle AQO}+S_{\triangle BQO}=\dfrac{1}{4}S_{正方形ABCD}$，

同理 $S_{四边形AHOQ}=S_{四边形HDPO}=S_{四边形PCKO}=S_{四边形KBQO}=\dfrac{1}{4}S_{正方形ABCD}$.

过平行四边形对角线交点的直线能将四边形分成面积相等的两部分，如果这个平行四边形更特殊的话就会有更加特殊的结论，同学们在学习中一定要多观察多总结，这样才能做一题会一类题.

1. 如图 1，在 $\square ABCD$ 中，对角线 AC，BD 相交于点 O，过点 O 的直线分别交 AB，CD 于点 M，N．若 $\triangle CON$ 的面积为 2，$\triangle BOM$ 的面积为 4，则 $\triangle ADB$ 的面积为_____．

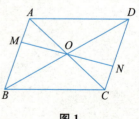

图 1

2. (1) 如图 2，$\square ABCD$ 的对角线 AC，BD 相交于点 O，过点 O 作直线 EF 分别交 AD，BC 于点 E，F．求证：$OE=OF$.

(2) 如图 3，在 $\square ABCD$ 中，若过点 O 的直线与 BA，DC 的延长线分别交于点 E，F，能得到 (1) 中的结论吗？

（3）如图 4，已知 □$ABCD$ 的对角线 AC，BD 交于点 O，过点 O 作直线交 AB，CD 的反向延长线于点 E，F. 还能得到（1）中的结论吗？由此你能得到什么样的一般性结论？

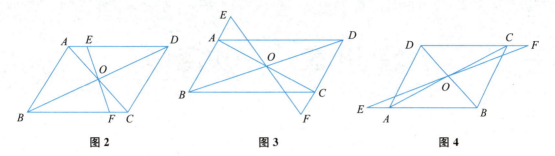

图 2　　　　　　　　图 3　　　　　　　　图 4

3. 如图 5，在四边形 $ABCD$ 中，$\angle B = 90°$，E，F 分别是 AB，CD 上一点，$BE = DF$，AC，EF 互相平分于点 O，求证：四边形 $ABCD$ 是矩形.

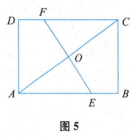

图 5

4. 【感知】如图 6，在平行四边形 $ABCD$ 中，对角线 AC，BD 相交于点 O，过点 O 的直线 EF 分别交边 AD，BC 于点 E，F，易证：$OE = OF$（不需要证明）；

【探究】如图 7，平行四边形 $ABCD$ 中，对角线 AC，BD 相交于点 O，过点 O 的直线 EF 分别交边 BA，DC 的延长线于 E，F，求证：$OE = OF$；

【应用】连接图 7 中的 DE，BF，其他条件不变，如图 8，若 $AB = 2AE$，$\triangle AOE$ 的面积为 1，则四边形 $BEDF$ 的面积为 _____.

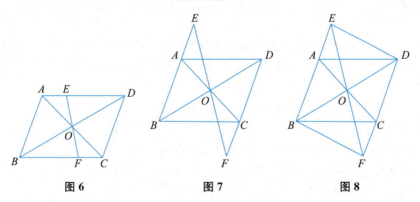

图 6　　　　　　图 7　　　　　　图 8

第 18 章 一次函数

章前导语

　　函数是刻画现实世界中变化规律的重要模型，比如气温随海拔高度的变化而变化，相同时间的路程随速度的变化而变化，通话费用随通话时长的变化而变化，等等。这种一个量随着另一个量的变化而变化的现象其实就是具有单值对应关系的函数. 函数这一概念的提出带动了数学多领域的发展，该概念最早由莱布尼茨提出，并在数学史上讨论了很长时间，目前为止，有欧拉的"变量说"、柯西的"关系说"、狄利克雷的"对应说"，这些概念的提出之间有怎样的联系呢？那用什么来描述变量间的对应关系呢？运用函数可以解决哪些实际问题呢？函数与前面所学习的方程、不等式又有什么联系呢？现实生活中的情境如何借助函数进行建模呢？

　　带着上面的诸多疑惑，让我们一起走进函数的世界！

18.1　函数图像的识别

探究一

　　求小实："昨天学习了函数知识，绘制了从家出发去学校的函数图像（见图 18.1.1），我选取的变量是离家的距离 s（m）与离家时间 t（min），从我绘制的图像中，你能获知哪些信息呢？"

　　白小塔："这可难不倒我. 从横轴来看我知道你从家到学校一共花了 20min；从纵轴来看你家离学校有 2 000m；从图像的走势来看前 10min 与后 5min 相比，你后 5min 速度较快一些，并且我还知道到你 10min 至 15min 的时候在某个地方逗留了一会；从特殊点来看你离家 1 000m 时花了 10min，你有看出我分析函数图像时

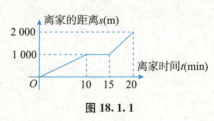

图 18.1.1

的方法了吗?"

求小实:"你描述的顺序已经告诉我了!"

白小塔:"那你还记得'龟兔赛跑'这则寓言故事吗?"

求小实:"记得! 讲述的就是乌龟和兔子从同一地点同时出发,比赛中兔子开始领先,但因为它骄傲在途中睡觉,而乌龟一直坚持匀速爬行最终赢得比赛的故事."

白小塔:"你描述得很准确,那我再考考你,我画了四幅图,你能从中挑出哪一幅来描述你刚刚讲的故事?"

求小实:"因为乌龟一直坚持匀速爬行,所以只有一条经过原点的线段能描述乌龟行进的过程. 图 18.1.2 是兔子与乌龟同时抵达终点;图 18.1.3 中的乌龟跑得比兔子还快因为 $s-t$ 图像越陡速度越快,明显不对;图 18.1.4 是兔子赢了比赛,因为图像上知道它们到达终点的时间不一样,兔子花的时间短;图 18.1.5 匹配我刚刚讲的故事."

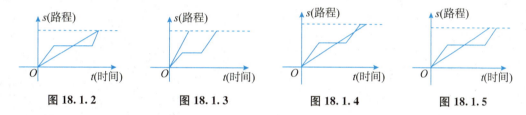

图 18.1.2   图 18.1.3   图 18.1.4   图 18.1.5

思考:(1)两函数图像的交点坐标怎么确定呢? 该交点表示什么呢?

(2)函数图像与平行于 x 轴的虚线的交点的横坐标表示什么呢?

(3)从函数图像上你还能得到哪些信息呢?

探究二

求小实的同学去他家做客,他妈妈拿了形状各异(高度相同)的杯子让求小实给他同学倒果汁喝,求小实在倒果汁的过程中发现不同的杯子倒满果汁所需的时间不一样,他转念一想,最近刚好学习了函数图像知识,就与小伙伴们一同商量着用数学的图形语言来描述这一现象,经过一番讨论,他们根据果汁深度 h(cm)与倒果汁所用时间 t(min)之间的关系绘制了如下函数图像.

思考:你能根据求小实和他小伙伴们手中的杯子绘制相匹配的函数图像吗?

杯子形状						
对应的 $h-t$ 函数图像						

函数图像：一般地，对于一个函数，如果把自变量与函数的每对对应值分别作为点的横、纵坐标，那么坐标平面内由这些点组成的图形，就是这个函数的图像.

识别步骤：明确"两轴"的含义；明确图像上的特殊点；弄清图像的走势，具体到上升线、下降线和水平线各自表示的含义.

通过分析函数图像获取信息，体现了数学中的一种重要思想方法——数形结合思想.

一、依据实际问题辨别函数图像

1. 求小实从学校到家，先匀速步行到司家营地铁站，等了几分钟后坐上了地铁，除去停站的时间，匀速行驶一小段时间后到达金星地铁站，求小实从学校到金星站行驶的路程 s（单位：m）与时间 t（单位：min）的大致图像是（　　）.

A. 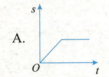　　B. 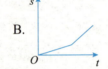　　C. 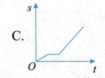　　D.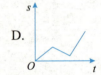

2. 如图 1，在正方形 $ABCD$ 中，$AB=3$cm，动点 M 自 A 点出发沿 AB 方向以每秒 1cm 的速度向 B 点运动，同时动点 N 自 A 点出发沿折线 $AD-DC-CB$ 以每秒 3cm 的速度运动，到达 B 点时运动同时停止. 设 $\triangle AMN$ 的面积为 $y$cm^2，运动时间为 xs，则下列图像中能大致反映 y 与 x 之间的函数关系的是（　　）.

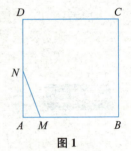

图 1

A. 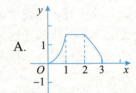　　B. 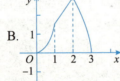　　C. 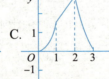　　D.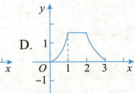

3. 周末，自行车骑行爱好者甲、乙两人相约沿同一路线从 A 地出发前往 B 地进行骑行训练. 甲、乙分别以不同的速度匀速骑行，乙比甲早出发 5 分钟，乙骑行 30 分钟后，甲以原速的 1.7 倍继续骑行，经过一段时间，甲先到达 B 地，乙一直保持原速前往 B 地. 在此过程中，甲、乙两人相距的路程 y（单位：米）与乙骑行的时间 x（单位：分钟）之间的关系如图 2 所示，则下列说法中错误的是（　　）.

A. 乙骑行的速度为 300 米/分

B. 甲提速之后的速度为 425 米/分

C. 乙出发 52 分钟后，甲追上乙

D. 甲到达 B 地时，乙距离 B 地还有 4 500 米

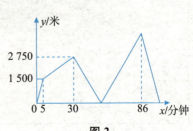

图 2

二、依据函数图像描述实际问题

1. 如图3是昆明市一天内的气温变化情况，则下列说法错误的是（   ）.

   A. 这一天的最高气温是24℃

   B. 从2时至14时，气温在逐渐升高

   C. 从14时至24时，气温在逐渐降低

   D. 这一天的最高气温与最低气温的差为14℃

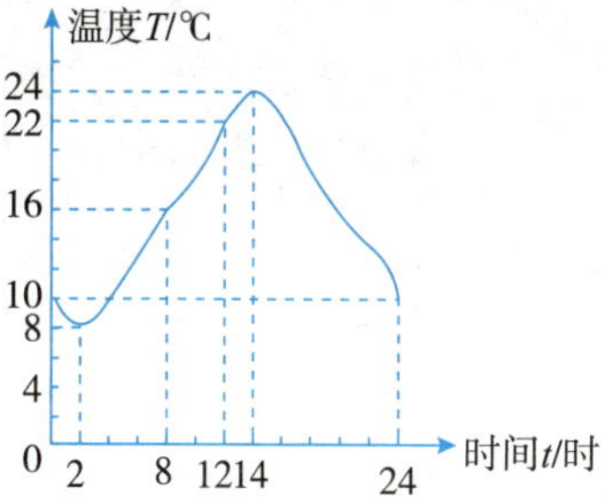

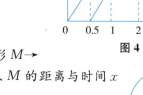

图3

2. 求小实（甲）跟白小塔（乙）两人骑自行车从 A 地沿同一条路到 B 地，已知白小塔比求小实先出发，他们离出发地的距离 s（单位：km）和骑行时间 t（单位：h）之间的函数关系如图4所示，给出下列说法：

   ①他们都骑行了20km；

   ②白小塔在途中停留了0.5h；

   ③两人同时到达目的地；

   ④相遇后，求小实的速度小于白小塔的速度.

   根据图像信息，以上说法正确的有（   ）.

   A.1个   B.2个   C.3个   D.4个

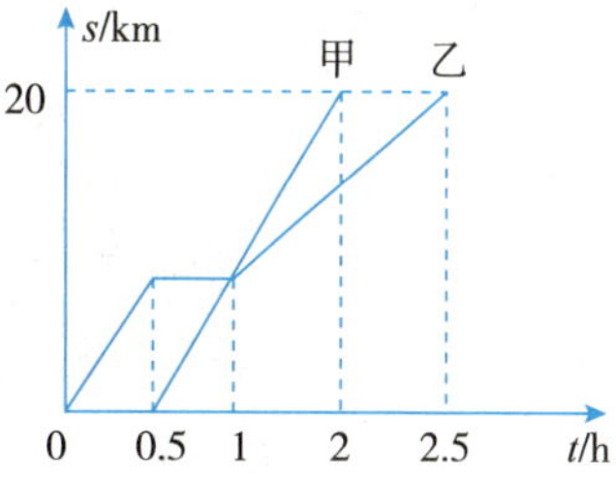

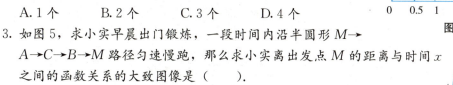

图4

3. 如图5，求小实早晨出门锻炼，一段时间内沿半圆形 $M \to A \to C \to B \to M$ 路径匀速慢跑，那么求小实离出发点 M 的距离与时间 x 之间的函数关系的大致图像是（   ）.

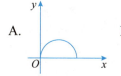   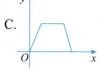

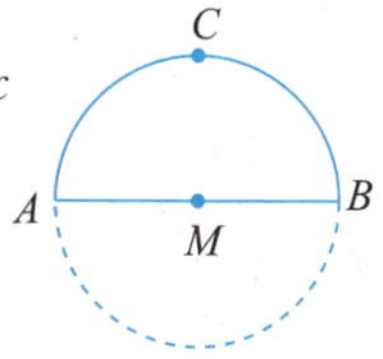

A.   B. 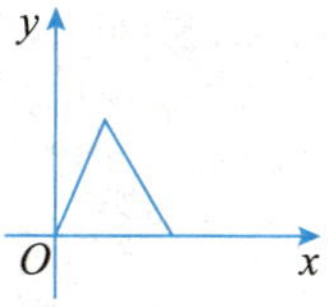   C.   D.

图5

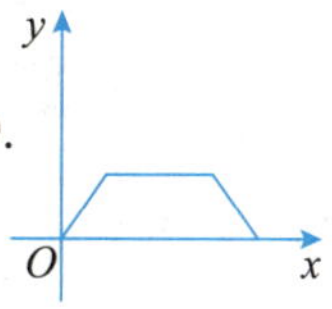

4. 北京冬奥会开幕式上，以"二十四节气"为主题的倒计时短片，用"中国式浪漫"美学惊艳了世界. 图6是一年中部分节气所对应的白昼时长示意图，给出下列结论：①从立春到大寒，白昼时长先增大再减小；②夏至时白昼时长最大；③春分和秋分，昼夜时长大致相等，其中正确的是（   ）.

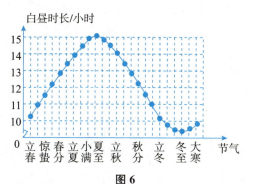

图6

A. ①②   B. ②③   C. ②   D. ③

5. 已知 A，B 两地是一条直路，甲从 A 地到 B 地，乙从 B 地到 A 地，两人同时出发，乙先到达目的地，两人之间的距离 s(km) 与运动时间 t(h) 的函数关系大致如图 7 所示，下列说法错误的是（　　）.

　A. 两人出发 2h 后相遇　　　　　　B. 甲骑自行车的速度为 60km/h

　C. 乙比甲提前 $\dfrac{5}{3}$ h 到达目的地　　D. 乙到达目的地时两人相距 120km

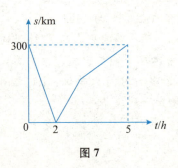

图 7

6. 某数学兴趣小组做小球弹跳实验. 将小球扔下，该小球反复地弹离地面，直到它停下. 图 8 刻画了小球弹跳过程中球离地面的高度和时间之间的关系. 此过程中，小球有（　　）次距离地面 0.45 米.

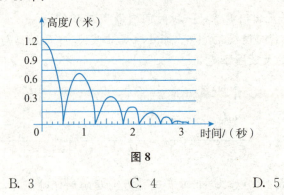

图 8

　A. 2　　　　　　　B. 3　　　　　　　C. 4　　　　　　　D. 5

18.2　函数图像的绘制

　　函数图像借助平面直角坐标系中曲线上的点的坐标直观、形象地呈现了变量间的对应关系，它教会我们采用数形结合的思想去研究问题，在初中阶段我们遇到的函数图像可分为直的（线性函数）和曲的（非线性函数）两类. 那如何绘制函数图像呢？我们来看一看求小实的方法.

探究一

　　求小实："在学习几何的时候，我们知道点动成线、线动成面、面动成体，联想可知要画函数图像可以根据函数的解析式，先找到一系列点的坐标，然后找到图像走势，再用平滑的曲线或者直线将它们连接，所得图像即为所求."

白小塔:"嗯. 咱们从生活情境出发来探究一下. 每本作业的厚度是 0.4cm,我们班学生的作业放一起的总厚度 h 随本数 n 的变化而变化,你能画出厚度与本数之间的关系图吗?"

求小实:"这个问题里存在一个等量关系,就是每本作业的厚度乘以本数等于总厚度,这样的话关系式为 $h=0.4n$."

首先,列表.

n	$\cdots$	-3	-2	-1	0	1	2	3	$\cdots$
h	$\cdots$								$\cdots$

其次,描点、连线（见图 18.2.1).

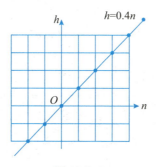

图 18.2.1

白小塔:"那 n 可以取一切实数吗?"

求小实:"不是的,n 有实际意义,n 表示作业本的本数,肯定需要满足非负性,要大于等于 0,修改后的函数图像是这样的. 如图 18.2.2 所示."

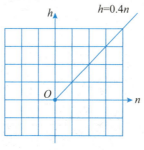

图 18.2.2

白小塔:"其实函数图像还是存在问题,你再想想."

求小实:"哦,对. 从函数图像上看出 n 可以取无理数,但是书的本数只能取非负整数,所以在该问题背景下函数图像应该如图 18.2.3 所示,$h=0.4n$(n 取正整数)."

白小塔:"如果仅仅是绘制 $h=0.4n$ 的函数图像你第一次的画法就是对的,但还可以简化下,因为两点确定一条直线,因此可以取两个特殊的点,然后用直线将其连接即可,如取 O(0,0) 和 A(1,0.4)(两点法作图). 如图 18.2.4 所示."

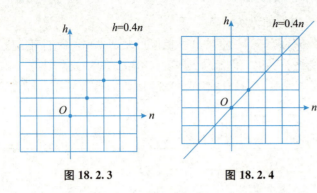

图 18.2.3　　　　　　　　图 18.2.4

注意：在实际问题中自变量的取值范围除了考虑函数关系式成立的条件外，还需满足能使该问题有实际意义．

探究二

白小塔："正方形的面积 y 与边长 x 的函数解析式为 $y=x^2$，你能画出其函数图像吗?"
求小实画图过程如下：
（1）列表．

x	…	-3	-2	-1	0	1	2	3	…
y	…	9	4	1	0	1	4	9	…

（2）描点、连线（见图 18.2.5）．

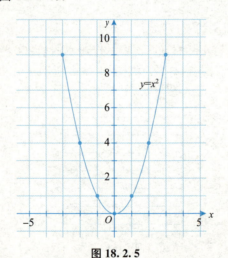

图 18.2.5

白小塔："一看就不对，首先考虑自变量的取值范围即正方形的边长需要大于 0；其次该函数图像不是线性的，需要用平滑的曲线将这些点按自变量由小到大（或由大到小）的顺序依次连接．"

白小塔："还有个细节你得注意下哦，就是端点处的位置．"

求小实："哎呀，我又给忽略了，右端点处得延伸出去，不然边长为 3 以上的我都没取到．原点处是取不到的，正方形的边长需大于 0．画函数图像时要留意的细节可真多．正确的图像如图 18.2.6 所示．"

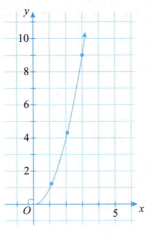

图 18.2.6

白小塔："对，得面面俱到才行，总结起来就是线性函数可采取两点法绘图（两点确定一条直线），非线性函数图像主要绘制一些点，找到函数图像的走势即可. 还有一种又快又便捷的方式绘制函数图像，就是借助几何画板绘制函数图像，可按照下面的步骤进行如图 18.2.7 所示，无论什么函数只要输入解析式一点击确定就立马生成了，比如绘制 $y=2\left||-x-2\right|$ 的函数图像，如图 18.2.8 所示."

具体步骤：【绘图】
【绘制新函数】输入
函数解析式【确定】

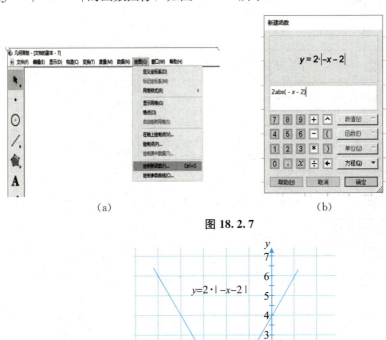

(a)　　　　　　　　(b)

图 18.2.7

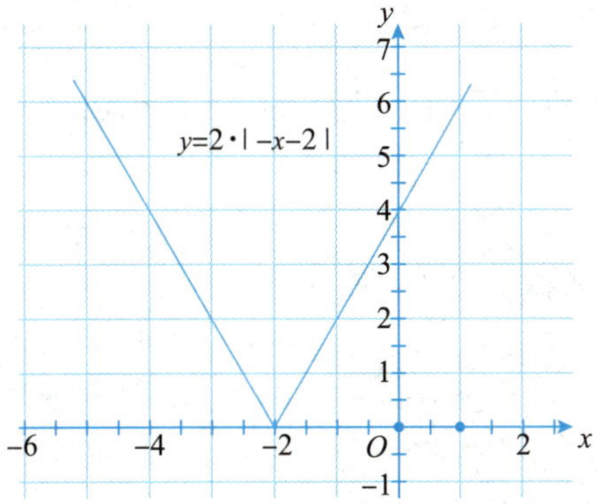

$y=2\cdot\left|-x-2\right|$

图 18.2.8

求小实："这么快捷！我也试试，来看看我绘制的心形图. 如图 18.2.9 所示."

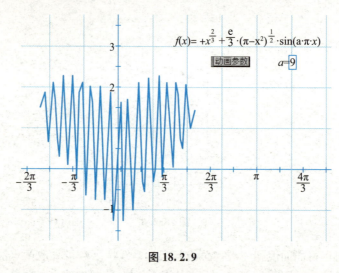

$$f(x) = +x^{\frac{2}{3}} + \frac{e}{3} \cdot (\pi - x^2)^{\frac{1}{2}} \cdot \sin(a \cdot \pi \cdot x)$$

动画参数 $a=9$

图 18.2.9

思考：通过前面的探究学习可知绘制函数图像主要依据函数解析式，那解析式满足什么条件时，绘制的函数图像是直线？什么时候是曲线呢？

探究三

分组实战演练.

分组安排	函数解析式（请绘制下列函数图像）
第一小组	正比例函数 $k>0$ $y=x$ $y=3x$ $y=4x$ $y=6x$
第二小组	正比例函数 $k<0$ $y=-x$ $y=-3x$ $y=-4x$ $y=-6x$
第三小组	一次函数 $y=3x-1$ $y=3x+1$ $y=-3x-1$ $y=-3x-1$
第四小组	$y=\dfrac{-2}{x}$ $y=\dfrac{4}{x}$ $y=x^2$ $y=-2x^2$
第五小组	$y=|3x-1|$ $y=3|x|-1$ $y=|3x+1|$ $y=3|x|+1$

求小实："从上面画图的过程中可以发现正比例函数和一次函数存在一些规律，你看出来了吗？"

思考：单从绘制的正比例函数图像来看，函数图像是一条经过原点的直线，比例系数的绝对值越大，函数图像越靠近于哪个轴呢？

正比例函数和一次函数其实都是一条直线，只是倾斜程度不同、经过的象限不同而已，从函数的解析式来看，一次函数的解析式比正比例函数的解析式多着一个小尾巴，就是截距 b（即函数图像与 y 轴的交点坐标的纵坐标）.

> 截距：直线与 y 轴交点的纵坐标，截距是一个数，有正、负.

　　通过绘制的函数图像可知一次函数是通过正比例函数平移得到的，平移前后两函数图像的倾斜程度相同，即 k 相等，当一次函数图像经过原点时，截距为 0，此时该图像就是正比例函数，所以正比例函数是特殊的一次函数.

　　思考：两个一次函数图像平行、重合、垂直、相交时，k，b 需要满足哪些条件呢？

　　其实函数图像的变换主要有以下几种.（大家可以找函数图像举举例）

　　（1）平移变换（其中 $k \neq 0$）

　　上移 下移　$y=kx$　$y=kx+b$　$y=kx-b$

　　方法：上加下减，在 y 值的位置上加减；

　　左移 右移　$y=kx$　$y=k(x+h)$　$y=k(x-h)$

　　方法：左加右减，在 x 值的位置上加减.

　　（2）对称变换

　　关于 x 轴对称　$y=kx+b$　$y=-(kx+b)$；

　　关于 y 轴对称　$y=kx+b$　$y=-kx+b$；

　　关于原点对称　$y=kx+b$　$y=-(-kx+b)=kx-b$.

　　（3）翻折变换

　　上下翻折　$y=kx$　$y=|kx|$

　　方法：保留 x 轴上方的图像，将 x 轴下方的图像翻折上去；

　　左右翻折　$y=kx+b$　$y=k|x|+b$

　　方法：保留 y 轴右边的图像，y 轴左边的图像删除，再作出其关于 y 轴对称的图像即可.

　　思考：函数图像是否存在轴对称、中心对称的情况呢？如果存在请举例并指出该函数图像的对称轴或者对称中心？如果不存在请说明理由.

　　知识梳理：

　　请同学们根据本节所讲内容填写表格，进行总结.

一次函数图像与字母系数的关系			
函数类型	正比例函数	一次函数	
解析式	$y=kx(k \neq 0)$	$y=kx+b(k \neq 0)$	
截距	$b=0$	$b<0$	$b>0$
$k>0$	经过第_____象限 	经过第_____象限 	经过第_____象限
	图像从左往右看是上升的，y 随 x 的增大而增大		

续表

函数类型	正比例函数	一次函数	
	经过第＿＿＿象限	经过第＿＿＿象限	经过第＿＿＿象限
$k<0$	![y轴坐标系]	![y轴坐标系]	![y轴坐标系]
	图像从左往右看是下降的，y 随 x 的增大而减小		

通过上面的表格，我们也就能清晰地识别出正比例函数图像、一次函数图像与字母系数的关系，在解答关于函数性质的问题时就能迎刃而解了.

1. 已知函数 $y=(2m+4)x+m$. 问：

 (1) m 为何值时，函数图像经过第一、二、三象限？

 (2) m 为何值时，y 随 x 的增大而减小？

 (3) m 为何值时，点 $(1,3)$ 在该函数图像上？并画出该函数图像.

 (4) 已知一次函数图像上有两点 $A(x_1, y_1)$，$B(x_2, y_2)$，当 $x_1<x_2$ 时，有 $y_1>y_2$. 求 m 的取值范围；

 (5) m 为何值时，一次函数图像不经过第二象限？

 (6) m 为何值时，函数图像不经过第二象限？

 (7) 函数图像恒过哪个点？

2. 已知 $y=(m+1)x^{2-|m|}+n+4$.

 (1) 当 m，n 取何值时，y 是 x 的一次函数？

 (2) 当 m，n 取何值时，y 是 x 的正比例函数？

3. 如图 1，三个正比例函数的图像分别对应解析式：①$y=ax$；②$y=bx$；③$y=cx$，将 a，b，c 从小到大排列并用"$<$"连接为_____.

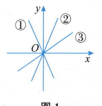

图 1

4. 函数图像在探索函数的性质中有非常重要的作用，下面我们就一类特殊的函数展开探索. 请在网格中分别绘制函数 $y=-3|x|$ 和 $y=-3|x|+3$ 和 $y=-3|x+3|$ 的图像，经历分析解析式、列表、描点、连线过程.

x	...	-3	-2	-1	0	1	2	3	...
y	...								...

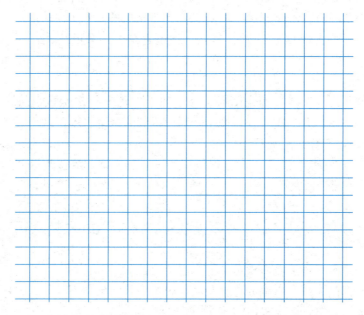

（1）观察发现：三个函数的图像都是_____；三个函数解析式中绝对值前面的系数_____，则图像的开口方向和形状_____，只有最高点和对称轴发生了变化. 请写出点 A，B 的坐标和函数 $y=-3|x+3|$ 的对称轴；

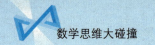

（2）探索思考：平移函数 $y=-3|x|$ 的图像可以得到函数 $y=-3|x|+3$ 和 $y=-3|x+3|$ 的图像，分别写出平移的方向和距离；并指明函数图像分别位于哪些象限？

（3）拓展应用：在所给的平面直角坐标系内画出函数 $y=-3|x-5|+1$ 的图像．若点 $(x_1，y_1)$ 和 $(x_2，y_2)$ 在该函数图像上，且 $x_2>x_1>5$，比较 y_1，y_2 的大小。

18.3　方程、不等式、函数之间的关系

求小实："到目前为止我们学习了几何、方程、不等式、函数，其实它们之间有着密切的关系，我们拿平面直角坐标系上的点、二元一次方程（组）、一元一次不等式、一次函数来探究探究．比如 $y=2x+1$ 这个等式，你说它是个函数解析式，还是个二元一次方程呢？"

白小塔："嗯，其实它二者都是，对吧？"

求小实："是的，从函数的角度来看 $y=2x+1$ 是个一次函数；从方程的角度来看 $2x-y+1=0$ 是一个二元一次方程，视角不同你得到的结论也不同．"

白小塔："那这有什么用呢？"

求小实："一次函数与二元一次方程是相互对应的关系，搞清楚这一点，后面就好理解了．咱们一起去探究探究．"

探究一

方程的解和函数图像上点的关系

一次函数图像由无数个点组成，这些点是满足解析式的每对 x，y 的对应值，所以二元一次方程有无数组解，以 $y=x+1$ 为例来进行思考（见图 18.3.1）．

直线上点的坐标 $(x，y)$	满足解析式的数对 $(x，y)$	二元一次方程的解 $\begin{cases} x=a \\ y=b \end{cases}$
几何视角	函数视角	方程视角

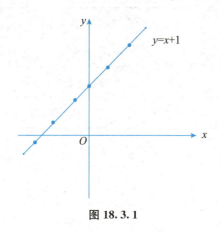

图 18.3.1

探究二

利用函数图像可以解方程

思考： 若方程组 $\begin{cases} x+y=a \\ x-y=b \end{cases}$ 的解为 $\begin{cases} x=11 \\ y=4 \end{cases}$，则直线 $y=-x+a$ 与 $y=x-b$ 的交点坐标为_____.

白小塔："这类问题就是待定系数法的化身，不过计算麻烦些."

求小实："这么复杂吗？你再想想函数与方程之间有什么关系？"

一次函数与一元一次方程

解一元一次方程就是在看一次函数 y 取某个值的时候 x 等于多少；优势在于从函数图像入手可以解决一些解不出来的方程.

一次函数与二元一次方程

每个含有未知数 x 和 y 的二元一次方程，都可以改写为 $y=kx+b$（k，b 是常数，$k \neq 0$）的形式，所以每个这样的方程都对应一个一次函数，于是也对应一条直线. 这条直线上每个点的坐标 $(x，y)$ 都是这个二元一次方程的解.

一次函数与二元一次方程组

二元一次方程组就是两个及两个以上二元一次方程合在一起，对应两个一次函数.

从"数"的角度看，解方程组相当于求自变量为何值时相应的两个函数值相等，以及这个函数值是多少；从几何角度来想平面内两条直线的位置关系只有平行、相交（重合是相交的一种特殊情况）两种.

方法：两个一次函数图像（俩直线）的交点既在直线 l_1 上也在直线 l_2 上，这说明交点的坐标既满足第一个二元一次方程也满足第二个二元一次方程，所以交点坐标就可以通过联立二元一次方程组求解.

二元一次方程组解的情况	两直线的位置关系	两直线的交点个数
有唯一解（见图18.3.2）	两条直线相交	只有一个交点
有无数组解（见图18.3.3）	两直线重合	有无数个交点
无解（见图18.3.4）	两条直线平行，k值一样，倾斜程度一样	没有交点

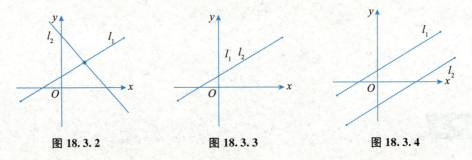

图 18.3.2   图 18.3.3   图 18.3.4

白小塔："这样说来刚刚的问题就对应着图18.3.2，交点坐标就是（11，4)."

探究三

利用一次函数图像解一元一次不等式（一条直线）
联想前面一次函数与方程的关系，试思考空白（打圈）的地方应该怎么填写？

(1)一次函数的解析式就是一个二元一次方程；

(2)点B的横坐标是方程①的解；

(3)点$C(x, y)$中的x, y的值是方程组②的解.

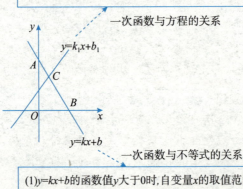

一次函数与方程的关系

$y = k_1x + b_1$

$y = kx + b$

一次函数与不等式的关系

(1)$y = kx + b$的函数值y大于0时，自变量x的取值范围就是不等式③的解集；

(2)$y = kx + b$的函数值y小于0时，自变量x的取值范围就是不等式④的解集.

答案解析：① $kx + b = 0$，② $\begin{cases} y = kx + b \\ y = k_1x + b_1 \end{cases}$ ，③ $kx + b > 0$，④ $kx + b < 0$.

倘若点 C 的坐标为（1, 3），

则不等式 $kx+b \leqslant k_1 x + b_1$ 的解集为 $x \geqslant 1$.

归纳：看图解不等式（一条直线的时候分两种情况）

①知道 x 的范围，看图找 y 的范围.

步骤：看横坐标的范围找函数图像对应区域，再找对应纵坐标范围.

②知道 y 的范围，看图找 x 的范围.

步骤：看纵坐标的范围找函数图像对应区域，再找对应横坐标范围.

解方程、解不等式相当于在图像上找交点、找范围，可以将所有情况分为三种，即等于、大于、小于.

①等于：方程 $kx+b=0$ 的解可看成函数 $y=kx+b$ 图像与 x 轴的交点坐标的横坐标；

②大于：不等式 $kx+b>0$ 的解可看成函数 $y=kx+b$ 位于 x 轴上方的图像对应 x 的取值范围；

③小于：不等式 $kx+b<0$ 的解可看成函数 $y=kx+b$ 位于 x 轴下方的图像对应 x 的取值范围.

探究四

利用一次函数图像解一元一次不等式组（两条直线）

看图解不等式，两条直线相交的时候分三种情况：

①什么时候函数值一样⇔方程组的解⇔函数图像的交点坐标；

②一条直线在一条直线的上方就是大于，即直线 $y_1=k_1 x+b$ 与 $y_2=k_2 x+b$，若 y_1 在 y_2 上方，则 $y_1>y_2$；

③一条直线在一条直线的下方就是小于，若 y_1 在 y_2 下方，则 $y_1<y_2$.

步骤：

先找交点；

再看函数图像（以 x 轴为基准）谁在上方，即谁的值大；

最后对应着去找 x 的范围，即为不等式的解集.

思考：将维度升高，类比此方法试猜测二次函数、一元二次不等式、一元二次方程间的关系？

知识点总结：

一次函数与方程、不等式的关系（$a \neq 0$）

	从"数"的角度看	从"形"的角度看
求方程 $ax+b=0$ 的解		
求不等式 $ax+b>0(ax+b<0)$ 的解集		
求二元一次方程组的解		

1. 如图1，已知函数 $y=-2x+4$，观察图像填写 x，y 的取值范围：

   (1) 当_____时，$y>0$；

   (2) 当_____时，$y=0$；

   (3) 当 $x\geqslant2$ 时，y 的取值范围为_____；

   (4) 当_____时，$y>4$；

   (5) 当 $0<x<2$ 时，y 的取值范围为_____.

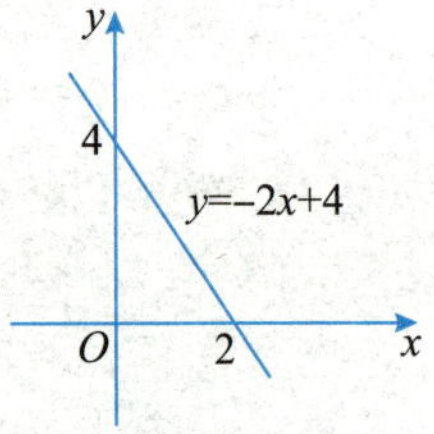

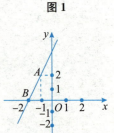

图1

2. 直线 $y=2x-1$ 和直线 $y=2x+3$ 的位置关系是_____，所以方程组 $\begin{cases}2x-1=y\\2x+3=y\end{cases}$ 的解的情况是_____.

3. 如图2，直线 $y=kx+b$ 经过 $A(-1,2)$，$B(-2,0)$ 两点，则 $0\leqslant kx+b\leqslant-2x$ 的解集为_____.

图2

4. 在平面直角坐标系中，若直线 $y=x+m$ 与直线 $y=nx+6(n<0)$ 相交于点 $P(3,5)$，则关于 x 的不等式 $x+m<nx+6$ 的解集是（   ）.

   A. $x>3$ B. $x<3$

   C. $x>5$ D. $x<5$

5. 如图3，已知直线 $y_1=k_1x+m$ 和直线 $y_2=k_2x+n$ 交于点 $P(-1,2)$，则关于 x 的不等式 $(k_1-k_2)x>-m+n$ 的解是（   ）.

   A. $x>2$ B. $x>-1$

   C. $-1<x<2$ D. $x<-1$

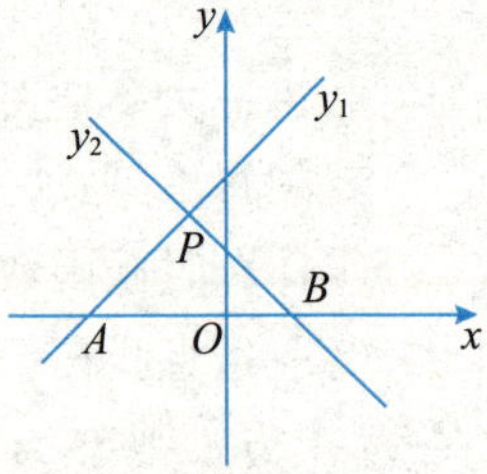

图3

6. 如图4，直线 $l_1:y=3x-2$ 和直线 $l_2:y=ax+b$ 相交于点 P，根据图像知，关于 x 的方程 $3x-2=ax+b$ 的解是_____，方程组 $\begin{cases}3x-y=2\\ax-y=b\end{cases}$ 的解是_____，不等式 $3x-2\leqslant ax+b$ 的解集为_____.

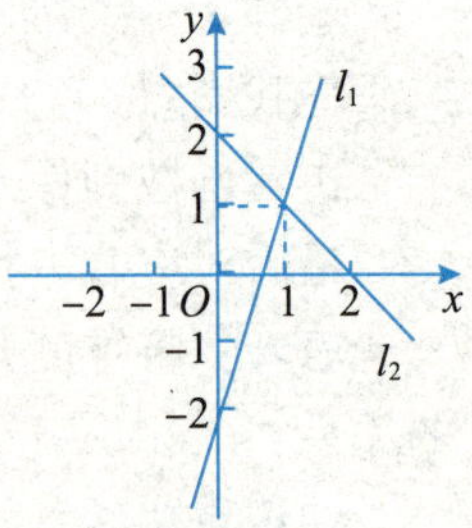

图4

7. 如图5，一次函数 $y_1=-x-2$ 与 $y_2=x-m$ 的图像相交于点 $A(n,-3)$.

   (1) 求点 A 的坐标及 m 的值；

   (2) 若一次函数 $y_1=-x-2$ 与 $y_2=x-m$ 的图像与 x 轴分别相交于点 B，C，求 $\triangle ABC$ 的面积；

   (3) 结合图像，直接写出 $y_1>y_2$ 时 x 的取值范围.

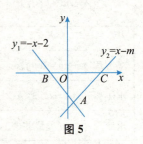

图5

18.4　代几综合

　　函数与几何是八年级下学期学习的重点模块，函数里的几何问题能使代数知识图形化，几何里的函数问题能使几何图形性质代数化，在学习这节内容时要用到学会分类讨论、数形结合等思想，接下来用几个典型的问题来寻求一般方法.

探究一

一次函数与坐标轴所围图形的面积问题

　　求小实："白小塔，最近学习的知识点有点犯迷糊，你有找到做一次函数与坐标轴所围图形的面积问题的技巧吗？"

　　白小塔："就目前做过的题型来看，主要分为两类，一类是已知点的坐标或函数解析式求围成图形的面积；另一类是已知面积求函数解析式或者点的坐标. 其余题型都是这两类的变式."

　　求小实："看来你对这个模块已经很熟悉了，可是我对这部分内容还是模棱两可的，你可以找几个典型题目跟我讲讲吗？"

　　白小塔："当然，这并没有你想象当中那么复杂，其实就是将代数与几何综合起来考察的题目，你只要弄清楚条件与结论就可以了，中间架桥的过程有一些技巧，搞清楚就可以简化冗长的步骤."

1. 已知解析式求面积

　　如图 18.4.1，已知过点 $B(1, 0)$ 的直线 l_1 与直线 l_2：$y = 2x + 4$ 相交于点 $P(-1, a)$.

　　(1) 求直线 l_1 的解析式；

　　(2) 求四边形 $PAOC$ 的面积.

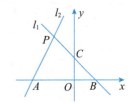

图 18.4.1

　　【分析】因为两点确定一条直线，直线 l_1 经过点 $B(1, 0)$，只需要再找一点，就可以采取待定系数法解决问题了. 点 P 既在直线 l_1 又在直线 l_2 上，这时通过直线 l_2 求出 P 点坐标，进而得到直线 l_1 的解析式.

　　解：(1) ∵ 点 $P(-1, a)$ 在直线 l_2：$y = 2x + 4$ 上，

　　∴ $2 \times (-1) + 4 = a$，即 $a = 2$.

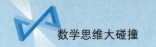

∴ 点 P 的坐标为（-1，2）.

设直线 l_1 的解析式为 $y=kx+b(k\neq0)$，则 $\begin{cases}k+b=0,\\-k+b=2,\end{cases}$ 解得 $\begin{cases}k=-1,\\b=1.\end{cases}$

∴ 直线 l_1 的解析式为 $y=-x+1$.

（2）∵ 直线 l_1 与 y 轴相交于点 C，

∴ 点 C 的坐标为（0，1）.

又 ∵ 直线 l_2 与 x 轴相交于点 A，

∴ 点 A 的坐标为（-2，0）. ∴ $AB=3$.

∴ $S_{四边形PAOC}=S_{\triangle PAB}-S_{\triangle BOC}=\dfrac{1}{2}AB\cdot y_P-\dfrac{1}{2}OB\cdot OC=\dfrac{1}{2}\times3\times2-\dfrac{1}{2}\times1\times1=\dfrac{5}{2}$.

思考一： 第（2）问采用整体法求面积，你是否还有其他解法？

提示：法一，补右；法二，补左；法三，补左右(矩形)；法四，横割（两块）；法五，竖割（两块）；等等.

> 在求一次函数与坐标轴所围成的三角形面积时，通常选择坐标轴上的线段作为底边，而坐标系内点的横坐标或纵坐标的绝对值作为高，然后利用面积公式求解. 简记为"铅锤高的线段长等于上纵减下纵；水平宽的线段长等于右横减左横".
>
> 函数解析式——→点坐标——→线段长——→求面积——→找底和高——→取最方便的求

求三角形面积时，先找横平竖直的线段长以及底或者高垂直于坐标轴的线段，而对于"长得不端正"的三角形可采取用垂线切割（可以横着切也可以竖着切）的方法找到公共底（边）的方法简化过程.

思考二：（1）如图 18.4.2，已知 A，B，C 三点坐标，采用分割的方法如何求 $\triangle ABC$ 的面积呢？

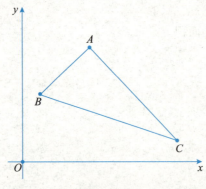

图 18.4.2

方法一（见图 18.4.3）：$S_{\triangle ABC}=\dfrac{1}{2}AF|x_C-x_B|$；

方法二（见图 18.4.4）：$S_{\triangle ABC}=\dfrac{1}{2}BF|y_A-y_C|$.

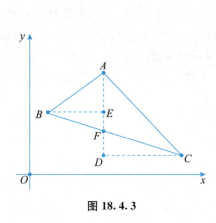

图 18.4.3

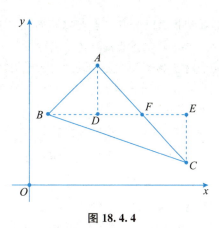

图 18.4.4

（2）如图 18.4.5，如何求 $S_{\triangle AOB}$？你有哪些思路呢？

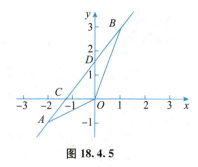

图 18.4.5

2. 已知面积求解析式（注意分类讨论）

如图 18.4.6，直线 $y=kx+6$ 分别与 x 轴，y 轴交于点 E，F，已知点 E 的坐标为 $(-8，0)$，点 A 的坐标为 $(-6，0)$，若点 $P(x，y)$ 是该直线上的一个动点，探究：当 $\triangle OPA$ 的面积为 18 时，求点 P 的坐标.

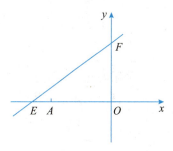

图 18.4.6

求小实："上述问题的思路其实就是利用 E 点坐标求出函数解析式，借助解析式设点 P 坐标为 $(x，y)$，则点 P 到 OA 的距离为 $|y_p|$，由 $S_{\triangle OAP}=\dfrac{1}{2}\cdot OA\cdot|y_p|$，从而求得 y_p，x_p."

283

已知图像与坐标轴围成图形的面积求函数的解析式（或者点的坐标）这类题型就是设点的坐标，转化为线段长度，其中平行于 x 轴的点纵坐标相同，平行于 y 轴的点横坐标相同，这些隐含条件是已知的．上述问题也可以归纳下面两类：

已知面积值——转化为高——套用公式——转化为横（纵）坐标的绝对值表示线段——列方程——解出坐标；

已知面积关系——转化为线段关系、坐标关系——列方程——解出点的坐标．

思考： 最后 P 点的坐标大家帮求小实算算吧！

注意： ①根据面积列方程，去绝对值的时候不能忘记有正负，可能在 x 轴（y 轴）的正半轴或者负半轴；

②在解答时，三角形可能是同底等高、等底同高、等底等高、同底异高、异底同高（找公共边或者底），需要借助等面积法的思想解决．

探究二

一次函数与特殊几何图形的存在性问题

当条件不确定时，我们需要对不确定的条件进行合理分类，然后对各类问题详细讨论并做总结．

①等腰三角形 ABC：常按顶点分（或者哪边为底边），如图 18.4.7 所示．

以 A 为顶点，$AB=AC$　　　以 B 为顶点，$BA=BC$　　　以 C 为顶点，$CA=CB$

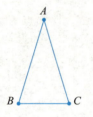
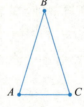

图 18.4.7

利用的几何性质是等腰三角形的两腰相等．

②直角三角形：按哪个角为直角分，如图 18.4.8 所示．

$\angle A=90°$　　　　$\angle B=90°$　　　　$\angle C=90°$

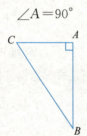
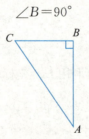
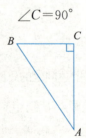

图 18.4.8

利用的几何性质是直角三角形有一角为 $90°$．

③平行四边形：常按对角线来分，如图 18.4.9 所示．

以 AB 为对角线 以 AC 为对角线 以 AD 为对角线

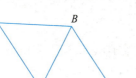 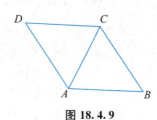 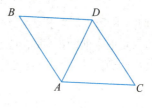

图 18.4.9

利用的几何性质是平行四边形的对边平行且相等或者对角线互相平分.

如图 18.4.10 所示, 在平行四边形 $ABCD$ 中 AB, CD 互相平分, 则 O 既是 AB 的中点也是 CD 的中点, 则当四个点坐标都知道的话, 可借助中点坐标公式联立得 $\begin{cases} \dfrac{x_A+x_B}{2}=\dfrac{x_C+x_D}{2} \\ \dfrac{y_A+y_B}{2}=\dfrac{y_C+y_D}{2} \end{cases}$, 整理得

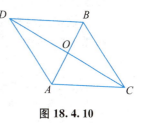

图 18.4.10

$\begin{cases} x_A+x_B=x_C+x_D \\ y_A+y_B=y_C+y_D \end{cases}$, 此方法称为"对点法".

其余特殊图形像等腰直角三角形、菱形、矩形、正方形等只要多加限制条件即可. 有了上述分类的基本知识, 接下来看看跟函数结合起来怎么用.

1. 一次函数与特殊三角形的存在性问题

例 1. 如图 18.4.11, 在平面直角坐标系中, 直线 $y=2x+6$ 与 x 轴, y 轴分别交于点 A, C, 经过点 C 的直线与 x 轴交于点 $B(6, 0)$.

(1) 求直线 BC 的解析式;

(2) 点 G 是线段 BC 上一动点, 若直线 AG 把 $\triangle ABC$ 的面积分成 $1:2$ 的两部分, 请求点 G 的坐标;

(3) 如图 18.4.12, 直线 AC 上有一个点 P, 过 P 作 x 轴的垂线交直线 BC 于点 Q, 当 $PQ=OB$ 时, 求点 P 坐标;

(4) 在 x 轴上找一点 M, 使 $\triangle MAC$ 是等腰三角形, 求点 M 的坐标 (直接写结果).

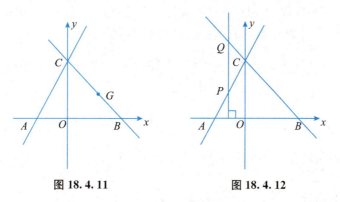

图 18.4.11   图 18.4.12

【分析】 第一问借助待定系数法可求得 BC 的解析式为 $y=-x+6$;

第二问直线 AG 把 $\triangle ABC$ 的面积分成 $1:2$ 的两部分, 此处需要分类讨论, 可能是

$S_{\triangle ABG} = \dfrac{1}{3}S_{\triangle ABC}$ 或者 $S_{\triangle ABG} = \dfrac{2}{3}S_{\triangle ABC}$，且点 G 是线段 BC 上一动点，因此可设点 G $(n,$ $-n+6)$ $(0 < n < 6)$，借助三角形的面积等量关系代入即可.

第三问考察前面讲到的点铅垂高等于上纵减下纵，但点 P 在直线 AC 上，因此 P，Q 谁在是上方不确定，需要分类讨论，或加绝对值，即设 $P(m, 2m+6)$，则 $Q(m, -m+6)$，因此 $PQ = |2m+6+m-6| = |3m|$，$PQ = OB$ 借助方程思想，即可得到 P 的坐标.

第四问 $\triangle MAC$ 是等腰三角形，只有 M 点是动点，分三类，以 M，A，C 分别为顶点. 用圆规画图，结果发现满足条件的点有四个，你知道是哪四个点吗？

思考： 除了以上的思路，大家想想是否还有其他方法呢？

2. 一次函数与特殊四边形的存在性问题

例 2. 如图 18.4.13，已知直线 $y = kx + b$ 经过 $A(6，0)$，$B(0，3)$ 两点.

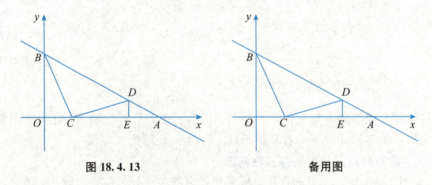

图 18.4.13　　　　　　　　　备用图

（1）求直线 $y = kx + b$ 的解析式；

（2）若 C 是线段 OA 上一点，将线段 CB 绕点 C 顺时针旋转 $90°$ 得到 CD，此时点 D 恰好落在直线 AB 上.

①求点 C 和点 D 的坐标；

②若点 P 在 y 轴上，Q 在直线 AB 上，是否存在以 C，D，P，Q 为顶点的四边形是平行四边形？若存在，直接写出所有满足条件的点 Q 坐标，否则说明理由.

【分析】 第一问用待定系数法；第二问点 C，D 的坐标就是一线三等角模型，证三角形全等即可，后一问平行四边形存在性问题即分别找到四个点的坐标借助对点法，就可以找到点 Q 的坐标，要注意分类讨论. 你还有其他解法吗？

思路： 设 $P(0, t)$，$Q\left(m, -\dfrac{1}{2}m+3\right)$，$C(1, 0)$，$D(4, 1)$（两动两定），因为 P 的横坐标为 0，

则以 CD 为对角线，$x_C + x_D = x_Q + x_P$，$1 + 4 = 0 + m$，解得 $m = 5$，$Q_1\left(5, \dfrac{1}{2}\right)$；

则以 CP 为对角线，$x_C + x_P = x_Q + x_D$，$1 + 0 = 4 + m$，解得 $m = -3$，$Q_2\left(-3, \dfrac{9}{2}\right)$；

则以 CQ 为对角线，$x_C + x_Q = x_D + x_P$，$1 + m = 4 + 0$，解得 $m = 3$，$Q_3\left(3, \dfrac{3}{2}\right)$.

例 3. 如图 18.4.14，在平面直角坐标系中，直线 l_1：$y = -\dfrac{1}{2}x + 6$ 分别与 x 轴，y

轴交于点 B, C, 且与直线 l_2: $y = \dfrac{1}{2}x$ 交于点 A.

（1）分别求出点 A, B, C 的坐标；

（2）若 D 是线段 OA 上的点，且 $\triangle COD$ 的面积为 12，求直线 CD 的函数表达式；

（3）在（2）的条件下，设 P 是射线 CD 上的点，在平面内是否存在点 Q，使以 O，C，P，Q 为顶点的四边形是菱形？若存在，直接写出点 Q 的坐标；若不存在，请说明理由.

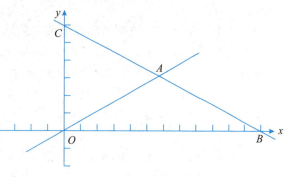

图 18.4.14

【分析】这里可以借助对点法，但 OC 比较特殊是竖直线段，可以特殊处理，利用菱形的四边相等且对边平行的性质来找点的坐标，也是按对角线来分类，有 3 种情况. 这题直接画图会更方便. 同学们，动手画一下，看看坐标你能找到吗？（参考图 18.4.15）

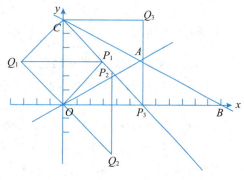

图 18.4.15

1. 若一次函数 $y = 2x + b$ 的图像与坐标轴围成的三角形的面积是 9，则 b 的值为 _____.

2. 如图 1，直线 $y = 2x + 3$ 与 x 轴交于点 A，与 y 轴交于点 B.

（1）求 A，B 两点的坐标；

（2）过 B 点作直线 BP 与 x 轴交于点 P，且 $OP = 2OA$，求 $\triangle ABP$ 的面积.

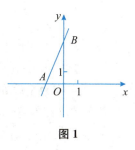

图 1

3. 如图 2，在平面直角坐标系中，直线 AB：$y=-x+b$ 交 y 轴于点 A，交 x 轴于点 B，$S_{\triangle AOB}=8$.

(1) 求点 B 的坐标和直线 AB 的函数关系式；

(2) 直线 a 垂直平分 OB，交 AB 于点 D，交 x 轴于点 E，点 P 是直线 a 上一个动点，且在点 D 的上方，设点 P 的纵坐标为 m.

① 用含 m 的代数式表示 $\triangle ABP$ 的面积；

② 当 $S_{\triangle ABP}=6$ 时，求点 P 的坐标；

③ 在②的条件下，在坐标轴上，是否存在一点 Q，使得 $\triangle ABQ$ 与 $\triangle ABP$ 面积相等？若存在，直接写出点 Q 的坐标，若不存在，请说明理由。

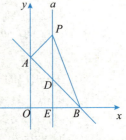

图 2

4. 如图 3，在平面直角坐标系中，直线 l_1：$y=\dfrac{3}{4}x$ 与直线 l_2：$y=kx+b(k\neq 0)$ 相交于点 $A(a，3)$，直线 l_2 与 y 轴交于点 $B(0，-5)$.

(1) 求直线 l_2 的函数解析式；

(2) 将 $\triangle OAB$ 沿直线 l_2 翻折得到 $\triangle CAB$，使点 O 与点 C 重合，AC 与 x 轴交于点 D. 求证：四边形 $AOBC$ 是菱形；

(3) 在直线 BC 下方是否存在点 P，使 $\triangle BCP$ 为等腰直角三角形？若存在，直接写出点 P 坐标；若不存在，请说明理由。

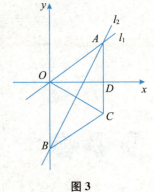

图 3

5. 如图 4，直线 l_1：$y=-\dfrac{1}{2}x+b$ 分别与 x 轴，y 轴交于 A，B 两点，与直线 l_2：$y=kx-6$ 交于点 $C(4，2)$.

(1) 求直线 l_1 和直线 l_2 的解析式；

(2) 点 E 是射线 BC 上一动点，其横坐标为 m，过点 E 作 $EF/\!/y$ 轴，交直线 l_2 于点 F，若以 O，B，E，F 为顶点的四边形是平行四边形，求 m 的值；

(3) 若 Q 为平面直角坐标系中的一点，在 x 轴上是否存在一点 P，使得以 P，Q，A，B 为顶点的四边形是菱形？若存在，请直接写出点 P，Q 两点的坐标；若不存在，请说明理由。

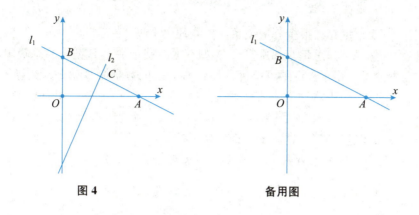

图 4　　　　　　　　　　备用图

18.5　生活中的一次函数

探究一

租车问题

昆十中一年一度的春游活动又快开始了，下周求小实所在年级计划组织 234 名学生和 6 名教师到七彩云南欢乐世界进行研学活动，在坐车过程中计划车费不超过 2 300 元，采用 A，B 两种型号客车作为交通工具，出于安全考虑需保证每辆客车上至少要有 1 名教师.

下表是租车公司提供的有关两种型号客车的载客量和租金信息：

型号	载客量/（人/辆）	租金单价/（元/辆）
A(大型客车)	45	400
B(中型客车)	30	280

注：载客量指的是每辆客车最多可载该校师生的人数.

求小实："你能预估出我们需要租用多少辆车吗？"

白小塔："这就得从乘车人数来考虑了，需要保证 240 名师生都有车坐，即汽车总数就不能小于 6[240÷45＝5（辆）……15（人）]，还要保证每辆汽车上至少得有 1 名老师，汽车总数不能大于 6，都考虑进来知共需租用六辆车，对吧？"

求小实："是的，为了使这次出行更加经济实惠，那在这一过程中怎样租车最后费用最少呢？"

白小塔："嗯，租车费用跟所选择的租车类型是有关系的，既然满足一个量随另一个量的变化而变化，这肯定就得用到函数了，我们来找找等量关系，看看如何设未知量方便

解决问题."

求小实:"其实这里存在很多等量关系,你能列出来吗?"

白小塔:"当然,首先总租车费用等于 A 型车的总费用加上 B 型车的总费用;其次各种类型车的总费用等于租车数量乘以单价,最后 A 型车的数量加 B 型车的数量等于 6."

求小实:"可以设租用 A 型车 x 辆,则租用 B 型车($6-x$)辆,租车总费用为 y 元,即 $y=400x+280(6-x)$,化简后得 $y=120x+1\,680$,但是还需要保证 240 名师生有车坐,租车总费用不超过 2\,300,这需要怎么转化呢?"

白小塔:"其实这里隐含着两个不等关系,人数大于等于 240,费用小于等于 2\,300,即 $\begin{cases} 45x+30(6-x)\geqslant 240 \\ 400x+280(6-x)\leqslant 2\,300 \end{cases}$,解得 $\begin{cases} x\geqslant 4 \\ x\leqslant 5 \end{cases}$,即 x 的取值范围为 $4\leqslant x\leqslant 5$. 由于 x 表示车的数量,所以 x 只能取整数,那这样的话就有两种方案可以选择,方案一,可租 4 辆 A 型车、2 辆 B 型车,总费用为 2\,160 元;方案二,可租 5 辆 A 型车、1 辆 B 型车,总费用为 2\,280 元,这样算下来的话选择方案一."

求小实:"其实方案选择这里,我还有一个万能的方法,假设算出来 x 的取值范围是 $4\leqslant x\leqslant 50$,那难道我们要计算 47 次,再来比较大小吗?"

白小塔:"那你怎么处理呢?"

求小实:"这里我们已经得到了 y 与 x 的函数解析式为 $y=120x+1\,680$,就可以利用一次函数的性质来解决问题了,k 取 120,大于 0,说明 y 随 x 的增大而增大,要保证 y 取最小值,只要保证 x 取最小值就可以了,就用不着算那么多次了!"

白小塔:"数学真是越思考越简单,我们以后要多加思考."

思考: 看完他们的对话,试想想利用一次函数解决实际问题的突破口是什么?

探究二

网上收费问题

求小实周末跟妈妈一起去移动营业厅改电话套餐,一进门就受到客服的热情招待. 求小实在想,我得根据自己的通话时长来选择一个便宜的套餐,可不能被忽悠了. 下面是客服给出的套餐,我们一起来帮求小实选选吧!

下表中给出的是 A,B,C 三种手机通话的收费方式.

收费方式	月通话费/元	包时通话时间/h	超时费/(元/min)
A	30	25	0.1
B	50	50	0.1
C	100	不限时	

思考: 该问题中的自变量是什么?因变量是什么?等量关系式是什么?

此情景中自变量是通话时间,因变量是收费金额,因此可设月通话时间为 x 小时,则方案 A,B,C 的收费金额 y_1,y_2,y_3 都是 x 的函数,隐含的等量关系是收费金额包括套餐费(月通话费)和超时费,可分别得到这三个函数解析式为:

$$y_1 = \begin{cases} 30 & (0 \leqslant x \leqslant 25), \\ 6x-120 & (x>25); \end{cases} \qquad y_2 = \begin{cases} 50 & (0 \leqslant x \leqslant 50), \\ 6x-250 & (x>50); \end{cases}$$

$$y_3 = 100 \ (x \geqslant 0).$$

方法一：图像法

如图 18.5.1 所示.

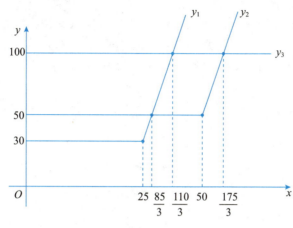

图 18.5.1

方法二：解析法

①当 $0 \leqslant x \leqslant 25$ 时，选择方式 A 最省钱；

②当 $25 < x \leqslant 50$ 时，(1) 若 $y_1 = y_2$，则 $6x-120=50$，解得 $x = \dfrac{85}{3}$；

(2) 若 $y_1 > y_2$，则 $6x-120>50$，解得 $x > \dfrac{85}{3}$；

(3) 若 $y_1 < y_2$，则 $6x-120<50$，解得 $x < \dfrac{85}{3}$；

③当 $x > 50$ 时，(1) 若 $y_2 = y_3$，则 $6x-250=100$，解得 $x = \dfrac{175}{3}$；

(2) 若 $y_2 > y_3$，则 $6x-250>100$，解得 $x > \dfrac{175}{3}$；

(3) 若 $y_2 < y_3$，则 $6x-250<100$，解得 $x < \dfrac{175}{3}$.

综上所述，若选择方式 A 最省钱，则月通话时间 x 的取值范围为 $0 \leqslant x < \dfrac{85}{3}$；

当月通话时间为 $\dfrac{85}{3}$h，方式 A 和方式 B 收费一样；

若选择方式 B 最省钱，则月通话时间 x 的取值范围为 $\dfrac{85}{3} < x < \dfrac{175}{3}$；

当月通话时间为 $\dfrac{175}{3}$h，方式 B 和方式 C 收费一样；

若选择方式 C 最省钱，则月通话时间 x 的取值范围为 $x > \dfrac{175}{3}$；

因此只要清楚求小实妈妈每个月大概的通话时长，就可以根据取值范围，选择合适的

套餐了.

有两种及以上支付方式时,既可以从"数"的角度考虑,等于、大于、小于,解方程、不等式找到 x 的取值或取值范围;也可以从"形"的角度考虑,观察函数图像,哪条函数在上方,找着对应自变量范围的取值可知对应的函数值就大于,相等或在下方时也可以判断.

总结: 用一次函数、方程(组)、不等式(组)解决方案选择问题的基本思路是先从实际问题中抽象出等量关系或不等关系,然后通过讨论函数值的大小关系,构造函数或方程、不等式,并求出函数值或方程的解、不等式的解集,最后回归实际问题.

探究三

分段收费问题

求小实所居住的地方采用以下用水收费标准:

用水量/吨	水费/元
不超过 10 吨	每吨 2.2 元
超过 10 吨	超过的部分按每吨 2.6 元收费

思考:

(1)求小实家 8 月份用水量是 $x(x>10)$,应交水费 y(元)与用水量 x(吨)的关系式?

(2)白小塔家 8 月份用水量是 $x(x<10)$,应交水费 y(元)与用水量 x(吨)的关系式?

(3)如果求小实家交了 40 元的水费,你能帮他算算实际用了多少吨水吗?

探究四

调配问题

求小实所在的家乡云南物产丰富,现决定运送一批物资到两地,求小实的叔叔负责运输,其中 A 曲靖有土豆 200t,B 昭通有土豆 300t,现在需要将这些运往陕西 C、河南 D 两地,从 A 曲靖运往陕西 C、河南 D 的费用分别为 20 元/t 和 25 元/t;从 B 昭通运往陕西 C、河南 D 的费用分别为 15 元/t 和 24 元/t,现在陕西 C 需要土豆 240t,河南需要土豆 260t.求小实的叔叔纳闷在运输过程中怎样可以保证总费用最少呢?

怎样保证总费用最少?

【分析】 在运输过程中主要涉及运费跟供需物资，以此列如下运费表：

目的地 ＼ 出发地	陕西 C	河南 D
A 曲靖	20 元/t	25 元/t
B 昭通	15 元/t	24 元/t

设总运费为 y 元，A 曲靖到陕西 C 运 x 吨土豆，则其余各运输量可按下面的表格进行分配：

目的地 ＼ 出发地	陕西 C	河南 D	所有物资
A 曲靖	x	$200-x$	200t
B 昭通	$240-x$	$260-(200-x)=60+x$	300t
所需物资	240t	260t	

由总运费与各运输量存在的关系可知，

$$y=20x+25(200-x)+15(240-x)+24(60+x),$$

化简得 $y=4x+10\ 040(0\leqslant x\leqslant 200)$，

根据一次函数的性质知 $k=4>0$，y 随 x 的增大而增大，要使运费最少，只要取 x 等于 0 即可，运费为 10 040 元，按 A 曲靖到陕西 C 运 0 吨，运 200 吨到河南 D；B 昭通到陕西 C 运 240 吨，运 60 吨到河南 D 的配送方案.

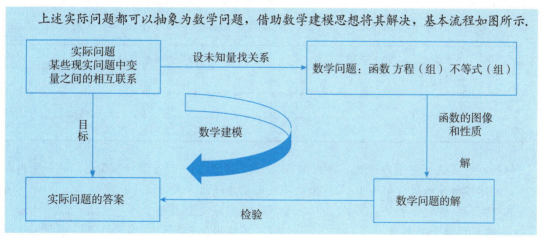

1. 白塔社区老年人活动中心，组织 36 名老人前往景区踏青游湖，到达景区后，组织者决定租用游船以供老人们更好地观赏湖光美景，可租用的游船有甲、乙两种，甲种每条可以乘 8 人，乙种每条可以乘 4 人. 他们不愿意让游船留出空位，但也不能超载（乘坐人数不包含驾驶员）.

(1) 你能想出几种租借的方案？

(2) 已知可乘 8 人的游船，每天租金为 300 元；可乘 4 人的游船，每天租金为 200 元. 请你帮助他们选择一个最便宜的租借方案.

2. 现在越来越多市民选择租用共享单车出行，某共享单车公司为市民提供了手机支付和会员卡支付两种支付方式，如图 1 描述了两种方式应支付金额 y（元）与骑行时间 x（时）之间的函数关系，根据图像你能得到手机支付金额 y（元）与骑行时间 x（时）的函数关系式吗？李老师经常骑行共享单车，请根据不同的骑行时间帮他确定选择哪种支付方式比较合算.

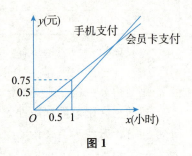

图 1

3. 一家游泳馆的游泳收费标准为 30 元/次，若购买会员年卡，可享受如下优惠：

会员年卡类型	办卡费用（元）	每次游泳收费（元）
A 类	50	25
B 类	200	20
C 类	400	15

例如，购买 A 类会员年卡，一年内游泳 20 次，消费 $50+25\times20=550$ 元，若一年内在该游泳馆游泳的次数介于 45～55 次之间，则最省钱的方式为（　　）.

A. 购买 A 类会员年卡

B. 购买 B 类会员年卡

C. 购买 C 类会员年卡

D. 不购买会员年卡

4. 学校需要采购一批演出服装，A、B 两家制衣公司都愿成为这批服装的供应商. 经了解：两家公司生产的这款演出服装的质量和单价都相同，即男装每套 120 元，女装每套 100 元. 经洽谈协商，A 公司给出的优惠条件是，全部服装按单价打七折，但校方需承担 2 200 元的运费；B 公司的优惠条件是男女装均按每套 100 元打八折，公司承担运费. 另外根据大会组委会要求，参加演出的女生人数应是男生人数的 2 倍少 100 人，如果设参加演出的男生有 x 人.

(1) 分别写出学校购买 A、B 两公司服装所付的总费用 y_1 和 y_2 与参演男生人数 x 之间的函数关系式；

（2）该学校购买哪家制衣公司的服装比较合算？请说明理由.

5. "黄金 1 号"玉米种子的价格为 5 元/kg. 如果一次购买 2kg 以上的种子，超过 2kg 部分的种子价格打 8 折.

（1）填写下表：

购买量/kg	0.5	1	1.5	2	2.5	3	3.5	4	⋯
付款金额/元									

（2）写出购买量关于付款金额的函数解析式，并画出函数图像.

6. 某城市居民用水实行阶梯收费，每户每月用水量如果未超过 20 吨，按每吨 2.5 元收费. 如果超过 20 吨，未超过的部分按每吨 2.5 元收费，超过的部分按每吨 3.3 元收费. 设某户每月用水量为 x 吨，应缴水费为 y 元.

（1）分别写出每月用水量未超过 20 吨和超过 20 吨时，y 与 x 之间的函数解析式；

（2）若该城市某户 4 月份水费平均为每吨 2.8 元，求该户 4 月份用水多少吨？

7. 友谊商店 A 型号笔记本电脑的售价是 a 元/台. 最近，该商店对 A 型号笔记本电脑举行促销活动，有两种优惠方案：方案一，每台按售价的九折销售；方案二，若购买不超过 5 台，每台按售价销售，若超过 5 台，超过的部分每台按售价的八折销售. 某公司一次性从友谊商店购买 A 型号笔记本电脑 x 台.

（1）当 $x=8$ 时，应选择哪种方案，该公司购买费用最少？最少费用是多少元？

（2）若该公司采用方案二购买更合算，求 x 的取值范围.

8. 某公司决定利用当地生产的甲、乙两种原料开发 A、B 两种商品，为科学决策，他们试生产 A、B 两种商品共 100 千克进行深入研究，已知现有甲种原料 293 千克，乙种原料 314 千克，生产 1 千克 A 商品或 1 千克 B 商品所需要的甲、乙两种原料及生产成本如下表所示：

	甲种原料（单位：千克）	乙种原料（单位：千克）	生产成本（单位：元）
A 商品	3	2	120
B 商品	2.5	3.5	200

设生产 A 种商品 x 千克，生产 A、B 两种商品共 100 千克的总成本为 y 元，根据上述信息，解答下列问题：

(1) 求 y 与 x 的函数解析式（也称关系式），并直接写出 x 的取值范围；

(2) 当 x 取何值时，总成本 y 最小？

9. 为了落实党的"精准扶贫"政策，A、B 两城决定向 C、D 两乡运送肥料以支持农村生产，已知 A、B 两城共有肥料 500 吨，其中 A 城肥料比 B 城少 100 吨，从 A 城往 C、D 两乡运肥料的费用分别为 20 元/吨和 25 元/吨；从 B 城往 C、D 两乡运肥料的费用分别为 15 元/吨和 24 元/吨．现 C 乡需要肥料 240 吨，D 乡需要肥料 260 吨．

(1) A 城和 B 城各有多少吨肥料？

(2) 设从 A 城运往 C 乡肥料 x 吨，总运费为 y 元，求出最少总运费；

(3) 由于更换车型，使 A 城运往 C 乡的运费每吨减少 $a(0<a<6)$ 元，这时怎样调运才能使总运费最少？

第 19 章　数　据

章前导语

同学们，统计调查在我们的工作生活中必不可少．每十年一次的全国人口普查可以摸清我国人口的底数，推动经济高质量发展，完善人口发展战略和政策体系．全面查清我国人口数量、结构、分布等方面的最新情况，既是制定和完善未来收入、消费、教育、就业、养老、医疗、社会保障等政策措施的基础，也为教育和医疗机构布局、儿童和老年人服务设施建设等提供决策依据．

我们身边也有很多需要统计调查的事件．不知道你是否有过设计调查问卷的经历？你是否自己收集过数据，并进行整理和描述？本章就让我们跟随求小实一起来经历统计调查中将面对的问题和困难，并对描述数据的方法有更加深入的认识．最终希望你也能完成一次完整的统计调查，并形成调查报告．

19.1　数据的收集、整理与描述

求小实的班级开展一期以环保为主题的班会活动，老师安排五个小组来分别完成这次班会的准备工作，求小实作为其中一个小组的组长，他不知道从何下手来准备材料．灰灰提醒求小实应该先调查一下全班对于垃圾分类的认识是否到位，这样才好准备班会课所需要的材料．可问题是通过什么样的方式来了解大家的情况呢？

小组内有同学提议找几个好朋友单独了解一下，可是这样无法代表全班的整体情况．有同学提议就选学号为单号的同学来调查．可求小实心想要准确的话，还是要通过问卷来逐一了解每个同学的情况．

思考：求小实采用的是普查还是抽样调查？
其他同学的提议合理吗？

> 普查：为某一特定目的而对所有考查对象进行的全面调查．
> 抽样调查：从总体中抽取部分个体进行调查．
> 调查方法：问卷调查、访问调查、电话调查等．

探究一

如何设计调查问卷?

求小实立马上网查阅材料,了解到垃圾分类的标准,然后开始进行问卷设计.

调查问卷

你知道垃圾分类的标准吗?

A. 知道　　　　B. 不知道　　　　C. 了解一点　　　　D. 大概知道

白小塔拿到问卷立马大笑起来:"求小实,你的问卷也太简单了.大家都选知道难道就真的知道了吗?再说了如果大家不知道,应该怎么办呢?你把你想了解的内容告诉我,我们重新设计一份问卷."于是求小实在白小塔的帮助下制作了下面的调查问卷.

调查问卷

1. 你了解垃圾分类吗?

A. 只知道可回收垃圾和不可回收垃圾,其他不了解

B. 分为可回收垃圾,其他垃圾,厨余垃圾,有害垃圾

C. 不了解

2. 下面哪些是可回收垃圾?(多选)

A. 废纸　　　　B. 过期药品　C. 塑料　　　　　D. 卫生间废纸　E. 金属

F. 过期化妆品　G. 布料　　　H. 花草树枝树叶　I. 建筑垃圾　　　J. 尘土

K. 果皮　　　　L. 玻璃

3. 你家所在小区有分类垃圾投放箱吗?

A. 有　　　　　　B. 没有　　　　　　C. 没留意

4. 你一般在家如何处理生活垃圾?

A. 统一收集,全部丢掉

B. 分类收集,分类投放

C. 将可回收垃圾进行出售,其他的丢掉

D. 其他

利用课间休息,求小实将问卷发到了每个同学的手中,并请同学完成问卷的填写.

探究二

如何整理和统计数据?

收回问卷后,求小实又遇到了第二个难题:收回的问卷如何进行整理和统计呢?白小塔组是利用网上的问卷星来发出问卷,整理和统计数据都由软件代劳.求小实想:"那我怎么办呢?没有高科技相助也难不倒我,就像课本上一样画个统计表就搞定了."求小实马上和小组同学分工合作,每人完成一道题的统计任务.下表是求小实完成的第一题统计情况.

第一题	划记	人数	百分比
A	正正正正正	25	50%
B	正正正正	20	40%
C	正	5	10%

将其他组员的统计表汇总在一起后，他们又面临新的问题.

探究三

如何分析和描述数据？

为了在班会课上更加直观地向同学们展示出调查的结果，求小实将小组成员聚集在一起商量：整理出的数据如何进行分析和描述？大家决定用学过的扇形统计图、条形统计图、折线统计图来描述数据.

求小实根据自己统计的第一题的数据先尝试用条形统计图表示：

第一题

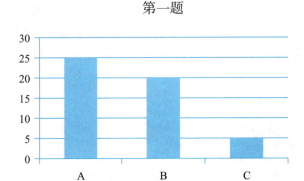

条形统计图：用一个单位长度表示一定的数量，根据数量的多少画成长短不同的直条，再按照一定的顺序把这些直条排列起来.优点是能够显示每组中的具体数据，易于比较数据之间的差距.

接着又画了扇形统计图：

第一题

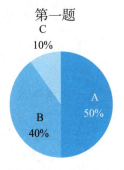

扇形统计图：利用圆代表总体，圆中的各个扇形分别代表总体中的不同部分，扇形的大小反映部分占总体的百分比的大小.

思考一：你知道求小实是如何计算出每部分圆心角的度数吗？

最后是折线统计图：

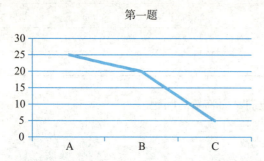

第一题

折线统计图：折线的每条线段的端点表示所统计数量的多少，通过折线的上升或下降可以清楚地反映数量的增减变化情况. 优点是易于显示数据的变化趋势.

思考二： 如果让你来选，你会选择哪种统计图来描述第一题的统计结果？

最终求小实组在班会课上选用了合适的统计图将四个问题描述完成，并针对大家都不够了解的垃圾分类知识进行了讲解和交流，让全班同学再一次学习了垃圾分类. 通过这次班会活动，大家都认识到了垃圾分类的重要性以及紧迫性，并懂得了热爱地球要从身边的小事做起.

思考三： 如果所收集的数据是连续性的，那么求小实该用哪种形式来描述数据？

我们可以利用频数分布直方图来进行统计.

频数分布直方图是一种以频数为纵向指标，以考察对象为横向指标的条形统计图. 一般我们称落在不同小组中的数据个数为该组的频数，频数与数据总数的比为频率. 频率反映了各组频数的大小在总数中所占的分量.

频数分布直方图绘制方法：
1.找到这一组数据的最大值和最小值
2.求出最大值与最小值的差
3.确定组距，分组
4.列出频数分布表
5.由频数分布表画出频数分布直方图

通过今天的课程，请大家以小组为单位，在课后完成一次调查活动（选题自拟），并在下节课进行汇报交流.

19.2　数据处理

加权平均数

学校一年一度的学生社团换届选举开始了，求小实、白小塔、灰灰所在的社团为此召开了一场演讲比赛，为了保证竞选公平，社长制定了打分细则，具体方案如下.

评分方式是从演讲内容、演讲互动效果、演讲技巧、是否脱稿四方面为参赛选手打分，每项评分采取百分制打分.

方案一：计算平均分为该参赛成员的分数；

方案二：演讲内容、演讲互动效果、演讲技巧、是否脱稿按照 $4:3:2:1$ 的比确定，计算参赛成员的平均分；

方案三：按演讲内容 35%，演讲互动效果 30%，演讲技巧 20%，是否脱稿 15% 计算参赛成员的综合成绩（百分制）.

选手	演讲内容	演讲互动效果	演讲技巧	是否脱稿
求小实	85	95	95	80
白小塔	95	90	95	60
灰灰	95	85	80	95

那么根据社长制定的打分方案，如果你是其中的参赛成员，哪种方案对你是更有利的呢？

加权平均数：一般地，若 n 个数 x_1，x_2，x_3，$\cdots$，x_n 的权分别是 w_1，w_2，w_3，$\cdots$ w_n，则 $\overline{x}=\dfrac{x_1w_1+x_2w_2+x_3w_3+\cdots+x_nw_n}{w_1+w_2+w_3+w_n}$，$\overline{x}$ 叫作这 n 个数的加权平均数，所有数据加起来除以数据的总个数，易受极端值的影响；加权平均数表示本组数据的平均水平.

生活中也有求平均数的现象，比如音乐、美术、体育、劳技课的中考成绩，有些科目为了综合考评学生平时的表现，对各学期的成绩也赋予了一定的权重.

以求小实的成绩为例：

按方案一的话他的平均分为 $\overline{x}=\dfrac{85+95+95+80}{4}=88.75$；

按方案二的话他的平均分为 $\overline{x}=\dfrac{85\times4+95\times3+95\times2+80\times1}{10}=89.5$；

按方案三的话他的平均分为 $\overline{x}=\dfrac{85\times35\%+95\times30\%+95\times20\%+80\times15\%}{35\%+30\%+20\%+15\%}=89.25$.

由上可知求小实按方案二来算最后的平均分高.

思考：求小实和灰灰的四项成绩都为 85 分、95 分、95 分、90 分，当采用同一个打分方式时，他们的最后得分会相同吗？你领会到权的作用了吗？

加权平均数的"权"的意义

权表示数据的重要程度，权可以以百分比的形式呈现也可以以比例的形式给出，还可以以频数来呈现；权数越大，说明该组数据的频次越多，反之越小；加权平均数的大小既会受到各组变量值大小的影响，也会受到各组变量出现的频数的影响．常见的平均数有算术平均数、调和平均数、几何平均数、平方平均数．

在求 n 个数的平均数时，如果 x_1 出现 f_1 次，x_2 出现 f_2 次，$\cdots$，x_k 出现 f_k 次（这里 $f_1+f_2+\cdots+f_k=n$），那么这 n 个数的平均数 $\overline{x}=\dfrac{x_1 f_1+x_2 f_2+\cdots+x_k f_k}{n}$，也叫作 x_1，x_2，x_3，$\cdots$，x_n 这 k 个数的加权平均数．

探究二

样本平均数估计总体平均数

这周求小实的班级进行了数学年级统考，该班有 50 人，你能帮数学老师快速估计出该班的平均成绩吗？

白小塔："我有个好的方法，用到统计的思想，我们可以将 50 个成绩按分数段归类，借助组中值，就可以算平均分了．"

成绩/分	频数	组中值
89.5～99.5	3	
79.5～89.5	9	
69.5～79.5	10	
59.5～69.5	20	
49.5～59.5	8	

附：组中值是指将数据根据需要分组后，一个小组两个端点的平均数，例如 $20<x\leqslant40$ 的组中值为 $\dfrac{20+40}{2}=30$．

当调查的对象很多时，或者调查对象具有破坏性时，通常采用样本估计总体的思想方法来了解总体．

思考：该班的平均分如何计算呢？

探究三

中位数、众数、方差

分小组用条形图表示下列各组数据，计算它们的平均数、中位数、众数和方差，体会各组量是怎样刻画数据的．

(1) 6 6 6 6 6 6 6

(2) 5　5　6　6　6　7　7

(3) 3　3　4　6　8　9　9

(4) 3　3　3　6　9　9　9

中位数：将该组数据从小到大排序，如果数据有奇数个，那么中间的那个数就是中位数，如果是偶数个，那么中间两个数的平均数就是中位数；中位数表示本组数据集中趋势的位置代表值.

众数：该组数据中出现次数最多的数据；能够反映数据的集中趋势.

方差：设有 n 个数据 x_1，x_2，$\cdots$，x_n，各数据与它们的平均数 x 的差的平方分别是 $(x_1-x)^2$，$(x_2-x)^2$，$\cdots$，$(x_n-x)^2$，我们用这些值的平均数，即用 $s^2=\dfrac{1}{n}\left[(x_1-x)^2+(x_2-x)^2+\cdots+(x_n-x)^2\right]$ 来衡量这组数据波动的大小，并把它叫作这组数据的方差；方差反映数据的波动程度，方差越大，数据的波动越大，方差越小，数据的波动程度越小，也可以用散点图来表示（数据在平均数附近的波动程度）.

思考：请举一个生活中需要用到统计量（平均数、中位数、众数、方差等数据）决策的案例.

如：选择两队伍参加射击比赛问题，当两队命中的平均环数相同时，需再计算两队命中环数的方差，方差值越小说明该队成员发挥成绩较稳定，即选择该队参加比赛.

探究四

找规律

求下列各组数据的平均数、中位数、众数、方差.

(1) 1　2　3　4　5

(2) 4　5　6　7　8

(3) 2　3　4　5　6

(4) 4　8　12　16　20

(5) $\dfrac{1}{2}$　1　$\dfrac{3}{2}$　2　$\dfrac{5}{2}$

思考：填一填.

	所有数据加 m	所有数据减 m	所有数据乘 m	所有数据除 m（$m\neq0$）
平均数				
中位数				
众数				
方差				

收集并调查冬奥后初中生对冰雪运动的喜爱程度，分析你们组的数据，对现状进行阐

述，并提出一些建议及倡议．下面是求小实的调查样例，可供同学们参考．

一、制定调查表（也可采取登记表、访谈等方式收集数据）

明确全体初中生人数（可以具体到各年级男女生分别有多少人）．求小实所在学校的年级：初一 24 个班；初二 25 个班；初三 26 个班．（确定总体及调查媒介）

二、确定样本容量，收集数据

1. 确定样本：从初中各班级中分别抽取 1 男 1 女，形成一个样本容量为 150 的样本．

2. 确定选取样本的方法（尽量做到随机）：求小实先选取了各班级学生的学号尾号为 2 的学生，再将各班级学生按照学号从小到大的顺序选出第二个男生和女生，作为样本．

三、整理数据

可以采取划正字、Excel、问卷星等方法整理需要统计的各项数据．

四、描述数据

可以根据收集到的数据绘制条形统计图、折线统计图、扇形统计图、直方图、雷达图等，将数据直观地呈现出来．

五、分析数据

根据统计图或者收集的数据，计算出各组数据的平均数、中位数、众数、方差等．

六、撰写调查报告

调查课程题目	
选取的样本	
数据来源	
处理数据的过程	
总结与反思	
主要建议	
参与同学名单	
教师的意见	
其他	

七、交流与反思

介绍调查过程，汇报调查结果，总结反思在整个过程中需要完善的地方，并与其他同学交流，改进不足．

八、跟踪训练

请同学们类比求小实和白小塔们组数据分析的过程，自己选择一个感兴趣的话题，自行以 10 人为单位组队，完成一个调查活动，并撰写一份调查报告，要求如下．

注：（1）调查报告需含有调查过程中的原始数据；

（2）求出数据的平均数、中位数、众数、方差等；

（3）然后组间相互交流，根据调查结果扩大样本容量后，与你们处理的数据反映的情况还一致吗？一致说明什么？不一致又说明了什么？

（4）查阅资料，与你们小组的调查结果再对比，谈谈你对样本估计总体的看法．